2021
山东省工业和信息化
发展研究

山东省工业和信息化研究院

Research on the Development of Industry and
Informatization in Shandong Province

中国经济出版社
CHINA ECONOMIC PUBLISHING HOUSE
·北 京·

图书在版编目（CIP）数据

山东省工业和信息化发展研究．2021 / 山东省工业和信息化研究院编．-- 北京：中国经济出版社，2022.3

ISBN 978-7-5136-6797-5

Ⅰ.①山… Ⅱ.①山… Ⅲ.①工业发展-研究-山东-2021②信息产业-产业发服-研究-山东-2021 Ⅳ.①F427.52②F492

中国版本图书馆 CIP 数据核字（2021）第 269905 号

策划编辑　海　毅
责任编辑　孙晓霞
责任印制　马小宾
封面设计　任燕飞

出版发行　中国经济出版社
印 刷 者　北京艾普海德印刷有限公司
经 销 者　各地新华书店
开　　本　710mm×1000mm　1/16
印　　张　32
字　　数　530 千字
版　　次　2022 年 3 月第 1 版
印　　次　2022 年 3 月第 1 次
定　　价　98.00 元
广告经营许可证　京西工商广字第 8179 号

中国经济出版社　**网址** www.economyph.com　**社址** 北京市东城区安定门外大街 58 号　**邮编** 100011
本版图书如存在印装质量问题，请与本社销售中心联系调换（联系电话：010-57512564）

编委会

目 录

contents

第一部分　工业篇

第二部分　信息化篇

第三部分　综合篇

第一部分

工业篇

1

我国工业设计产业发展研究

工业设计产业发展研究课题组

摘　要　本文通过实地调研，摸清我国工业设计产业发展现状，结合国内外工业设计产业发展趋势和各地对工业设计产业扶持政策，发现我国各省（区、市）工业设计产业发展问题，并针对问题提出建设性建议。

关键词　工业设计；产业；政策

工业设计是一种创造性活动，服务于工业产品的全生命周期，是创意产业和生产性服务业的复合体，与制造业密切相关。工业设计的进步是推动制造业转型升级的重要因素之一。

随着我国经济发展的不断加速、经济体量的不断加大以及增长方式从数量到质量的转变，工业设计在经济发展中的作用越来越得到重视。2006 年，我国首次把工业设计写入“十一五”规划发展纲要，并提出要“发展专业化的工业设计”，为工业设计发展打下了良好基础。2010 年，工业和信息化部等十一部门联合发布的《关于促进工业设计发展的若干指导意见》，首次从宏观政策角度明确工业设计的产业地位，提出“工业设计产业是生产性服务业的重要组成部分，其发展水平是工业竞争力的重要标志之一”，同时把推动工业设计聚集发展，鼓励建立工业设计产业园区作为意见内容之一。2011 年，我国再次将工业设计写入“十二五”规划发展纲要，并指出要“促进工业设计从外观造型向高端综合性设计转化”，引导制造业和工业设计跨界融合。2014 年，《国务院关于推进文化创意和设计服务与相关产业融合发展的若干意见》，明确了设计与产业融合发展的七大重要任务，推动工业设计在社会经济发展中更广泛、更深层次应用。“十三五”规划中更是进一步把工业设计作为创新驱动的引擎，以工业设计和制造业融合发展推动《中国制造 2025》的实施。

在这个背景下，梳理我国工业设计产业发展现状，研究其发展过程中存在的问题和困难，进而提出促进工业设计产业发展的政策意见和建议，具有十分重要的意义。

一、我国工业设计产业现状

（一）发展工业设计产业的必要性

工业设计是通过创新的产品、系统、服务和体验，推动制造业全生命周期创新，并带来更好生活质量的创造性活动。它利用创造力来解决问题，并共同创造解决方案，目的是使产品、系统、服务、体验或业务变得更好。

工业设计的重要性主要体现在四个方面：通过外观设计实现产品差异化，通过功能设计推进技术应用，通过包装设计提高产品品质、提高产品附加值，通过创意设计深化、延伸产业链。工业设计行业以产业需求为导向，具有以下四个特点。①知识密集度高。作为各种学科、技术和审美观念的交叉产物，工业设计涵盖力学、材料学、心理学、辅助设计、视觉设计、环境设计等众多学科理论知识。同时，在工业设计实践过程中，需要具有人机交互工程、模型制作、设计管理等实践经验。②中间投入特性突出。工业设计作为生产性服务业，不仅能通过产品创意设计为企业带来直接的经济效益，还可以通过产品创新设计提高品牌影响力，提升企业市场竞争力。③产业关联性强。工业设计是一个集成系统工程，覆盖产品创意、设计、样品、成品和市场化等完整产业链。④产业集聚态势明显。工业设计的创新属性，可以吸引人才、知识和技术的高度集中，而这些要素的集中又会激发创新并迅速传播，产生知识的外溢效应，形成产业聚集态势。

我国制造业正在实现从 1.0 的机械化→2.0 的自动化→3.0 的信息化→4.0 的智能化发展演进，机器的高效稳定和信息的智能分析相结合，极大地提高了生产效率，理顺了生产环节，提升了企业效益，发展了社会经济。社会经济的快速发展，使人民生活水平进一步提高，人民的物质、精神生活进一步丰富。随着社会经济的进一步发展，人民对美好生活的向往和供给侧结构性改革的需求，都对我国制造业的发展提出了更高要求，制造业发展驱动元素从最初 1.0 的生产驱动、2.0 的市场驱动、3.0 的科技驱动进化到高质量 4.0 的设计驱动。通过工业设计，可以把科学技术和文化艺术融合，制造业和服务业融合，以创意和创新为桥梁，推动我国经济从中国制造到中国智造的转变。

（二）我国工业设计产业发展现状

我国工业设计概念是在 20 世纪 80 年代由国外引入的，作为生产性服务业，服务于社会生产的全流程。工业设计作为智力创造活动，连接技术与应用、生产与消费、供给与需求，已成为经济创新驱动的重要手段。同时，创意性成果既可以承载文化基因，又具有文化产业的特点。

近年来，关于推进发展设计服务和生产性服务业的相关政策陆续出台，为工业设计产业发展创造了更多的市场空间。《中国制造 2025》战略的提出，加快了我国制造业升级转型的步伐，工业设计作为制造业创新升级的有力抓手，也进入快速发展通道。工业设计虽然独立于生产领域，并成为现代生产体系中的高端服务业，但是它的发展离不开社会经济的产业基础。改革开放以来，我国经济飞速发展，东部沿海地区因其便利的交通条件和丰富的生产资源，初步形成了珠三角、长三角和环渤海三大区域经济圈。依托于区域经济产业集群和充满活力的中小企业经济，工业设计产业得以生根、发芽、成长，并不断壮大，由于起步早，根基稳，这三大经济圈的工业设计产业相对较为成熟，基本代表了我国工业设计的最高发展水平。

1. **珠三角（广东）：中小企业经济活跃，产业链完善**

珠三角地区是广东省文化经济发展的核心区域，也是我国重要的中心经济区，良好的区域优势为工业经济发展和工业设计产业发展提供了坚实的基础。广东是我国现代设计的发源地，因改革开放初期与香港设计行业的交流合作，引入的设计理念较为先进。以 1988 年广州美院教师创建的南方工业设计事务所和深圳蜻蜓工业设计有限公司为基础，珠三角地区开创了中国工业设计的新业绩，同时也为该地区设计产业发展奠定了良好的人才基础。

近年来，随着制造业升级转型战略的提出，广东省在已经成为世界制造业生产基地的基础上，相继出台了《关于促进我省工业设计发展的意见》、《广东省工业和信息化领域生产性服务业发展“十三五”规划》和《广东省工业和信息化厅关于省级工业设计中心的管理办法》等一系列政策措施，并从 2010 年起，通过设立省级财政工业设计发展专项资金，鼓励以设计创新推动制造业升级转型。广东省工业设计发展的特点与其经济发展特点相似，就是敢为人先、多元并存、全面发展，其最早在高校设立工业设计专业和课程，在全国设立第一个产学研工业设计服务平台，在全国首批设立工业设计行业协会组织。经过近几年工业设计政策扶持，广东工业设计产业得到了快速发展，目前拥有 500 多家工业设计专业服务机构，工业设计从业人员达 6 万余人。工业设计和生产制造融合发展显著，专业工业设计机构蓬勃发展，涌现出一批具有国内国际影响力的设计机构，如洛可可、浪尖、东方麦田等。工业设计形成产业集聚，规模效益和区域经济带动作用显著，深圳被联合国教科文组织授予“设计之都”的称号。

2. 长三角（上海）：国际机构多，视野广

上海在工业设计产业的发展中具有雄厚的基础和优势。上海的制造业和服务业产业结构都较为完善，作为我国最早的国际化大都市，完整丰富的海派工业设计体系，特别是上海世博会的举办，都为上海工业设计产业的发展起到了重要的推动作用。2010 年，上海最早被联合国教科文组织授予“设计之都”称号，工业设计在上海经济发展中扮演着越来越重要的角色，并成为上海经济发展的重要组成部分。

上海工业设计产业聚集效应已经显现。从 2010 年 8 号桥等第一批 18 家设计创意产业聚集区形成开始，10 年来上海已发展到 100 多家市级设计文创园区，入驻企业 2 万余家，总营收超过 5000 亿元。在设计产业形成集聚的同时，上海通过积极吸引人才来拓展工业设计产业的深度，众多中国工艺美术大师、设计行业长江学者、上海青年创意人才等多层次的人才储备，为上海工业设计产业长足快速发展积蓄了能量。基于国际化大都市的定位和强大的经济辐射能力，许多海外工业设计机构和著名设计师也纷纷入驻上海。另外，上海周边地区聚集的众多制造业工业园区，在为工业设计产业创造市场需求的同时，还为工业设计提供了样品试制、模具加工等技术支持和保障。

3. 环渤海（北京、山东）：工业门类全，制造业基础好

环渤海地区因其丰富的自然资源、便利的交通条件、雄厚的教育人才优势，加上涵盖北京这一政治中心，成为我国北方经济最活跃的地区。环渤海经济圈主要以资本密集型和劳动密集型企业为主，传统经济比重较高，在产业结构上，第二产业比重大；在工业结构上，重、化工业比重大；在所有制结构上，国有经济比重大。工业设计发展具有大型企业研发中心特色。

北京工业设计依靠上千年历史积累的文化底蕴，结合北京众多院校庞大的设计专业毕业生的人才优势，和北京潜在的精品设计需求，形成了主打高端工业设计的北京品牌氛围。但北京的制造业上下游产业链不够完善，数量和体量偏小的精品设计需求不足以带动北京工业设计产业化、规模化发展。山东是经济发展传统大省、强省，具有重工业发达、大型企业数量多的大象型经济特征，是典型的工业经济门类较全、自我配套能力较强的省份。山东省围绕新旧动能转换重大工程的实施，以推进供给侧结构性改革和满足人民美好生活需要为主线，为工业设计产业提质升级创造了良好条件。山东省各地市也加紧推进工业设计产业发展，积极培育工业设计示范企业，产业创新能力和品牌影响力不断提升。截至2020年底，山东共有工业设计企业600余家，省级工业设计中心247家，国家级工业设计中心24家，数量居全国首位。

（三）我国设计类产业园区发展现状

产业园区是世界各国发展地方产业行之有效的重要措施，也是我国发展地方经济最有力的战略。实践证明，在我国经济转型阶段，产业园区这种形式有效地提高了行政效率、创造了局部的良好基础设施条件、集聚了科技和产业的资源，迅速促进了经济发展和城市化的进程。

在对广东、浙江、山东等地的工业设计及相关产业园区进行的调研中发现，我国纯粹的以工业设计为主要产业的园区为数不多，多数包含工业设计内容的园区并不再冠以工业设计的名称；同时，部分以工业设计冠名的园区也不是所有入园企业都在从事与工业设计密切相关的产业，一园多名的现象也不鲜见。所以，要掌握工业设计园区或工业设计相关产业园区的准确数据存在较大难度，而以相关内容作为基础进行的模糊查询，可以获得较为有效的数据。

根据前瞻产业园区库数据查询，以“工业设计”为关键词搜索，全国共有48个工业设计园区，主要集中在江苏、浙江、广东、福建、山东等东部沿海省份；以“设计”为关键词查询，则有195个与设计有关的产业园区。根据工业设计园区的代表性和影响力，主要介绍广东工业设计城、北京DRC工业设计创意产业基地、上海国际工业设计中心、无锡（国家）工业设计产业园。

广东工业设计城：2008年广东工业设计城前身“国家工业设计与创意产业（顺德）基地”授牌建立，2009年广东工业设计城挂牌并投入使用，成为当时国内最大的以工业设计为主题的产业园区。在2012年12月9日习近平总书记参观并给予充分肯定后，广东工业设计城通过专业化管理、市场化运作不断发展壮大，在2013年成为国内第一批工业设计示范基地，并率先制定了工业设计产业园区的建设规范标准。之后，广东工业设计城又获得了“国家级工业设计示范基地”“国家级科技企业孵化器”“全国唯一工程专业研究生联合培养基地”等多个荣誉。

广东工业设计城的发展壮大，吸引了国内知名设计企业入驻，同时引进了德国、日本、韩国等发达国家设计师资源，扩大了工业设计的影响力，加速了顺德制造业的创新转型升级。目前，广东工业设计城设计研发人员已达8000 余人，入驻园区的国内外设计公司 300 余家，创新设计产品转化率接近90%，累计设计服务收入超过 40 亿元。

北京 DRC 工业设计创意产业基地：北京 DRC 工业设计创意产业基地是北京市首批十个文化创意产业集聚区之一，由北京市科学技术委员会与北京市西城区人民政府共同建设，是北京工业设计促进中心实践 DRC 理念的工作平台，属于旧厂房进行改造后，发展文化创意产业的成功范例。DRC 基地由共性技术条件平台及设计机构孵化器组成，是国内首个工业设计创业产业集聚区，也是全国和北京市的科普教育基地，共青团中央的“青年就业创业见习基地”“首都科技条件平台”，作为中关村特色孵化服务平台，被科技部纳入国家级科技企业孵化器的管理服务体系。北京工业设计创意产业基地目前入驻企业 300 余家。

上海国际工业设计中心：上海国际工业设计中心以工业设计为主导，是国内集生产、服务于一身的大型特色产业园区。中心立足国际资源，以集聚高端设计产业为目标，通过科学规划和市场化运作，将“设计产业”引入经济领域，并通过自身优势，联合各级政府、行业组织、协会高校、中介金融机构、产权专利交易机构等多方力量，致力中心的发展，使之成为集展示、技术、孵化、交易四大功能于一身的主题性创意园区。上海国际工业设计中心入驻企业 200 余家。

无锡（国家）工业设计产业园：无锡（国家）工业设计产业园是 2003 年5 月由科技部批准设立，国内首家以工业设计为主题的高新技术专业化园区。2006 年 9 月，该园区被国家知识产权局认定为无锡（国家）工业设计知识产权园，2007 年被认定挂牌为江苏省现代服务业集聚区、江苏省国际服务外包示范区、江苏省无锡滨湖留学人员创业园。2008 年 6 月由人力资源和社会保障部批准设立博士后科研工作站。目前园区入驻企业200余家。

二、国外工业设计产业发展借鉴

“二战”以后，世界各发达国家纷纷将工业设计作为推动制造业发展的重要战略，成立专门部门，培养设计人才，制定扶持政策，设立专门奖项，培植具有本国特色的设计文化。通过发展工业设计，企业不断提高产品附加值，扩大品牌影响力。全球已有20多个国家和地区将推进工业设计发展纳入国家重要发展战略，将工业设计产业视为占据国际制造分工链上游、高附加值产值区域，也是提升国家软实力的重要手段，全球顶尖的工业设计企业主要集中在美国、欧洲、日本、韩国，各国（地区）工业设计产业发展模式不尽相同。

英国是工业设计的发源地，通过成立国家设计委员会来全面推动英国工业设计的发展。德国在工业革命后一直重视现代工业设计的发展，拥有上万家设计机构，并通过专项资金和院校合作培养专业设计人才。美国是先进的制造业大国，通过完整的人才培养体系和完善的专利保护制度，把工业设计提高到国家战略高度。日、韩等国都提出“科技立国、设计开路”的国策，通过大资金投入、国家设计奖项设立等途径培养工业设计行业，进而促进制造业高速高质量发展。

日本设计先行模式。日本长期坚持“技术立国、创新发展”战略，高度重视产业政策优化、创新氛围营造。2016年，日本启动《第五期科学技术基本计划（2016—2020）》；2017年，日本内阁会议出台《科学技术创新综合战略2017》，此战略论述近年来重点推进的主要举措。日本将文化产业作为国家战略支柱型产业，积极学习西方现代设计理论、方法，助力设计为产业发展赋能创新。“酷日本”战略是20世纪90年代日本典型的文化产业发展战略，2013年日本政府设立“酷日本机构”，推进“酷日本”成为军民一体、振兴经济的重要举措，该机构自成立以来，依托政府力量，其业务投资势头强劲。日本政府突出强化工业设计引领作用，制定多种激励措施及设计类奖项营造社会创新氛围。在日本政府一系列的激励措施中，实施时间最长、影响最大也最有效的就是1967年优秀设计奖（Good Design）的设立，又称为“G”标识制度。“G”标识制度的作用不仅仅鼓励了企业的创新意识，更使优秀设计、创意设计理念得到普及和广泛认可。2007年日本又提出“感性价值创造”战略，通过生产方式和服务创新满足消费者对商品和服务的精神需求与享受，提高产品附加值，增加客户黏性。

美国自由市场模式。美国由于建国时间较短，历史文化底蕴淡薄，但作为移民国家，文化的多元性加上发达的工业和成熟的经济体系，美国首先把工业设计从工业体系剥离出来，作为独立职业发展。美国国家科学技术委员会（NSTC）于2018年10月推出的《美国先进制造业美国领导力战略》，提出要保持设计制造业的领先水平，充分发挥市场引导作用，以协会或基金会的方式来协调组织行业相关活动。美国工业设计师协会（IDSA）通过定期组织工业设计评奖、工业设计交流会、出版工业设计书籍等方式，促进工业设计产业发展。同时，该协会还通过资助工业设计教育的学生来推动工业设计教育的发展。IDSA通过在世界各地设立分部，并设立IDEA奖项评选，来展示美国和世界各国优秀的工业设计成果，促进美国工业设计和世界其他国家工业设计界的交流学习。从1980年设立以来，每年评选出100件左右的优秀作品，通过作品评选来提升工业设计的水平，推广工业设计价值观，启发设计师创意灵感，提高设计师职业素养，拓展产品边界，增强行业连通性。

德国产学研合作模式。工业设计在德国被认为是流淌在其血液里的精髓，德国工业设计向来以严谨、细致著称。德国通过国家顶层政策制定，在2011年就提出了工业4.0战略，通过新技术、新设计的应用，改变传统产业链分工合作，利用信息技术将创新理念渗透到工业全流程。2016年开始的中小企业创新先行资助计划，利用中小企业的市场灵活性，加强中小企业的产学研融合，支持中小企业科研投入、创新发展；同时通过设立各种奖项来激励行业发展。德国拥有世界上数量最多、价值最高的设计奖项，著名的奖项有IF设计奖（IF Design Award）、红点奖（Red dot）以及柏林国际设计节。通过每年的奖项评选，加强本国设计行业与世界其他国家的交流合作。以“促进环境和人类和谐的设计”为理念的红点奖，通过参赛作品评选三大原则（增加设计在社会的影响力、提升设计师职业认同感、产品对社会发展产生影响力），并通过商业合作伙伴给予获奖者在研究、法律和销售方面的帮助，致力于将获奖者的创意设计概念转化为商品。

国外设计行业发展启示。①工业设计的发展与工业经济的发展密不可分，不同的经济发展阶段工作侧重点也不尽相同。在工业发展的前期，各国都把工业设计发展作为提升本国工业经济竞争力的有效手段。在工业发展的后期，经济软实力的重要性得到重视，融合本国文化设计，通过文化创意产品输出影响力。②市场经济的社会性、市场性和自主性，决定了发达资本主义国家很少通过制定激励政策来参与行业发展，工业设计行业也不例外。更多的是从服务行业发展的角度提出相关政策，如知识产权保护、专业人才培养等。③各国都通过举办各种赛事、评选各类奖项来加强工业设计行业交流。通过赛事交流，推广工业设计理念，扩大产品影响，促进设计与经济、自然、社会的融合发展。④从各国工业设计对产业发展作用来看，经济发展阶段不同，产业结构布局不同，工业设计对产业经济的作用也不尽相同。设计产业与当地优势产业紧密结合，能加强延伸产业链，增加产业附加值，促进园区经济和区域经济良性互动发展。同时，园区经济的发展也会吸引高层次人才聚集，促进科技进步和社会发展。

三、我国工业设计产业发展趋势

（一）工业设计影响加大，工业设计产业呈现快速发展态势

改革开放后，随着工业设计概念的引入和各高校工业设计专业的设立，我国工业设计人才培养水平逐步提高。尤其是近年来，《推进文化创意和设计服务与相关产业融合发展的若干意见》《关于加快发展生产性服务业促进产业结构调整升级的指导意见》等相关国家政策的陆续出台，为工业设计产业描绘了更广阔的发展空间，创造了更多的发展机遇，注入了更充沛的发展活力。同时，《中国制造 2025》这一战略性文件的出台，拉开了我国制造业转型升级的大幕。在《中国制造 2025》提高国家制造业创新能力、推进信息化和工业化深度融合、强化工业基础能力、加强质量品牌建设、全面推行绿色制造、大力推动重点领域突破发展、深入推进制造业结构调整、积极发展服务型制

造业和生产性服务业与提高制造业国际化发展水平这九大战略任务中，工业设计作为科技与艺术融合的生产性服务业，在提升制造业创新能力、加强企业品牌建设等方面将起到重要作用。

随着经济转型和智能制造的推广，工业设计越来越得到行业重视，国家有关部门也通过对企业工业设计中心和工业设计企业评定认定，来推动工业设计与制造业的融合发展。2013 年工业和信息化部认定的第一批国家级工业设计中心，其中企业工业设计中心 26 家，工业设计企业 6 家；2015 年公布的第二批国家级工业设计中心，企业工业设计中心 24 家，工业设计企业 10 家；2017 年公布的第三批国家级工业设计中心，企业工业设计中心 43 家，工业设计企业 4 家；2019 年公布的第四批国家级工业设计中心，企业工业设计中心 56 家，工业设计企业 6 家。从上面数据我们可以看出，企业工业设计中心增长迅速，独立的工业设计企业也在稳步增长。

（二）工业设计产业聚集效应显著，有效增强区域经济竞争力

随着国家制造业转型升级战略的实施，在制造业中工业设计日益得到重视，工业设计在一定的产业集聚区发展迅速。产业园区作为产业空间聚集的载体，可以迅速聚集产业资源，形成专业化规模效应，在推动区域经济、节约环境成本中起到重要作用。在《关于促进工业设计发展的若干指导意见》发布和《中国制造 2025》国家战略提出后，各省份加大了对工业设计产业的扶持力度，工业设计企业数量快速增长，全国目前有工业设计相关企业 2 万多家，这其中包括独立的设计公司，也包括依托于大企业的设计中心，主要集中在经济发达的东部沿海省市，如广东省、浙江省、江苏省、山东省、北京、上海。以工业设计为主题的产业园区也通过产业汇聚，吸引高层次人才流动，带动区域社会经济发展，目前全国工业设计相关园区有 150 多个。

在此背景下，在中国工业设计协会的倡导下，38 家工业设计产业集聚、产业园区成员单位自愿组成中国工业设计园区联盟，通过联盟活动，联盟成员间交流合作，有效整合产业资源，发挥产业集聚优势，促进工业设计产业园区可持续发展。中国工业设计协会在 2013 年开展了“中国工业设计示范基地”的评定工作，并在 2014 年评选出首批 15 家工业设计示范基地，其中包

括5家企业、4家设计机构、4家设计园区和2家院校。通过评选出工业设计行业示范典型，引导我国工业设计产业快速稳步发展。目前，比较有代表性的工业设计产业园区有广东工业设计城、中国（深圳）设计之都田面创意产业园、上海市8号桥设计创意园和长征工业设计中心、北京工业设计创意产业基地和尚8设计创意产业园、中国（长沙）创新设计产业园、江西丰城的中部教育装备创新产业城、济南国际创新设计产业园等。这些工业设计产业园区依托当地不同的产业优势，在当地政府的政策扶持下，整合当地创新产业资源，打造产业生态，充分释放产业创新活力，通过园区经济来推动区域经济，实现产业与城市互动发展。

（三）工业设计企业快速增长，企业设计创新能力显著提高

目前，随着我国社会经济转型和个人消费者个性化需求的提升，整个社会对产品的需求也在从符合单一功能需求到满足消费者的多元化深层次需求转变。制造业企业的产品创新意识和企业品牌意识也在逐渐加强，企业已经逐渐意识到通过工业设计可以提高产品竞争力，通过工业设计提升品牌价值并提高产品销售规模，通过工业设计增加产品附加值提高企业盈利能力。

制造业转型升级和居民消费结构升级推动了工业设计的快速发展。近年来，以海尔、美的、小米为代表的国内制造业企业加大了产品工业设计研发的投入，企业研发中心或技术中心融合工业设计，增强企业设计创新能力，在以技术和功能为核心的产品导向基础上，增加用户体验模式，提升产品品牌附加值。同时，专业的工业设计公司也在快速增长，通过提供产品市场需求调研、产品原型定义、概念结构设计、供应链整合和品牌建设一揽子产品设计解决方案与制造业企业紧密合作，实现工业设计和智能制造深度融合，打造科技、创新、设计、制造行业生态圈。目前，我国比较知名的独立工业设计企业如木马设计、洛可可、浪尖设计、瑞德设计、飞鱼设计、嘉兰图等都取得了不错的成绩。

（四）依托区域经济发展，初步形成三大设计产业带

改革开放以来，我国已形成长三角、珠三角和环渤海三大城市群与区域经济圈，这三大区域的经济发展在很大程度上代表了我国经济发展的最高水

平。其中长三角经济圈主要是现代服务业和新兴产业，属于高科技知识密集型经济，珠三角经济圈主要是家电轻纺的专业镇经济和产业集群，属于劳动密集型经济，环渤海经济圈主要是重化工和传统重型制造业，属于资本密集型经济。这三大经济圈依托雄厚的产业基础，为工业设计发展提供了广阔的市场空间。

工业设计在为长三角、珠三角和环渤海这三大经济圈企业提供设计服务的同时，工业设计产业也已经基本形成了环渤海（北京、山东）、长三角（以上海为代表）、珠三角（以广州、深圳为代表）三大设计产业带的布局。随着我国“一带一路”建设、京津冀协同发展战略和长江经济带发展战略的提出，工业设计产业有望跟随经济发展的脚步，由东部沿海城市向内陆城市发展，并结合中西部内陆地区产业经济特色，为中西部经济发展不断注入新活力。

（五）信息技术不断应用，工业设计产业服务平台建设迅速

随着信息技术不断应用，数字经济不断发展，数字产业化和产业数字化是社会经济发展的两个必然方向。信息技术和工业设计的跨领域深度融合主要体现在以下两个方面。一方面，信息技术中的设计工具软件，如 PS、CAD、3Dmax、Solidwords 等，可以帮助从业人员快速有效地进行外观设计和快速立体建模的 3D 效果设计；另一方面，物联网技术的不断推广和智能产品的不断普及，需要工业设计除了考虑产品外观设计、产品功能设计，更需要考虑人机交互设计正在成为趋势。通过运动仿真、数字孪生等信息技术来实现产品的智能化设计。

“互联网 +”经济浪潮也给工业设计产业带来新的变革。一方面，独立工业设计服务平台通过互联网技术，会聚设计师资源，打破地域空间限制，为设计企业与制造业企业搭建交流对接平台，加快工业设计产业化、数字化。另一方面，工业设计服务平台也通过设计软件的在线协同服务、标准产品工业设计资源库等服务，降低中小设计企业和中小制造业企业成本。同时，工业设计服务平台还通过提供全产业链的数字化服务，构建面向工业设计和制造业流程全生命周期的生态系统。

四、我国工业设计产业发展存在的问题

（一）工业设计产业规模较小，缺少针对工业设计产业、园区的专项政策

通过查询我国工业设计园区内注册企业信息，经过数据分析，50%以上的入园企业注册资本在100万元以下、员工人数不足50人，经营范围为设计的企业占比不超过30%，这其中还包括部分包装设计、家具设计和建筑设计企业，工业设计企业规模小，难以形成规模化发展。根据深圳市工业设计协会消息，2020年，我国工业设计总产值规模仅为300亿元左右，深圳工业设计116亿元的总产值就占了全国将近一半。但以目前深圳拥有的近2.2万家各类工业设计机构来看，平均每家工业设计企业产值仅为50多万元。

以知网为例，通过关键词搜索“工业设计”、“工业设计园区”和“工业设计政策”，可以找到24389条、58条和41条结果，且发文时间在2012年达到顶峰，近年来发文数量逐渐减少。通过互联网搜索工业设计政策相关内容，显示我国各省市出台了不少有关工业设计的政策，但基本上都是根据工业和信息化部《关于促进工业设计发展的若干指导意见》（工业和信息化部联产业〔2010〕390号）和《关于印发制造业设计能力提升专项行动计划（2019—2022年）的通知》（工业和信息化部联产业〔2019〕218号）文件出台各省市指导意见和行动计划，缺乏根据本地区产业特点和产业优势制定的工业设计支持引导专项政策，更缺乏对促进工业设计园区发展的专项扶持政策。

（二）中小企业对工业设计普遍缺乏认知，产品创新能力和品牌意识薄弱

我国生产性中小企业多集中在家电、电子、日用五金、服装、家具、玩具等日用消费品行业，这些行业产品更新周期短，产品具有多样性。在改革开放初期阶段，我国大部分中小企业采取的是代工生产模式或者来料加工模式，在引进外资、吸引外资的同时为我国创造了众多就业岗位和外汇储备，但也使我国中小企业形成了产品创新惰性，产品依赖于国外公司或国内大型

企业。目前，许多中小企业对工业设计的理解就是产品外观的变化、材质的改变和颜色搭配，但这仅仅是工业设计的一小部分。

中小企业大部分以营销为导向，以价格为手段，通过价格战来占领市场。并且受困于资金限制和经营理念，大部分中小企业对产品设计研发资金投入不足，缺乏科学的产品设计管理，产品创新能力和品牌意识薄弱。

（三）工业设计产业门槛低，设计服务水平与工业发展阶段需求不匹配

我国工业设计产业业务规模与我国庞大的制造业产值不相称，反映出我国工业设计对整个制造业附加值的提升偏低。随着我国国力提升和国家影响力的增加，工业设计将成为我国制造业从中国制造向中国创造转变的重要手段。

我国工业设计产业目前还处于发展初期阶段，60%左右的工业设计企业成立仅有5~10年，成立20年以上的工业设计企业不到10%。工业设计公司依附某个产业甚至某个大型企业的现象比较普遍，缺乏跨行业、跨领域、跨地区合作。工业设计企业入门门槛较低，新的工业设计公司一般类似于工作室，人员规模在数人至十余人，主要以外观设计、功能优化设计为主。由于有大量此类自主设计能力较弱、品牌观念和创新能力不强的设计企业低价竞争，导致整个工业设计行业利润率偏低，反过来也迫使一些有能力的设计公司无法专注于设计服务质量的提升，只能依靠提高设计服务订单量来求生存。同时，大部分的中小企业用户为了降低成本寻求低价设计，而设计公司则因为资金少，只追求设计项目的短平快，通过多接设计订单或简单模仿抄袭他人设计来维持公司运营，这样的恶性循环，导致多数工业设计公司徘徊在行业低端，无法形成规模化发展。

（四）工业设计发展水平不平衡，存在区域差异和行业差异

从地域发展来看，我国工业设计发展存在区域发展不平衡问题。前文提到，我国工业设计企业主要集中在我国中东部及沿海城市，高端设计人才主要集中在北京、上海、广州、深圳等一线城市，同时高校工业设计毕业学生也流向工业经济发达的沿海地区。近年中西部地区企业虽然也通过“互联网+”在行业细分领域寻找突破，产生了一定的工业设计服务需求，但由于本地工业设计企业因发展环境、人才所限，无法为本地企业提供高质量的工业设计服务。同时，因为企业产品创新意识比较薄弱，主动寻求发达地区工业设计企业服务的动力也相对不足。

从行业发展来看，我国工业设计发展存在行业间发展不均衡的问题。我国工业设计企业目前主要偏重产品外观设计与产品功能设计，主要集中在消费端，如家用电器、日用消费品、个人电子设备等。而在企业端，如工业装备、新材料等领域，更需要设计公司把材料学、力学应用于设计，把工艺设计与技术研发有效结合。目前，我国多数工业设计公司缺乏类似的设计创新能力，这也严重制约了企业的产品竞争力和附加值的提升。

（五）工业设计人才培养体系不完善，缺乏高水平人才评定政策

每年我国高校工业设计专业毕业生很多，但能立即胜任企业工业设计岗位要求的人才却很少。国内高校在专业设置上培养目标一般设置得大而全，而工业设计是实践性很强的行业，要熟悉工业行业全流程，要有实用性和可行性，但很多高校的工业设计专业都忽视了工业设计产品所在行业特点、行业技术发展趋势和行业环境要求。同时，部分企业管理者也没有意识到工业设计在产品生命周期中的重要性，大量人力、财力花费在产品技术功能研发上，忽视了工业设计能给产品创造的附加值。

高校工业设计重外观轻功能，实践学习分散且不连贯。工业设计作为应用型复合学科，所需知识涵盖了力学、材料学、美学等领域，在大学期间，工业设计人才培养只对机械原理、力学、数理计算和新材料应用等基础学科知识做普及性教育，更多的专业教育课程集中在设计心理学、美学、计算机辅助设计等设计相关专业上。由于缺乏对新材料、新工艺的掌握，难以产生创意思想，产品品质设计难以得到提升。同时，工业产品开发设计往往从市场调研、功能定位、创意、设计、评价、原型到样品需要短则半年，长则几年的周期，而高校教育各个老师都有自己的实践项目或产品，在有限的实践教学学时内，难以把工业设计全流程要素进行全面讲解。

目前，高校教师大部分是本科—硕士—博士—留校任教，而有行业全流

程经验的人才因为没有高校招聘要求的高学历，难以进入高校任职。同时，工业设计师没有人社部门的职称考评体系，工业设计一般参评工程师或者工艺美术师，作为工业设计从业者更难以得到社会相关部门的认可，不利于从业者进行长期职业规划和职业发展。目前，各地在吸引外来人才落户政策上，硕士毕业或高级职称是基本条件，而作为工业设计这一实操性很强的专业，更多的知识积累和能力提高来源于工作中的经验积累，难以享受到国家和地方对人才的优惠政策。

（六）工业设计园区培育周期长，对园区所在地经济贡献不明显

产业园区的培育和发展需要较长的周期，且涉及融资、服务、招商、产业培育等因素，要求较高。园区通过做公共服务平台、争取政策优惠、筹划产业投资基金等方式来吸引企业入驻。通过对资源的掌控力和整合力，在运营管理、园区招商、金融产业服务、产业投资等方面实现充分整合合作，打造成开放式产业平台，形成产业集群效应。同时，产业园区通过一系列产业政策体系，如依托国家财税优惠政策、政府补贴政策、人才引进政策和行政审批政策，以及园区制定的公共服务平台政策和其他个性化服务政策来吸引优质的企业入驻园区，引导入驻的企业发展壮大。

但工业设计作为生产性服务业，因其入驻企业体量小，门类复杂，工业设计园区的产业集群效应和拉动经济增长作用有限，直接投资收益不明显。尤其是在产业基础比较薄弱的区域，工业设计园区如无源之水，单靠政府有限的政策与资金扶持难以生存和持续发展。此外，因为工业设计概念不清晰、外延模糊，工业设计企业门槛低，导致政府在制定相关产业扶持政策时难以精准实施和落地。上述问题的存在也导致部分地方政府对工业设计产业园区的重视停留在表面上，仅以其作为“形象工程”甚至是“花瓶工程”供参观而已。

（七）工业设计产业监管缺失缺位，缺乏产业内部交流

目前，工业设计行业协会会员主要是有影响力的制造业企业、知名高校教授，工业设计企业很少。协会更多的是去协调政府关系，做企业活动。协会不是从业者自发形成的组织，对行业的发展缺乏监管力。同时，政府作为

市场经济的管理者，政策的制定、执行和评价都需要市场经济的主体——企业来参与，或者由行业企业代表组织——行业协会（联盟）代表企业来发声。调研组从各地调研结果来看，工业设计企业因体量较小，影响力较弱，入会积极性普遍不高，但这些中小工业设计企业恰恰是工业设计产业的主体，工业设计产业需求难以快速有效地反映到政策上。

在现有状况下，我国工业设计方面缺乏相应的行业标准，同时各地的经济基础和设计基础相差很大，很难使不同的园区和企业在同一个平台上公平地对话。特别是需求供给层面，经常出现制造企业大量门槛低、利润薄的改进型设计需求，这种低端设计需求客观上使设计公司被看作某种廉价劳动力。此外，工业设计研究、高端设计咨询、新设计输出很难被企业承认和理解，缺乏如建筑设计行业中的标准体系，企业很难评价应该付出何种成本来购买设计产品和设计服务。只有在诸如上海、北京和广东等工业设计发达的地区，由协会、联盟牵头，通过与企业及高校研究机构建立合作，逐步启动面向行业和产业的设计，起草制定行业标准。

（八）知识产权缺乏有效保护，影响工业设计产业健康发展

工业设计知识产权侵权企业成本低，维权企业成本高。任何设计创新都是需要成本投入，具有发展精神的企业可能投入巨大成本进行创新设计，山寨企业仅需要较低的设计投入就能轻易加以模仿设计。同时专利知识产权价值主要体现在产品能够在市场上领先地位和领先时间，随着专利知识产权侵权诉讼的进行，专利知识产权价值日益贬值，再加上停止侵权的判决执行措施不到位，难以有效制裁恶意侵权行为。导致维权企业巨资维权，所获赔偿甚少，产品失去了市场优势。

随着工业设计外延的扩展，从平面到产品、环境、服务，对知识产权的需求都越来越强烈。围绕工业设计，从设计图纸、设计说明到产品形态、产品包装以及企业服务，有不同的知识产权保护方式和需求。但在信息网络、电子商务快速发展的背景下，消费产品行业的设计知识产权（主要集中在外观设计和功能设计）保护难度增大。鉴于电子商务以价取胜、快速传播（也导致山寨迅速）的属性，好的工业设计难以转化为企业的增长利润，同时知

识产权维权周期长、成本高，削弱了企业对产品进行精品设计的动力。部分企业为了应对竞争对手的仿造或者电子商务的海量山寨，只有缩短产品周期、加快产品换代速度，通过产品代差来维护自己产品的领先地位，无法通过设计来提升产品的品质。

五、我国工业设计产业发展意见和建议

（一）积极推进品牌建设，提高工业设计产业创新能力

加强质量品牌建设作为《中国制造 2025》规划的九大战略之一，是实现我国制造业转型升级、提升我国综合国力、增强我国国际影响力的重要任务，是实现中国制造向中国创造、中国产品向中国品牌转变的必由之路。推进制造业品牌建设，除了通过技术研发提升产品质量、通过渠道宣传提高产品认知度外，还可以通过工业设计的外观设计提升产品辨识度，通过人机工程设计提升消费者对产品的忠诚度。除了提升制造业品牌建设外，工业设计企业品牌建设，工业设计产业园区品牌建设也是推动我国制造业转型升级的重要抓手。

提升我国工业设计的品牌创新能力，除了培养设计师的创新思维外，作为生产性服务业的工业设计从业者，也需要对产品生产全流程有全面的认知。在产品设计全生命周期，严格产品设计过程控制，通过建立面向产品全流程的设计体系，保障产品创新设计的可操作性；提升我国工业设计的品牌创新能力，需要摒弃原来的闭门造车和简单模仿方式，以消费者视角来进行产品设计。快速全面地了解消费需求，研究产品特性与消费者行为习惯，把产品功能特性和用户群体定位相结合，通过工业设计让产品除了功能通用性外，更符合用户个性化需求，提升产品品牌竞争力。提升我国工业设计的品牌创新能力，还必须加强文化自信。我国工业设计产业虽然起步较晚，但是得益于我国经济的飞速发展和经济全球化发展趋势，已经形成一定的积累，工业设计可以结合中国文化特点，增强设计创新的原创性和民族性，促进中国制造到中国智造转变。

（二）加强工业设计与制造业融合发展，促进设计项目应用化

随着制造业的智能化发展，工业设计的发展趋势也从单纯地提供产品设计到提供设计研发再到产品量产前的整套解决方案，甚至还可以根据客户需要提供小批量生产。这种工业设计公司提供的解决方案可以满足部分制造业推行的个性化定制和柔性制造，让制造业企业利用产品的全流程设计解决方案，在瞬息万变的市场竞争中抢得先机。

加强工业设计与制造业的融合发展，需要工业设计打通产品全生命产业链，整合产业链资源，形成产业生态圈。加强工业设计与制造业的融合发展，还需要工业设计企业针对企业规模不同、发展阶段不同、产品生命周期的不同提供便捷、适时的产品设计服务。鼓励工业设计公司与生产性企业合作，以设计项目入股或产品销售分成、品牌共用等方式使设计项目落地应用；同时鼓励工业设计公司孵化自有品牌，深化产品设计产业链。

工业设计企业规模小、产业发展变化快的特点，让其难以在市场竞争中处于优势地位。而产业园区的专业化运营模式、完整的配套设施、完善的服务功能和产业规模集聚效应可以帮助工业设计企业发挥自身优势，专注于产品的创意创新。园区通过公共服务平台，打通设计与制造环节，让创意变为创造。

（三）完善人才培养和评价体系，激发人才创新活力

高校建设科学合理的工业设计课程体系，增加工业设计和知识基础课程。高校培养要以市场需求为导向，改变重理论轻实践、重外观轻结构、重审美轻人机的错误倾向，引导从业者将工业设计理念从产品外观设计向产品品质综合设计转变。推进校企合作办学授课，搭建产学研用平台。将合作企业产品设计项目带入课堂，从产品设计初期让教师和学生能真正了解设计需求，通过企业人员讲解行业知识深入学习实践。

加强工业设计人才培养，一方面要加强制造业企业管理者和设计相关人员在岗培训、工业设计企业设计人员的业务提升培训，另一方面要加强院校毕业生的工业设计实践培训。制造业企业、工业设计企业与高校通过企业实训、联合办学、交流学习等方式共建人才培养平台，完善人才培养体系。政

府和企业根据岗位、职责和职业，结合人才的知识储备、业务能力、工作业绩等建立科学合理、有所侧重的工业设计人才评价体系。

积极推进完善工业设计职业职称评定、评价体系建设。通过参考现有职称评价体系、职业资格和专业技术资格认定体系，设立初、中、高三个层次职业水平评价。初、中级工业设计师职业资格可通过考试取得，高级工业设计师职业资格通过考评结合的方式取得。初、中、高三层次报考资格可参考工程系列报考条件。通过工业设计职业资格体系建设，加快工业设计专业技术人才培养，为工业设计从业人员构建完整的职业发展蓝图，并通过职业水平评价提高工业设计创新能力和服务水平。

（四）推进工业设计园区平台建设，通过资源共享降低企业成本

工业设计园区在汇集产业资源、发展产业生态圈、推动区域经济发展等方面起到重要作用，承担着产业升级转型和城市化建设的双重使命。园区公共服务平台是区别于产业自发聚集的楼宇经济根本所在，公共服务平台可以涵盖人才交流培养、项目立项申报、技术转化转让、融资投资贷款等企业发展必需的服务项目。完善、便捷、高效的公共服务平台，是产业园区的核心竞争力。

通过建设园区公共服务平台，根据企业不同的发展阶段提供不同的服务。在企业创立初期提供基础性服务，如登记注册、法律咨询、政府部门协调等，通过此类基础性服务，提高企业办事效率；在企业发展阶段提供引导性服务，如项目立项申报服务、企业扶持资金申请、行业资质认证等服务，通过此类服务帮助企业快速稳定发展；在企业品牌塑造期提供发展建设性服务，如贷款融资、技术成果转化、产业链延伸等服务，通过此类服务增强企业品牌塑造能力。同时，搭建产业园区服务平台的资源共享和服务引导功能，为园区内企业创造良好的发展环境，有利于企业不断发展壮大，延伸产业链，形成产业生态圈，带动区域经济发展。

推动工业设计园区平台建设，对服务平台搭建承建企业和运营企业给予运营资金补助、入园企业优惠等政策支持，将对推动工业设计产业快速发展起到积极作用。

（五）鼓励园区企业内部孵化，利用优势延伸产业链

产业园区的发展，因其产业集聚的特点，更多地关注产业链发展，从园区经济发展的角度来看，都是沿着企业→企业聚集→产业链扩展的发展路径演进，只有实现产业集群化，才能激发出产业区域优势和能量。随着经济的数字化和全球化，园区依靠各种资金减免政策优惠带来的成本优势将逐渐减弱，园区的竞争优势需要构建在产业链经济的区域优势上。

产业链的培育主要集中在以下三个方面：一是根据园区定位与产业基础，明确产业链核心和延伸方向；二是围绕产业链核心培育重点项目和重点企业，形成龙头示范效应；三是全方位完善产业链，通过鼓励企业内部孵化和企业联合，做粗做长产业链，实现园区产业经济的纵向发展与横向联合。

在促进产业链经济发展过程中，构建园区工业设计师协会（联盟）也是加强企业间交流协作的有效手段。作为集聚设计师资源、提高创新效率、促进企业协作的重要方式，园区设计协会是知识经济社会的重要创新组织，也是园区内设计企业加强交流、增强互信的有效途径。

（六）建立政府多部门联动和数据共享机制，政策服务企业全生命周期

完善园区目标考核管理要求，建立政府多部门联动和数据共享机制，是提高政府园区管理效率的有效手段。政府部门信息和数据共享，落实工业设计园区一站式服务体系，为企业和政府多部门搭建简洁有效的沟通桥梁，简化企业在经营中的审批、登记等手续，让工业设计企业真正把更多的时间和精力放在设计产业的发展上。

根据工业设计企业不同的发展阶段与工业设计园区自身产业规划，实施差别化的园区准入机制和扶持配套资金政策。企业发展一般经过起步阶段、品牌塑造阶段和产业链扩张阶段，各个阶段企业面临的问题有其阶段性特点，对扶持政策的需求也有所不同。如起步阶段企业更看重资金扶持和税收减免政策，依托园区投融资平台，以股权投资的方式为企业在起步阶段提供启动资金；而在品牌塑造阶段企业更看重园区产业创新氛围和产业结构合理性，此时园区建立以技术为导向的基金扶持，利用政府投资资金的示范作用，吸

引社会资金投向企业，重点扶持企业的人才引进、技术创新和成果转化等；在产业链扩张阶段则看重产业链的完整度和产业链间的有效联动，以全产业链增值服务为导向，建立公共服务（研发服务、测试服务、信息服务、人力资源）体系，延长深耕产业链，提升产业集群发展环境。

（七）借鉴“互联网 +”思维，建立“工业设计 +”服务新模式

2015 年国务院印发《国务院关于积极推进“互联网 +”行动的指导意见》，国家开始全面推进“互联网 +”。“互联网 +”战略充分利用互联网优势特点，结合传统行业生产业务要素，重新构建业务流程，重塑商业模式，通过跨界融合来创造新经济生态。

如果说互联网是行业转型升级的工具，那么工业设计就是行业创新的催化剂。2015 年国务院印发的《中国制造 2025》中所提九大战略，其中提高国家制造业创新能力、积极发展服务型制造业和生产性服务业这两大战略与工业设计密切相关。通过“工业设计 +”加快制造业与生产性服务业的协同发展，完善和提高制造业创新体系，对制造业转型升级提供有力支撑。

以互联网为技术手段，以工业设计为需求导向，构建工业设计互联网平台，形成“工业设计 + 产业”生态圈。通过平台汇聚设计需求，搭建传统企业和设计企业间沟通协作平台，为制造业企业提供一揽子设计产品解决方案；以互联网创新模式，帮助中小企业降低设计成本，摆脱山寨跟风模式，引导中小企业产品创新；帮助设计企业把握企业产品设计需求，提供合理的设计解决方案，提高企业产品创新成功率；在大众创业，万众创新和共享经济的背景下，汇聚设计师智力资源，实现跨界融合创新。

（八）完善知识产权保护政策，降低维护知识产权成本

知识产权是创新发展的制度基础和法制保障。打通知识产权创造、运用、保护、管理和服务全链条，完善知识产权保护政策，发挥知识产权整体效应，提高自主创新活力，助力中国制造向中国创造转变。

提高设计从业者在设计中知识产权保护的意识，加强企业知识产权保护布局。工业设计是一项脑力原创活动，既要提高设计从业者对自己创意设计的产权保护和维权意识，也要提高设计从业者的职业操守，杜绝知识产权泄

密和侵权。同时，企业管理层要提高知识产权保护意识，积极制定企业知识产权保护策略，维护企业自身知识产权利益。构建知识产权大保护、快保护、同保护格局。政府需加强多部门沟通协作，从行政、司法、市场等多角度、多手段，构建知识产权保护伞；建设知识产权保护服务平台，运用信息技术与数据共享，为企业提供便捷的维权渠道；同时，知识产权保护一视同仁，不分企业所有制，不分企业规模，不分企业个体，做到同等保护，营造良好的营商环境。

习近平总书记在2020年中央政治局第二十五次集体学习时强调了知识产权保护政策的重要性，要求加快完善相关法律法规，统筹推进专利法、商标法、著作权法、反垄断法、科学技术进步法等修订工作，增强法律间的一致性。国家知识产权局正在就加入《工业品外观设计国际注册海牙协定》与世界知识产权组织进行磋商，让中国创意、中国设计、中国制造更好走向世界。

六、结束语

工业设计是制造业转型的催化剂，产业园区是推动区域经济发展的助推器，如何通过政府引导，市场运作的方式，有效结合两者优势，充分发挥工业设计产业园区的聚集示范效应，是工业设计产业发展的重点工作。

工业设计园区的规划建设应围绕区域优势产业布局，通过强化优势产业，增强优势产业的配套带动作用，深耕产业链条，培育产业链上下游分工协作、相互支撑、相互促进的发展格局；通过产业园区服务平台，强化产业市场政策建设和产业配套能力，推动企业聚焦主业；通过内部孵化等措施建立闭链发展模式；通过创新运营管理模式，正确处理好招商与创业的关系，保持园区产业发展内生动力。

任何一个产业的发展都是与其他产业相互促进，任何一个产业园区的建设都是依托当地优势产业，任何一个政策的出台都是多部门协调沟通。中美贸易摩擦、新冠肺炎疫情影响，都为我国制造业转型升级之路增加不少波折，但只要我们利用好工业设计这一催化剂，利用好产业园区这一助推器，必将实现我国制造业的强国之梦。

参考文献

[1] Daniel. C. 产业园区资本运作方式和园区运营模式[EB/OL]. https://www.doc88.com/p-9065669165220.html/2018-01-09.

[2]王晓红. 十二五规划与工业设计[J]. 设计,2011(1):40-43.

[3]郭雯. 国际工业设计服务业发展及启示[J]. 科技促进发展,2010(7):14-18.

[4]马宁. 国内工业设计的现状分析及对策研究[J]. 郑州轻工业学院学报,2010(2):31-34.

[5]柳冠中. 从中国制造到中国创造　设计创新机制研究[J]. 设计,2010(10):39-43.

[6]何可. 知识产权源头保护能力不断[N]. 中国质量报,2020-1-15.

[7]蒋红斌. 中国工业设计园区基础数据与发展指数研究[M]. 北京:清华大学出版社,2018:133-136.

课题组成员简介

秦　可，副院长，正高级工程师，山东省工业和信息化研究院。

刘明伟，高级工程师，山东省工业和信息化研究院。

张宇翔，正高级工程师，山东省工业和信息化研究院。

陈　文，工程师，山东省工业和信息化研究院。

于　阳，党组书记，山东省济南市市中区发展和改革局。

陈　健，总经理，济南国际创新设计产业园。

2

产业生态视角下传统产业集群转型升级研究

——以山东省纺织服装产业集群为例

王玉禄　王巧婧

摘　要　本课题基于产业生态建设的视角，通过分析德国、美国、日本等国家集群发展的概况和特点，并从集群规模、效益、区域品牌建设、先行区建设等四个方面分析国内纺织产业集群发展情况，借鉴国内重点产业集群经验做法，研究分析提出生态视角下山东省纺织服装产业集群发展存在的问题，进而给出生态视角下产业集群发展路径，从政府、集群、企业三个层面进行具体路径设计和研究，为全省传统产业集群转型升级发展，实现高质量发展提供有力参考。

关键词　产业生态；集群；转型升级；纺织服装产业

习近平总书记在不同时期和场合多次强调制造业的重要地位、重要作用。当前，各国和区域之间的经济竞争，正在跨越单个企业的竞争、产业链条的竞争，向产业生态之间的竞争转变。这次新冠肺炎疫情的冲击，使这一特点更加充分地显现出来。2019 年，山东省委经济工作会议提出要完善产业生态系统。山东省是工业大省，供给端、需求端的优势都很突出，完全有能力、有条件在产业生态建设上做出更大、更好的文章，打造山东产业生态体系，巩固提升制造业支柱地位和辐射带动作用，必将对制造强省建设作出新贡献。

纺织服装产业是山东省传统优势产业，近年来，受多种内外因素的影响，山东省纺织服装产业效益明显下滑，迫切需要进一步挖潜降耗、提质增效，推动产业高质量发展。山东省共建有国家级纺织服装特色产业集群 27 个，集群数量居全国第四位，但山东省产业集群规模偏小，分布较为分散，以低端加工为主，市场竞争力较弱，利润率低，发展质量不高，基本没有园区化布局，也基本没有与之相配套的大型专业市场，甚至没有形成具有国内外较高影响力的区域品牌。

如何努力打造具有核心竞争力的特色产业集群，成为纺织服装产业实现产业生态建设、高质量发展的重要课题，也将为全省传统产业实现高质量发展提供参考。

一、产业生态的内涵和特性

（一）产业生态的内涵

产业生态是一个有机的体系，是由产业链条中各类参与者、各种内外部因素和环境共同作用发展的有机系统。产业生态是开放性的，与产业周围的生态环境相互制约、相互影响，协同进化。在产业生态内，各类企业、组织机构之间通过竞争合作机制、利益分配机制，不断进行技术、资本、信息、知识和渠道等要素的共享，主体间相互充分作用和影响，在这个过程中企业、行业核心竞争力、创新能力、发展潜力不断得到提升，产业系统整体也获得良性发展。

（二）产业生态的特征

产业生态是产业构成的有机功能体，它以产业链为纽带，通过协同创新、开放融合、共生共赢，最终形成具有较强市场竞争力和可持续发展重要特征的新的产业发展模式。

1. 产业协同创新

产业生态内通过彼此间竞争合作协同创新发展，实现共同价值和利益最大化。解决产业共性技术问题，通过资源整合互补，共同完成产业重大共性研发创新，降低研发成本、缩短研发周期，分担研发风险，加快产品进入市场速度，抢占市场先机。促进产业链上下游协同合作，引导和助推各企业间细分市场的差异化发展，促进整个产业链具备市场竞争力，激发产业链条各环节的活力，实现规模效益全面提升。

2. 产业开放融合

产业生态内通过彼此间的开放性，实现跨界融合发展。产业融入全球产业分工及产业链合作体系。以产业链为纽带，在研发链、供应链、产销链以及人才、管理、资本等方面资源及信息开放。产业两化融合深度加强，新一代信息技术、新材料技术及新模式、新应用与产业深度融合，更体现在产融融合、产产融合、产城融合等多个方面。

3. 生态共生共赢

产业生态内彼此间发挥各自优势，实现共生共赢。产业生态内大企业发挥引领支撑作用，中小企业提高专业化水平，形成大企业带动中小企业发展、中小企业为大企业注入活力的共生发展新格局。以产业链为纽带，在研发链、供应链、数据链以及人才、管理、资本等方面资源及信息开放，提高骨干企业龙头带动能力，提升中小企业产业链高端配套能力，形成产业共赢高质高效生态体系。

二、纺织服装产业集群发展现状

（一）发达国家产业集群发展概况

自21世纪初期开始，许多发达国家将产业集群作为发展区域经济和谋求全球竞争优势的有利武器。

1. 德国产业集群

德国产业集群发展全球领先，拥有各类产业集群计划项目600多个，在航空、智能制造、有机电子、碳纤维、生物医疗等领域建有15个世界级领先集群；集群组织管理水平先进，其中有20个集群被列入“欧洲集群卓越计划”金标集群。德国培育高水平产业集群具有以下三个特点：一是积极调动集群的自主性和创造性，实施自上而下的“赛马机制”，由区域内各主体自行组织集群的组织、管理和发展，再通过竞赛取得政府资助；二是十分注重产业集群的有效管理，每个集群都建立了正式集群管理机构，以协调集群内部及集群间的竞争与合作；三是充分发挥政府的引导和扶持作用，保持市场导向的同时纠正集群合作中的市场失灵，为集群发展提供资金和智力支持。

2. 美国产业集群

美国产业集群种类繁多、各具特色，已形成了硅谷的微电子高科技产业集群、洛杉矶的国防和航空产业集群、底特律的汽车产业集群、纽约的金融产业集群、好莱坞的电影产业集群、拉斯维加斯的娱乐和赌博业集群等。美国产业集群的发展表现出以下三个特点：一是产业集群计划由总统领导、多部门合作推进，每个产业集群计划均由一个联邦部门主导、多个部门参与，这种协助性组织有效强化了产业集群竞争力；二是以优越的发展条件为基础形成多样化的特色产业集群，美国各产业经过较长的发展历程，积累了一定的专业化经济优势、特定区域社会文化优势和人力资本优势，进而由发达的科研机构和政策资金支撑体系促成功能分区明确的产业集群；三是产业集群的发展主要依赖于产业与市场的互动，以市场导向为主，政府在多数情况下仅通过一些调节和激励措施来引导和促进集群的良性发展。

3. 日本产业集群

日本于2001年开始推行“产业集群计划”，建立了18个产业集群；2002年启动“知识集群计划”和“城市区计划”，分别建立了18个知识集群和89个城市区集群；2010年将上述计划合并，建立了开发创新系统项目，计划打造17个全球性产业集群和23个城市区集群。日本产业集群规划主要由经济产业省和文部科学省协作推动，致力于构筑和加强区域范围内的“产业—政府—研究机构”合作，注重区域比较优势、基础设施支出以及商业孵化器功能，探索和构筑产业内部网络与跨产业合作网络，以提高产品生产效率和创新发展为目标构建区域集群。

（二）全国纺织服装产业集群发展概况

纺织服装产业集群已成为我国现代产业的重要组成形式和新型社会化生产方式的关键组成部分，在资源要素有效配置、企业运行效率提升、行业健康可持续发展等方面发挥着重要作用，有力地推动了经济的快速发展和行业国际竞争水平的快速提升。

1. 集群规模

从产业集群的数量来看，截至2019年底，各省与中国纺织工业联合会建立产业集群试点225个，其中，纺织产业基地市（县）27个，纺织产业特色名城72个，纺织产业特色名镇98个，并建有世界级纺织产业集群先行区（试点）14个。产业集群分布在全国21个省、自治区、直辖市，主要以长三角、珠三角、环渤海地区为主，其中浙江省、江苏省、山东省、广东省、福建省等沿海五省最为集中，五省的集群数量约占全国的3/4；其中，浙江省50个、江苏省47个、山东省27个、广东省27个、福建省18个。总体来看，山东产业集群在数量上排在全国第二梯队，与浙江、江苏产业集群数量还存在较大的差距，山东省纺织服装行业在“块状经济”模式的发展活力仍显不足（见图1）。

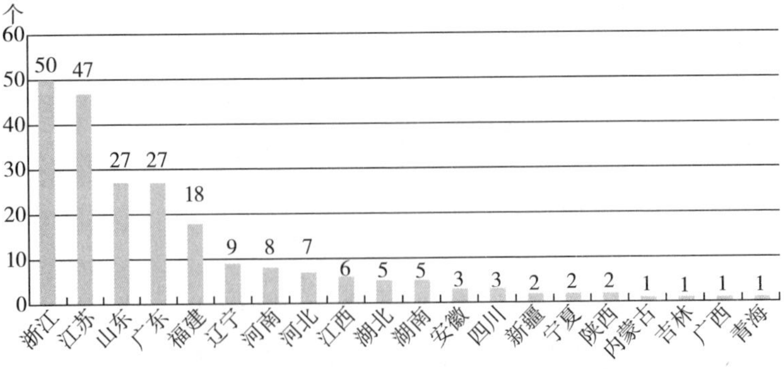

图1 中国纺织服装产业集群各省份分布情况

2. 集群效益

中国纺织工业联合会统计数据显示，2018 年全国纺织服装产业集群的企业总户数达 19.43 万户，规模以上企业 1.53 万户；实现工业总产值 3.63 万亿元，规模以上企业完成 2.56 万亿元；实现主营业务收入 3.60 万亿元，规模以上企业完成 2.58 万亿元；实现利润 2195.02 亿元，规模以上企业完成 1485.63 亿元。

中国纺织工业联合会统计数据显示，2018 年，在全国纺织产业集群中，产值或主营过千亿元的产业集群 9 家，其中浙江 3 家，分别为萧山、桐乡、柯桥；江苏 2 家，分别为常熟、江阴；福建 2 家，分别为晋江、长乐；山东 2 家，分别为滨州、青岛即墨。产值或主营在 500 亿～1000 亿元的产业集群 7 家，其中江苏 4 家，分别为张家港、叠石桥、南通通州、海安；浙江 2 家，分别为海宁和大唐；福建 1 家，为石狮。

3. 产业集群区域品牌建设

工业和信息化部自 2014 年至今，已公布了四批次产业集群区域品牌建设试点示范区，合计 169 家区域品牌。其中，纺织服装产业区域品牌 14 家，山东、浙江分别包含 3 家，位列第一；但仍需注意的是在棉纺织、家纺等山东省比较优势突出的产业中，尚无山东企业入围国家级的区域品牌试点（见表 1）。

表 1　工业和信息化部产业集群区域品牌建设试点名单

序号	地区	区域品牌	批次
1	广东深圳	内衣产业	首批
2	江苏南通	家纺产业	第二批
3	浙江温州	服装产业	第二批
4	浙江湖州吴兴区	童装产业	第三批
5	山东海阳	毛衫产业	第三批
6	山东德州陵城	新型纺织产业	第三批
7	山东即墨	纺织服装产业	第三批
8	湖南长沙开福区	湘绣产业	第三批
9	广州市增城区新塘镇	牛仔服装产业	第三批
10	辽宁省东港市	运动户外	第四批
11	辽宁省海城市西柳镇	北派服装	第四批
12	吉林省辽源市	袜业	第四批

续表

序号	地区	区域品牌	批次
13	河南省新野县	棉纺织产业	第四批
14	浙江省宁波市海曙区	时尚纺织服装产业	第四批

4. 世界级纺织产业集群先行区建设

2019 年，中国纺织工业联合会启动了世界级产业集群先行区试点共建工作。截至 2019 年底，中纺联已经与山东省滨州市、山东省青岛市即墨区、浙江省湖州市织里镇、绍兴市柯桥区、桐乡市濮院镇、诸暨市大唐镇、海宁市许村镇等 12 个产业集群地确立共建合作；另有 2 个“世界级时尚小镇先行区”共建试点时尚小镇。山东省（2 个）与浙江省（5 个）世界级纺织产业集群先行区建设在数量上还存在一定差距。

我国纺织服装产业集群经过改革开放几十年的创新发展，从产业原始资源集聚阶段发展到产业链集聚、协同发展阶段，不断优化升级，企业两化融合水平明显提升，区域品牌影响力不断扩大，绿色低碳循环经济持续发展，公共服务平台建设卓有成效，企业间的协同发展大有进步，产业集群依然是纺织服装行业未来发展最具活力的主体形式。但是，产业集群生态化尚处于初期阶段，产业集聚区集而不聚，创新合作机制欠缺，高附加值的核心产业链相对薄弱，产业层次低下和粗放式经营模式导致对资源的高效利用等问题日益凸显。

（三）山东省纺织服装产业集群发展概况

截至 2019 年底，山东省已有经中纺联认定授牌的国家级纺织产业集群 27 个，其中，纺织产业特色名城 20 个、纺织产业基地市（县）4 个、纺织产业特色名镇 3 个，产业集群总量位于浙江、江苏之后，与广东省同居全国第四位。即墨童装和滨州家纺分别为共建“世界级童装产业集群先行区”和“世界级家用纺织品产业集群先行区”。

1. 山东省产业集群基本情况

全国棉纺织名城、名镇共 11 个，山东独占 5 个，纯棉纱产量连续多年排名全国第一，并在中国棉纺织企业收入前十名排行榜中占据半壁江山；全国产业用纺织产业集群共 17 个，山东省有 3 个，分别是惠民县（中国绳网名城）、德州市陵城区（中国土工用纺织材料名城）、昌乐县（中国织带名城）。已形成青岛海洋特种绳缆、滨州化纤绳网、德州复合土工材料、泰安土工格栅、济宁锦纶帘子布等一大批区域品牌；有全国唯一纺机产业集群，青岛市黄岛区王台镇（中国纺织机械名镇）。山东省是全国主要的纺机制造聚集区，与江苏省、浙江省同为我国三大重点纺机生产基地；拥有多个服装、家纺产业集群，产业门类齐全、地域分布广泛，其中服装服饰拥有即墨童装、诸城男装、海阳毛衫、汶上休闲装等 9 个产业集群，占全省纺织产业集群总数的 1/3。

2. **山东省产业集群类别**

山东省纺织产业集群主要集中在特色名城，而特色名镇的数目（3 个）与浙江省（28 个）、江苏省（36 个）、广东省（20 个）相差较大，这一定程度上说明山东省产业集群在产业密度和集中度上，距离浙江、江苏纺织服装产业仍有较大差距。（见图 2）

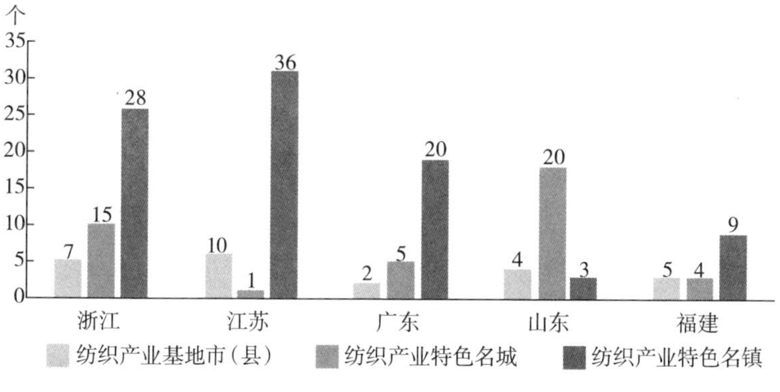

图 2　沿海五省份纺织服装产业集群数量及类别对比

三、全国重点产业集群生态建设的先进做法

（一）浙江省柯桥纺织产业集群

浙江省柯桥纺织印染是全国重要的纺织产业集群基地，也是首批国家新型工业化产业示范基地。柯桥区紧抓印染产业转型升级和纺织制造业改造提

升两大重点任务，坚持以智能制造为发展方向，促进产业融合和应用创新，传统纺织印染制造业实现平稳发展。

1. 以印染产业为突破，加快传统产业集聚化入园

一是推进印染产业集聚升级。目前，柯桥区印染企业由前期的200余家集聚为约100家，且均位于滨海工业区内，涌现了一批行业龙头标杆企业。二是推进设备工艺革新。全区60%以上的印染企业均采用国际先进印染设备，重点印染企业中染色设备平均浴比由原来的1∶10提高至1∶5。三是推进配套产业整治。以安全生产和环保两条红线，加大对印染企业涉污清退力度，有力促进了工业园区规范提升、绿色发展。

2. 以智能制造为重点，推进传统产业高效化发展

一是狠抓试点培育。选择园区内10余家自主经销占比50%以上的印染企业作为“加工转经销”试点单位，加大与外贸公司合作对接力度，成效明显。二是狠抓智能制造。目前，柯桥区印染行业拥有测配色系统企业占比45%，拥有半自动、自动染料助剂称量输送系统企业占比50%，拥有生产及销售管理系统企业占比55%。三是狠抓市场拓展。依托轻纺城“产业+市场”辐射力，不断提升企业自身竞争力。

3. 以要素配置为导向，推动传统产业高质量发展

一是加大政策驱动。出台振兴实体经济和促进经济高质量发展的政策，推动印染产业改造升级。通过出台的印染产业高质量发展实施方案，引导辖区内企业“加工转经销”。二是深化“亩均论英雄”改革。已初步构建起“亩均+”综合评价体系。对评价结果，实施差别化资源要素配置。三是优化服务推动发展。柯桥区组织开展了以“三服务”“驻企指导员”等一系列活动，不断提振企业家发展信心。

（二）浙江省桐乡濮院针织产业集群

浙江省桐乡濮院针织产业集群以毛针织产业为主导，产业始于20世纪70年代，经过40余年的发展，实现了“从无到有，从有到精”的飞跃发展，规模不断扩大，实力不断增强，成为桐乡市经济的支柱产业。

1. 高起点谋划，抓发展规划、政策的制定

坚持规划先行，谋定而后动。先后出台了《濮院时尚产业升级发展行动计划（2019—2021 年）》《濮院时尚产业战略规划（2019—2035 年）》系列政策，鼓励企业做大做强、转型升级。除了宏观面上的政策外，产业集群还在人才引进、参展参会、创新创牌、做大做强、市场开拓、重大项目引进、公共平台建设等方面制定了一系列的专项扶持政策，有效促进了毛衫产业的可持续发展。

2. 高标准建设，抓产业提档升级

一是强化产业链建设。形成了包括以纺织、染整、制衣、销售为主干行业，针织机械制造、染化料生产、辅料生产、现代物流等为经营配套行业，广告、摄影、检测、设计、展览等为赋能服务行业，专卖店、OEM/ODM 加工、批发市场、电子商务等为营销渠道的完整的现代化产业链体系。二是提升园区平台能级。实现有限资源最大化利用，以“亩产论英雄”，鼓励空间换地，提高建筑容积率，增加生产性建筑面积，实现土地资源利用最大化。三是倡导绿色生产。加快推进印染产业园区建设，积极推进印染企业兼并重组；严格执行环境保护相关法规，全面淘汰高能耗、低效率等落后设备设施；全面整治低散乱企业（作坊），为产业转型升级腾退空间。

3. 高水平服务，抓公共服务配套平台建设

一是建设浙江省（嘉兴）毛衫产业科技创新服务平台。建立以政府为指导、企业为主体、市场为导向、高校和科研机构为支撑的“产学研”联合体，组建形式多样的技术服务体系和科技信息化平台，带动产业的技术升级。二是建立国家毛针织产品质量监督检验中心（浙江），检验能力覆盖纺织服装细分的多个领域。三是建成占地 9.2 万多平方米的集卸货、运输与仓储于一体的信息化专业物流中心，拥有 109 条托运线路，站场内有经营的站点 71 家，基本形成覆盖全国的物流运输网络。四是创办濮院毛衫设计创意孵化器，引进服装设计、软件开发、品牌策划、文化传媒、电子商务、企业管理咨询、知识产权服务、技术创新等企业入驻。五是构建电子商务服务平台，通过“互联网 + 设计”、生产、管理、销售、创业，推进全产业链的转型升级，实现传统市场“电商换市”，企业和市场商户电子商务参与率达 80.2%。六是构建设计师培养平台，连续多年举办设计师大赛。七是构建产业大数据平台，发布“濮院指数”，创造了濮院羊毛衫集群升级新模式，创立了濮院发展的新名片。八是构建融资类平台。大力引进各类金融服务机构入驻。

4. **高质量发展，抓品牌建设**

一是主动创建品牌，积极鼓励企业主和经营户自创品牌，出台政策，建立创牌激励机制，落实奖励措施，加大对自主品牌的培育力度。根据产业特点，建立品牌培育库，实施梯度培育计划，为企业的品牌建设提供跟踪管理和上门服务，分类指导争创本地名牌、省级名牌和国家级品牌。二是积极引进名牌，在主动创牌的同时，积极引进知名品牌。三是打造区域品牌。针对濮院毛衫产业集群小企业、小品牌铺天盖地，没有大企业、大品牌顶天立地的现状，我们积极打造“濮院毛衫”区域品牌，健全区域名牌的运用管理机制，发挥“濮院毛衫”浙江区域名牌对中小企业创牌的带动作用，形成了“中国毛衫看濮院”的区域品牌效应。四是提升品牌影响力。定期举办时尚周、博览会等品牌活动，积极办好各类行业盛会，提高活动成果转化率，扩大濮院时尚影响力。

（三）江苏省常熟纺织服装产业集群

江苏省常熟纺织服装产业集群作为与中纺联合作共建的“世界级秋冬服装产业集群先行区”，现已形成集化纤、织造、印染、服装设计、服装加工、纺织服装专业市场等各环节完善的产业链，并形成了秋冬装、针织面料、无纺针刺设备等特色集群。

1. **主抓优势产品，形成竞争优势**

一是羽绒服产业在全国服装行业中为优势最明显的领域，全国市场占有率长期领先。2018 年全市羽绒服产量约在 8000 万件，占全国的 20% 以上。全国市场占有率前十品牌中波司登稳居首位。同时防寒服产品呈现多样化发展，棉服、皮装、双面呢大衣、短毛绒外套等陆续进入市场。二是针织面料，产业集聚度较高，形成了相对完整的产业链。全市拥有经编机械 1 万余台（套），纬编机械 9000 多台（套），形成了国内最大的绒类产品产业基地。重点骨干企业以外销为主，产品开发能力较强，有一定装备规模，近年不断开发新的功能性面料。中小企业以内销为主，市场较为活跃。

2. **智能制造超前布局，提升核心竞争力**

一是抓重点智造，重点围绕智能设计、智能装备、智能生产、智能管理、智能平台建设等五大环节，加强分类指导和跟踪服务。推动以波司登为代表的标杆企业由智能车间向智能工厂延伸，引导传统中小企业依托行业云服务平台实现智能化升级，提高生产效率。二是抓示范引领，确立12家“常熟市纺织服装行业智能制造示范培育企业”，以点带面，增强产业竞争优势。筛选骨干企业进入全市重点培育名录库，加强分类指导和跟踪服务，推动企业加快实施“机器换人”。三是抓平台建设，着力完善服务载体建设，大力培育引进智能制造服务机构，推进创新服务能力的集成和对接。成立常熟市智能制造产业联盟，构建县市级智能制造供需对接交流互动平台——“智联谷”，围绕纺织服装产业组织系列沙龙活动，加强供需对接。

（四）福建省晋江纺织服装产业集群

福建省晋江纺织服装产业集群充分发挥区域品牌优势，大力推动纺织服装产业转型升级，集群发展取得显著成效。

1. 集群化、品牌化发展

编制实施纺织服装产业转型升级路线图，推动要素资源向纺织服装领域聚集，打造产销一体、品类多样、供应链整合升级、配套更加完善的产业生态圈；引导企业强化品牌建设，对获得各级质量奖、国家品牌价值评价发布榜单上榜、参与技术标准制（修）订等项目给予奖励；同时，鼓励龙头企业通过并购国外高端品牌经营管理权、所有权、控制权，全面布局全球市场。

2. 差异化、智能化发展

面对主流市场龙头企业已占据绝对领先地位情况，实施“专精特新”企业成长行动，鼓励和引导一批中小服装企业调整思路，积极抢占细分行业、细分客户，在细分领域找准机会，形成差异化竞争优势；重点引导纺织服装企业实施智能化改造升级，目前有超48%的规上纺织服装企业应用或部分应用智能化、自动化装备。

3. 高端化、数字化发展

搭建产学研合作对接平台，一批高附加值成果落地晋江，打通本地纺织服装企业与外部优质的设计资源、人才对接通道。实施研发投入加计扣除、企业技术中心、技术研发中心、工业设计中心、重点实验室等扶持政策，鼓励企业朝中高端领域加大研发投入；立足纺织服装产业优势，积极推动传统供应链与互联网深度融合，培育辅城、泳衣库等一批基于互联网的新型供应链平台，有效提升供应链的整合能力和协同效率。

四、生态视角下山东省纺织服装产业集群发展存在的问题

山东省纺织服装产业集群虽然在全国已经具有一定的影响力，但是与浙江、江苏等先进省市，乃至发达国家相比，集群发展质量不优，产业生态化进展慢，在产业链协同性和聚集度、区域产业结构布局、公共服务平台建设、专业化市场配套等方面还存在不足之处。

（一）协同机制缺失，聚集度不够

一是集群内部企业主营业务相似度较高，易产生不同程度的竞争，难以形成专业化分工和相互协作的产业链，资源优化配置效率不高，无法取得区域经济协调发展优势；二是集群整体加工制造能力强，但高端研发、市场营销、品牌建设等环节受制于人，产业链不完整，上下游合作不紧密，协同创新少，缺乏产业链的合作和整体布局；三是集群对外开放层次偏低，内外协同不畅，吸引的国际订单仍然以劳动密集型、加工贸易型产品为主，产业附加值低，国际供应链主导能力较弱；四是集群多由数量众多、组织松散的中小企业构成，龙头骨干企业带动能力不足，创新资源整合不够，大多数企业研发投入占销售收入的比重还不到1%，且研发机构层级较低。

（二）结构性矛盾突出

1. 产业结构正处于从低级形态向高级形态过渡的关键期

集群内如意、迪尚、华纺等少数大企业集团持续加强研发、生产、管理、决策、营销服务等各环节的优化升级，智能化改造覆盖面超20%，在全省制造业中具有领先水平。与之相反，众多中小企业仍以劳动密集型产业为主，研发投入少，品牌设计和自主创新能力薄弱，市场竞争和抗风险能力差。因此，深层次调整纺织服装产业结构，利用新一代信息技术加速中小企业数字化转型，加快新材料、新产品、新工艺、新设备的研发和产业化进程，推动

产业集群向生态化、高端化方向发展是当务之急。

2. 组织结构仍需提升规模化和集约化水平

集群内中小型企业占80%以上，低水平重复建设严重，呈现“小、散、低”的粗放型生产格局，比如海阳市毛衫集群内就有许多小作坊式的企业。行业集中度不高，上下游并购整合不到位，既有名优产品优势、又有规模经济效益的纺织服装集团稀少，资源配置效率和全要素生产率不高，产业集群发展不够稳定。

3. 区域产业布局需要进一步合理化

山东省纺织服装产业集群大多以县镇域经济为主，产业布局缺乏大局观和全局意识，各区域产业间的配置关系尚未达到均衡、协调发展，带动效应和关联效应不明显。首先，各区域没有明确根据地区发展条件进行专业化分工，以市场为主导，围绕优势产业部门，建立一个结构紧凑、相互协调的区域产业链，从而形成优势产业集群；其次，未同其他地区建立互为补充的分工协作关系，在按照产业链的上下游方向、从物流成本考虑规划布局方面存在欠缺。

（三）公共服务平台建设滞后

与其他先进省市相比，山东省产业集群的公共服务平台建设规划滞后，布局不够合理，服务网络不健全，服务能力有待提升。

1. 从平台布局来看，缺乏统筹引导和协作

平台布局一般以单一行政区划为基础，且不同平台分属不同政府部门管辖，各自为政，缺乏统筹引导和科学设置，大型产业集群内部平台容易出现重复建设现象，而规模较小的产业集群往往缺少平台或平台服务能力不足。平台间联系松散，缺乏沟通交流，协作渠道不畅，资源共享整合和有效利用不足，难以形成服务企业的长效机制。

2. 从平台服务类型来看，发展结构有所失衡

近年来，由于国家产业政策的偏向性，技术检测、信息服务、创业辅导等专业类平台发展速度较快，市场开拓、管理咨询服务、法律服务、培训服务等平台建设速度跟不上。综合类平台发展慢，且平台的服务功能定位模糊，

建设目的不明，知名度和影响力不高，持续发展和服务企业的能力受到影响。

3. 从平台运营质量来看，资金相对匮乏、服务有待提升

一些受财政资金支持建立的平台易出现前期建设热情高、后期资金不足、服务支持跟不上的现象，严重影响了服务质量的提高；部分平台由于成立时间短，也存在因服务价格弹性大、平台收入不高而产生资金匮乏问题，导致其服务功能和服务范围难以扩展，精细化、特色化、专业化服务能力不足。

（四）专业化市场配套缺失

集群内的专业化市场与主体产业在市场规模、发展速度、结构层次等方面都不相匹配，尚未形成配合紧密、协作发展的产业生态群落。

1. 交易市场发展尚不完善

虽然各产业集群建有不少交易中心、销售中心等专业化市场，但其发展步伐与产业集群的发展不相称，市场知名度和辐射力与产业集群的规模不匹配，存在一定程度的“有市少场”“市大场小”的问题，产品出口更多依赖广东、福建、上海等外向度较高的省市。

2. 服务市场支撑力量薄弱

一是专业型人力资源市场和高级生产要素市场亟待补充和完善，劳动力供给无论从数量还是质量上都存在较大缺口，对技术、管理、营销等各类人才的政策引进力度不够；二是专业化市场的信息服务支持平台及网站建设需要借助科技手段加以提升，做强无形市场。

五、生态视角下产业集群发展路径研究

山东省传统产业集群要长远发展必须建立产业生态系统，而产业生态化是一个需要相关方面共同参与的过程。完善的产业生态系统应具备资本、技术、人才、土地等生产资源要素，由众多产业个体和产业集群构成，能够保持上下游产业链条的完整性，从政府、集群、企业三个层面协同发展、共生共赢。

（一）政府层面

对于产业集群发展，政府应该扮演好“公共服务型政府”的角色，在宏

观层面上予以重视，充分运用其掌握的各项社会公共资源，并与各类社会组织协作配合，共同克服市场机制存在的不足和缺陷。具体可从以下三个方面入手。

1. 产业集群发展规划

首先要确定一个或几个主要负责部门，与各层级政府相关部门协调，围绕区域特色产业和国家扶持产业进行产业集聚的统筹规划与合理布局，加快企业向园区集聚步伐。对国家重点扶持产业政府可以适度参与建设，对其他产业政府则不应直接干预，而是以补贴或奖励的形式在政策与技术上加以引导和支持，通过各类平台提供的服务来带动集群内企业的发展。

2. 公共服务平台建设

政府可以通过建立发达的综合性服务市场、产品交易市场等，引导构建集群间相互联系、资源共享的各类平台。集群当地政府可以建立人才引进长效机制，也可以牵头组织集群与国际一流企业和科研机构形成“技术联盟”，为平台发展提供智力支撑。此外，还应积极引入中介服务机构，促进行业协会、商会等民间组织的建立，合力推动平台建设。

3. 产业集群协同发展

政府可以引导集群通过竞争合作协同创新发展，实现共同价值和利益最大化。通过协同发展解决产业的共性技术问题、共同探讨产业未来发展方向、前沿技术发展趋势，采用共同科技攻关，降低研发成本、缩短研发周期，分担研发风险，实现产品的更新换代，抢占市场先机，保持和巩固市场占有率。

（二）集群层面

加强集群内部管理，从集群层面促进产业生态化，必须充分发挥行业协会、中介机构等中间组织的沟通协调作用，会同产业园区，与政府合力打造公共服务平台，推动专业化市场配套建设。

1. 做政府与市场的“联系人”

首先，积极发挥“智库”作用，为政府决策、规划提供合理化建议和服务，助力产业集群布局优化，并为集群生态化建设争取相关政策支持；其次，做好相关产业研究工作，对市场供求关系和发展趋势进行深入研究，了解掌握市场与外部环境的波动情况，为集群提供政府产业政策、产品和产业结构及技术变革等实时信息，促进政府与市场的良性互动。

2. **做行业深度协作的“牵线人”**

打造行业集成创新与协同发展的资源整合平台，通过不同产业集群、不同层次的行业协会交流，适时建立资源优化配置和循环利用的有效途径，共建共享行业内检验检测、计量、认证等环节的通用基础设施，积极组织开展对外技术合作和交流，开展创业孵化、项目推介、管理咨询、技能培训、法律服务等配套活动，促进集群在“产、学、研、用、金、政”六个方面深度融合，推动产业集聚集约发展。

3. **做企业的“引路人”和“代言人”**

建立完善的产业数据平台和信息交流平台，在技术引进、市场拓展、招才引智、专业化市场配套等方面帮助企业做精、做优、做强，引导企业稳步发展集群主导产业，强化配套产业，形成“产业链上下延伸、配套链左右匹配”的生态产业园区；做好区域内企业发展情况调研，搭建产业投融资服务平台，及时反映企业诉求和产业生态化发展的重点难点问题。

（三）企业层面

集群系统内企业在共享集群资源的基础上互相依存，因此要求企业间形成功能完善的分工协作网络，提高协同能力。

1. **集群内部角度**

企业需要在互利合作的基础上存在适当竞争，加快技术创新步伐，不断开发新工艺、新产品，提高产品质量和服务，通过市场竞争保持集群活力，从而增强整个集群的优势能力。生产同类产品的企业必须保持一定的差异性，避免企业间过分的价格竞争降低企业利润，或者企业通过粗制滥造、偷工减料等手段降低成本使产品质量退化，进而破坏集群长期发展的动力和活力。

2. **集群外部角度**

企业应保持与外界的物质交流和信息交流，充分利用集群所在区域的技术、资金、原材料、劳动力和政府政策、市场规模等条件，建立开放型的生态系统，达到企业发展与外部环境供需的均衡状态，使产业集群得以持续发展。

3. **集群系统角度**

应着力培育大企业集团，加快上下游企业兼并步伐，提高行业集中度，形成以大中型优势企业和名牌产品为龙头、以资产联结为纽带的大型化组织结构，并推进品牌数据库建设，促使大型企业平台化；中小企业则要顺应时代潮流，在持续进行智能化改造实现自我发展的同时，紧密围绕在大企业和主导产业周围，不断强化专业化分工与配套市场，做大做强产业链，构建同业集聚、异业匹配的生态产业园区。

面对严峻复杂的行业竞争形势，山东省纺织服装等传统产业需要握指成拳、串珠为链，坚持走集群发展之路，培育建设特色鲜明、竞争力强的现代化产业集群，做强产业链条，做优产业生态，实现全省工业的新旧动能转换和高质量发展。

参考文献

[1]朱惠斌. 日本产业集群规划的特征及启示[J]. 世界地理研究，2014，23(1):93－102.

[2]赵璐. 网络组织模式下中国产业集群发展路径研究:发达国家产业集群发展的经验启示[J]. 科技进步与对策,2019,36(7):56－60.

[3]郭丽娟,刘佳. 美国产业集群创新生态系统运行机制及其启示:以硅谷为例[J]. 科技管理研究,2020,40(19):36－41.

作者简介

王玉禄，高级工程师，山东省工业和信息化研究院。

王巧婧，经济师，山东省工业和信息化研究院。

3

山东省装备制造业创新发展研究

徐兆伟　李燕芹　姚树利　张伟　张建峰

摘　要　装备制造业为工业生产、农业科技、交通运输、船舶工程、信息通信、军事国防等提供技术装备，是各大经济部门的生产手段，其发展水平是衡量一个国家工业化程度的重要标志。近年来，山东省装备制造业在整体实力、创新能力、发展动力等方面积蓄了一定基础。受全省工业经济形势整体下行以及有效需求不足等因素影响，山东省装备制造业目前出现了工业占比持续收缩、发展效率整体走低、研发创新缺乏动力等情况。本文通过对比研究山东、广东、江苏、浙江等重点省份装备制造业创新发展的主要指标及发展趋势，从产业基础、发展效率、研发创新、节能环保以及创新成果等方面进行论证分析，找出制约山东省装备制造业创新发展的重点因素和关键问题，为加快实施创新驱动战略以及促进装备制造业创新发展提出对策建议。

关键词　装备制造业；创新；发展对策

装备制造业是为国民经济各行业提供技术装备的基础性、战略性产业，是各行业产业升级、技术进步的重要保障，是衡量综合经济实力和科技水平的标志性产业。装备制造业又称“装备工业”或“装备产业”，是我国提出的特有概念，目前世界其他国家或国际组织尚无公认一致的定义和范围界定，主要指生产机械产品的机器制造或者生产资料的工业，是为工业生产、农业科技、交通运输、船舶工程、信息通信、军事国防等提供各种技术装备的产业总称。装备制造业往往具有技术含量高、学科应用广、产业链延伸长等特点，同时也是知识、技术、资源密集型的产业，因此装备制造业被称为工业发展的核心。在国民经济行业分类中，装备制造业主要分布在金属制品业，通用设备制造业，专用设备制造业，汽车制造业，铁路、船舶、航空航天及其他运输设备制造业，电气机械和器材制造业，计算机通信及其他电子设备制造业，仪器仪表制造业，金属制品和机械设备修理业。

一、发展概况

2019 年，山东省装备制造业规模以上企业 8454 家，完成营业收入 18785 亿元，利润总额 903 亿元。在 36 种重点产品中，实现同比增长的有 13 种，其中增长速度较快的有：大中型拖拉机完成 11.83 万台，同比增长 30.82%；移动通信基站设备完成 26.20 万信道，同比增长 33.67%；环境污染防治专用设备完成 10.68 万台（套），同比增长 25.56%。实现同比降低的有 23 种，其中降幅较大的有：动车组完成 1098 辆，同比降低 10.73%；金属切削机床完成 5.1 万台，同比降低 23.88%；金属成形机床完成 0.4 万台，同比降低 20.00%；光缆完成 852 万芯千米，同比降低 29.12%。

多年来，山东省装备制造业发展水平走在全国前列，轨道交通装备、石油装备、金属成形机床、重型卡车、轻型卡车、大型农机装备等常年居全国第一位；工程机械、船舶制造、海洋工程装备、智能制造装备、输配电成套设备等常年居全国第二位；此外，仪器仪表、发电机、光伏设备、铸造机械、金属切削工具制造等在国内国外也具有较高知名度。装备制造业发展在整体实力、创新能力、发展动力等方面积蓄了一定基础。但近年来受全省工业经济形势整体下行以及有效需求不足等影响，山东省装备制造业发展出现了工业占比持续收缩、发展效率整体走低、研发创新相对乏力等情况，见表1。

表1　2010—2019年山东省装备制造业主要情况　%

年份	山东省装备营业收入		山东省装备利润总额		山东省装备研发投入	
	占全省工业比重	占全国装备比重	占全省工业比重	占全国装备比重	占全省工业比重	占全国装备比重
2010	28.49	10.18	28.00	9.88	40.08	10.34
2011	26.69	9.74	25.38	9.49	39.18	8.68
2012	26.19	10.47	25.73	10.74	39.20	9.11
2013	26.93	10.73	27.52	11.77	40.11	9.25
2014	27.71	10.84	28.69	10.57	40.40	9.27
2015	28.55	10.92	29.41	10.27	38.58	8.84
2016	28.27	10.38	29.76	9.74	38.29	8.75
2017	27.54	9.51	28.61	12.41	36.81	8.54
2018	23.98	5.86	24.27	5.30	35.34	6.77
2019	22.59	5.05	24.72	4.26	36.83	5.66

近年来，山东省装备制造业在规模、效益、研发投入等多个方面表现出了动力不足。从发展规模来看，山东装备营业收入占全省工业的比重由2010年的28.49%波动降低为2019年的22.59%；山东装备营业收入占全国装备的比重由10.00%以上降低为5.00%左右。从盈利水平来看，山东装备制造业2019年利润总额首次跌破1000亿元大关，达到了10年来利润最低点；利润总额占全省工业比重由30.00%左右降到25.00%以下；利润总额占全国装备的比重由往年10.00%左右降低为2019年的4.26%。从研发创新来看，山东装备研发投入总体上逐年上升，但占全省工业研发投入的比重，10年来整体呈下滑趋势，由2010年的40.00%以上降到2019年的36.83%；研发投入占全国装备的比重由10.34%逐渐下滑为5.66%，降至近10年最低点，见图1、图2。

受缺乏发展动力以及工业经济整体增长缓慢等主要内外因素的综合影响，研发创新能力总体不足是目前装备制造业的隐忧。2017年11月，山东省人民政府发布的《山东省创新型省份建设实施方案》指出，要加快创新驱动发展，强化科技与经济深度融合，全面提升区域创新综合实力，全面推进科技创新、

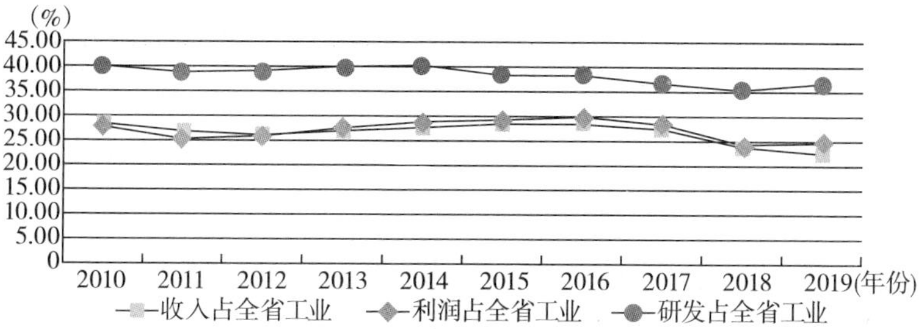

图 1　2010—2019 年山东省装备制造业重点指标占全省工业比重

产业创新、企业创新、产品创新、市场创新。2018 年 12 月，《山东省装备制造业转型升级实施方案》指出，与江苏、广东等先行省份相比，山东省装备制造业大而不强、创新不足，要充分认识加快转型升级的重要性和紧迫性，重点从产业规模、创新能力、产业布局和生产方式等方面分析全省装备制造业发展现状与不足，以供给侧结构性改革为主线，坚持向创新要动力、向质量要市场、向新模式要效率、向集聚要效益。

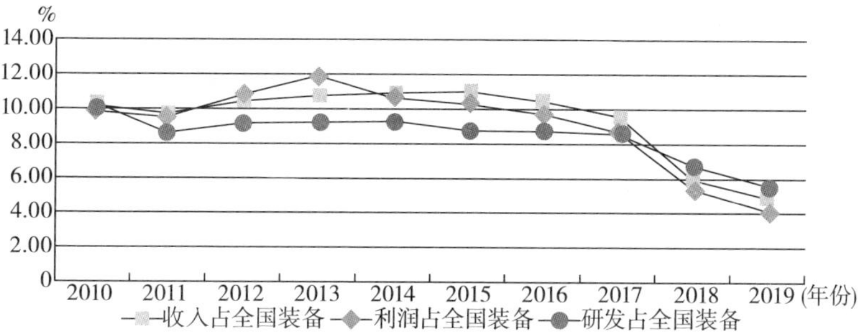

图 2　2010—2019 年山东省装备制造业重点指标占全国装备制造业比重

创新是引领发展的第一动力，是建设现代化经济体系的战略支撑。创新能力成为实现装备制造业转变发展方式、优化产业结构、促进高质量发展的重要因素。因此需要以促进产业创新和区域创新为目的，借助客观性、综合性的分析，通过对比研究山东、广东、江苏、浙江等省域范围内影响装备制造业创新能力的主要指标，找出山东与重点省份相比在创新发展上的劣势及不足，分析影响山东省装备制造业创新活力和发展动力的关键因素，从而获取积极可行的对策建议。

二、对比研究

（一）建立指标体系

对每个省份装备制造业的创新能力指标进行衡量评价，是实现对比分析的基础，因此确定指标以及建立科学的指标评价体系至关重要。在多方比较的基础上，本文使用分类分级的方式建立评价指标体系。

装备制造业创新能力与发展基础、研发投入、创新成效以及产业结构等众多因素密切相关。在对发展指标甄选归类的基础上，进行评价指标体系的构建，并充分地量化差异性、突出层次性、把握原则性、体现综合性。量化差异性，是指对衡量装备制造业创新能力的各类指标，要针对产业发展特点反映出各地差异，并使这种差异能够实现量化对比，最终得出相应分值。突出层次性，是指指标体系的建立要进行分类分级，以便逐个类别进行比较分析。把握原则性，是指在指标选择和分类分级上，要如实反映出产业创新能力发展的客观情况。体现综合性，是指对每个省份的指标进行综合统一的分类标准和权重分配标准。

对于区域性产业创新能力的研究，国内专家学者主要从基础环境、研发投入、创新效率、绩效考核以及发展成果等方面展开研究。与美国、日本、德国等发达国家相比，我国产业创新能力依然较弱，重点地区自主创新能力以及高技术产业核心技术水平依然发展不足。《中国区域创新能力评价报告（2019）》构建了知识创造指标、知识获取指标、企业创新指标、创新环境指标和创新绩效指标共五方面要素评价体系，并认为实力是指一个地区拥有的创新资源，如绝对的科技投入水平、科研人员规模、创新的产出水平、专利的数量和新产品的数量等；效率是指一个地区单位投入所产生的效益，如单位科技人员和研究开发经费投入产生的论文或专利数量；潜力是指一个地区发展的速度，反映增长率水平。尽管如此，创新实力强的地区想实现较快速度的增长也是有困难的，因此实力强的地区与潜力大的地区不一定是一致的。

山东省装备制造业须面对现实需求，对比参照重点省份，突出省域范围内产业创新发展的特色，进一步掌握山东省装备制造业创新发展的主动权，加快提升产业创新能力。综合对比山东、广东、江苏、浙江四个省份装备制造业发展的具体情况，在参考借鉴的基础上，本文将装备制造业创新能力综合指标确定为评价研究和分析对比各省装备制造业创新能力的一级指标。依此为基础，将能够影响和反映产业整体创新能力的产业基础、发展效率、研发创新、节能环保、创新成果等5项指标确定为二级指标，并根据影响大小对应分配权重。针对5项二级指标，每项下面再分别构建与之相关的5个分项指标，每个分项根据影响大小对应分配权重，合计25个分项指标，形成了评价指标体系的三级指标。从而，构建了由三个层级组成的创新能力评价指标体系，见表2。

表2　装备制造业创新能力指标体系

一级指标	二级指标		三级指标		
	指标名称	权重	指标名称	计量单位	权重
装备制造业创新能力综合指标	产业基础指标	0.20	规模以上装备制造业企业数量	个	0.15
			规模以上装备制造业资产合计	亿元	0.20
			规模以上装备制造业营业收入	亿元	0.20
			规模以上装备制造业利润总额	亿元	0.25
			规模以上装备制造业平均用工人数	万人	0.20
	发展效率指标	0.20	规模以上装备制造业营业利润率（%）		0.25
			规模以上装备制造业人均产值	万元/人	0.20
			产品质量优等品率（%）		0.20
			高技术制造业增加值同比增长（%）		0.20
			规模以上装备制造业管理费用占产值比例*（%）		0.15
	研发创新指标	0.25	规模以上装备制造业研发经费支出	亿元	0.25
			规模以上装备制造业研发经费占收入比例（%）		0.25
			规模以上工业研发人员全时当量	人年	0.15
			规模以上工业研发项目数	个	0.20
			科学研究和技术服务业投资增长（%）		0.15
	节能环保指标	0.15	单位工业增加值能耗同比降低（%）		0.25
			万元GDP电力消费量*	千瓦·时/万元	0.15
			万元GDP废水排放量*	吨/万元	0.15
			万元工业产值的工业固体废物产生量*	吨/万元	0.20
			工业污染治理投资占营业收入比例（‰）		0.25

续表

一级指标	二级指标		三级指标		
	指标名称	权重	指标名称	计量单位	权重
装备制造业创新能力综合指标	创新成果指标	0.20	国家级科技成果奖励	项	0.25
			规模以上工业企业平均专利申请数	件/户	0.20
			规模以上工业企业平均发明专利申请数	件/户	0.20
			技术市场成交额占营业收入比例（%）		0.15
			技术市场成交额近5年平均增长（%）		0.20

注：*表示负向指标，计算分析时统一采用负值处理转换为正向指标。

在评价指标体系中，二级指标是评价研究各省装备制造业创新能力的关键，起着承上启下的重要作用。产业基础指标，主要对比研究各省装备制造业现有的企业数量、产业规模以及用工情况等发展基础，用来衡量下步创新发展所具备的基础实力。发展效率指标，用来研究各省装备制造业的产出效率、高端产值等发展水平，能够衡量装备制造业发展在产出效益等方面的表现。研发创新指标，用来评价各省装备制造业在研究与试验发展创新投入方面的表现，能够反映出各省对研发创新的重视程度。节能环保指标，用来研究各省工业能耗及污染情况，能够反映出当地对绿色发展的重视程度。创新成果指标，用来评价各省在科技成果及发明创造方面的情况，能够展现出科技创新、发明创造等方面的发展活力。

（二）确定研究模型

研究模型的确定，取决于评价环境和评价要求。本文采用多指标加权的方法，用下级的变量数值，通过加权综合计算，获得上级变量数值。在此，设定装备制造业创新能力一级指标、二级指标、三级指标变量分别为α、β、γ。首先计算变量γ；γ表示各省的三级指标得分，由山东、广东、江苏、浙江各自指标的实际值x进行数据标准化处理后获得。也就是说，经过分别对四省实际数据计算处理后，三级指标γ的评价得分是标准分。原始数据的标准化处理采用Z-Score，以$\bar{x}$表示平均值，s表示标准差，公式为

$$z_i = \frac{x_i - \bar{x}}{s}$$

$$\bar{x}=\frac{1}{n}\sum{}_{i=1}^{n}x_i$$

$$s=\sqrt{\frac{1}{n-1}\sum_{i=1}^{n}(x_i-\bar{x})^2}$$

为增加评价研究的直观性，首先将标准化处理后的指标进一步转换为百分制评分，从而得出装备制造业创新能力的三级指标 γ；其次对三级指标 γ 进行加权计算获得二级指标 β；最后对二级指标 β 进行加权计算获得一级指标 α。各级指标的计算公式为

$$\alpha_i=\sum{}_{i=1}^{n}b_i\beta_i$$

$$\beta_i=\sum{}_{i=1}^{n}c_i\gamma_i$$

$$\gamma_i=90+5z_i$$

其中 c_i 表示三级指标对应的权重，b_i 表示二级指标对应的权重。

（三）对比计算结果

在查阅国家、山东、广东、江苏、浙江的统计年鉴以及发展公报基础上，按照表 2 建立的装备制造业创新能力指标体系进行分级分类计算整理，将涉及四省的 25 项三级指标的实际数值分别进行准化处理并逐级计算后，得到了各省装备制造业创新能力对应的一级指标值、二级指标值以及对应的指标排名，见表 3 和表 4。从对比计算的结果来看，山东省装备制造业与广东、江苏、浙江相比，在综合创新能力以及重点细分指标创新发展方面表现出了较大差距。

表 3 鲁粤苏浙四省装备制造业创新能力一级指标得分及排名

一级指标名称	省份	得分	排名
装备制造业创新能力综合指标	山东	87. 67	4
	广东	92. 48	1
	江苏	90. 62	2
	浙江	89. 23	3

由一级指标得分情况可以看出，广东以 92. 48 的分值列装备制造业综合创新能力第一位，江苏和浙江分别居第二、三位。山东以 87. 67 列第四位，

与其他重点省份仍有差距。

表4　鲁粤苏浙四省装备制造业创新能力二级指标得分及排名

二级指标名称	山东		广东		江苏		浙江	
	得分	排名	得分	排名	得分	排名	得分	排名
产业基础指标	84.36	4	95.87	1	91.68	2	88.08	3
发展效率指标	88.38	4	90.83	1	89.97	3	90.82	2
研发创新指标	87.83	4	92.03	1	90.83	2	89.31	3
节能环保指标	91.21	1	88.14	4	90.24	3	90.41	2
创新成果指标	87.43	4	94.53	1	90.22	2	87.82	3

由二级指标得分情况可以看出，对于5项二级指标，山东有1项指标（节能环保指标）表现优异，其余4项均居于末位。近年来，山东深入贯彻绿色发展理念，在节能环保领域表现突出。2019年，山东省万元GDP废水排放量降为6.88吨/万元，低于广东（9.83吨/万元）、浙江（8.77吨/万元），与江苏（6.70吨/万元）相差不大。2018年，单位工业增加值能耗同比降低5.35%，优于其他三省，广东、江苏、浙江分别降低2.35%、2.50%和4.80%。与此同时，山东在治理污染方面力度强于其他三省，2019年，山东工业污染治理投资完成95.43亿元，治污投资占营业收入比例达1.15‰；治污投入和占比远高于广东（31.70亿元，占比0.22‰）、江苏（59.99亿元，占比0.51‰）、浙江（34.07亿元，占比0.45‰）。

随着供给侧结构性改革的持续推进，创新、协调、绿色、开放、共享成为指导装备制造业高质量发展的理念，创新能力成为持续带动经济发展的新引擎。由表4可以看出，产业基础、发展效率、研发创新以及创新成果方面的弱项，成为山东省装备制造业实现创新发展的重要短板。

三、主要问题分析

多年来，山东、广东、江苏、浙江四省的装备制造业发展水平居全国前四位。相比之下，山东省装备制造业在创新能力方面主要面临以下四个方面的不足。

（一）产业基础亟须巩固

从产业基础指标来看，山东省装备制造业以84.36的分值居广东

(95.87)、江苏（91.68)、浙江（88.08）之后，产业创新基础相对较弱。2019 年，山东省规模以上装备制造业企业数量仅 8454 家，远低于广东（26435 家)、江苏（22270 家)、浙江（20118 家）三省企业数量；装备制造业规模占全省工业比重低于全国平均水平及其他三省，见图 3、图 4。此外资

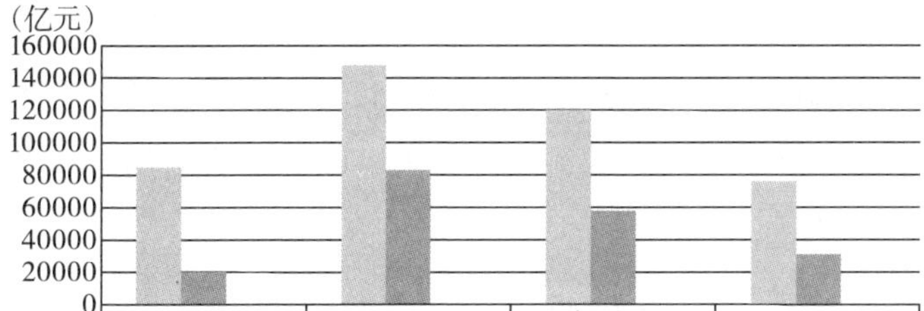

	山东	广东	江苏	浙江
工业	83162	146726	118485	76020
装备制造业	18785	82499	57446	30283
装备占工业	22.59%	56.23%	48.48%	39.84%

图 3　2019 年鲁粤苏浙四省装备制造业及工业营业收入

产合计、营业收入、利润总额及平均用工人数等指标均不及其他三省。装备制造业是工业发展的重要基础，装备制造业占工业比重充分反映了产业发展的基础优势。2019 年，我国装备制造业营业收入达到 38.73 万亿元，占全国工业比重为 36.29%，为工业经济发展起到了重要的支撑作用。全国装备制造业占工业比重连续 7 年呈现上升态势，见图 4。

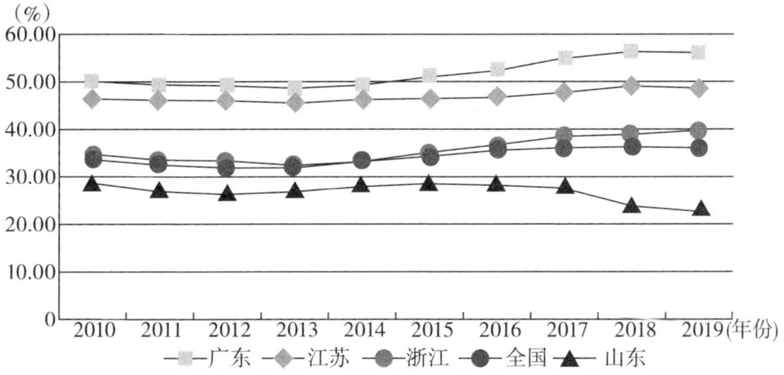

图 4　2010—2019 年鲁粤苏浙四省及全国装备制造业占工业比重情况

2019 年，山东、广东、江苏、浙江装备制造业营业收入分别完成 1.88 万

亿元、8.25 万亿元、5.75 万亿元、3.03 万亿元，四省合计 18.91 万亿元，占全国装备制造业总量的 48.80%，是主导全国装备制造业发展的中坚力量。四省装备制造业占各自工业比重分别为 22.59%、56.23%、48.48%、39.84%；其中广东、江苏、浙江三省分别高出全国 19.94 个百分点、12.19 个百分点、3.55 个百分点，且三省装备制造业占工业比重近年来总体持续上升，见图 4。相比之下，2019 年山东省装备制造业占工业比重低全国 13.70 个百分点，占比情况自 2015 年以来持续收缩，产业规模以及工业结构与广东、江苏、浙江的差距持续扩大，装备制造业发展基础亟须巩固。

（二）发展效率相对较低

从发展效率指标来看，山东省装备制造业以 88.38 的分值居广东（90.83）、江苏（89.97）、浙江（90.82）之后。在发展效率偏低问题上，山东省装备制造业主要有以下两项困难。一是盈利能力偏弱。2019 年，山东省规上装备制造业营业利润率为 4.81%，不及全国平均年水平（5.89%），同时低于广东（5.91%）、江苏（5.66%）、浙江（7.13%）。二是高端产品增长速度较慢。2019 年，山东省高技术制造业增加值同比增长 1.7%，虽然高于全省工业增长的平均水平（1.2%），但是与广东（7.3%）、江苏（6.8%）、浙江（14.3%）三省高技术制造业增速相比差距较大。

产业结构对发展效率的影响显著，以高技术产品为导向的产业结构往往有利于提高发展效率。装备制造业的高端产品多集中于电子设备，铁路、船舶、航空航天，电气机械器材，仪器仪表等 4 类行业。2019 年，山东、广东、江苏、浙江四省涉及这 4 类行业合计占装备制造业比例分别为 40.43%、77.53%、62.55%、54.48%，见图 5。广东省装备制造业中仅电子设备一项占比高达 54%，成为装备制造业创新发展的关键因素。2019 年，广东省工业增加值同比增长 4.6%，高端装备产业增加值迅猛增长。例如，电子及通信设备制造业增长 8.3%，铁路、船舶、航空航天及设备制造业增长 17.1%，医疗仪器设备及仪器仪表制造业增长 16.0%。江苏省情况类似，2019 年，江苏规模以上工业增加值同比增长 6.2%，高新技术产业发展较快；电气机械器材行业增加值增长 16.9%；新型交通运输设备和高端电子信息产品的新产品产量实现较快增长，城市轨道车辆、光缆、太阳能电池等产品产量比上年分别增长87.7%、5.7%、26.8%。

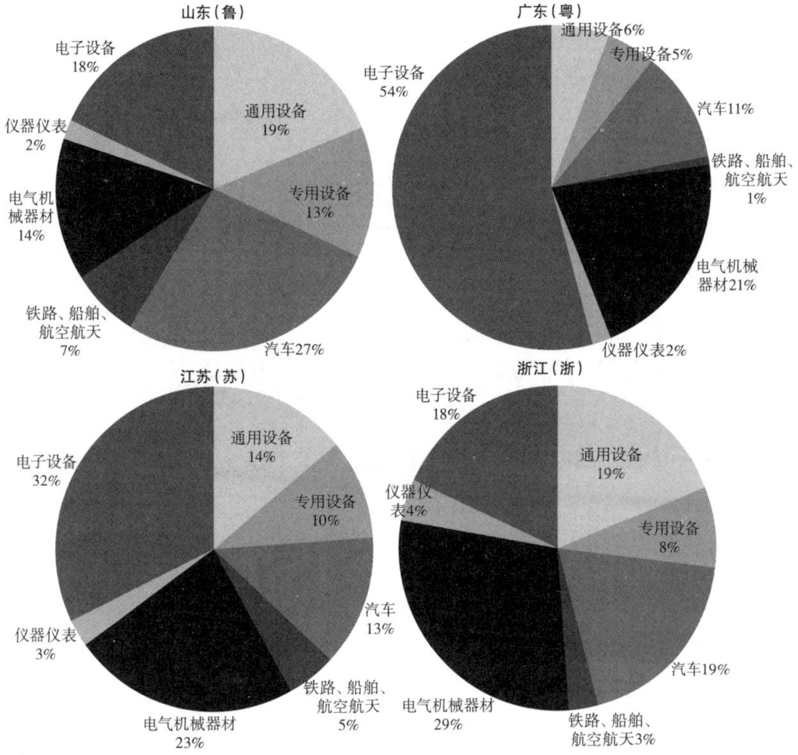

图5　鲁粤苏浙四省装备制造业分行业构成

（三）研发投入动力不足

从研发创新指标来看，广东省装备制造业以92.03的分值居第一位，江苏（90.83）、浙江（89.31）、山东（87.83）分列第二、三、四位。一是山东省装备制造业研发投入力度不足。2019年，山东省装备制造业研发经费投入完成446亿元，占营业收入的2.37%；广东、江苏装备制造业研发经费投入均过千亿元，分别为1808.31亿元和1294.17亿元。二是装备制造业研发创新动力下滑。2018—2019年，山东省装备制造业研发经费投入连续两年出现下滑；而广东、江苏、浙江均延续往年的增长态势，其中广东、江苏的增速进一步加快，见图6。三是企业技术改造投资意愿下降。2019年，山东省工业技术改造投资同比增长－27.4%，广东、江苏、浙江分别增长12.9%、

8.6%和6.3%。江苏省高新技术产业投资增长23.3%，其中电子及通信设备、计算机及办公设备、仪器仪表制造业投资分别增长69.0%、23.7%和79.5%。浙江省科学研究和技术服务业投资增长99.1%。

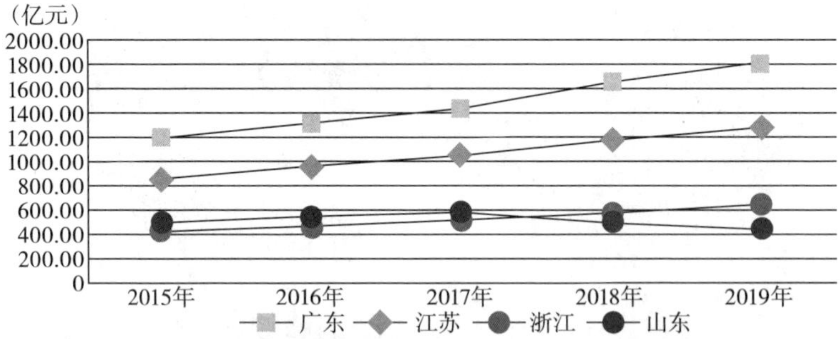

图6　2015—2019年鲁粤苏浙四省装备制造业研发投入情况

（四）创新活力有待挖掘

通过创新成果指标，主要考核科技成果奖励、专利申请及技术市场情况。目前，山东省在创新成果和技术市场方面主要有三个方面的问题。一是创新成果数量相对较少。2019年，山东共获得国家级科技成果奖励32项，低于广东（50项）和江苏（55项）。二是企业主体发明创造的活力较低。2019年，山东省规模以上27129家工业企业共申请专利57339件，企业平均专利申请数仅为2.11件；而广东、江苏、浙江规模以上工业企业平均专利申请数分别为4.92件、3.82件和2.50件。三是技术市场活跃度有待进一步升温。2019年，山东省技术市场成交额为1110.02亿元，落后于广东（2223.08亿元）和江苏（1471.52亿元）；技术市场成交额占营业收入的比例为1.33%，高于江苏（1.24%）和浙江（1.17%），但与广东（1.52%）差距较大。

表5　2010—2019年鲁粤苏浙四省获得国家级科技成果奖励情况 单位：项

省份	2010年	2011年	2012年	2013年	2014年	2015年	2016年	2017年	2018年	2019年	年均获奖
山东	36	39	26	21	28	33	31	19	25	32	29
广东	36	34	26	28	46	32	33	38	45	50	37
江苏	46	55	49	48	57	39	51	54	50	55	50
浙江	19	30	31	26	34	27	26	28	25	27	27

四、对策建议

当前，山东省装备制造业发展轨迹渐渐进入转型升级的“深水区”，产业发展正经历着低位探索前行的“蛰伏期”和行业分化加剧的“蜕变期”，要加快实施创新驱动发展战略，促进产业创新能力稳固提升，推进完成山东装备制造业强省的战略转变。

（一）夯实产业创新基础

装备制造业创新能力的提高，需要高度重视产业发展的基础建设。一是积极抓住国家“新基建”重大发展机遇，充分发挥以先进轨道交通装备、特高压输配电设备、智能制造装备等为重点，以“新基建带动新产业”发展为目标的引领作用。大力促进以国内装备制造业高效内循环为主，以延伸国际国内关键产业链发展为辅的战略性发展新格局。二是巩固轨道交通装备产业基础优势，打通上游（先进铁轨、配件、材料等）—中游（高速机车、通信设施、变电站等）—下游（城轨运营、客货运输等）发展通道，优化现代高效产业链，促进全产业链健康发展。三是进一步提高输配电设备发展水平，加快推进特高压交直流隔离开关、核级中低压开关柜、特高压交流变压器、电力巡检机器人等智能电网和输变电成套装备的发展，推进电力装备向成套化、绿色化、智能化、模块化方向发展。四是强化基础支撑，巩固装备制造业发展形势。试点推进“装备强基”工程建设，引导整机装备与核心基础零部件、关键基础材料、先进基础工艺以及产业技术基础协同发展，加快推进装备制造业纵向拓展。五是加强引导鼓励，优化存量、强化增量，加大对装备制造业的扶持帮助力度。开展装备制造业高新技术企业培育“小升高”行动，促进科技型中小微企业加速成长。紧盯装备制造业的关键领域和薄弱环节，统筹布局、增资扩产、提高效益，扩大装备制造业在工业领域的比重，推进全省装备制造业形成更加完整的产业体系，加快推动全省工业高质量发展。

（二）优化产业发展结构

一是加强规划布局和行业引导，改造提升传统装备制造业。对符合产业布局和项目规划的重点项目，加快装备制造技术与信息化、自动化、智能化深入融合。试点开展一批“智能化改造加速工程”“互联网+装备制造”等重点项目建设。加快中低端产业转型升级步伐，发挥重点工程示范作用，促进装备制造业发展的质量更好、结构更优、效益更高。二是通过优化装备制造业关键要素资源配置支持重点产业发展。支持高端装备制造业企业、项目、孵化中心等优先落户经济技术开发区、高新区、保税区、国家级先行区等各类重点园区，并在土地使用、基础设施、公共服务等方面享受优惠。三是试点打造一批“先进装备产业名城”，加快促进高技术装备产业集群集聚发展，重点围绕地方产业特色和发展潜力，强化优势产业集群对带动装备制造业整体发展的规模效应、集聚效应和提振效应。努力建设一批国内领先、国际知名的先进装备制造产业基地。四是加大对装备制造业中小企业的政策扶持力度，帮助中小企业脱离散乱污，引导各地根据自身优势培育壮大特色产业。五是逐渐强化倒逼机制，推进一批质量提升工程、节能改造工程和产业升级达标工程，加快向集约型、低能耗、高附加值产业的转化。

（三）加大研发投入力度

一是强化对重大装备研发投入政策扶持。加大对新一代信息技术装备，海洋工程装备及高技术船舶、轨道交通装备，高档数控装备，航空航天装备，医疗仪器设备及仪器仪表等制造业的政策倾斜力度，对研发投入超过一定比例的企业施行土地租金及税收减免等政策。二是试点开展“以奖代补”，加大财政支持力度。以济南、青岛、烟台等为主要试点，对关键领域重点企业研发投入开展“高端装备产业研发投入专项奖励”。重点支持高端先进、具有规模效应和集聚效应的高端装备制造业企业以及配套项目落地建设。三是开展关键共性技术产学研联合攻关省级重大专项。引导省内企业、高校、科研、投资机构，根据各方技术、资源等优势，分类分级开展联合攻关。推进装备制造业高新技术加快产业化进程，吸引国内外高水平研发机构来省内建立分支机构或与省内机构联合。四是支持各市建立和规范装备制造业发展基金，发挥重点产业基金引导作用，鼓励各地装备制造业企业创新发展，充分综合运用风险补偿、股权投资等有效方式，支持装备制造业中小企业加大研发投入。

（四）激发市场创新活力

要着力培育装备制造业制造创新发展的生态体系。一是发挥政府引导作用，面向产业发展需求，推动装备、电子信息、自动化以及软件技术等相关领域协同创新，运用优惠政策调动激发从业人员创新创业积极性。二是发挥市场调节作用，尊重企业的市场主体地位，营造公平竞争、紧密合作、充满活力、持续稳定的良好生态环境。三是鼓励企业开展和扩大基础创新、集成创新与应用创新。试点设立“企业装备制造创新专项资金”项目，支持企业开展重点产品优化和产业试点示范，激发企业的创新活力。四是建立健全创新激励机制，强化以知识价值为导向的利益引导体制，建立健全职务发明、技术成果的权益归属及奖励报酬机制。推动重点行业试点、关键产品研发以及制度创新建设的一体化推进，并分期分批开展落实。五是提高科技成果转化和技术转让水平。开展“知识产权强企行动”，重点促进企业知识产权产出和转化效率，强化提高企业自主创新和知识产权战略运用能力。优化第三方技术鉴定程序，建立健全装备制造企业各种检测和检验的互认互通机制，在产品标准、知识产权与技术应用等方面加强交流合作，发展科学、公平、高效的技术成果评价机制和交易机制。

（五）培育吸引创新人才

一是加强培养企业经营管理人才和优秀企业家。加强与国内外知名高校、装备制造业科研机构以及高端智库等开展合作，培养一批具有全球战略眼光的创新型管理人才和优秀企业家，打造具有先进管理水平的创新团队。二是加强高技能创新型人才培育。结合装备制造业创新发展的客观需求，优化改革高校和技能院校学科建设，对接促进产业发展。实施装备制造业高技能创新型人才培养工程，鼓励高校、科研院所、行业协会及企业等密切联合，建立产业创新实践基地，分批分时开展专项技能培训。三是完善人才交流体系建设。分类引进国内外、省内外高端人才，不断优化产业人才结构组成，推进装备制造业创新能力快速提升。加强设计人才、工艺人才和管理人才的横向交流，打通新材料、新工艺、新制造多向互通及跨界创新人才培养的新渠道。加大高端装备产业“招才引智”力度，扩充“专、精、特、新”型专家人才引进特殊通道，吸引国内外高层次人才和团队扎根山东。

参考文献

[1]山东省人民政府办公厅．山东省人民政府办公厅关于印发山东省装备制造业转型升级实施方案的通知[J]．山东省人民政府公报，2019(4)：108－127.

[2]山东省人民政府办公厅．山东省人民政府关于印发山东省创新型省份建设实施方案的通知[J]．山东省人民政府公报，2017(33)：15－27.

[3]徐明贤，甄易，高晓瑾，等．科技成果转化影响因素及精准服务路径研究[J]．山东工业技术，2020(5)：14－21.

[4]王玉梅，孙珊，杨皎平，等．高技术产业创新能力评价指标体系构建[J]．财会月刊，2020(4)：69－75.

[5]中国科技发展战略研究小组．中国区域创新能力评价报告(2019)[M]．北京：科学技术文献出版社，2019.

作者简介

徐兆伟，工程师，山东省工业和信息化研究院。

李燕芹，高级经济师，室主任，山东省工业和信息化研究院。

姚树利，工程师，山东省工业和信息化研究院。

张　伟，经济师，山东省工业和信息化研究院。

张建峰，高级经济师，山东省工业和信息化研究院。

4

新时期智能制造若干重大问题研究

滕建军　王文平　李尚达　宋鹏飞　屈亚宁

摘　要　本课题从“新时期、智能制造、重大问题”三个核心概念的理解出发，采用约束理论（TOC）提供的思维方法，通过分析“基础研究根基浅、急功近利赶潮头、买来主义缺硬核、条件所限难作为、期望过高超现实、弄虚作假面子货、‘无人工厂’误导人、知识付费意识淡”八个表象问题和引发该问题的诱因及其内在逻辑，发现比技术“卡脖子”更关键的是意识“卡脖子”。研究得出了管理思想、政策稳定、正确的智能制造认知、秉持长期主义等智能制造技术之外的因素，在基本规律（逻辑）作用下对智能制造起着至关重要的作用；找出了“缺乏正确的管理思想指引、对智能制造的认知存在偏差、缺少长期主义、打击盗版/山寨力度不强”四个重大问题，提出了“价值驱动、精益先行，人为基、器为辅，管理知识、持续改善，从自动化到智能化，智能化构建竞争新优势”五个主要观点和相应措施建议。

关键词　智能制造；约束理论；长期主义；知识管理；竞争新优势

一、课题理解

本课题是工业和信息化部指导性课题（项目编号：GXZY2020－24），属命题作文。高质量完成本课题，首先需要正确理解课题。课题明确提出了“新时期”“智能制造”“重大问题”三个要项，可理解为本课题的研究背景、对象和内容，所以，本课题的要求是研究新时期背景下，正确研判我国制造业智能制造现状，分析探讨其中的重大问题，探究智能制造应遵循的原则，提出相关建议，是关系我国制造业能否赶超发达国家、构建自身竞争优势的重要任务。

（一）“新时期”的理解

理解“新时期”，要从中华民族在当前历史阶段面临的形势和未来发展要担当的任务出发。中共中央认为，当前和今后一个时期，我国发展仍然处于战略机遇期，但机遇和挑战都有新的发展变化。当今世界正经历百年未有之大变局，和平与发展仍然是时代主题，同时国际环境日趋复杂，不稳定性不确定性明显增强。我国已进入高质量发展阶段，发展具有多方面优势和条件，同时发展不平衡不充分问题仍然突出。准确把握新发展阶段、深入贯彻新发展理念、加快构建新发展格局，推动“十四五”时期高质量发展，是新时期的重要任务。

制造业是经济发展和综合国力的重要体现，是担当高质量发展的主力军。从我国制造业面临的总体形势来看，一方面，发展存在一定的压力：一是世界主要经济体增长疲弱，多个行业全球产能过剩短期难以改观；二是老龄化趋势在所难免，劳动力资源逐渐减少；三是贸易保护主义有所抬头，以及美国的再工业化战略、德国工业 4.0 等，促使我国制造业必须适应新的发展环境要求；四是碳达峰、碳中和目标的确立和落实，将为企业发展方式带来挑战；五是作为世界制造业第一大国，大而不强问题仍然突出；六是技术、人才、市场竞争日趋激烈，消费者需求多变且越来越个性化，不确定性持续增强，对产品品质和市场响应速度要求越来越高。另一方面，发展存在若干机遇：一是国力不断增强，国际地位不断提高，国际影响力越来越大；二是随着《区域全面经济伙伴关系协定》（RCEP）的生效，将进一步促进本地区产业和价值链的融合，为区域经济一体化注入强劲动力；三是全社会发展意识的转变，高质量、绿色化、创新发展已经成为社会共识；四是规模巨大的工程师队伍，构建了发展所需高素质的人才资源保证；五是以5G、移动互联为代表的通信技术飞速发展，自动化、信息化、数字化、网络化、智能化及机器人、云计算、3D打印等广泛应用，物联、智能甚至智慧的企业制造体系建设技术不断完善，为我国制造业实施高质量发展带来技术促进。

党的十九届五中全会提出了“加快构建以国内大循环为主体、国内国际双循环相互促进的新发展格局”的重大战略部署。《中国制造2025》明确把智能制造作为方向。党的十九大报告指出：“要加快发展先进制造业，推动互联网、大数据、人工智能和实体经济深度融合。”最新发布的“十四五”规划明确要“深入实施智能制造和绿色制造工程，发展服务型制造新模式，推动制造业高端化智能化绿色化”。这些不仅是国家对制造业的战略意志，也是对包括制造企业在内的各类社会组织指明了发展方向。

（二）“智能制造”的概念

智能制造截至目前尚没有统一的定义。各界专家学者和研究组织站在不同的角度给出了不同的解读，有智能制造技术说、智能制造系统说、新型生产方式说、技术深度融合说、数据自动流动说、过程活动与管理模式说等。各种说法与定义都有自己的出发点和理论基础。这些定义涉猎内容宽泛，但总体不外乎说明本质，给出内涵和外延，描述价值。汉语中的“智能制造”对应两种英文表述有Smart Manufacture（SM）和Intelligent Manufacture（IM，以下用IM代表智能制造）两种，Intelligent Manufacture的提法更早，但多数场合指的却是Smart Manufacture。Smart Manufacture主要对应数字化网络化制造，Intelligent Manufacture对应具有智慧能力的制造。

我们不想给智能制造下一个明确的定义，模糊的概念或许能够更加包容。但作为课题研究的对象，还是需要建立一个基本概念，明确一些基本项，来说明智能制造的本质和内涵，以明确对这一概念的理解。这些基本项包括：

（1）智能制造的核心是制造，智能（无论是人工智能的还是机器智能）是用来服务制造活动的；

（2）制造是企业的一种基本活动，且是要创造价值的活动；

（3）拥有制造活动的企业被称为制造企业；

（4）制造企业为实现价值创造活动，不仅需要运输、生产、营销、服务等基本活动，还需要采购、研发、人力行政等辅助活动，这些活动统称为运营活动；

（5）为使运营活动更好地创造价值，制造企业采用各项技术和管理手段，持续地优化企业运营活动；

（6）应用智能技术优化制造企业经营活动，不是一种静止的形态，而是一个持续的过程；

（7）人们习惯把一种持续的、使事物发生从量变到质变的活动过程称为“化”，如消化、文化、工业化、自动化、信息化等，所以，智能技术赋能制造活动的过程，被称为智能化；

（8）智能技术在制造企业的应用，绝不是仅限于生产过程的，而是整个企业运营过程的。

综上，我们讨论的IM，是制造企业采用智能技术持续优化运营活动以更好创造价值的过程，简言之就是制造企业智能化过程。这一定不是一个完整准确的智能制造的定义，却是最容易让人理解，且最不易与智能生产混淆的一种解答。由此，本课题也可进一步解读为“新时期制造企业智能化过程的若干重大问题研究”。基于此理解，我们在后续分析中会经常使用“智能化”一词代替智能制造，以更好地区别智能制造技术、智能制造系统、智能生产、智能管理模式等概念。

（三）“重大问题”的定位

通常所称的问题，是指现状与期望的差距。出现问题的原因有两种可能，一是对期望本身的理解标准不一致，导致期望太高而形成的问题；二是期望合理，现状不足形成的问题。因此，一方面，需要对智能制造的期望做出探讨。探讨期望，首先需要定义系统。任何系统都存在承载本系统的宏系统和构成本系统的子系统，如果不能清晰地界定所讨论对象（系统）的边界，就无法界定到底是在什么层面上讨论问题。另一方面，现实中的现状一般是能够直接看得见的，像是露在海面上的冰山，不是冰山的全部，也就是通常我们说的表面现象。按照因果律，探究导致表面问题存在的背后的根源才是重大问题。

本课题界定的讨论对象，就是制造企业智能化过程中的问题。这里的制造企业是一个群体，而非个体，所以问题的提出是相对共性的。对制造企业智能化过程产生影响的政策环境，属于宏系统问题。对提供智能化技术支持的供方，我们将其作为供应商，与制造企业一并讨论。

在问题的讨论中，我们坚持了如下原则。

（1）改善无止境原则：按照丰田生产方式主要奠基人大野耐一提出的“唯晓事成之规律，方持不灭改善心”的思想，通过追问“为什么”来探究问题的根源，寻找改善空间。

（2）价值导向原则：从企业通过价值创造活动实现盈利这一根本目的出发，讨论智能化中的问题，而非就智能制造讨论智能制造。

（3）求真务实原则：实事求是地分析制造企业目前的智能化水平和问题，把问题作为改善的机会。承认落后不丢人，狂妄自大才可怕。

二、我国智能制造的发展

（一）理论探索

与发达国家相比，我国在智能制造的研究方面起步不算很晚。1989 年，华中理工大学召开的“机械制造走向 2000 年——回顾、展望与对策”大会上，杨叔子发表了主题为“智能制造”的论文，首次探讨了制造系统的集成化与智能化问题，在我国首倡智能制造，成为中国智能制造领域的拓荒者。1990 年，华中科技大学首次组建了 IM 学科组，积极跟踪国际 IMS 的最新研究动态和从事 IMS 关键技术的预研工作。1992 年，华中理工大学组建智能与集成制造研究中心，为我国智能制造领域的基础性研究开了先河。1993 年，杨叔子牵头申报的“智能制造技术基础”国家自然科学基金重点项目获准设立，项目历时 4 年，于 1997 年 12 月完成。

我国在智能制造研究领域的研究发展较快，从发表的文献资料来看，目前绝大多数的研究集中在人工智能在制造业各个领域的应用方面，如智能CAD、CAPP专家系统、智能加工数据库、机电设备的智能控制、加工过程的智能检测、智能化生产调度系统、生产决策系统，许多研究成果已经在实际生产中发挥了很大作用。

（二）政策支持

我国自2009年5月《装备制造业调整和振兴规划》出台以来，国家对智能制造装备产业的政策支持力度不断加大，2012年国家有关部委更集中出台了一系列规划和专项政策，使得我国智能制造装备产业的发展轮廓进一步明晰。工业和信息化部发布了《高端装备制造业“十二五”发展规划》，同时发布了《智能制造装备产业“十二五”发展规划》子规划，明确提出到2020年将我国智能制造装备产业培育为具有国际竞争力的先导产业。科学技术部也发布了《智能制造科技发展“十二五”专项规划》；国家发展和改革委员会、财政部、工业和信息化部三部委组织实施了智能制造装备发展专项；工业和信息化部制定和发布了《智能制造装备产业“十二五”发展路线图》，明确把智能制造装备作为高端装备制造业的发展重点领域，以实现制造过程智能化为目标。

2014年12月，工业和信息化部印发了《工业和信息化部办公厅关于成立智能制造综合标准化工作组的函》，成立了由工业和信息化部部内司局牵头，国内智能制造相关标委会、科研机构、企业以及行业专家共同参加的智能制造综合标准化工作组，制定了《国家智能制造标准体系建设指南（2015年版)》，确定了按照“三步法”思路构建智能制造标准体系。

2015年，国务院印发《中国制造2025》，部署全面推进实施制造强国战略，明确提出“加快推动新一代信息技术与制造技术融合发展，把智能制造作为两化深度融合的主攻方向；着力发展智能装备和智能产品，推进生产过程智能化；培育新型生产方式，全面提升企业研发、生产、管理和服务的智能化水平”。

2016年3月，工业和信息化部印发了《关于开展智能制造试点示范2016专项行动的通知》，并下发了《智能制造试点示范2016专项行动实施方案》。

“十三五”期间智能制造工程将同步实施数字化制造普及、智能化制造示范，重点聚焦攻克五类关键技术装备、夯实智能制造三大基础、培育推广五种智能制造新模式、推进十大重点领域智能制造成套装备集成应用。

2016 年 7 月发布的《国家信息化发展战略纲要》提出，以智能制造为突破口，加快信息技术与制造技术、产品、装备融合创新，推广智能工厂和智能制造模式，全面提升企业研发、生产、管理与服务的智能化水平。

2016 年 11 月发布的《智能制造发展规划（2016—2020 年）》提出，2025 年前，推进智能制造发展实施“两步走”战略。

《智能制造工程实施指南（2016—2020）》提出，“十三五”期间通过数字化制造的普及，智能化制造的试点示范，推动传统制造业重点领域基本实现数字化制造；“十四五”期间加大智能制造实施力度，关键技术装备、智能制造标准/工业互联网/信息安全、核心软件支撑能力显著增强，构建新型制造体系，重点产业逐步实现智能转型。

《“十三五”国家战略性新兴产业发展规划》提出大力推广智能制造、网络化协同、个性化定制、服务化延伸等新业态、新模式。打造智能制造高端品牌，着力提高智能制造核心装备与部件的性能和质量，打造智能制造体系，强化基础支撑，积极开展示范应用，形成若干国际知名品牌，推动智能制造装备迈上新台阶。

《国务院关于深化“互联网 + 先进制造业”发展工业互联网的指导意见》提出，到 2025 年，基本形成具备国际竞争力的基础设施和产业体系，到 2035 年，建成国际领先的工业互联网网络基础设施和平台，形成国际先进的技术与产业体系，工业互联网全面深度应用并在优势行业形成创新引领能力，安全保障能力全面提升，重点领域实现国际领先。

《国家智能制造标准体系建设指南（2018 年版）》提出，建设智能制造标准试验验证平台，提升公共服务能力，提高标准应用水平和国际化水平。建设思路是构建智能制造系统构架、智能制造标准体系结构、智能制造标准体系框架。建设内容包括基础共性标准、关键技术标准、行业应用标准。

2019 年 11 月，国家发展改革委、工业和信息化部等 15 个部门联合印发了《关于推动先进制造业和现代服务业深度融合发展的实施意见》，梳理提出了10种发展潜力大、前景好的典型业态和模式，包括推进建设智能工厂、加快工业互联网创新应用、推广柔性化定制、发展共享生产平台、提升总集成总承包水平、加强全生命周期管理、优化供应链管理、发展服务衍生制造、发展工业文化旅游以及其他新业态新模式等。

2020年4月，《工业和信息化部关于工业大数据发展的指导意见》部署了3项重点任务，推动全面采集、高效互通和高质量汇聚，包括加快工业企业信息化“补课”、推动工业设备数据接口开放、推动工业通信协议兼容化、组织开展工业数据资源调查“摸家底”、加快多源异构数据的融合和汇聚等具体手段，目的是形成完整贯通的高质量数据链，为更好地支撑企业在整体层面、在产业链维度推动全局性数字化转型奠定基础。

2020年12月发布的《工业互联网创新发展行动计划（2021—2023年）》提出，到2023年，我国工业互联网新型基础设施建设量质并进，新模式、新业态大范围推广，产业综合实力显著提升；新型基础设施进一步完善、融合应用成效进一步彰显、技术创新能力进一步提升、产业发展生态进一步健全、安全保障能力进一步增强。

（三）主要成效

据来自工业和信息化部的消息称，“十三五”期间，我国发布285项智能制造国家标准，主导制定47项国际标准，涵盖了企业生产制造的全流程，我国进入全球智能制造标准体系建设先进行列。建成600多个具备先进水平的智能工厂，智能制造示范项目生产效率平均提高44.9%，能源利用率提升19.8%，运营成本降低25.2%，产品研制周期缩短35.0%，产品不良品率降低35.5%。新增两化融合管理体系贯标企业超过3万家，炼化、印染、家电等领域接近国外先进水平。工业互联网网络、平台、安全三大体系夯基架梁工作基本完成。定制化服务、全生命周期管理、总集成总承包、共享制造、在线监测与维护等服务型制造新模式不断涌现，工程机械、电力装备等行业服务型制造业务快速发展，工业设计、信息技术、节能服务等生产性服务业逐步壮大。

《智能制造发展指数报告（2020）》显示，75%的企业开始部署智能制造，企业对智能制造开展了初步规划并开始实践，能够实现对设计、生产、物流、销售和服务等核心业务的流程化管理。2020年全国制造业智能制造能力成熟度较2019年有所提升，一级及以下的低成熟度企业数量减少10%左右，三级以上的高成熟度企业数量增加了8%左右。

“灯塔工厂”被视为第四次工业革命的领路者，是数字化制造和全球化4.0的表率。按2021年3月15日世界经济论坛最新公布结果，全球累计69家“灯塔工厂”中，有21家来自中国（中国大陆20家，中国台湾1家）。大多中国的“灯塔工厂”打通了端到端全价值链。与其他国家相比，中国的“灯塔工厂”更愿意拥抱端到端全价值链数字化转型。中国端到端“灯塔工厂”在对数字化用例的选择上并非百花齐放，而是从用户、产品、效益等维度出发，制定最合适的数字化业务蓝图。

支撑智能制造的国产工业软件得到发展。一批软件厂商在多年努力下，在工业互联网平台、DSC、CAX、ERP、EDA、PLM/PDM、MESP、CRM、APS等软件开发上取得了一定进步。

总体来看，《智能制造发展规划（2016—2020年）》提出2025年前推进智能制造实施“两步走”战略，“第一步，到2020年，智能制造发展基础和支撑能力明显增强，传统制造业重点领域基本实现数字化制造，有条件、有基础的重点产业智能转型取得明显进展”和“十项重点任务”的目标得到较好的实现，为实施规划“第二步，到2025年，智能制造支撑体系基本建立，重点产业初步实现智能转型”奠定了良好基础。

三、智能制造的问题分析

讨论智能制造的问题，需要由表及里，逐步寻求核心问题。

（一）表象问题

我们必须承认，已经有一大批优秀企业通过智能制造在提升竞争实力上取得了成功的经验和出色的效果。所以，我们要分析智能制造的表象问题，一是需要具有共性，二是需要在企业间存在差异，三是需要从企业经营活动的更宽广范围看待。对于《智能制造工程实施指南（2016—2020）》《智能制造发展规划（2016—2020年）》等明确提出的关键技术装备、关键共性技术、工业互联网基础、人才培养等问题，我们认为属于企业智能化的支持手段。基于此，我们分析提炼了如下表象问题。

1. 基础研究根基浅

从企业层面来看，对智能制造的应用技术基础研究（工艺、材料、方法）不足，满足于日常业务，缺乏创新能力。

从研究机构来看，追热点的论文多，能够深入实质应用场景指导实践的论文少。现在已经出现了社会向高校输入知识的现象，常常需要向企业或软件服务商了解智能制造的最新理论和工具。一些专业研究机构，课题往往停留在大而化之、不接地气的层面。

从智能化服务商来看，自身能力羸弱，大多停留在找订单活下去的状态，从事研究实验的能力不足。

企业、机构、服务商研究不充分，不仅导致一些认知观点的偏颇，工具手段的不足，而且影响了社会对智能化的认知和信心。工业软件和高端装备领域存在的若干基础薄弱问题，是基础研究根基浅的突出表现。

2. 急功近利赶潮头

在企业战略上，表现为老板喜欢新思想、新概念，到处寻找新方法，想法很多，落地很难，就是静不下心来练内功。企业员工常常感叹，怎么也追不上老板的脚步。

在企业行动上，路线混沌、规划草率，不是智能仓库、就是智能产线，智能、智慧等概念滥用，朝令夕改，钱花了，项目上了，效果没呈现，结果人心乱了，效益没了。

在政策上，常常也会出现急功近利的影子。例如，“换道超车”“超常规跨越式发展”等，不符合制造业应有的发展理念。

不尊重企业的发展规律，诱导企业急功近利的现象，在软硬件厂商和研究机构也有出现。

3. 买来主义缺硬核

买来主义认为，只要肯花钱就能买来智能化。表现为企业自身缺乏管理思想，不愿意在基础技术和基础管理上下功夫，把企业智能化过程当作工程建设项目，整体采购各种系统，想一步到位，把改变现状的希望全面寄托在服务商身上。对于企业来说，核心竞争力是买不来的。智能化不是具体工具，不是具体工程项目，也没有固定不变的程式，而是针对不同时点的不同市场需求和企业行业发展水平，因地制宜、分类施策、逐步推进的过程。不下苦功夫夯实基础，想一蹴而就、买来智能化的做法，不仅对提升企业实力无助，还会造成巨大浪费，从而形成企业新的经济负担。

4. 条件所限难作为

主要表现为，要么认为智能化太高深，是大企业的事儿，与我们小企业无关；要么认为智能化需要大投入，我们实力不够，无能为力。

从表象来看，中小企业与大企业相比能力确实有限。智能化是逐步提升“化”的过程，技术与管理提升均贯穿整个过程，具体的、微小的改进，都是促进智能化升级的重要支撑。小企业虽然资源较少，但是可学习、复制、创新的点始终存在。即便是层次不高的制造业，逐步智能化改进也会促进企业在本行业中取得优势地位。不思进取，畏难不作为，长期落后于趋势的企业，迟早面临被淘汰的风险。

5. 期望过高超现实

部分专家把智能制造说得神乎其神。一些装备和系统供应商，为了赢得订单夸大功能。有些企业对智能化缺少正确认知，期望过高，认为企业只要有了智能化，就可以躺着赚钱，战无不胜。

智能化过程是帮助企业适应需求的手段，但仅仅是一种综合性手段，而不能解决供需、文化、政治等各类市场、社会的波动问题。企业的产品和技术必须不断进步，企业战略决策与智能化必须同步发展。即便仅从生产过程和产品智能化来看，持续改善是企业长久发展的永恒主题，不会有一劳永逸。

6. 弄虚作假面子货

和拿来主义不一样的是，个别企业纯粹是为了获得政府的政策支持与各种奖项，做表面工程。

个别企业明明可以通过优化生产设施布置，减少物料流转，或通过低成本自动化实现物料流转，却建立了面积很大的物料存储区，用了上百台 AGV（智能搬运机器人）来回穿梭。明明产线间的在制品可以直接流转，非要上个机器臂。明明是大批量规模化生产，却非要在每个机台上搞个显示屏。明明生产过程没有数字化，非要用滚动 PPT 搞个智能制造仪表盘。

7. **“无人工厂”误导人**

有些企业认为“无人工厂”就是智能制造。这是对智能制造的一个很大的误解，是不懂智能化和自动化的区别。智能制造的核心是制造，特征是智能，多数是人机组合的一个智能体。南京的爱立信工厂有一条装配线，一开始设置的自动化率是 90%，后来发现调整为 70%，增加若干人工工位，整体质量和效率反而是最优的。

8. **知识付费意识淡**

在一些制造企业，设计、管理、生产中经常有盗版软件使用现象，企业在信息化建设时，买硬件挺痛快，买软件就勉强，买服务就不理解。似乎人们都不愿意为别人的知识付费。这种状态导致了国产工业软件市场受到极大冲击，不仅弱化了再投入的资金能力，也因用户少导致其软件自身的迭代能力下降，最终破坏的是整个软件产业生态，最后又回馈至制造业本身。

我们都知道美国的制造业非常强大，其背后是人们对知识的真正尊重并为之付费。因此才会有美国为制造业的服务占美国经济总量的约 50%。这才能构建起一个良好的创新发展的产业生态。

（二）问题内在逻辑分析

分析发现，各类问题纠结在一起，而且多数问题还互为因果，需要一种系统、清晰的分析方法，厘清关系，寻找到改变的路径。

1. **约束理论（TOC）的基本观点**

TOC 的核心思想是，任何复杂的系统都构建于固有的简单性（Inherent Simplicity），利用这固有的简单性，可以在很短的时间内，达到显著改善。TOC 提供了一套基于系统方式的整体流程与规则，去挖掘复杂系统固有的简单性，通过聚焦少数“实体的”和“逻辑的”杠杆点，实现系统整体持续改善。

要解决问题，需要从如下三个核心问题出发。

A. 改变什么？

B. 改变成什么？

C. 怎样改变？

首先明确"改变什么"，即系统的制约因素，需要将系统的内在关联关系分析清楚。

2. 整体逻辑关系分析

参照 TOC 思维方法对表象问题在逻辑层面进行了分析，得出了主要问题逻辑分析简图（见图 1，其中 IM 是智能制造的英文缩写，下同）。

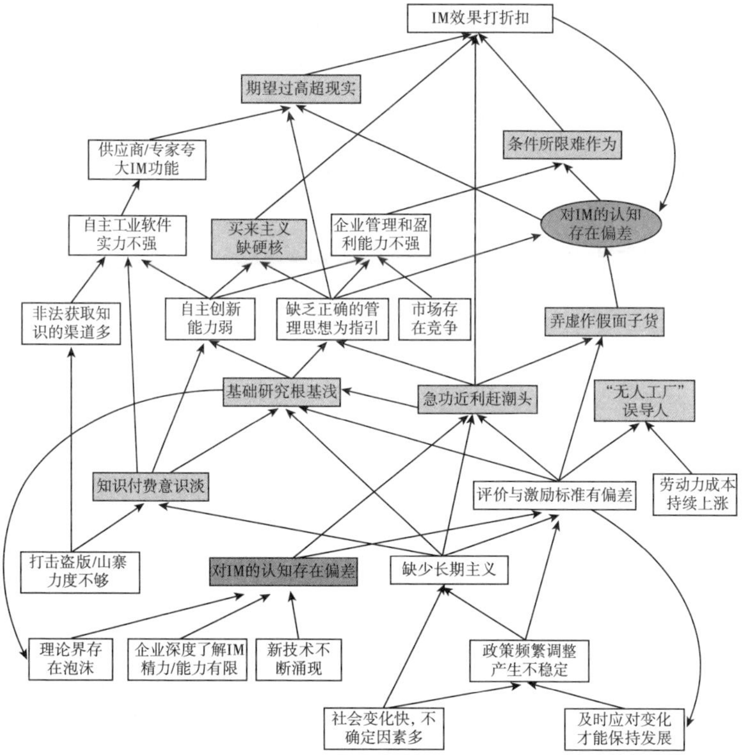

图 1 主要问题逻辑分析简图（现状）

图 1 中方框的内容是问题（TOC 称为不良效应）描述，箭头指向表示因果关系，多个箭头指向时，代表同时存在的多个原因导致了该结果。转换为语言就是，因为 A，且 B，且……所以 Y。于是我们可以得出这样的逻辑描述：

· 因为"社会变化快，不确定因素多"，且"及时应对变化才能保持发展"，所以"政策频繁调整产生不稳定"；

· 因为“社会变化快，不确定因素多”，且“政策频繁调整产生不稳定”，所以（企业/政府）“缺少长期主义”；

· ……

一些问题因果相连最后形成循环，被称为“恶性循环”，如果不能打破这种“恶性循环”，就永远无法真正彻底解决问题。如图 1 中存在以下“恶性循环”。

· “缺少长期主义”—“评价与激励标准有偏差”（如指标追求短期利益）—“政策频繁调整产生不稳定”—“缺少长期主义”

· “对 IM 的认知存在偏差”—“评价与激励标准有偏差”—“急功近利赶潮头”—“基础研究根基浅”—“对 IM 的认知存在偏差”

· ……

3. **确定核心问题**

当一个因素处于最底位，且有能力做出改变，就可以确定为根源。另一些尽管处于最底位，一般没有能力做出改变，如“社会变化快，不确定因素多”“企业深度了解 IM 精力/能力不足”“劳动力成本持续上涨”“市场存在竞争”等事实性因素，不作为根源。

对于与事实共同影响结果的其他因素，如果在恶性循环中起着重要作用，例如，导致“对 IM 的认知存在偏差”果的因，除了“社会变化快，不确定因素多”“企业深度了解 IM 精力/能力不足”“新技术不断涌现”这些事实外，“缺乏正确的管理思想为指引”存在于多个恶性循环中，因此该因素与“对 IM 的认知存在偏差”共同构成根源。

同时，“缺少长期主义”和“评价与激励标准有偏差”存在于多个循环中，所以两者是该循环的根因，其中“缺少长期主义”又是“评价与激励标准有偏差”的原因。

根据图 1 的分析，确定构成制约 IM 效果的原因是：

· “缺乏正确的管理思想为指引”；

· “对 IM 的认知存在偏差”；

· “缺少长期主义”；

· “打击盗版/山寨力度不够”。

为了确认上述因素是否为真实原因，我们探索“如果改变了这些因素会怎样”来加以验证，即检验对这四个原因做出改变后的结果是否符合我们的期望。

对四个因素做出改变：

· “坚持正确的管理思想为指引”；

· “正确的 IM 认知”；

· “秉持长期主义”；

· “强力打击盗版/山寨行为”。

通过改变上述因素进行逻辑推理，得出改变后的未来（见图 2），是我们期望的结果。

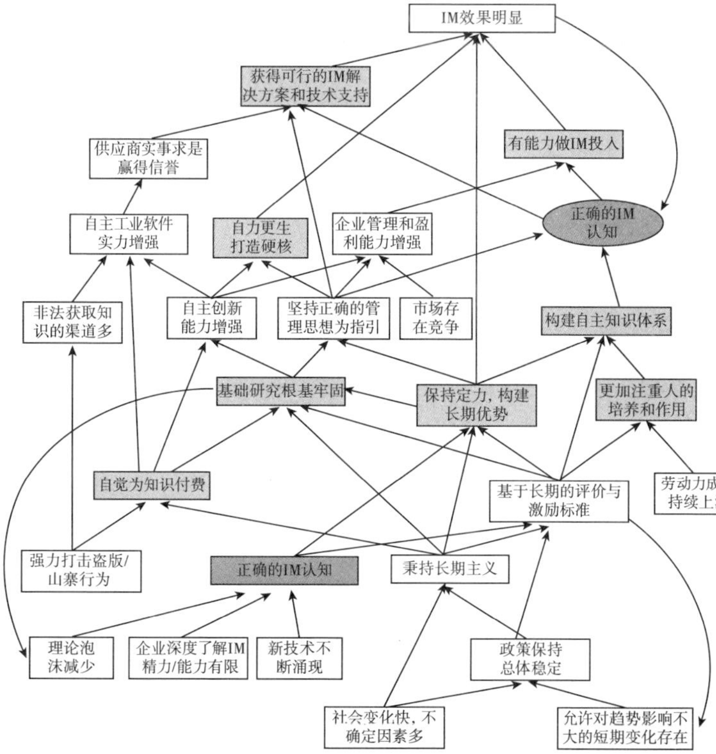

图 2　改变后的未来

（三）问题的核心冲突

1. 长短期主义的冲突

前述问题中，“缺乏长期主义”对 IM 的影响最为关键。“缺乏长期主义”的表现不仅影响着制造企业的决策、投资方向、内部管理、人才使用、市场开拓、科研开发等，还影响着市场的消费态度、政府的政策制定等，是一个社会性的问题（整体性浮躁）。现实中人们一方面厌恶短期主义的行为，期望秉持长期主义；另一方面又往往采取短期主义行为，总是处于冲突之中。要想探究和改变这一现象，需要探究该冲突产生的逻辑和导致该逻辑存在的前提假设。

（1）冲突描述

我们按照 TOC 的思维流程讨论绘制了长短期主义冲突（见图 3），期望获得“A. 经济/企业良性发展”，需要“B. 灵活机动，抓住眼前机会”，采取 B 行为会“D. 缺乏长期主义”；为了获得 A，需要“C. 保持定力，舍弃眼前机会”，C 行为会“D′秉持长期主义”。

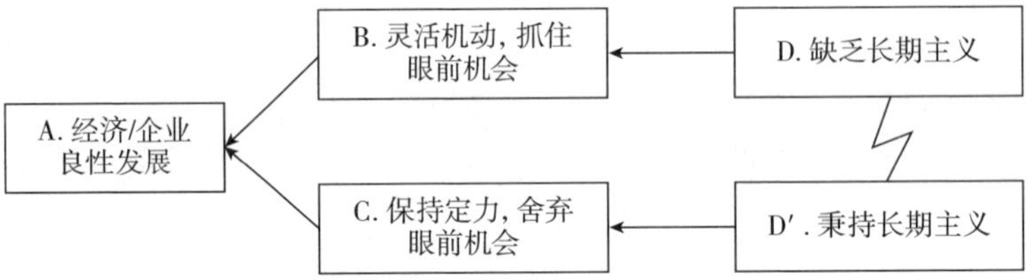

图 3　长短期主义冲突

（2）探索逻辑背后的前提假设

人们在采取行为时，如 D—B，或 D′—C，构建了一种实际的逻辑，而该行为逻辑存在的背后，其实是有前提作为假设条件。在 D—B 行为中，人们的假设是：“①机会稍纵即逝，不容错过；②发展机会多，需要靠机会迅速积累。”基于此假设，人们自然会“缺乏长期主义”。而 D′—C 行为中，人们的假设是：“①机会永远存在；②要靠自身实力赢得机会。”基于此假设，人们自然会“秉持长期主义”（见图 4）。

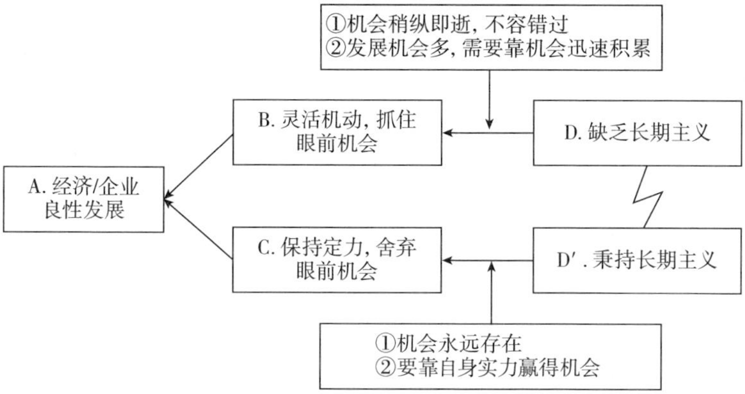

图4　长短期主义冲突和假设

（3）新时期的假设判断

我们要用发展的眼光看待冲突。许多问题是不同历史阶段人们对环境的假设不同导致的。改革开放初期，我们的社会总体处于一种物资、资金短缺形态，而劳动力整体富余，是在“①机会稍纵即逝，不容错过；②发展机会多，需要靠机会迅速积累”的状态下，人们自然会“缺少长期主义”。于是“做大做强”，以规模作为衡量标准等行为就不难理解了。这也是导致我国是全球第一的制造大国，但大而不强的原因。

新的历史时期，我们必须认清新的发展环境——产能总体过剩、资源（包括劳动力资源）处于短缺形态，是“①机会永远存在；②要靠自身实力赢得机会”，人们理应“秉持长期主义”。

2. 企业难作为

企业“自身能力不强”和“对 IM 的认知存在偏差”导致了企业“条件所限难作为”。为了能清晰探究“自身能力不强”的内部逻辑，我们进行了展开和分析，得出“自身能力不强”逻辑分析（见图5）和“自身能力未来”（见图6）。发现除“缺少长期主义”外，“经营思想以量取胜”“把人与设备等同为企业的赚钱工具”“关注自身的成本而非创造价值的能力”三个问题，是导致企业自身能力不强的原因。

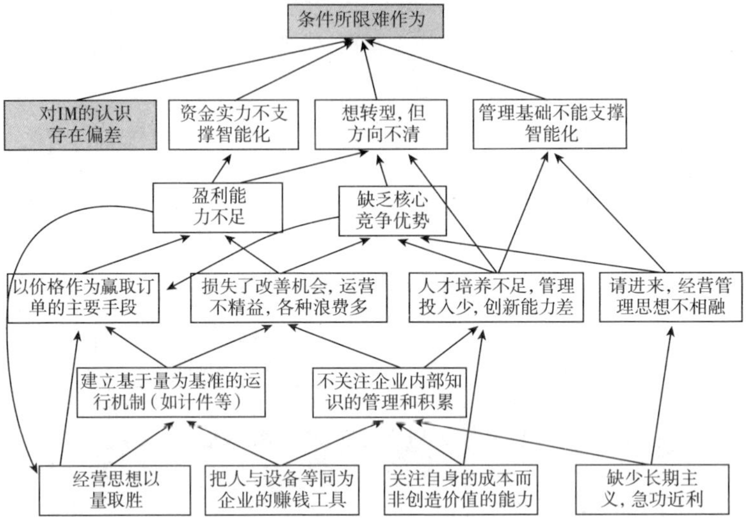

图5　“自身能力不强”逻辑分析

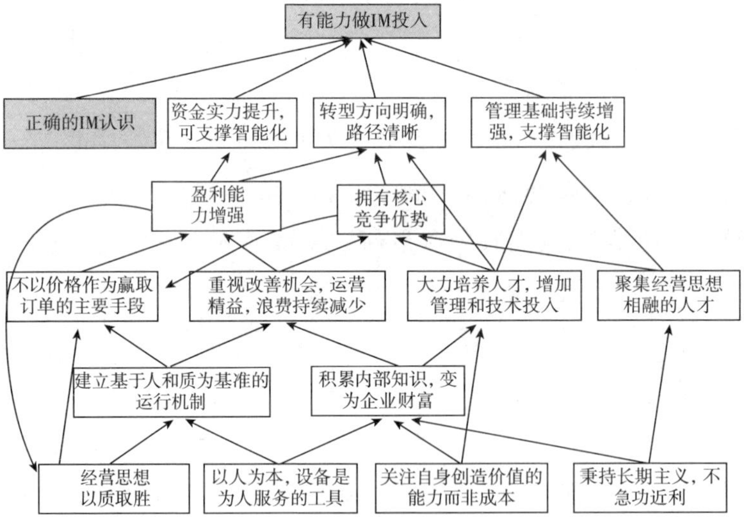

图6　“自身能力”未来

（四）关于企业转型

我国已经是制造大国。2020 年《财富》“世界 500 强”排行榜显示，中国内地 + 中国香港上榜公司数量达到 124 家，历史上第一次超过美国（121家）。我们已经取得了量的优势。但中美贸易战让我们切身体会了“基础不牢、地动山摇”这句话的分量。当前的数字化、智能化大潮汹涌而来，许多专家、政府部门提出了数字化转型、智能化转型的概念，似乎抓住了这些新技术就抓住了胜利。我们认为，面对激烈的竞争，比技术“卡脖子”更关键的是意识的“卡脖子”。

1. 慎提数字化转型

（1）数字化转型的概念自身存在矛盾

首先，我们说××化本身就是一个过程，如消化、转化、演化等。转型也是一个过程。在同一概念里表述两个过程，到底该让我们怎么理解？

其次，按照一般的理解，“化”的过程相对而言更加持续，而转型一般是阶段性的，明显存在概念矛盾。

最后，企业的目的是盈利，转型是为了更好地盈利，是企业在发展模式、方向层面的转变，而数字化只是实现更好盈利的手段，不能说企业数字化了就能更好地盈利。

（2）数字化转型缺乏理论基础

百度百科“数字化转型”词条这样描写：“数字化转型表明，只有企业对其业务进行系统性、彻底的（或重大和完全的）重新定义——而不仅仅是IT，而是对组织活动、流程、业务模式和员工能力的方方面面进行重新定义的时候，成功才会得以实现。”据此解读，这是以数字驱动的企业转型，还是企业需要使用数字服务于企业转型呢？

习近平总书记曾明确指出，要加快数字经济发展，要善于化危为机，抓住产业数字化、数字产业化赋予的机遇，抓紧布局数字经济。

因此，我要回归智能制造的本姓——姓“制造”不姓“智能”。习近平总书记说的是产业数字化、数字产业化，是布局数字经济，是要制造企业数字化，不是要制造企业通过数字实现转型。

（3）不利于企业秉持长期主义

如果企业总想急功近利地通过一些“曼妙的转型”就所向披靡，哪儿还会有心思夯实发展基础？对于我们的企业来说，恰恰最为缺乏的就是基础。我们技术上的短板是三基，即基础（核心）零部件，基础（核心）工艺，基础（核心）材料；我们管理上的短板是管理基础，是定额、计量、信息、标准化、班组建设等；我们人才上的短板是我们在知识管理的欠缺导致的。没有这些作为基础，如何实现数字化、智能化，核心竞争优势何来？对比德日企业，我们的数字化、智能化道路上，欠缺的恰恰就是基础。

这些基础工作，是需要秉持长期主义，埋头苦干，久久为功才能取得的。没有这样的长期主义意识，就没有基础扎实、核心能力强的中小企业，没有一大批这样的中小企业支撑，我们的产业何来竞争优势，又如何实现“数字化转型”？

我们认为，数字化是赋能企业走向高质量发展的手段，所以我们提出应该使用“数字化赋能”和“智能化赋能”更为适宜。

2. 明确制造企业的转型方向

不同时代背景下，企业选择的实现效益的形态不同。我们的理解是，当环境发生变化时，企业从一种发展形态向另一种形态的转变称为转型。我们认为，企业发展的形态可以分为四种，分别是规模效益型（以量取胜，通过规模扩张实现盈利）、创新效益型（以技术创新驱动为主导，通过不断的新产品、新技术、新模式迭代实现盈利）、质量效益型（以质量品牌驱动为主导，通过品牌溢价实现盈利）和管理效益型（以精益管理驱动为主导，通过高效的价值创造活动实现盈利），见图 7。

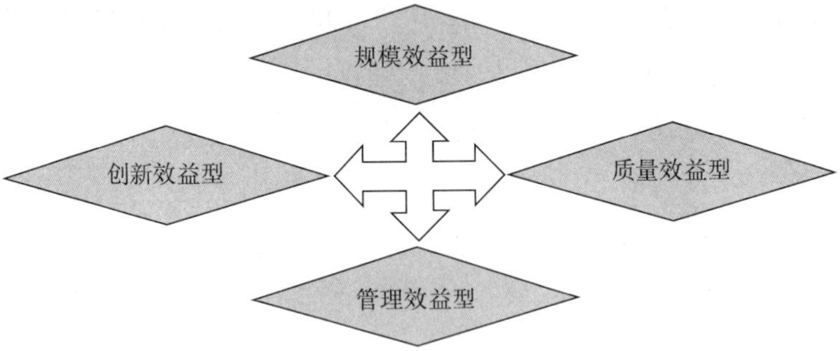

图 7　企业的四种发展形态

要实现高质量发展，企业必须走出规模效益的发展老路，从效益实现的驱动力上明确转型方向。当前会有一些企业走向创新效益型或质量效益型，而大多数制造企业走管理效益型道路是其主要方向。

四、正确认知智能制造

脱离企业的营利目的谈智能化，毫无益处。企业要在竞争中获得长期效益，必须拥有并能够保持自身的竞争优势。要正确认识智能化，就必须尊重企业生存和发展的基本特征。

（一）价值驱动，精益先行

按照营销学大师菲利普·科特勒的价值让渡理论，企业要实现盈利，必须向顾客让渡价值，通俗地说，企业提供的产品和服务要对顾客有用，且顾客追求其价值的最大化。要实现价值让渡且自身还要盈利，企业就必须更好地创造价值。从这个意义上来说，企业是通过价值创造，在实现利他（员工、顾客、供应商等）基础上，实现利己（获取利润）的。

1. 一切活动基于价值

（1）效益是流程运作的结果

价值创造活动需要通过一系列业务流程来实现。自工业时代起，分工为更加有效地创造价值提供了可能，分工带来了对管理的需求，这也是后来管理工作从作业中分离出来的主要原因。

分析流程运作会发现，企业运作水平的高低，直接体现在其合理配置人、财、物、时间、空间、信息资源的能力上，以实现推动和控制物（产品）、资金、信息等资源的价值高效流动。因此，智能制造绝不能仅仅限于生产作业的高效率和省人工，更要站在促进价值的流动，从全价值链条上分析和改善主要制约因素，以更好地创造价值。

（2）全供应链的价值实现

智能化是系统，迈向智能化需要过程。这个系统规模和范围的定义是否科学，将直接影响智能化的过程。因此，企业需要站在全价值链的价值实现层面，清晰地定义企业智能化的系统。只有从全供应链的价值流动分析增值活动，才能找到急需解决的客户痛点，为智能化改善提供依据。也只有通过全供应链的价值流分析，才可能实现企业自身与供应商、客户等信息和业务的协同。

当然，基于大多数企业目前对供应链的影响力所限，现实中智能化规划可以从全供应链开始，并基于规划与企业的相关战略、策略结合，起步实施还需从内部发起。

（3）只有客户才能定义价值

站在市场竞争的角度来看，客户真正关心的是从获得产品和服务中得到价值的多少，而这个价值只有客户才能定义。影响客户价值感知的主要有以下四个方面。

质量：产品功能和可靠性。质量分为两类：产品质量和过程质量。产品设计中，产品的质量水平将随着所面对的细分目标市场有所变化。过程质量与产品可靠性直接相关。

成本：一个十分重要的竞争力要素。在每个行业中，通常都存在着严格遵循低成本原则的细分市场。

响应能力：包括交货速度和制造柔性。交货快意味着组织生产快、生产周期短，这对于减少库存和流动资金十分重要。制造柔性意味着企业从生产一种产品的生产线转换到生产新产品线路的生产能力，是相应市场多样化需求的核心能力。

服务：在客户需要的时候能够提供给客户有价值的服务的能力。

企业的智能化，若不能给客户和企业带来上述四个方面的收益，就意味着没有创造价值。

2. **智能制造必须有思想**

北京航空航天大学刘强教授提出了发展智能制造要遵循“三不要”原则：①不要在落后的工艺基础上搞自动化——对应于在工业 2.0 阶段，必须先解决在优化工艺基础上实现自动化的问题；②不要在落后的管理基础上搞信息化——对应于在工业 3.0 阶段，必须先解决在现代管理理念和基础上实现信息化的问题；③不要在不具备数字化、网络化基础时搞智能化——要实现工业 4.0，必须先解决好制造技术和制造过程的数字化、网络化问题，进行补课、普及、充实和提高。刘强教授的提法，体现了智能制造须有思想这一理念。

围绕促进智能制造的健康发展，主要国家和世界标准组织等对智能制造提出了相应的参考模型（见表1）。这些模型在一定程度上体现了各自的智能制造思想。

表1　与智能制造相关的现有参考模型

序号	模型名称	制度组织
1	工业4.0参考架构模型（RAMI 4.0）	德国工业4.0平台
2	智能制造生态系统 SME	美国国家标准与技术研究院（NIST）
3	工业互联网参考架构（IIRA）	工业互联网联盟（IIC）
4	智能制造系统架构（IMSA）	中国国家智能制造标准化总体组
5	物联网概念模型 ISO/IEC	JTC1/WG10 物联网工作组
6	IEEE 物联网参考模型	IEEE P234 物联网工作组
7	ITU 物联网参考模型	ITU－T SG20 物联网及其应用
8	物联网架构参考模型	OneR2M 物联网协议联盟
9	全局三维图	ISO TC184 自动化系统与集成
10	智能制造标准路线图框架	法国国家制造创新网络（AIF）
11	工业价值链参考架构（IVRA）	日本工业价值计划（IVT）

3. 精益是智能制造的基石

工业和信息化部装备工业司原司长、中国智能制造系统解决方案供应商联盟专家委员会主任张相木曾在“2019（第七届）先进制造业大会”暨长三角制造业高质量发展高峰论坛上呼吁，精益生产是智能制造的基石，是推行智能制造必须经历的变革过程，不懂得精益生产谈智能制造纯粹是忽悠。

我们在调研国内部分智能制造优秀企业，包括潍柴动力、海立集团、东北工业集团等企业的实践证明发现，精益是智能制造的基石。例如，“灯塔工厂”潍柴动力的智能化道路上，经历了几个阶段，自2011年，寻求外力辅助，聘请日本丰田公司专家，开展为期三年的精益生产指导；2014年，自主推进，重在固化、落实和素质提升；2018年，向国内子公司输出精益生产经验；2019年，启动价值链协同，推广供应链管理体系。东北工业集团按照“精益为基、自动为先、数字驱动、智能引领”的总体思路，深入推进精益管理向智能制造转型升级。通过四期三年规划，从2008年推行基础精益开始，历时10多年才逐步尝试构建部分产线的智能制造体系。

精益生产（Lean Production，LP）又叫丰田生产方式，是美国麻省理工学院数位国际汽车计划组织（IMVP）的专家对日本丰田生产方式的赞誉之称。精，即少而精，不投入多余的生产要素，只是在适当的时间生产必要数量的市场急需产品（或下道工序急需的产品）；益，即所有经营活动都要有益有效，具有经济性。精益生产被称为当今工业界最佳生产组织体系和方式之一。

丰田生产方式的理论框架包含“一个目标”、“两大支柱”和“一大基础”：“一个目标”是低成本、高效率、高质量地进行生产，最大限度地使顾客满意；“两大支柱”是准时化与自动化；“一大基础”是指改善。改善是丰田式生产管理的基础。

丰田面对智能化，采取的策略是将智能化融入企业自有的管理模式中，并在原来 TPS 基础上，于 2012 年起提出了丰田新全球架构（Toyota New Global Architecture，TNGA），一个包含汽车研发、设计、生产、采购等全产业链价值在内的创新体系和全新的“造车理念”。

很显然，智能制造要实现的目标，就是丰田生产方式（精益生产）要实现的目标。例如，解决多品种小批量、流程改善、优化作业效率、标准化等问题，消除制造流程的浪费，实现价值最大化。

我们在智能化道路上，要特别重视丰田所强调的“没有实务改善，就没有系统投资”的观念。我们的企业和政府特别喜欢“高大上”，要上就是机器人、AGV、立体仓库等，而丰田的低成本自动化常常被看不上眼，我们喜欢电子大屏，丰田仍保留纸质看板，这些务实的举措不仅仅是成本的差别，更是理念的分歧。

基于精益思想去看智能制造，企业需要的是打造低成本低能耗自动化产线，而非昂贵漂亮的智能工厂。基于精益思想的考核体系，绝不是数量和规模，而是人的作用和质量、效益。没有精益管理做基石的智能化，不管其装备多么先进，如同今天拥有同样先进的自动化装备的企业仍然无法赢取竞争优势一样，在竞争中终将被淘汰。

（二）人为基，器为辅

1. 智能化要素模型

总结前三次工业革命的经验我们发现，推动工业革命的是技术和管理的结合，是人类知识积累的结果。分析企业价值创造活动我们得出，人类的创造造就了工业革命，人的作用是智能化中不可或缺的。打开许多智能制造的定义，都会见到有关知识的身影。智能化的机器永远需要向人类已有的知识学习，机器只有在人的有效控制下，才是安全的。

基于此，我们有理由相信，在智能化的道路上，人、管理和技术三要素缺一不可。

我们还发现，建立在人、管理和技术三要素基础上的知识，构成了智能化的重心。一方面，支持企业运行的各种知识（技术、管理），是教会智能机器的最为基础的内容，进而才能构成人与机器共同掌握知识的智能化系统。另一方面，只有持续改进，才能持续满足客户变化的需求，才能防止企业知识和系统的僵化，进而保持企业竞争优势。持续改善过程所构建的知识体系，只有转化为企业知识，并通过人的作用将其授予智能的机器，才能智能化。

基于上述研究，我们建立了由一个重心（知识）和三个要素（人、管理和技术）构成的知识—人、管理、技术智能化要素模型（以下简称“K－HMT 模型”，见图 8）。

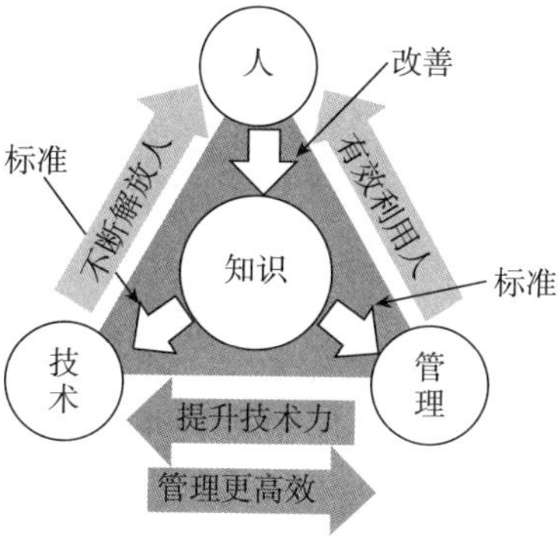

图 8　智能化要素模型

2. K－HMT **模型的内在联系**

从价值流动的立场来看，在企业的价值创造活动中，技术主要是用来不断解放人的体力劳动乃至部分脑力劳动，同时技术手段的提升还可以提升管理的效率；管理主要是用来有效发挥以人为主的各项资源的作用，减少浪费，同时管理水平的提升会加强企业技术管理，促进技术力的提升；人通过利用自有知识和企业知识库，不断对现有的知识库进行更新，推翻原有的管理和技术标准，构建新的标准，推动企业不断前进。

该模型不仅强化了人、管理和技术在普适性企业活动中的作用（如作业对象不是物，而是客户），而且强化了知识在该模型中的重心地位，并将标准、改善等管理行为一并纳入了企业的活动中。

对于该模型中的知识和三要素，均具有软硬之分：知识包括显性知识和隐性知识，知识的载体是人，信息是知识的表达方式；人是包括技能性偏硬和价值观、理念等偏软的综合体；管理包括偏软的战略、文化和偏硬的方法、工具等；技术包括软性的思维方式和硬件的标准、规范。

3. 机器学习“以人为师”

在与丰田汽车的专家沟通如何看待智能制造时，他们非常肯定地回答就是，机器学习“以人为师”。在丰田看来，所有浪费中，员工智慧的浪费是最大的浪费。

对人工智能背景下人的作用的讨论，在学界得到了高度重视。华顿商学院（Wharton School）管理学讲座教授，以及该学院人力资源中心主任彼得·卡裴利（Peter Cappelli）就明确提出“别让 AI 接管你的员工”，认为仅将工作者的生产力视为工程挑战，会衍生出一些持续存在的严重问题。这需要放弃以下这个观念：工作者的绩效，基本上是工程化的问题。LP 的优点之一，是兼具优化和员工赋权，做法是把改善生产力与质量的任务，移交给第一线工作人员，并教导他们如何把工作设计得更好。

美国学者罗伯特·卡普兰和大卫·诺顿提出的平衡计分卡理论，从财务、顾客、内部业务流程、学习与成长四个维度来考察企业的业绩，并给出了其内在的逻辑关系，员工的学习和创新驱动了运营管理和客户满意，相比而言，企业在财务管理、客户管理、运营管理等维度实现智能化是完全可能的，但无论怎么智能化，都无法取代人的作用——员工的学习和创新。因此，人（股东、员工，乃至顾客等）是在智能化过程中，必须高度重视的资源。

我们可以理解为，需求来自人、知识来自人、标准来自人、产品服务人。人永远在智能制造中起主导作用（关于基于网络神经算法的深度学习，其自身存在的黑盒问题与工业本身的样本数据质和量无法支持机器训练问题，决定着人的主导作用，在此不展开讨论）。机器（包括智能制造系统）是服务于人更好创造价值的工具。

（三）管理知识，持续改善

1. 知识的管理

每个企业都会在长期的生产经营活动中积淀下大量的知识。这些知识有显性的，也有隐性的。有效推进精益化、自动化、信息化、智能化，离不开企业自身的知识。如果不珍惜和有效管理这些知识，这些知识就会流失，特别是隐性知识。

我们要学会区分数据、信息、知识这些概念。纯粹的数据就是数字，没有任何意义。信息就具有了代表一定事物的含义。人们日常所说的数据，大多是以数字形态表达的信息。知识则代表着人通过接收到信息对事物形成的知晓、明了和习得的经验等的总和。

马国钧先生认为，企业知识的重要载体是人。知识管理不仅管“知识”，更要管人。知识管理要着眼于人的隐性知识显性化，这可能涉及人员经验、习惯、制度、行为模式等方面。实施知识管理应将人的管理思想、理念、方法与企业现有的组织、制度、行为标准融合，实现知识管理能够落实在具体的管理框架中。

知识可以从组织外部获取，也可以通过整合、统计、分析、挖掘进行生产。从知识生产的角度来看，知识具有累积性和再创造性。持续改善既是对已有分散的知识的累积过程，也是对知识的再创造。优秀的企业无不高度重视知识管理，并把持续改善作为其重要手段。

2. 五个层面的智能化

从企业经营活动的内容和流程分析，可以概括为开发设计、采购供应、生产制造、营销销售、维护服务五个层级，每个层级可以再细分出相应的内容，如开发设计还包括市场调研与细分、产品设计、工艺设计等（见图9）。每一个层级都蕴藏着大量的企业知识，也提供着巨大的改善空间。

在智能化时代，无论是每一个层级的业务，还是细分的具体业务，都可以且需要采用智能方案来解放人的劳动。因此，K－HMT 模型可以全面适用于各个层级及其子系统的智能化改造，进而可以建立起贯穿企业全业务流程的、基于知识管理的、多层级分工负责的、具有持续性改进作用的智能化管理模块。

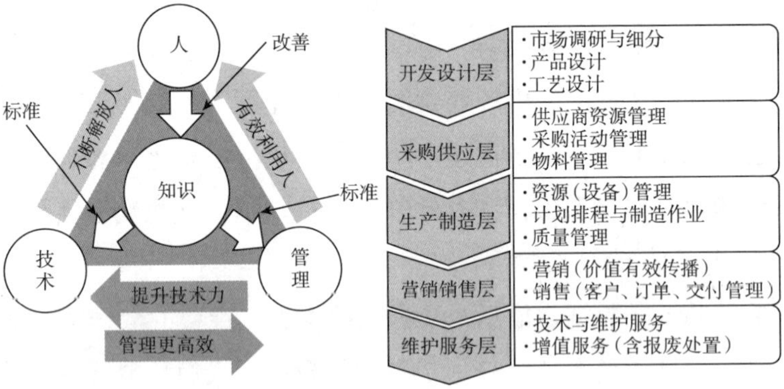

图9　业务层级与 K－HMT 模型应用

当该模型横向置于企业各个业务层级时，实际上已经建立起以知识为中心，人、技术、管理在各业务层级间纵向连接的立体结构。这个体系必将为企业在实施智能化中，制定智能化战略、优先选择智能化推进层级和有效实施智能化提供有力支持。

从机器学习“以人为师”到 K－HMT 模型，为我们展示了知识在智能制造中的重心地位，也再一次说明智能制造绝不能仅仅靠所谓先进的装备。再先进的装备，也改变不了企业的文化，而文化决定战略，战略决定行为。今天落后的装备，都曾是当年先进的，同理，今天先进的装备，也将在明天落后。只有重视人的作用，加强知识管理，实施持续改进，才能在竞争中不断提升。

3. **持续改善**

人的知识想要通过软件赋予机器，就需要形成标准。标准化的目的不是定标准，而是改标准；如果过度依赖智能系统，就会让现场变得僵直，系统的反应会变得迟钝。因此，一个追求精益的企业，其智能化的过程一定会持续地改善，依此保持价值创造的不断优化，构建自身的竞争优势。

持续改善具有这样的含义。

（1）从局部到整体永远存在着改进与提高的余地。在工作、操作方法、质量、生产结构和管理方式上要不断地改进与提高。

（2）消除一切浪费。丰田式生产管理哲理认为不能提高附加价值的一切工作（包括生产过剩、库存、等待、搬运、加工中的某些活动，多余的动作，不良品的返工等）都是浪费。这些浪费必须经过全员努力不断消除。

（3）持续改善是当今国际上流行的管理思想。它是指以消除浪费和改进提高的思想为依托，对生产与管理中的问题，采用由易到难的原则，不断地改善、巩固，改善、提高的方法，经过不懈努力，以求长期的积累，获得显著效果。

（4）准时化（Just in Time，JIT）生产。即在合适的时间生产合适的数量和高质量的产品。JIT 需要以拉动生产为基础，以平准化为条件，在品种和数量上实现混流加式运动，起到对市场多品种、小批量需要的快速反应和满足功能。

（5）自动化是人员与机械设备的有机配合行为。生产线上产生质量、数量、品种上的问题机械设备自动停机，并有指示显示，而任何人发现故障问题都有权立即停止生产线，主动排除故障，解决问题。同时将质量管理融入生产过程，变成每一个员工的自主行为，将一切工作变成有效劳动。

值得注意的是，我们发现日本的智能制造参考模型——工业价值链参考架构（IVRA），非常强调持续改善活动，其执行轴的要素“计划 P、执行 D、检查 C、行动 A”本身就是持续改善的过程（见表 2）。这一点值得一些企业在智能化实践中参考。

我们认为，至少在未来一段相当长的时间内，智能制造企业不能没有人的参与。没有管理的智能化，无法发挥技术与设备的效能，没有人参与的智能化，只能僵化和落伍，即便曾一时有效，也终将被有人参与改善的其他智能化企业淘汰。而从本质上来说，智能化的原始动力仍是人的需求，实现智能化的动力来自人的智慧。

表 2　中日智能化标准体系对比

国别	维度	要素
中国	系统层级	设备、单元、车间、企业、协同
	生命周期	设计、生产、物流、销售、服务
	智能特征	资源要素、互联互通、融合共体、系统集成、新兴业态
日本	资源轴	员工层、流程层、产品层、设备层
	管理轴	质量、成本、交货期、环境
	执行轴	计划、执行、检查、行动

（四）从自动化到智能化

精益是企业走向智能化的思想指引，也是智能化的基础，这一点应该毋庸置疑。现实中常常看到一些专家大谈数字化，却对自动化在智能制造中的地位很少谈及。另一种现象是，在一些企业的认知中，把自动化当作智能化。所以，要正确地认知智能制造，有必要弄清自动化与智能化的区别和关系。

1. 自动化与智能化的关系

简单来说，自动化就是执行人们预设的程序，即“把事儿做正确”。智能化需要基于信息和模型做出决策，即“做正确的事儿”。由此可以明确，智能化在决策层面，自动化在执行层面。因此，智能化需要以自动化为基础。

对于自动化的理解，一般认为是一大堆机电控制的自动化，其实丰田非常倡导低成本自动化，一是因为其结构简单可靠维护费用低，更符合制造业绿色化、低碳发展的要求；二是更能激发员工参与改善活动，发挥人的作用，提升员工队伍的素质。除了生产装置的自动化外，还有更能发挥管理效益的流程自动化，通过流程的自动化实现管理的价值。

另外就是，来自丰田汽车 TPS 两大支柱之一的“自动化”，它与自动化含义不同。有人字偏傍强调人机最佳结合，而不仅是用机械代替人力的自动化。

丰田的自动化是让设备或系统拥有人的“智慧”，当被加工零件或产品出现异常时，设备或系统能即时判断并自动停止。通过“自动化”改善的设备或系统，可以达到两个目的，一个是不生产不良品，即用简便的机械替代人的劳作，减轻作业强度，提高工作效率；另一个是可以节省监控设备运行的看护人（实现省人化），既异常发生时的自动停机功能。丰田自动化根据六种作业内容划分为七个水平层次。层次越高，实现自动作业和一定程度自决策的范围就越广。

对于智能化来说，自动化和信息化必定贯穿始终，而且要经历由易到难、由简到繁的发展过程。而这个由简到繁的进化过程，必须有人的参与，且通过人的参与和持续改善，不断提升系统的智能水平，也就是“自働化”。

对于每个企业来说，对照“自働化”的现有等级，持续实施从设备到生产单元，再到生产线、整个工厂的自働化改进，无疑是走向智能化的聪明之举。

本文曾提到“智能制造”有两个英文表述：Smart Manufacture（SM）和Intelligent Manufacture（IM），如果直白地用中文表达，可以理解为SM是更聪明的制造，主要在数字化网络化背景下，对信息较完整、外部变化相对确定的环境进行决策。这种决策主要需要的是知识。而IM则可理解为具有智慧能力的制造，主要对应信息不完整、外部变化不确定的环境进行决策。这种环境的决策不仅需要知识，更需要基于态度、境界和洞察力的智慧。态度、境界和洞察力不是机器能够具有的，所以，尽管通常大家使用Intelligent Manufacture为智能制造，但就其本质来看，实际期望达到的是Smart Manufacture。

2. 人类智能与机器智能

智能化重点解决的是：在信息获取迅速、准确的基础上（认知、传输），开展自分析、自学习、自决策，为安全性操作提供自主决策，为需要人类介入的决策智能提供参考方案。

智能化的本质是：在人的基础上，对人的能力（体力和脑力）的拓展，而非取代，因此其智能活动与人的智慧活动具有相似性（见图10a、图10b），在一定范围内，替代人的感知、记忆、判定、作业等。

智能化的特征是：全面数字化感知、数字信息标准化、信息互联互通、系统自身有限自决策等。

智能化的覆盖范围：取决于所定义系统的大小。从一般意义上来说，企业的智能化包括产品智能化、研发设计智能化、制造智能化（智能排产、智能质量检测、智能预防性维护、智能加工、智能仓储等）、管理智能化、服务

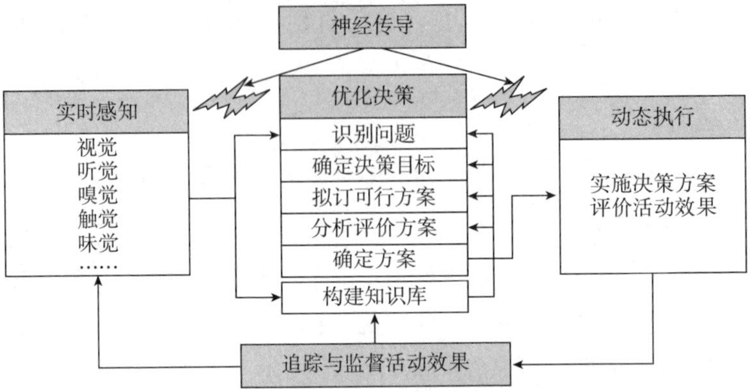

图 10a　人类智能活动基本模型

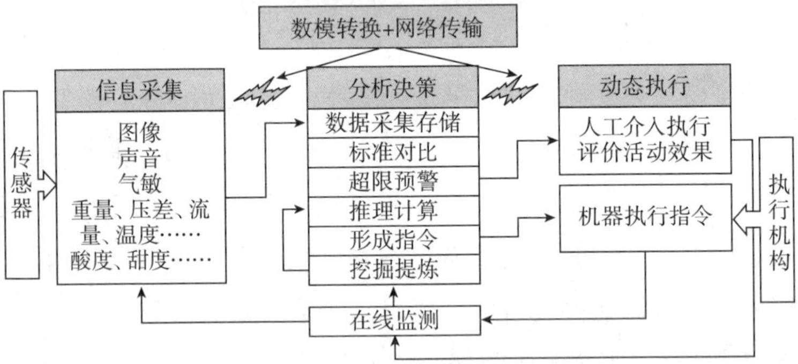

图 10b　机器智能活动基本模型

智能化等。

虽然机器智能活动模型与人类智能活动有诸多相似之处，但本质上是对人类智能的模仿，在最需创造力和辨识力的关键点上，需要人工介入。即便人工介入很少，机器智能化水平非常高，如果忽视了人的作用，则机器智能活动将存在巨大的潜在风险。实际上，应对最高级别的、超出 AI 与人脑预期的风险与损害，正是人在机器智能活动中的主要作用。故智能化的核心是人对智能化的需求以及人在智能化系统的主导作用。

（五）智能化构建新竞争优势

1. 尊重智能“化”的过程

正确的智能化，是要构建推动人不断进步、企业技术和管理持续改善的

“化”的过程。这个“化”的过程，将是一个长期的过程，就如同到今天我们还在机械化、电气化、自动化的过程中一样。这就为企业实施智能化提供了基本原则，绝非一蹴而就。

智能“化”的过程，要提升企业知识管理能力，更加尊重人的作用、发挥人的才智、解放人的部分劳动，进而提升人的整体素质，构建人才优势；要重新明确公司战略，梳理适应智能化时代的业务流程和管理模式，构建管理优势；要从运营活动的过程中，寻找应用新技术实现“自动化”的途径，包括重新布置设施、改变生产组织方式，适应柔性制造的要求，改变销售、物流方式，提升市场响应能力等，构建技术优势；要根据业务特性和技术支持能力，可在不同的业务活动范围同时存在自动化、智能化。

2. **打造知识“黑箱”新优势**

无论是离散型制造企业，还是流程型制造企业，都需要基于精益思想开启智能化进程。检视企业的智能制造成熟度、“自动化”等级水平，分析不同级别的特征和递进关系，对于企业明确阶段水平和努力方向，确定实施路径大有裨益。

我们还发现，随着科技的进步与理论的发展，所带来的技术、工艺、管理等越来越数字化、智能化，企业将越来越重视知识的更新、积累和管理，并将这些知识“软件化”进企业的智能系统，进而变成企业竞争和技术保密的知识“黑箱”，构建起新的竞争壁垒。

3. **突出市场响应能力**

新时期，市场波动的不确定、客户需求的个性化，给传统制造带来了新的挑战。实现高质量发展，需要在满足客户对质量、成本、交期、服务的要求上构建竞争优势，也就是在应对市场变动上构建强有力的响应能力。基于此需求，1991 年，由美国国防部支持的一项研究计划启动，有 100 多家公司参加，历时 3 年，于 1994 年底提出了《21 世纪制造企业战略》。这份报告，提出了既能体现国防部与工业界各自的特殊利益，又能获取它们共同利益的一种新的生产方式，即敏捷制造。

敏捷制造，是指制造企业采用现代通信手段，通过快速配置各种资源（包括技术、管理和人员），以有效和协调的方式响应用户需求，实现制造的敏捷性。支撑敏捷制造的是具有创新精神的组织和管理结构、先进制造技术（以信息技术和柔性智能技术为主导）、有技术有知识的管理人员三大类支柱，是将柔性生产技术、有技术有知识的劳动力与能够促进企业内部和企业间合作的灵活管理集中在一起，通过所建立的共同基础结构，对迅速改变的市场需求和市场进度做出快速响应。敏捷制造比起其他制造方式具有更灵敏、更快捷的反应能力。我们今天看到的美国先进制造技术是有其渊源的。

结合我们企业的实际，要提高市场响应能力，还需从基础层面做扎实的工作，包括工业应用技术（数控技术、计算机辅助设计与制造、特种加工技术）、制造业综合自动化（机器人技术、成组技术、柔性制造系统）、系统管理技术（并行工程、虚拟制造、计算机集成制造系统）等。这些基础的积累，不可能一蹴而就，需要秉持长期主义。

在巩固基础技术能力和管理能力基础上，要特别关注多智能体（Multi - agent）、整子系统（Holonic System）的应用研究，探索基于多智能体（包括人工、自动、智能）环境下的，具有高柔性的智能化制造单元建设，以提升企业应对市场变化和个性化需求的能力。我们有一个大胆的预测，未来的智能制造系统将是一个由机器智能体、人—机智能体、人的智能体共同构建的，涵盖企业内部所有运行业务并与供应链全面衔接的分布式的多智能体整子系统。

五、相关建议

新时期，必须坚持“创新、协调、绿色、开放、共享”五大发展理念，要从过去的抓机会到今后的拼实力，从过去的规模高速增长转型高质量发展，从资源要素（劳动力、土地、能源、环境）相对充裕不集约利用转变为资源要素整体紧缺集约利用。为此，我们建议在编制好《智能制造发展规划（2021—2025）》基础上，重视推进智能制造的相关措施。

（1）全面推行先进的生产管理方式。与高质量发展战略及“碳达峰、碳中和”目标相结合，在制造业全面推进包括精益生产、六西格玛管理、绿色制造等先进生产管理方式，持续改善产品质量差、生产效率低、资源消耗高等问题；积极培育行业精益标杆企业，开展行业对标管理；引导企业引入咨询服务机构，推动管理提升和明确智能化方向路径。

（2）推动企业开展知识管理。在工信系统和制造企业推广《GB/T 23703知识管理》系列标准，鼓励企业探索建立知识工程模型和软件化，提升企业创新能力。

（3）推动IM能力成熟度评估和编制IM战略规划。

（4）推动IM与机器人技术。通过需求端拉动、产业链延伸，全力支持国产高水平智能化装备的发展，重视柔性或敏捷IM单元的开发。建立国家重点智能装备项目库，采用国家资金支持、供需双方组织，企业分工参与，成果按贡献分享的模式，集国内各领域专家集中攻关。落实“十四五”规划中有关IM和机器人技术项下的内容。鼓励装备制造企业同步交付实体产品和数字孪生产品。引导装备企业产品向服务智能化延伸。引导社会资金支持装备企业建设柔性智能化共享工厂。

（5）加强工业软件开发的项目化管理。建议采用需求企业向工业和信息化部申报需求课题，工业和信息化部组织必要性论证，委托第三方发布攻关招标，工业和信息化部资金支持的模式，推动工业软件有序、高效开发利用。

（6）建设公用标准平台，降低信息化成本。建设全国统一的设备、物料、工艺编码公用标准平台，做好与税务系统编码的接口，减少企业信息化中设备、物料、工艺编码工作的重复和浪费，规范企业间信息传输标准，打通企业间的信息孤岛。

（7）建立人才共享使用机制。在国家和省两级建立IM专家库，实施专家人才共享（委派、租借、交易）使用。选择试点领域（项目）联合攻关，打通机械、电子、信息及设计、工艺、管理间的知识壁垒，促进研发成果有效转化。鼓励企业输出知识，鼓励项目企业购买人才服务。出台人才共享使用支持政策（职称、社保、个税、咨询服务税费）。制定知识付费相关政策，规范软件付费、专家取费程序和标准，区分专业知识服务取费与腐败的界限。

（8）知识普及与人才培养。率先在全国工信系统开展IM知识普及培训，推动各地正确认知IM，并逐步向企业拓展。积极选择一批既懂技术又懂管理的复合型人才，经专门培训、考核纳入IM专家库，再经培养成为企业智能化旗手或咨询专家。

（9）继续完善 IM 相关标准。优化现有标准，补齐标准体系，拓展标准覆盖范围（由重视企业内部的智能生产向企业提供的智能产品拓展）。

（10）完善保障措施。坚决取消所有用规模衡量企业的各种榜单、评比，优化有关按企业规模开展评价的奖励政策、招投标制度；强力打击知识产权侵权，将企业的侵权行为与企业信用挂钩；严格查处虚假申报骗取国家资金支持的行为；区别对待知识价值和腐败行为，鼓励企事业单位人才的知识输出；打击各种媒体有关“速成、高利、暴富”的宣传报道。

参考资料

[1]P. K. WRIGHT, D. A. BOURNE. Manufacturing Intelligence, Addison - Wesley, Reading, Mass, USA, 1988.

[2]唐任仲．智能制造系统国际合作研究计划[J]．制造技术与机床，1996,(9):45 -47.

[3]工业和信息化部,财政部．智能制造发展规划(2016—2020 年)[EB/OL]. https://www.miit.gov.cn/zwgk/zcwj/wjfb/zbgy/art/2020/art_ef82844f3d864b44906f72bdd2eb14d8.html.

[4]周济,李培根,周艳红,等．走向新一代智能制造[J]．工程(英文)，2018,4(1)：11 -20.

[5] 安筱鹏．重构:数字化转型的逻辑[M]．北京:电子工业出版社,2019.

[6] 智能制造强国建设战略咨询委员会,中国工程院战略咨询中心．中国制造 2025 系列丛书:智能制造[M]．北京:电子工业出版社,2016.

[7]刘强．探索智能制造发展之路[J]．数字印刷,2019(1) 16 -25.

[8] PETER CAPPELLI. 别让 AI 接管你的员工[J]．侯秀琴,译．哈佛商业评论·全球繁体中文版，2020（9）.

[9]马国钧．工业中的知识和智慧[J]．军工文化，2017(8)，70 -72.

作者简介

滕建军，副院长，山东省工业和信息化研究院。

王文平，高级经济师，山东省工业和信息化研究院。

李尚达，工程师，山东省工业和信息化研究院。

宋鹏飞，工程师，山东省工业和信息化研究院。

屈亚宁，高级工程师，山东山大华天软件有限公司。

5

推动轻工纺织劳动密集型行业高质量发展的对策研究

轻纺高质量发展课题组

摘　要　轻工纺织劳动密集型行业在我国经济发展中长期占据重要地位，但是，我国轻纺劳动密集型行业大都建立在低成本的基础上，发展优势逐步减弱。因此，轻纺劳动密集型行业迫切需要加快转型升级步伐，促进产业链协同发展，形成特色鲜明、市场竞争能力强的发展新格局，建立行业高质量发展的新生态。本课题通过梳理全国轻工纺织行业的发展现状，轻工纺织行业在经济发展中的作用，认清当前行业发展面临的国际国内环境，找出行业高质量发展存在的深层次问题，确定高质量发展的重点任务，按照“三维一体”政府层面、行业层面、企业层面研究提出具有理论性、前瞻性和可操作性的轻纺行业高质量发展对策建议。

关键词　轻工纺织；劳动密集型；高质量发展；对策

党的十九届五中全会确立“以推动高质量发展为主题”，是体现新发展理念，做好经济发展的根本要求。轻工纺织劳动密集型行业在我国经济发展中长期占据重要地位，在繁荣经济、增加国民收入、出口创汇、解决劳动就业、维护社会稳定等方面发挥了重要作用。但是，我国轻工纺织劳动密集型行业大都建立在低成本的基础上，且位于全球价值链的中低端，发展优势逐步减弱。因此，轻工纺织劳动密集型行业迫切需要加快转型升级步伐，调整优化产业结构，促进产业链协同发展，形成特色鲜明、市场竞争能力强的发展新格局，建立行业高质量发展的新生态。如何实现行业高质量发展已成为当前轻工纺织劳动密集型行业需要思考和亟待解决的问题。本课题在分析轻工纺织劳动密集型行业的现状、在国民经济发展中的作用、当前行业发展的形势基础上，剖析了轻工纺织劳动密集型行业存在的深层次问题，提出高质量发展的重点任务和对策措施，为政府决策提供重要依据，推动行业高质量发展。

第一章　轻工纺织行业发展现状

轻工纺织行业作为传统的优势劳动密集型行业，产品涵盖人民物质和精神文化生活中的“吃、穿、住、用、行、教、乐”等多个方面。“十三五”以来，我国轻工纺织行业总体保持增长，为国民经济增长做出重要贡献。但受多种因素影响，轻工纺织行业国际国内竞争优势明显削弱，增速逐年放缓，效益下滑明显，全行业迫切需要进一步提质增效，推动结构优化和高质量发展。

一、全国轻工业发展现状

轻工业是我国工业体系中的传统优势行业，近年来，轻工业认真贯彻党中央系列重大战略部署，在国家一系列扶持实体经济的政策驱动下，始终坚持以市场为导向，以科技创新和消费升级为抓手，引导行业由规模扩张型发展向效益质量型转变，行业发展质量得到进一步提升。

（一）全国轻工业总体情况

1. 行业总量占比较高，经济地位突出

2019 年，全国轻工业规模以上企业达到 10.86 万家，共实现营业收入 19.79 万亿元，同比增长 2.83%，占全国工业营业收入的 18.72%；实现利润总额 1.30 万亿元，同比增长 7.14%，占全国工业利润的 20.89%。轻工业拥有较强的盈利能力，2019 年，营业收入利润率达到 6.54%，比全国工业营业收入利润率高 0.68 个百分点。

2. 行业发展增速趋缓，增长拐点显现

2019 年，全国轻工业规模以上企业工业增加值同比增长 4.4%，增速较上年放缓 1.4 个百分点。“十三五”以来，2016 年、2017 年轻工业发展增速较快，分别高同期全国工业增速 0.8 个、1.9 个百分点；2018 年、2019 年，行业发展受深层次结构矛盾和外部环境冲击影响，工业增加值增速开始放缓，年末累计增长为 5.8%、4.4%，分别低同期全国工业增速 0.4 个、1.3 个百分点（见图 1）。

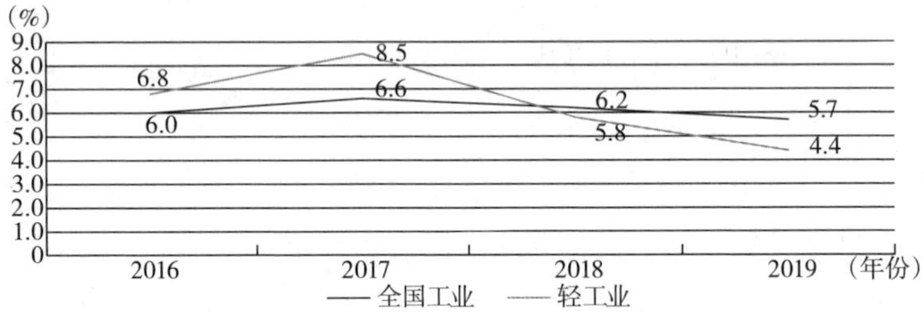

图 1　2016—2019 年轻工业与全国工业增加值累计增速对比

3. 行业规模效益提升，发展韧性增强

2019 年，全国轻工业规模以上企业累计实现营业收入同比增长 2.83%；全行业利润实现逆势增长 7.14%，且增速高于全国工业。“十三五”以来，2016 年，轻工业主营业务收入增速高同期全国工业增速 1.5 个百分点，但 2017 年以来增速趋势放缓；2016 年，轻工业利润增速低全国工业 0.9 个百分点，发展到 2019 年利润增速高全国工业 10.4 个百分点。轻工业发展的规模

效益得到进一步提升，为高质量发展提供基础保障，行业发展韧性增强（见图 2、图 3）。

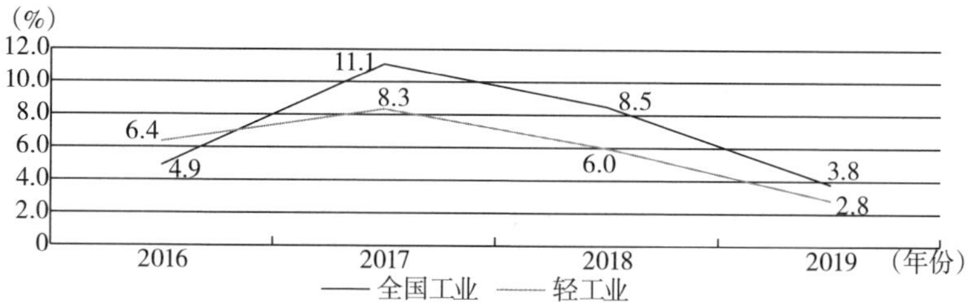

图 2　2016—2019 年轻工业与全国工业营业收入增速对比

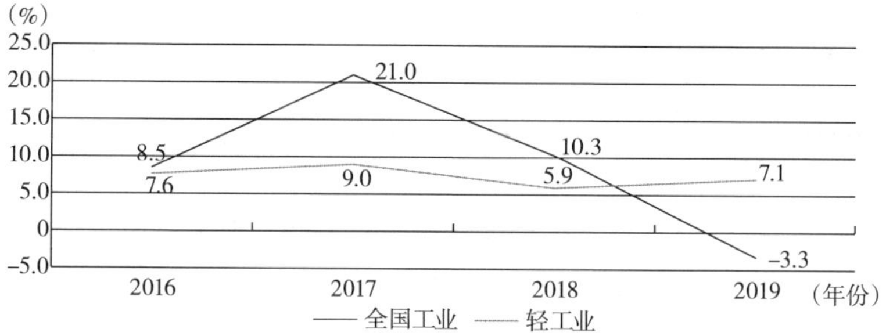

图 3　2016—2019 年轻工业与全国工业利润增速对比

4. **细分行业分化明显，消费升级支撑**

轻工业门类众多，各细分行业发展不均衡。食品作为主要消费品，刚性需求强力支撑轻工业平稳发展。2019 年，大食品行业（农副食品加工、食品制造、酒精饮料行业，下同）营收利润率为 7.11%，高于轻工业平均水平，大食品行业较快增长对轻工业稳健发展起到压舱石作用。家居行业持续满足消费升级，经济运行质量高。2019 年，家电、家具等相关行业以满足消费升级为己任，生产更加满足健康和智能需求的产品，不断进行跨界融合，加速了行业的快速发展，家具行业利润增长 10.81%，家电行业利润增长 10.89%。日化行业营收利润率达到 10.83%，明显高于轻工其他行业。电池行业营收、利润均实现大幅度增长。受新能源汽车和电动自行车市场发展推动，锂离子电池继续保持较快速度增长，加之上年较低基数影响，电池行业营收和利润均实现快速增长。受消费者消费习惯改变、产品外部需求下降等因素影响，皮革制鞋和造纸行业2019年营收和利润均出现负增长。

5. **消费市场发展平稳，贸易顺差突出**

2019年，轻工内需市场占比86.84%，内需市场对轻工业发展支撑作用显著。2019年，与轻工业相关的社会消费品零售总额超过6万亿元，约占社会消费品零售总额的1/7。其中，日用品、化妆品、饮料类、粮油食品类产品增长较快，同比分别增长13.9%、12.6%、10.4%、10.2%，是内需市场保持增长的重要力量。同时，轻工业一直是外需市场消费品的主要提供者，具有较强的市场竞争力，2019年轻工业贸易顺差4700.1亿美元，是全国贸易顺差的1.12倍。

6. **龙头企业作用突出，竞争优势明显**

轻工业已经形成一批规模大、水平高、效益好、国内先进的领军企业，这些企业不仅是轻工业稳定发展的支撑力量，也是带动全国整体经济平稳增长的稳定器。根据中国轻工业联合会发布的年度百强企业评价报告，2019年中国轻工业百强企业（200家）营业收入合计约3.14万亿元，占轻工规模以上企业营业收入总额的16.05%；利润合计3138.0亿元，占轻工规模以上企业利润总额的24.46%；前一百名百强企业营业收入合计2.82万亿元，占轻工规模以上企业营业收入的14.42%，利润总额合计约2888.0亿元，占轻工规模以上企业利润总额的22.51%。在以中小企业为主的轻工企业中，百强企业体现出较强的竞争优势。

（二）全国轻工行业结构分析

1. **企业数量的行业分布**

2019年，全国轻工业规模以上企业10.86万家，其中大食品行业规模以上企业约3.68万家，占到了全国轻工业规模以上企业数的33.9%，是轻工企业较为集中的行业；大家居行业（包括家电、家具、五金、照明、玻璃、陶瓷、日化等行业，下同）规模仅次于大食品行业，规模以上企业约2.29万家，占到了整个行业规模以上企业数的21.1%，是轻工业重要支柱产业之一；文教、工美、体育、娱乐用品制造业，皮革、毛皮、羽毛及其制品和制鞋业，塑料制品业及造纸行业整体规模也较大，规模以上企业分别为9086家、8386

家、8109 家、6688 家，占轻工业规模以上企业数的 8.4%、7.7%、7.5%、6.2%；其他细分行业规模以上企业占比为 15.2%。轻工业企业数量众多，尤其是中小企业分布广泛（见图 4）。

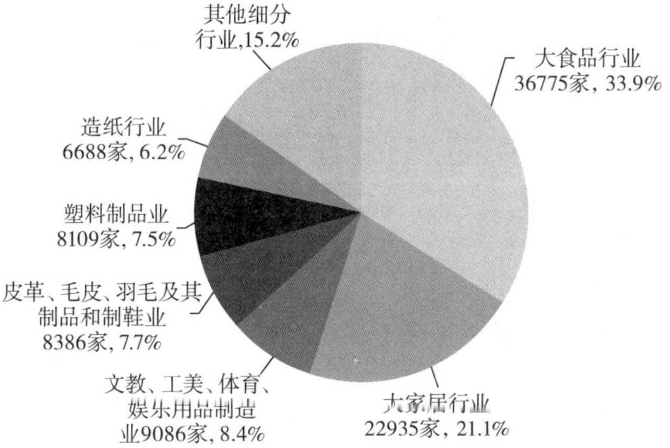

图 4　2019 年全国轻工业企业数量的行业分布

2. 营业收入的行业分布

2019 年，全国轻工业规模以上企业实现营业收入 19.79 万亿元。大食品行业累计实现营业收入约 8.12 万亿元，占轻工业的 41.0%，行业体量大、增长稳，以 33.9% 的企业数创造了 41.0% 的营业收入，对轻工业稳健发展贡献巨大；大家居行业规模迅速扩大、满足消费升级的成效显著，累计实现营业收入约 4.25 万亿元，占轻工业的 21.5%；文教、工美、体育、娱乐用品制造业，皮革、毛皮、羽毛及其制品和制鞋业，塑料制品业及造纸行业分别实现营业收入约 1.31 万亿元、1.17 万亿元、1.00 万亿元、1.34 万亿元，占轻工业的 6.6%、5.9%、5.1%、6.8%；其他细分行业规模以上企业占比为 13.1%（见图 5）。

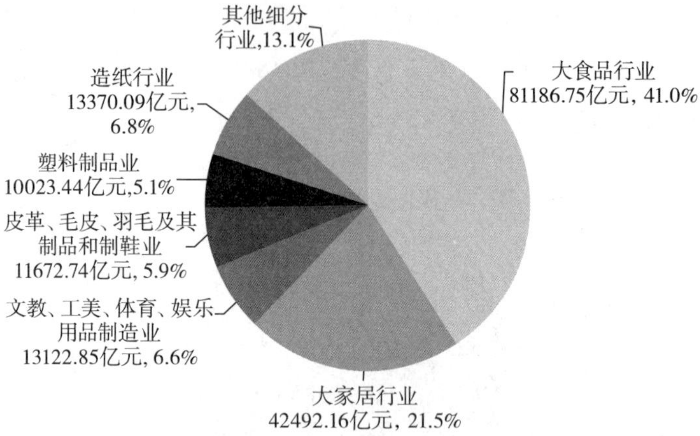

图5　2019 年全国轻工业营业收入的行业分布

3. 利润总额的行业分布

2019 年，全国轻工业规模以上企业实现利润 1. 30 万亿元。大食品行业实现利润 5774. 53 亿元，占轻工业的 44. 4%，大食品行业中农副食品行业营收利润率 4. 03%，远低于轻工业 6. 50% 的平均值，处在较低水平，行业需要进一步提高加工精度和深度，提升发展质量；大家居行业实现利润 3178. 04 亿元，占轻工业的 24. 4%；文教、工美、体育、娱乐用品制造业，皮革、毛皮、羽毛及其制品和制鞋业，塑料制品业及造纸行业分别实现营业收入 700. 95 亿元、686. 26 亿元、681. 90 亿元、562. 22 亿元，占轻工业的 5. 4%、5. 3%、5. 2%、4. 3%；其他细分行业规模以上企业占比为 11. 0%（见图 6）。

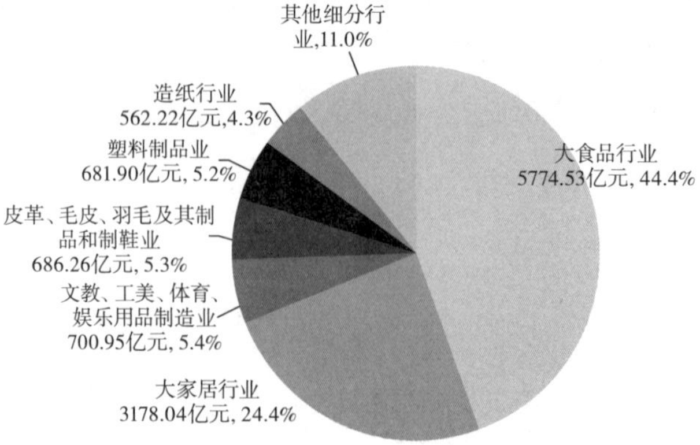

图6　2019 年全国轻工业利润总额的行业分布

二、全国纺织行业发展现状

纺织行业是我国国民经济的传统优势支柱行业，“十三五”以来，我国纺织行业总体保持增长，但增速逐年放缓，效益明显下滑，全行业迫切需要进一步挖潜降耗、提质增效，推动行业结构优化和高质量发展。

（一）全国纺织行业总体情况

1. 行业总体发展平稳，增长趋势走低

2019 年，全国纺织行业生产总体保持低速增长态势，规模以上企业工业增加值同比增长 2.4%，增速较上年放缓 0.5 个百分点，低同期全国工业增速 3.3 个百分点。“十三五”期间，受宏观经济环境变化、产业政策方向调整及行业供给侧结构性改革等因素影响，全国规模以上纺织企业工业增加值增速持续走低，行业发展步入中低速增长的“新常态”（见图 7）。

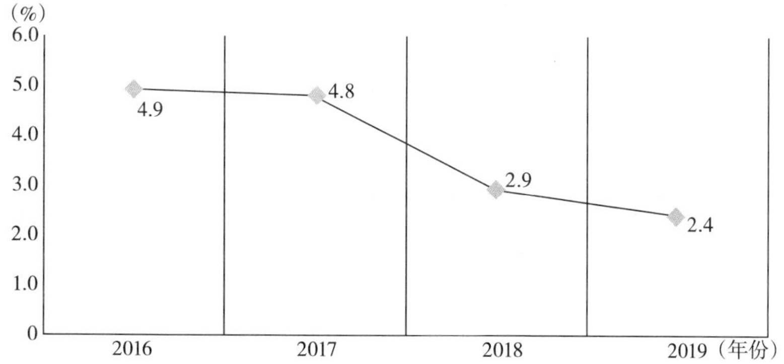

图 7　2016—2019 年全国规模以上纺织企业工业增加值增速

据国家统计局数据，2016 年至 2019 年，全国纱产量从 3732.6 万吨下降到 2892.1 万吨，2017 年达到峰值 4050.0 万吨，2018 年因全行业深入推进供给侧结构性改革，棉纺织及印染精加工业生产显著放缓，产量下降幅度明显，增速较 2017 年降低 15.8 个百分点；布产量从 906.8 亿米下降到 575.6 亿米，2019 年在市场需求疲软、中美贸易摩擦再度升级的情况下，增速较 2018 年下滑 12.7 个百分点；化纤产量规模持续提升，从 4943.7 万吨上升到 5952.8 万吨，成为纺织行业经济增长的重要支撑；规模以上企业服装产量从 314.5 亿

件下降到244.7亿件，生产增速降中趋稳。近两年，除化纤外，其他大类产品产量均出现负增长（见图8）。

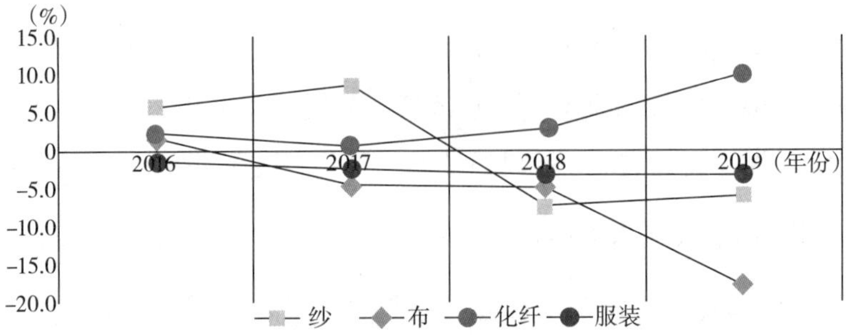

图8　2016—2019年全国纺织行业主要产品产量增速

2. 经济效益稳中有降，利润降幅明显

2019年，全国纺织行业规模以上企业实现营业收入4.94万亿元，占全国规上工业的4.7%；实现利润总额2251.4亿元，同比减少11.6%。据国家统计局数据，2016年至2019年，全国规模以上纺织企业主要经济指标呈现放缓态势，规模以上企业单位数由3.8万户减少到3.4万多户，营业收入由7.33万亿元下降到4.94万亿元，利润总额由4003.6亿元下降到2251.4亿元，销售利润率由5.5%下降到4.6%。2019年，在各种内外部压力因素集中作用下，营业收入和利润总额增速均由正转负，其中利润总额降幅较大，比上年增速回落19.6个百分点（见图9）。

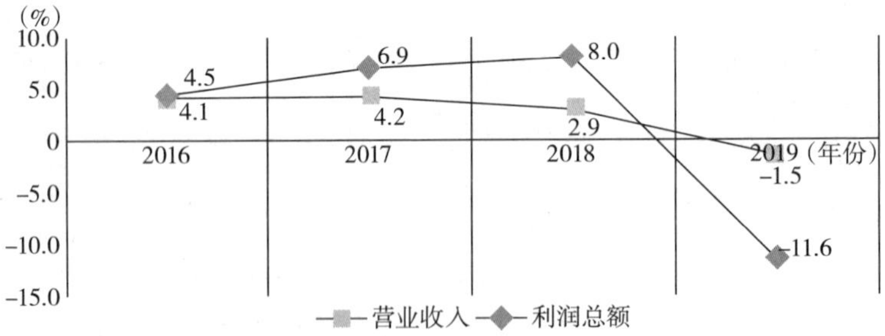

图9　2016—2019年全国纺织行业营业收入和利润总额增速

3. 国内需求有所减弱，外贸风险加大

2019年，全国限额以上服装、鞋帽、针纺织品类零售额同比增长2.9%，增速较上年放缓5.1个百分点，低同期限额以上单位商品零售额增速0.8个百分点。国家统计局数据显示，“十三五”以来，全国限额以上服装、鞋帽、针纺织品类零售额增速总体呈下降趋势，网上穿着类商品零售额则保持较高的增长速度。2016—2018年，纺织服装消费市场零售额由高速增长转为中速增长，增速维持在7.0%~8.0%；2019年，因居民消费结构调整与消费方式变革，全国市场零售总额同比增长不到3%，但网上零售额继续保持两位数的良好增长水平（见图10）。

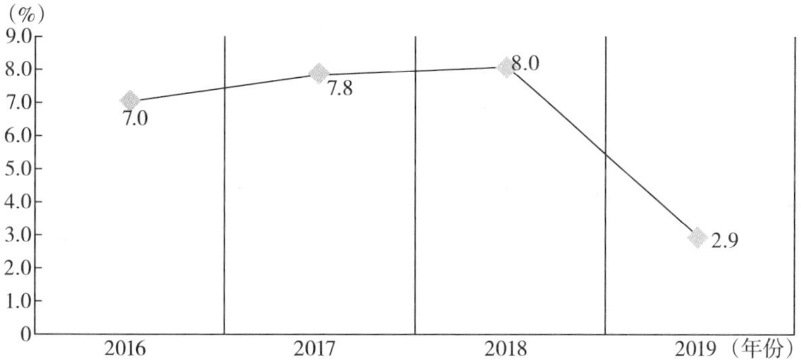

图10　2016—2019年全国限额以上服装、鞋帽、针纺织品类零售额增速

2019年，我国纺织品服装出口总额为2807亿美元，占全国商品出口额的11.2%，同比减少1.5%，增速较上年放缓5.3个百分点。“十三五”以来，全国纺织品服装出口整体波动明显，国际经济形势日趋复杂，国际市场需求缺乏显著好转的动力。据国家统计局数据，2016—2019年，纺织纱线、织物及制品出口竞争力不断提升，出口额从6925亿元上升到8283亿元；服装出口受成本提升、中美贸易摩擦等因素影响较大，四年间出口增速有升有降，出口额增幅不大，仅从10413亿元上升到10447亿元。从出口同比增速来看，纺织纱线、织物及制品出口对国际贸易额和出口创汇增长的拉动作用大于服装及衣着附件出口，成为纺织行业出口增长的主力（见图11）。

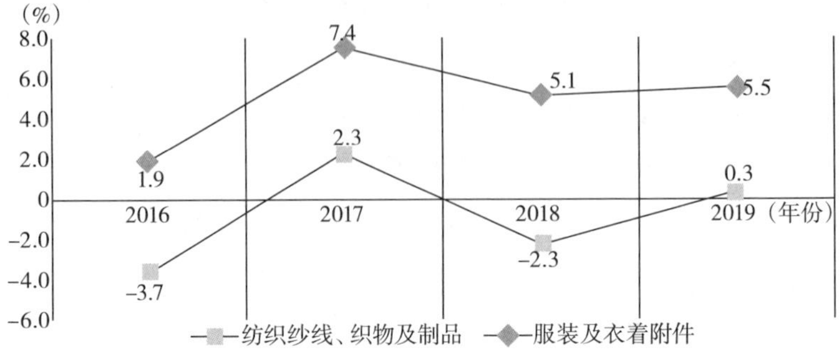

图 11　2016—2019 年全国纺织品服装出口增速

（二）全国纺织行业结构分析

1. 企业数量的行业分布

2019 年，全国规模以上纺织企业 3. 47 万家，其中纺织业 1. 84 万家，占整个行业规模以上企业数的一半以上，细分行业中棉纺织及印染精加工占 25%，是纺织企业最集中的行业；纺织服装、服饰业 1. 39 万家，占企业总数的 40%，细分行业中机织服装制造占 24%，针织或钩针编织服装制造占 11%，服饰制造占 6%；化学纤维制造业 1823 家，占企业总数的 5%，企业主要集中于细分行业合成纤维制造 1563 家，纤维素纤维原料及纤维制造、生物基材料制造占比均低于 1%；纺织专用设备制造业 675 家，占比仅为 2%（见图 12）。

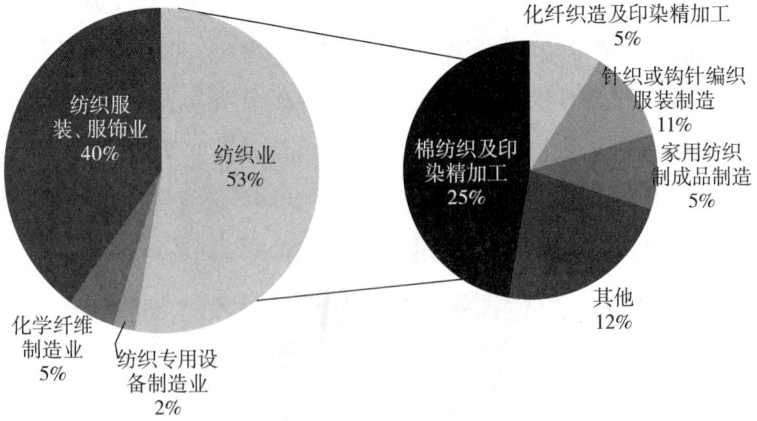

图 12　2019 年全国纺织行业企业数的行业分布

2. **营业收入的行业分布**

2019 年，全国规模以上纺织业实现营业收入 2.40 万亿元，占全国规模以上纺织企业营业收入总数的 49%，细分行业中棉纺织及印染精加工占 27%；纺织服装、服饰业营业收入 1.6 万亿元，占总数的 32%，细分行业中机织服装制造占 22%，针织或钩针编织服装制造占 8%；化学纤维制造业营业收入 8571.2 亿元，占总数的 17%，细分行业中合成纤维制造占 13%；纺织专用设备制造业营业收入 819.5 亿元，占比为 2%（见图 13）。

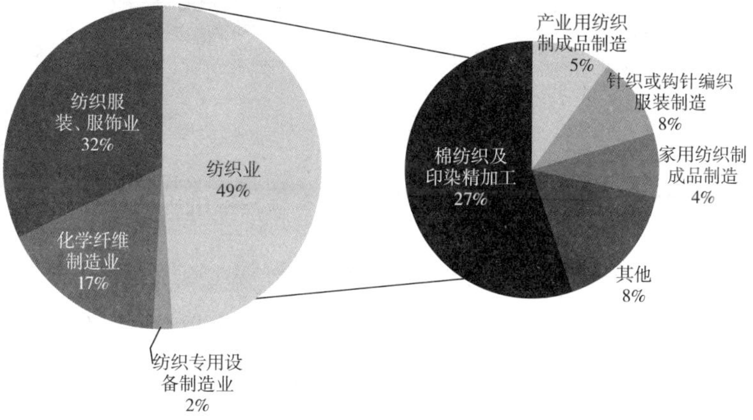

图 13　2019 年全国纺织行业营业收入的行业分布

纺织业和纺织服装、服饰业的规模以上企业数量占全国纺织行业的 90% 以上，但营业收入合计仅占营收总数的 81%，这两个行业特别是纺织服装、服饰业的产品品质和价位偏低影响了整个行业的创收能力；而数量仅占 5% 的化学纤维制造企业创造了占 17% 的营业收入额，表明化纤新材料产业正在加速发展，成为拉动行业经济的新增长点，也指明了行业转型升级的发展方向。

3. **利润总额的行业分布**

2019 年，全国纺织业实现利润总额 1008.9 亿元，占比仍居行业之首，但比例有所降低，占全国规模以上纺织企业利润总额的 45%，比营业收入占比低 4 个百分点，细分行业中棉纺织及印染精加工利润占比 25%；纺织服装、服饰业利润总额 872.8 亿元，占总数的 39%，比营业收入占比高 7 个百分点，细分行业中机织服装制造利润占比 28%，针织或钩针编织服装制造占 8%；化学纤维制造业利润总额 311 亿元，占总数的 14%，比营业收入占比低 3 个百分点，细分行业中合成纤维制造占11%；纺织专用设备制造业利润总额58.7亿元，占比为3%（见图14）。

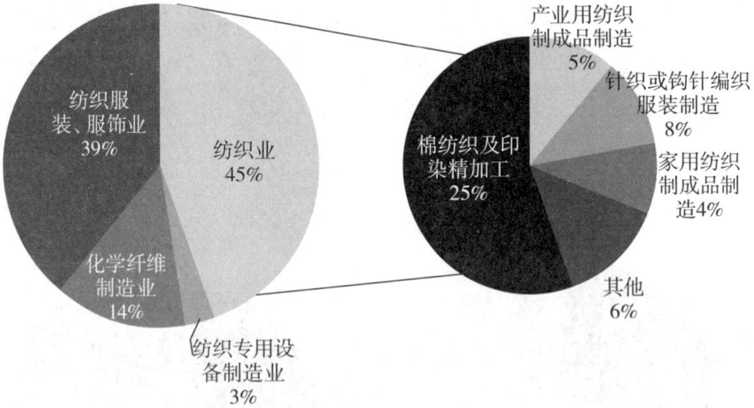

图14　2019年全国纺织行业利润总额的行业分布

全国规模以上纺织企业的利润分布结构与营业收入分布基本一致，83%以上的利润集中在纺织业和纺织服装、服饰业两个行业。纺织业和化学纤维制造业的营业利润率较低，表明企业营业成本相对较大而产品附加值不高；在纺织服装、服饰业各细分行业中，机织服装制造业的营业利润率较高，得益于生产设备的智能化改造提高了生产效率和降低了人工成本。

（三）全国纺织行业典型细分行业分析

1. 棉纺织业

据中国棉纺织行业协会统计，2019年全国纱线产量1829万吨，同比下降4.4%；布产量560亿米，同比下降6.7%。规模以上棉纺织企业营业收入同比下降3.6%，较上年降幅收窄1.5个百分点；利润总额同比下降19.2%，较上年降幅扩大18.5个百分点；利润率为3.7%，较上年下降0.7个百分点。棉纺织骨干企业亏损面为27.4%，较上年有所扩大。

国家统计局数据显示，2019年全国纺纱产能主要集中在福建、江苏、山东、河南、湖北等地，五省产量合计占全国纱线产量的67%，其中福建居首位，占全国产量的20%；织布产能主要集中在福建、浙江、江苏、湖北、山东等地，五省产量合计占全国纱线产量的77%，福建仍居首位，占全国产量的 22%（见图 15、图 16）。此外，山东棉纺织业去产能化趋势明显，纱、布产量同比分别下降 8.8%、19.5%，东部沿海劳动密集型行业正逐步向具有生产要素比较优势的西南、西北地区转移。

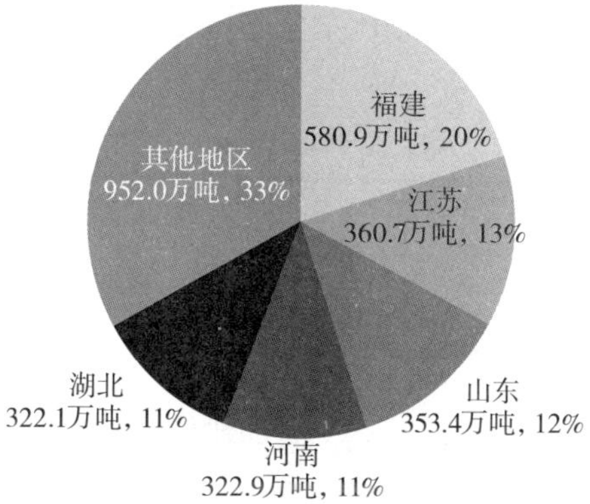

图 15　2019 年全国纱产量各地区占比

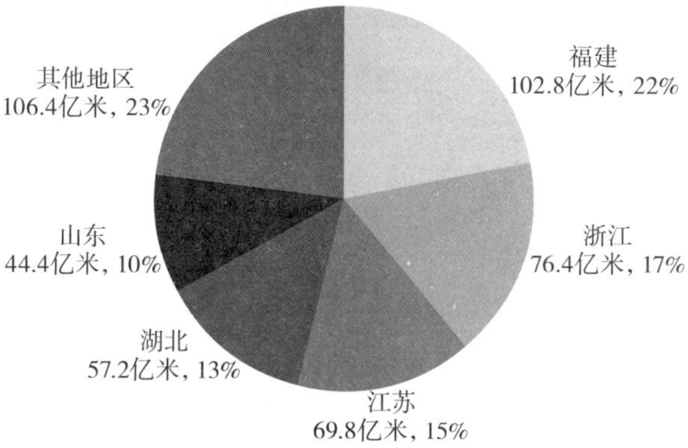

图 16　2019 年全国布产量各地区占比

2019 年，棉纺织业在市场需求不足、劳动力成本上升、产品价格下行的环境下，营业收入降幅得到有效控制，而利润则禁受较大挑战。由于国内外需求减弱，尤其是上半年中美贸易谈判形势不明朗，部分地区生产疲软，产品产量下滑，进出口贸易额受到影响。下半年通过积极调整发展战略、推进智能化改造、优化产品结构等应对措施，保障了行业平稳运行。

2. **服装业**

据国家统计局统计，2019 年全国服装行业规模以上企业累计生产服装

244.7 亿件，同比下降 3.3%，降幅比上年收窄 0.1 个百分点。其中，针织服装产量为 133.7 亿件，同比下降 2.1%；机织服装产量为 111 亿件，同比下降 4.7%。实现营业收入 1.60 万亿元，同比下降 3.5%；利润总额 872.80 亿元，同比下降 9.8%；利润率为 5.5%，比上年下降 0.4 个百分点。行业亏损面扩大，亏损企业单位数 2225 家，比上年增加 544 家；亏损总额同比增长 403.4%。

国家统计局数据显示，2019 年全国服装产能主要集中在福建、广东、浙江、江苏、山东等地，五省产量合计占全国服装产量的 71%，其中福建居首位，占全国产量的 22%，广东因产品市场渠道通畅、外向度高，纺织服装、服饰业生产和出口优势明显，位居第二（见图 17）。

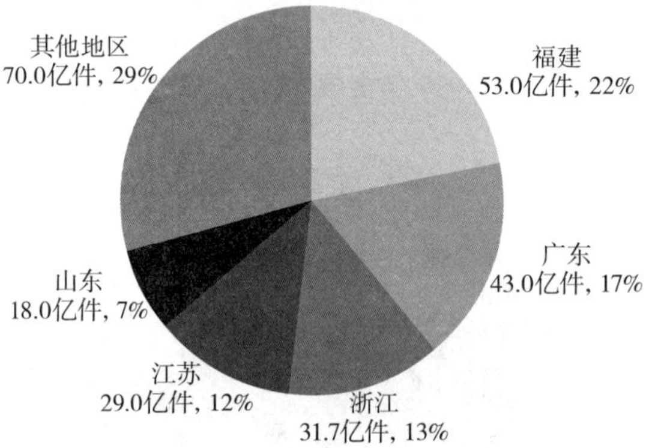

图 17　2019 年全国服装产量各地区占比

2019 年，受消费结构变化、人力成本上升、订单转移等因素影响，服装内销和出口市场均表现欠佳，行业效益指标呈现明显下降趋势。但在消费端需求的变革下，服装行业发展也日新月异，个性化定制、柔性化生产得到了快速发展，生产环节和管理体系的智能化改造建设步伐加快，以消费者为中心、以品牌为龙头的全产业链融合发展格局初步形成；消费端购物行为改变，电商布局加快，网上销售持续增长，社群经济、网红经济、粉丝经济蓬勃发展，各类营销新方式、新渠道纷纷出现，各种平台、社群服务与现代物流深度融合的新零售时代已经来临。

3. 化学纤维制造业

2019 年，全国化学纤维产量为 5952.79 万吨，同比增长 12.51%。其中，人造纤维（纤维素纤维）产量 509.00 万吨，同比增长 6.15%；合成纤维产量 5432.75 万吨，同比增长 13.16%。化学纤维制造业实现营业收入 8571.21 亿元，利润总额 311.01 亿元。

国家统计局数据显示，2019 年全国化纤产能主要集中在浙江、江苏、福建，三省产量合计占全国化纤产量的 87%，其中浙江稳居首位，几乎占据了化纤产能的半壁江山（见图 18）。

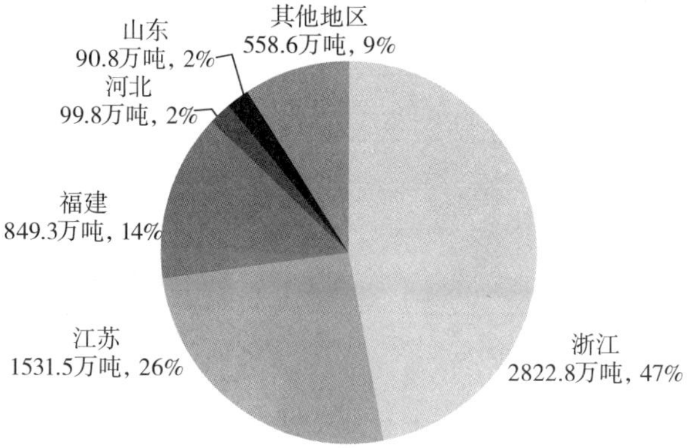

图 18　2019 年全国化纤产量各地区占比

2019 年，化纤行业受供需矛盾压力加大、国际原油市场价格震荡、中美贸易摩擦等因素影响，产品价格下降，行业利润下滑，但龙头企业、差别化细分领域企业保持较强竞争力，行业新增产能向优势企业集中趋势明显，民营炼化一体化发展提升产业链整体竞争优势，行业向智能化、绿色化发展卓有成效。

第二章　轻工纺织行业在国民经济中的作用

轻工纺织行业是我国传统优势支柱行业，也是重要的民生和具有较强竞争力的行业，在美化人民美好生活、带动相关产业发展、构建国内国际双循环发展新格局、促进社会和谐稳定等方面发挥着积极作用。

一、行业基础雄厚，工业比重贡献较大

2019年，轻工纺织行业合计规模以上工业企业14.33万家，占全国工业的38.41%；资产总额20.76万亿元，占全国工业的17.42%；营业收入合计24.74万亿元，占全国工业的23.38%；利润总额合计1.53万亿元，占全国工业的24.68%（见图19）。

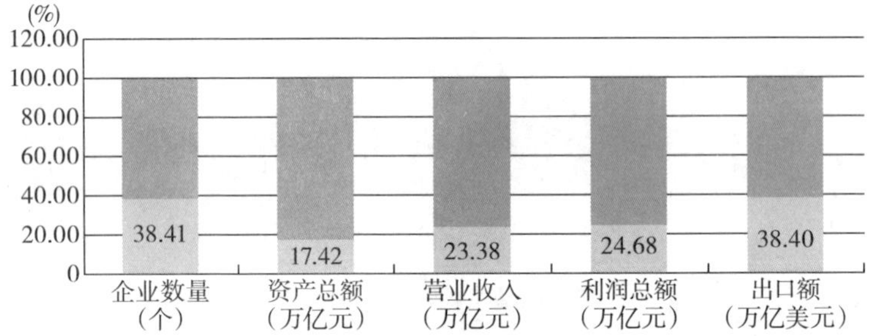

图19 2019年轻工纺织行业主要指标占全国的比重情况

二、吸纳劳动就业，“六稳”“六保”作用突出

我国是一个人口大国，2020年国务院提出，要发展劳动密集型行业。在当前国内新冠肺炎疫情防控常态化的形势下，推动劳动密集型行业高质量发展，对于全面做好“六稳”“六保”工作，推动经济稳定健康发展，具有十分重要的意义。轻工纺织作为劳动密集型行业，是吸纳劳动就业、保障民生的根本，是全面建成小康社会的重要支撑力量，在改善人民生活水平、解决就业方面发挥着积极作用。

（一）轻工业

全国轻工业从业人员超过3500万人，轻工业数量众多，中小企业为劳动就业发挥了积极作用；同时，轻工业70%的行业、50%的产值涉及农副产品的深加工，带动2亿多农民直接受益。

（二）纺织行业

全国纺织行业从业人员超过1600万人，行业企业同样为社会提供数量众多的就业岗位和劳动收入；纺织企业年均消耗国产天然纤维原料约900万吨，为农业、农村发展做出了巨大贡献。

据不完全统计，目前，全国轻纺行业从业人员超过5100万人，是做好劳动就业和脱贫工作的重要从业力量。

三、担当疫情防控，复工复产责任重大

2020年，轻工纺织行业首当其冲地处在疫情防控物资供给的关键位置，在确保疫情防控到位的前提下，复工复产、恢复产业链供应，关系到整个抗疫战争的成败，关系到民生和社会的稳定。

（一）轻工业

根据中国轻工业联合会的调研结果，截至2020年3月底，中国轻工业百强企业已全部恢复生产，复工率100%；根据对轻工业19个行业的1507家重点企业的调研结果，已有1396家企业复工，复工率92.6%。

（二）纺织行业

我国纺织行业最突出的特征就是集群化发展，全国各地区分布着大大小小197个产业集群。在2020年新冠肺炎疫情期间，中国纺织工业联合会对位于多个省份的28个重点纺织产业集群进行调查，截至4月初，重点产业集群规模以上企业复工率达98.8%。

四、服务国家战略，“稳增长、防风险”发挥支柱作用

轻工纺织行业是稳增长、防风险的重要产业力量。2019年全国轻工纺织行业合计出口额达0.96万亿美元，占全国工业出口额的38.4%。

（一）轻工业

2019年，在中美贸易摩擦的影响下，轻工出口仍实现了6752.8亿美元，

占全国出口总额的1/4以上，同比增长5.4%（高全国4.9个百分点）。2019年，中美贸易摩擦轻工业对美国出口的降幅，通过开拓“一带一路”国家及东盟等市场，有效地弥补了份额，且增幅较大。均衡的国际市场结构，有利于防范和降低出口风险。

（二）纺织行业

2019年，服装出口额为1534.5亿美元，占纺织品服装出口总额的比重从2018年55.9%下降至54.7%。2019年，纱线、织物、制成品出口额达1272.5亿美元，占纺织品服装出口总额的比重提高到45.3%。

五、聚力提质增效，拓市场、稳预期彰显韧性和强劲

2020年，轻工纺织行业生产稳中有增，消费升级趋势明显，盈利能力不断提高，运行质量进一步提升。高质量已成为行业的发展方向，充分彰显出行业发展的韧性和强劲。

（一）轻工业

一方面有助于疫情防控的产品出现产销两旺的局面，这部分产品在防控疫情期间保持走强的运行态势；另一方面疫情对大食品行业总体影响相对较小。大食品行业产品是人民生活的刚需消费品，“民以食为天”，产业所受疫情直接影响相对较小，发展平稳，需求旺盛，在轻工业发展过程中起到了压舱石的作用。

（二）纺织行业

将内需市场作为行业首要发展动力，研究分析消费流行趋势，细分消费市场，满足都市白领、城市新贵、小镇青年等多阶层消费需求，加强纺织品服装品质化、个性化供给。以疫情期间“宅经济”发展为契机，加快品牌服装服饰、家纺产品线上线下融合发展，进一步创新零售模式，通过社群融合、场景融合，完善渠道建设，适应快速变化的消费新需求。充分做好制造、渠道与营销准备，把握疫情过后的消费恢复时期，积极适应内需消费市场新热点和新业态需求。

第三章　轻工纺织行业国际国内发展形势分析

当前世界适逢“百年未有之大变局”，新一轮的科学技术革命和产业变革处于深入发展，国际国内发展环境日渐复杂，新冠肺炎疫情影响广泛深远，不稳定性、不确定性明显增加，给轻工纺织劳动密集型行业的发展带来挑战，原有的生产要素比较优势正在逐渐减弱，国际贸易的不确定性正在增大。但同时我们也能看到经济处在新发展的风口，工业互联网深耕落地，国内具有超大规模的消费市场，经济的韧性和实力禁受住了新冠肺炎疫情的考验，轻工纺织行业面临的国际国内发展环境正在发生着不同的改变。

一、国际外部环境发生深刻复杂变化

世界经济低迷，外部需求下降。“逆全球化”之下，保护主义、单边主义进一步凸显，贸易摩擦、地缘政治、产业竞争等问题错综交织，外资、外贸、外需、外协的格局发生重大变化，外部发展环境复杂严峻。以轻工业为例，根据中国贸易救济信息网救济案件库数据统计，2019 年，在全球涉华贸易救济案件原审累计立案 99 起中，有 28 起涉及轻工业，其中，反倾销 15 起，反补贴 4 起，保障措施 9 起，涵盖食品制造、玻璃制品、自行车、文体用品、塑料制品、日用杂品、家电、家具、造纸、农副食品、日化等 11 个轻工大类行业。

二、国内经济具有强大韧性和实力

我们的机制体制成就了应对各类风险考验的“硬实力”。我国拥有丰富的资源、完整的产业体系、巨大的市场规模和需求扩张空间，在疫情防控和经济恢复上走在世界前列，既奠定了国内经济保持长期稳定增长的前提和基础，又为我国更好地吸引全球要素资源创造了有利条件。

国内经济保持定力、稳健前行，拥有强大韧性和无穷潜力，其表现体现在以下几个方面。一是创新能力的明显提升是国内经济具有强大韧性和实力的根基。在应对新冠肺炎疫情中，科技人员集中攻关，产学研深入融合，取得重大突破，为抗击疫情做出了令世人瞩目的贡献。我国已经开始步入创新型国家行列，科技水平和创新能力大幅度提升，取得了令世人瞩目的成就，成为经济发展的重要支撑。二是市场规模是国内经济具有强大韧性和实力的保障。我国拥有14亿人口的大消费市场，国内GDP保持中高速增长，随着内需市场驱动力的进一步增强，人均GDP水平将得到不断提升，国内市场的规模仍将持续快速增长，为国内经济体现出的强大韧性和实力提供了本土市场保障。三是完备的全体系制造业优势是国内经济具有强大韧性和实力的产业基础。我国拥有全球产业规模最大、产业链条和配套最完善的制造业体系，完整的制造业体系让我国制造业在面临“卡脖子”风险时，容易找到替代品，具有强大的实力和韧性，疫情期间我国制造业在复工复产方面表现出强大的联动协同能力，进一步印证了我国制造业的产业基础优势。

三、工业互联网、物联网赋能行业催生新变革

随着工业互联网对当前经济社会发展的影响和带动作用日趋凸显，轻工纺织行业借助我们所熟知的大数据、云计算、物联网、移动网络，尤其是热门的人工智能、5G等新一代信息技术，运用供需两端共同发力、行业跨界融合的产业思维逐步打通生产方式和消费方式的变革瓶颈，形成了新的经济形态、产业结构、组织方式和增长机制。一是工业互联网下的智能制造，打破了轻工纺织等传统行业封闭的生产数据系统的同时，使得生产方式从自动化向网络化、智能化转变，在工业互联网的带动下，数据、智能、互联成为重要的生产力和组织方式，而高端的智能制造装备、智能工厂、数字车间、云制造、个性化定制等智能协同制造大量涌现，成为轻工纺织劳动密集型行业高质量发展的重要支撑力量。二是工业物联网下的物联生态发展，只有在工业物联网条件下才能将生产方式与生活方式实现贯通，而物联生态能够将传统的供应链转化为全新的物联生态，将信息流、互联和物联、软件和硬件、供应和消费、前台和后台等结合起来形成新的物联生态，为轻工纺织劳动密集型行业高质量发展提供新的产业形态。

四、生产要素比较优势改变

随着国际新轮次科技浪潮所引发的生产要素使用方式的结构性转变和产出效率的指数级提升，全球制造业已经实现了从产业链到价值链的生产组织形式创新和要素资源配置模式升级，全球制造业生产要素的比较优势已经发生了根本变化。原本我国所具有的传统生产要素的比较优势，在当前经济全球化和工业化的推动下，其优势地位正在消失，而发达国家所具有的先进设备、基础技术积累、高端人才等生产要素的比较优势，开始起到了决定性的作用。轻工纺织劳动密集型行业最大的生产要素比较优势就是劳动力，但目前，这个优势基本不复存在，而且趋于短缺。一是劳动力成本不断提高。由于人口老龄化使得劳动力短缺，劳动力成本不断提升，轻工纺织行业是以劳动密集型为主，随着劳动力成本的攀升，提高了制造成本，致使资本外流以及外资转移到成本更低的国家。二是劳动力技能供求不匹配。虽然我国劳动力总量数据巨大，但劳动力技能存在供求不匹配的现象，尤其是高技能的劳动力存在着较大的缺口。三是劳动力技能与岗位不匹配。我国劳动力市场技能与职位并不能有效配置，主要是高技能劳动力与低技能岗位错配的矛盾，尤其是以大学生为代表的高技能人才，由于缺乏实践经验，难以与高技能岗位相匹配。

五、双循环新发展格局提出新发展战略

以国内大循环为主的发展格局将对中国参与国际间的产业价值链产生积极影响，国内国际两个循环相互促进才能培育新经济发展形势下我国在国际市场上的竞争优势。一是发挥国内大循环的主体作用要通过改革来解放生产力，让市场配置资源，让市场促进发展，让市场促进优胜劣汰，使得生产的各种要素进行自由的配置和流通，实现资源的最大化利用。二是双循环格局强调深化对外开放的必要性，充分利用国内国外两个市场来推动行业的高质量发展、推动行业外部环境的改善，有助于国外高端制造的引进，有助于中国的行业尤其是高端的行业走出国门，参与全球化的竞争。

第四章　轻工纺织行业发展中存在的深层次问题

我们在认识了当前轻工纺织劳动密集型行业高质量发展面临的国际国内各种风险和挑战的基础上，更要找出轻工纺织行业在发展过程中存在的深层次问题，才能更加有的放矢地去研究和分析行业发展的趋势与进程。

一、要素升级需求趋紧，配置效率缺乏“质的提升”

行业的高质量发展是新时代发展背景下经济增长的关键，而仅仅依靠要素量的投入是不可能实现的，只有通过要素升级，提高要素供给的质量和效率，实现生产要素从“量的增加”到“质的提升”，才能实现行业的高质量发展。轻工纺织行业作为传统的劳动密集型行业对生产要素升级的诉求更加迫切。一是轻纺行业基础技术较弱。国家对轻纺行业的科技投入较少，与消费者密切相关的产品的技术创新和工艺创新主要依赖于企业的研发投入。部分轻纺大型企业开展了一些科研课题，但整体研究往往进展缓慢，而数量众多的中小企业则缺乏资金投入能力。二是人力资源难以与行业高质量发展相匹配。劳动力成本不断提高，制约着轻工纺织劳动密集型行业的制造成本；劳动力技能供求不匹配，制约着行业新技术的应用；劳动力缺口不断显现，制约着行业的正常运行和发展。三是金融资本对劳动密集型的轻工纺织行业配置匮乏。一方面金融资本过度金融化，对实体经济投入谨慎，尤其轻工纺织行业作为传统的劳动密集型行业更缺乏资本市场的投入；另一方面杠杆率过高，融资成本提高，财务风险增大，轻工纺织行业难以在经济高质量发展背景下占得先机。

二、创新能力不足，驱动行业发展乏力

我国是轻工产品生产、消费大国，但自主创新支撑作用不强；我国纺织工业在世界纺织工业体系中的制造环节占据中心地位，但在中高端供给明显

不足，综合创新能力较弱。一是行业技术研究和实验发展的投入不足，远远不如发达的制造业大国。相关数据显示，德国的研发支出约占国内生产总值的3.0%，美国的支出比例也超过2.5%，而国内的研发投入占比不到2.0%，缺乏对核心技术的研发投入必然在竞争中处于劣势。二是纺织行业制造环节虽然占据优势，但是在纺织整体科技水平上与世界纺织强国相比仍相对较弱，跟踪式研究多，创新式研究少，在一些关键的功能面料和新技术研发上存在较大短板。三是轻纺行业人才队伍供给不足，缺乏掌握先进技术和理念的专业技术人才、顶级的设计人才，还缺乏有熟练操作经验的一线技术人才，人才的匮乏直接拉大了我国与发达国家的差距。

三、中小企业众多，行业聚合度低

轻工纺织行业企业经营均出现明显的两极分化，营收和利润向头部企业集中特征显著，众多中小企业经营面临较大困难。相对于近20万家的轻工纺织企业，龙头企业的带动能力弱，龙头企业与本地中小企业的关联度比较低，中小企业无法从龙头企业的发展带动中受益，产业链协同发展的高质量发展行业生态尚未建立。一是产业集群协同度低，同质化发展现象严重。截至2019年，轻工业拥有275个、纺织行业有197个产业集群，这些集群多数只是地理聚集和空间聚集，企业间关联度低，部分领域同质化、低质化竞争严重，协同发展能力偏低，市场竞争力弱，利润率低，没有形成具有国内国际较高影响力的区域品牌。二是产业多处于价值链中低端，行业盈利水平偏低。我国制造业尤其是劳动密集型的轻工纺织行业还处于全球价值链的中低端，比如轻工业中农副食品加工业的营收，占到了轻工业的1/4；纺织行业中纱线、织物类的出口占到了行业整体出口的45.3%；纺织行业的2019年营收利润率为4.6%，低全国工业1.3个百分点。三是品牌打造能力弱，品牌建设进程慢。轻工纺织行业的自主品牌建设还处在发展阶段，品牌的战略定位、文化融合、运行模式都需要不断创新，品牌的消费者认可度和国际影响力还需要时间的积累。品牌建设还面临人才、资金、经验的诸多困难。很多行业内的头部企业，还是以代工合作为主，没有形成自己的品牌。

四、智能化、数字化进展缓慢，核心技术急需加强

随着工业大数据、工业互联网、物联网等的发展应用，深入改造提升产品周期各个环节，推动生产模式向智能生产、柔性生产转变，使传统生产制造向服务型制造转变成为可能。一是轻纺行业整体智能化、数字化的进程比较缓慢。行业龙头骨干企业能够积极进行数字化、智能化改造，但轻工纺织行业还有众多的中小企业尚未或者无力进行数字化、智能化改造，面临着观念、技术、人才、资金、公共服务供给不足等多重因素制约。二是轻工业拥有自主知识产权的核心技术少，部分核心技术长期依赖进口，多数关键技术设备需要从国外引进，很多轻工企业长期成为海外跨国公司的“生产车间”，只能积累生产经验，无法在核心技术环节提高参与度。三是纺织行业在设计能力和时尚引领能力及高附加值品牌方面存在较大差距。纺织行业整体甚至一些大型企业仍以资源消耗、来料加工、贴牌生产为主业，深加工和自主原创性的生产偏少，国内市场中高附加值、高利润的高端服装品牌仍以国外品牌为主。

第五章　轻工纺织行业高质量发展重点任务

轻工纺织行业要实现高质量发展，必须在新发展格局中找准轻工纺织劳动密集型行业的位置，找准切入点和着力点，聚焦一系列重点任务，以重点任务突破带动行业整体提升，催生高质量发展新动能。

一、优化行业结构，构建新发展格局

进入新时代，传统粗放式发展模式与当前经济发展要求不相适应，需要进一步进行行业的结构调整。一是坚持深化供给侧结构性改革不动摇，推动传统产业优化转变，对其进行改造升级，提高产能利用率，提高产业链稳定性和供给能力，促进行业高质量、高效率发展。二是进一步优化区域布局，

推动产业合理转移和高效集聚，推进东部劳动密集型轻工纺织行业向中西部梯度转移，深化区域合作，给予中西部投资、技术、人才、管理、市场信息等方面的支持，完善体制机制，打造协同创新共同体，形成高质量可持续发展新格局，实现区域互补、良性互动、东西部并进、边疆繁荣稳固、人与自然和谐共生。

二、提高创新能力，增强核心竞争力

党的十九届五中全会明确“坚持创新的核心地位”。创新是引领发展的第一动力，是轻工纺织行业实现高质量发展最核心的支撑力量。抓住供给侧结构性改革这根主线，强化关键共性技术的研究开发，才能使传统产业迸发新的活力。一是提高技术创新成果对产业发展的支撑能力，加快推进关键共性技术供给，促使科技成果高效率地转化为现实生产力；二是瞄准轻纺行业的关键领域和薄弱环节，统筹规划布局，强化产业链条，积极发展传统产业中的新产业、新业态、新模式；三是激发企业创新动力，鼓励轻工纺织企业加大研发的投入力度，争取龙头大型企业研发投入比例提高到发达国家3%的同等水平。

三、推进智能化改造，提高全要素生产率

智能化改造是当前最适合引发生产效率变革，进一步提高劳动效率，解决劳动密集型行业生产力堵点的有效途径。一是加强行业智能制造的顶层设计。积极推动轻纺行业智能制造标准体系建设，打造符合行业需求的智能制造领域技术标准体系。二是推进互联网、大数据、人工智能在轻纺行业的创新应用。鼓励引导企业将智能技术运用到产品周期的各个环节，提升轻纺企业智能化水平。三是加快全价值链环节的智能化改造。用“智能＋”赋能轻工纺织行业，实现人工智能技术与行业的结合，切实提高劳动效率。通过对轻工纺织劳动密集型行业生产端和产品端进行信息化、智能化改造，不仅能在成本节约、生产效率变革、产品质量提升等方面做出贡献，更能够通过改造产生新的附加产值，催生出新的服务模式和消费需求。

四、强化“三品”战略，引导消费升级

要继续深入实施“三品”战略，积极推动行业企业在“增品种、提品质、创品牌”三个方面下功夫。一是增品种。开发和应用新技术，推动轻纺行业大力开发新品种，研发更多技术含量高、性能优越的轻工纺织产品。二是提品质。促进轻纺产品往高品质方向发展，推动国内轻纺产品标准与国际标准对接，积极探索建设一批“三品”的行业标准。三是创品牌。要建立品牌培育管理体系，培育龙头品牌、优质品牌，规划好品牌发展战略，注重自主品牌建设，推进自主品牌走向国际，通过兼并购买、自我培育、联合培育等多种形式，提高品牌的附加值，突破消费品的高端市场，提高行业在世界上的影响力。

五、构建产业生态，加快现代产业体系建设

产业生态是一个有机的体系，是由产业链条中各类参与者、各种内外部的因素和环境共同作用发展的有机系统。构建轻工纺织行业发展的产业生态，一是积极探索新的行业发展模式，打破区域行业壁垒，鼓励指导同行业企业组建更精细的专业社会组织，加强同行业间企业交流合作。二是推进企业以产业链为纽带，在研发链、供应链、数据链等方面资源共享，提高龙头骨干企业带动能力，提升中小企业产业链高端配套能力。三是以产业链、产业集群、产业园区为依托，建设一批带动效应明显的优势产业项目，建成一批业态集聚、产业链生态良好的产业集群，从供需两端同步发力，形成基本完善的融通发展、协同创新、共生共赢的产业生态系统，加快发展现代产业体系，推动行业高质量发展。

第六章　轻工纺织行业高质量发展对策措施

当前轻纺行业作为深度参与全球竞争、市场化进程高度发展的行业，面对国际国内发展环境和形势的深刻变化，要促进轻纺劳动密集型行业高质量

发展，必须充分利用新一轮科技革命和产业变革的有利机遇，积极把握需求增长与消费升级的趋势，形成特色鲜明、市场竞争能力强的发展新格局；建立行业高质量发展的新生态，需要政府层面、行业层面、企业层面共同发力，按照“三位一体”新发展格局实现行业发展的新高度。

一、政府层面高质量发展对策措施

（一）制定符合行业高质量发展的产业政策

要实现轻工纺织行业的高质量发展，需要政府、市场两个层面各自充分发挥作用，政府层面要在政策上给予充分的支持，调整完善符合产业发展规律的体制机制。一是对轻纺行业等劳动力和资本密集型产业，通过制定相应的产业政策促进产业技术更新，推动产业合理转移和高效集聚，形成产业布局定位精准、资源配套、优势互补、协同协调的产业发展新格局。二是制定适应新形势下行业发展需求的财政政策。当前市场竞争已经从单一产品的竞争转变到产业链甚至是整个产业体系的协作竞争，需要制定积极的财政政策。深化税制改革，进一步减税降费，积极稳定长期地为实体经济生产活动“减负”，尤其是充分发挥民营企业、中小企业的经济活力；加强资本市场对轻纺行业特别是民营企业及中小企业的关注度，提升融资的可获取性，稳定轻纺行业的融资成本。

（二）加大以稳就业为目的资源投入

稳定了就业就稳定了人们的收入来源，就稳定了社会消费，也就稳定了经济发展。一是提高劳动力的就业参与率，发挥好社会保障制度的政策效应，利用好失业保险，稳岗返岗补贴、培训补贴等政策优势，提升劳动力的劳动参与度。二是建立劳动力长效培训服务体系，打造适合新形势下就业岗位劳动力技能需求的柔性培训服务体系，缓解当前就业矛盾。三是优化大学毕业生的就业工作机制，出台积极的就业政策，规范市场的人才环境，发挥人才交流市场和平台的积极作用，发挥高校在人才培养的主导作用，先期进行就业技能培训和疏导。

（三）加强产业合作，推进区域经济协同发展

不断推动区域间的产业转移，强化区域产业链互补，加强区域协调发展、错位发展；不断推动轻纺产业向价值链高端延伸，把存量优势更多转化为增量优势。一是打破和化解区域间的壁垒。不同区域间往往存在着行政壁垒、市场壁垒及体制机制壁垒，缺少区域间的合作，产业重复建设的现象明显，要优化区域结构，化解区域间的壁垒。二是要推动区域间产业转移。要在产业链协同发展的基础上，推动区域间的产业转移，形成区域产业链的优势互补，构建区域产业发展的协调机制。三是要发挥优势区域的带动引领作用。长三角、珠三角、京津冀等高速发展地区要与中西部等地区加强区域合作，发挥引领作用，实现共同发展、错位发展。

（四）构建以国内大循环为主的“双循环”新发展格局

要充分认识到当前经济发展的新形势，要主动适应疫后全球产业发展格局的最新动态，以发展的思维引导规划行业的发展，加快构建“双循环”新发展格局。一是引导轻工纺织行业企业要以国内大循环为主体，着力打通国内产业链上下游的各个环节，让国内的庞大消费市场规模优势得以充分发挥，以满足国内日益增长的消费品需求作为行业发展的落脚点和出发点，为消费升级提供服务。二是引导行业企业不断补齐产业链短板。龙头企业要重视产业链上下游相关产业的整合配套发展，对受国际制约的环节进行补强和补缺，打造具有国际竞争力的自主产业链条；中小企业更要注重参与到产业链的配套协作中，成为产业链不可或缺的“关键部件”，提高行业竞争力。

（五）重塑产业结构，构建产业新生态

引导行业打造以龙头企业引领的产业链或者产业集群，带动中小企业实现共生共赢、融合发展的产业生态。一是要做强核心，加快培育一批“领航型”龙头骨干企业，一个核心企业能带动一个产业链发展，坚持向技术改造、科技创新、品牌建设要生产力、竞争力，不断做大做强，更好地发挥引领带动作用。二是做大协作，坚持走产业链或者产业集群发展之路，强化行业整体作战能力，优化和重塑产业结构，培育壮大发展先进制造业产业集群。三

是做优生态，完善一个产业生态，强化上下游产业链的协同配套能力，各类企业、组织机构之间通过竞争合作机制、利益分配机制，不断进行技术、资本、信息、知识和渠道等要素的共享，企业、行业核心竞争力、创新能力、发展潜力不断得到提升，产业生态整体也获得良性发展。

二、行业层面高质量发展对策措施

（一）加强行业标准、品牌及公共服务平台的建设

轻工纺织行业在国际上已经占据了重要地位，但国际社会对“中国制造”的评价还处在“世界工厂”的阶段，行业要引导企业提升质量水平和质量标准，促进企业发展自主品牌，提升品牌价值。一是行业要制定和实施与国际先进水平接轨甚至超出国际水平的质量、安全、卫生、环保和节能标准，对行业形成促进机制，形成以国内产品为标准的国际标准。二是要引导企业做好品牌培育。促进品牌与文化创意、现代科技、时尚潮流等相结合，进一步提升品牌内涵与品牌价值，不断完善品牌打造及推广体系，加强与国际间的时尚设计机构和团体的交流合作，使品牌的国际化水平得到提升。三是搭建行业公共服务平台助力行业发展。搭建服务于产业发展的产业政策服务平台、国内外投资信息与预警服务平台、公共技术服务平台、资源要素整合平台、研发设计平台、质量检测平台、人员培训及电子商务平台，通过平台打造，整合各种服务力量和资源，更好地为轻纺行业尤其是行业中众多的中小企业提供服务，使得轻纺行业的产业链产生规模和集聚效应，形成配套齐全、竞争力强的产业集群，带动整个区域的高质量发展。

（二）引导产业链精准对接，促进产业集聚发展

轻工纺织行业细分行业众多，全国各地均具有不同的资源和产业优势，要围绕自己的优势行业，从产业链的精准对接上下功夫，项目的实施紧紧围绕产业链的整体发展，形成产业的集聚效应，走集群发展的道路。一是立足产业链优势互补，加大优质资源整合力度，在共性关键技术研发、产业链配套、市场拓展、标准制定等方面进行深度合作发展，形成行业区域优势。二

是以产品为基础、以技术为核心、以资本为纽带，将相关生产企业、科研院所、金融资金以创新的发展模式结合起来，整合产业的上下游产业链，形成竞争力强的完整产业链，增强行业的整体竞争力。三是协作共赢，以龙头企业为引领打造优势产业集群，坚持走集群发展之路，培育先进的轻工纺织现代产业集群。

（三）加强人才队伍建设，推动人才共享

人才是提高生产效率的第一要素，人才队伍建设更是轻工纺织行业高质量发展的重中之重。一是围绕产业升级，利用国家、省市相关人才计划，培养与引进一批产业链全流程的高端人才和专业团队。二是依托国际国内顶尖高校、研究机构，培育一批适合新时代发展理念并具有全球战略眼光的领军型企业家。三是推进校企深度合作，建设教育实践基地、实训基地，为企业“量身定做”技能人才。四是大力培养和引进行业设计人才，培养一批时尚嗅觉敏锐、走在市场前沿的设计人才，缩小与发达国家的时尚潮流差距。五是支持同行业专业人才互通互用，专业技术人才共融共享，打造具有研究、决策、咨询能力的高端人才队伍。

三、企业层面高质量发展对策措施

（一）推进科技创新发展，提高企业核心竞争力

科技创新是企业长盛不衰的法宝，也是解决产业转型升级、推动新旧动能转换、实现高质量发展的第一动力。一是要构建科技创新体系。轻工纺织行业属于多学科多领域交叉和突破的行业，要紧紧抓住新科技革命和产业变革带来的机遇，构建以企业为主体、市场需求为导向的产学研紧密合作的科技创新体系。二是轻工纺织行业要加强与高校、科研院所合作，注重产品的研发创新，引进、改进国际先进设备和工艺，提高企业核心竞争力。三是要提升各方面对企业创新的参与度。从产业链角度来看，企业的创新不局限于自己内部的创新发展，而是从产业链的供应端、销售端、消费端多角度参与到企业产品的创新发展过程中，从而满足不同层面对于产品的创新需求。

（二）开展数字化转型，形成服务型制造竞争新优势

企业数字化转型可以大幅度提高劳动生产效率，形成新的竞争优势，有效应对中美贸易摩擦及新冠肺炎疫情带来的产业转移风险，轻工纺织行业要迈向全球价值链中高端需要从数字化转型形成服务型制造，需要重新塑造新的竞争优势。一是充分发挥企业的积极性和主动性，深入实施数字化、智能化技术改造，加快互联网、大数据、云计算、物联网在行业全流程融合发展，形成企业发展新动能。二是从原来以产品为中心的传统制造模式向以消费者为中心的服务型制造模式转变，尤其是发展生产性服务业，特别是在产品研发、创意设计、个性化定制等领域开展专业化的增值服务，不断提升企业的服务广度和深度。

（三）产品“供给侧”“需求侧”两侧发力，满足新型消费需求

“供给侧”改革是产业结构调整的必由之路，“通过需求牵引供给”则是国家对提高经济发展质量提出的更为有力的措施，而作为“需求侧”最关键的产品必然面临更高的要求。一是从推进产品需求供给入手，既要通过新的工业技术提高供应产品的丰富度、优质度，也要通过产品工艺的改造增加高质量产品的供应能力，满足消费升级需求。二是提高企业管理水平，推动企业家精神和工匠精神的有机结合，在企业家对市场变化做出敏锐反应后，工匠精神能够使得产品精益求精、创新发展，大幅度提高企业产品的市场竞争力。

参考文献

［1］王世成．中国轻工业年鉴 2017［M］．北京：中国轻工业年鉴社，2017.

［2］王世成．中国轻工业年鉴 2018［M］．北京：中国轻工业年鉴社，2018.

［3］王世成．中国轻工业年鉴 2019［M］．北京：中国轻工业年鉴社，2019.

［4］孙淮滨．2017/2018 中国纺织工业发展报告［M］．北京：中国纺织出版社，2018.

［5］孙淮滨．2018/2019 中国纺织工业发展报告［M］．北京：中国纺织出版社，2019.

[6]孙淮滨 . 2019/2020 中国纺织工业发展报告[M]. 北京:中国纺织出版社,2020.

[7]师博,张冰瑶 . 新时代、新动能、新经济:当前中国经济高质量发展解析[J]. 上海经济研究,2018(5):25 –33.

[8]邹振宇 . 推动产业高质量发展汇集行业高层次人才[J]. 安徽科技,2018(11):41 –42.

[9]孙瑞哲 . 把握战略机遇期推进高质量发展[J]. 纺织服装周刊,2019(1):18 –19.

[10]张崇和 . 2019 轻工业高质量发展论坛上的讲话[J]. 纺织服装周刊,2019(5):13 –14.

[11]周均旭,常亚军 . 劳动密集型产业转移:越南的优势及对中国大国雁阵模式的挑战[J]. 学术探索,2020(1):24 –31.

[12]孙瑞哲 . 纺织业如何促稳[J]. 纺织科学研究,2020(6):19 –27.

[13]巫圣义,李晓华 . 智能制造助力劳动密集型产业转型升级[J]. 江苏大学学报,2020(1):115 –124.

[14]孙瑞哲 . 大变局下中国纺织创新发展展望[N]. 中国纺织报,2020 –7 –6(1).

课题组成员简介

李国芹，副院长，山东省工业和信息化研究院。

陈高华，高级经济师，山东省工业和信息化研究院。

王玉禄，高级工程师，山东省工业和信息化研究院。

王巧婧，经济师，山东省工业和信息化研究院。

邵　磊，高级工程师，山东省工业和信息化研究院。

陈　文，工程师，山东省工业和信息化研究院。

夏　轲，高级经济师，山东省工业和信息化研究院。

刘际宁，高级经济师，山东省工业和信息化研究院。

6

山东省工业发展现状分析
——基于第四次经济普查

山东省工业发展现状分析课题组

摘　要　本课题采用第四次经济普查数据和统计年鉴数据对山东工业现状进行研究分析。立足四普数据，透视山东工业经济：综合考量全省工业宏观规模、结构、区域分布三个层面，通过对比分析、工业行业因子分析、工业经济效益分析、工业贡献率分析等多维度分析，为山东经济把脉，并在全面摸清山东工业家底的基础上，找出山东工业发展过程中存在的问题并提出对策建议，为工业高质量发展提供有益参考。

关键词　工业发展；经济普查；高质量发展；对策

近年来，山东省工业坚持以新发展理念为统领，以供给侧结构性改革为主线，以提高发展质量和效益为中心，加快新旧动能转换重大工程，牢牢把握制造强省定位，推动高质量发展，开启了工业大省向工业强省跨越的新阶段。根据《全国经济普查条例》的规定，国务院于2018年开展第四次全国经济普查，全面调查我国第二产业与第三产业的发展规模、布局和效益。按照全国统一部署，山东省也进行了第四次经济普查，其数据为深入了解山东省工业经济现状提供了第一手资料。在此背景下，本课题采用第四次经济普查数据和统计年鉴数据对山东省工业现状进行研究分析，分别从总体规模、工业结构、空间布局、经济效益和贡献分析等多方面详细阐述了山东省工业发展现状，在全面摸清山东省工业家底的基础上，找出山东省工业发展过程中存在的深层次问题并提出对策建议，为工业高质量发展提供有益参考。

第一章　山东省工业总体规模

工业是一个国家的经济命脉，也是一个区域经济发展的重要支柱。山东作为工业大省，已建立了较为完整的工业体系，产业门类齐全，在全国工业发展中占有重要地位。本章基于第四次经济普查资料，概述了山东全部工业总体规模，分析了规模以上工业企业占全部工业比重，选取了企业数量、从业人员数、资产合计、营业收入以及主要产品产量五个具有代表性的指标，分析山东规模以上工业现状的情况，分析得出规模以上工业资产合计和营业收入等指标占全部工业比重达到84%以上，因此本文采用规模以上工业第四次普查数据代替全部工业进行分析。

一、全部工业规模

按照《山东省第四次经济普查公报（第三号）——第二产业基本情况》数据，2018年，山东省共有工业企业法人单位约31.91万个，从业人员977万人。其中，规模以上工业企业约3.63万个，从业人员667万人，分别占全部工业比重的 11.38% 和 68.27%。

2018 年，山东省全部工业企业法人单位资产总计约 12.00 万亿元，负债合计约 7.28 万亿元，全年实现营业收入约 10.60 万亿元。其中，规模以上工业企业资产总计约 10.11 万亿元，负债合计约 6.22 万亿元，全年实现营业收入约 9.26 万亿元，分别占全部工业比重的 84.28%、85.50% 和 87.36%。

从表 1 可以看出，山东省规模以上工业企业虽然企业数占全部工业的比重不高，但从业人员比重为 68.27%，资产合计、负债合计、营业收入比重更是达到 84.00% 以上，规模以上工业是山东省工业的主体，对分析山东全部工业情况具有很强的代表性。

表 1　2018 年山东省规模以上工业同全部工业对比

山东省	企业数（个）	从业人员（万人）	资产总计（亿元）	负债合计（亿元）	营业收入（亿元）
全部工业	319052	977	119970	72792	105980
规模以上工业	36304	667	101111	62237	92580
规模以上工业占全部工业比重（%）	11.38	68.27	84.28	85.50	87.36

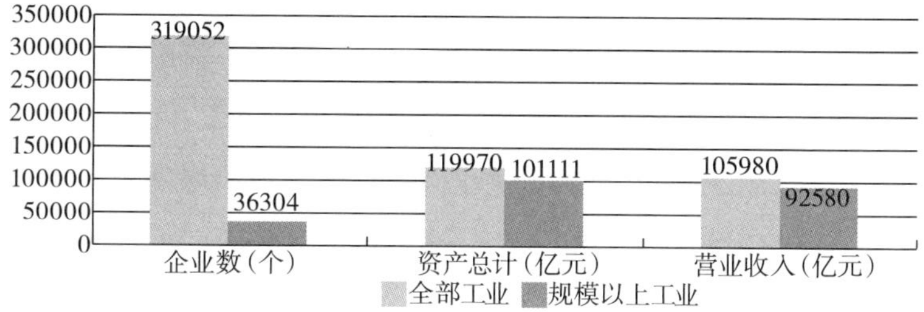

图 1　2018 年山东省规模以上工业同全部工业对比

二、企业数量

按照《中国经济普查年鉴 2018》数据（下文除单独说明外，来源均为本数据），2018 年，山东省规模以上工业企业单位数约 3.63 万个，占全国总数的 9.68%，居全国第 4 位，见图 2。从工业企业的数量来看，广东、江苏和浙江居全国前三位，分别有企业 5.06 万个、4.63 万个和 4.15 万个，山东在全国位于第一梯队的靠后位置，山东省规模以上工业企业数占粤苏浙三省比重分别为 71.74%、78.40% 和 87.47%。排名第 5 位的河南工业企业 2.10 万个，和山东差距较大。

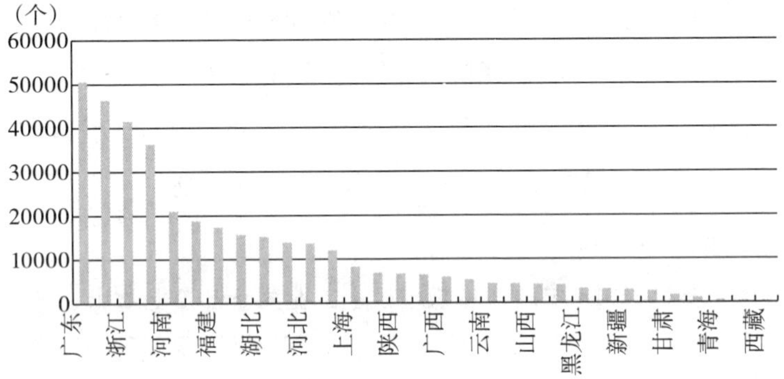

图 2　2018 年全国 31 省份工业企业数比较

三、从业人员

2018 年，山东省规模以上工业企业平均用工人数 666.99 万人，占全国总数的 7.98%，居全国第 4 位，见图 3。从工业企业的平均用工人数来看，广东、江苏和浙江居全国前三位，用工人数分别为 1353.55 万人、952.16 万人和 669.45 万人，山东规模以上工业企业平均用工人数占粤苏浙三省比重分别为 49.28%、70.05% 和 99.63%。排名第 5 位的河南用工人数 641.75 万人，和山东较为接近。

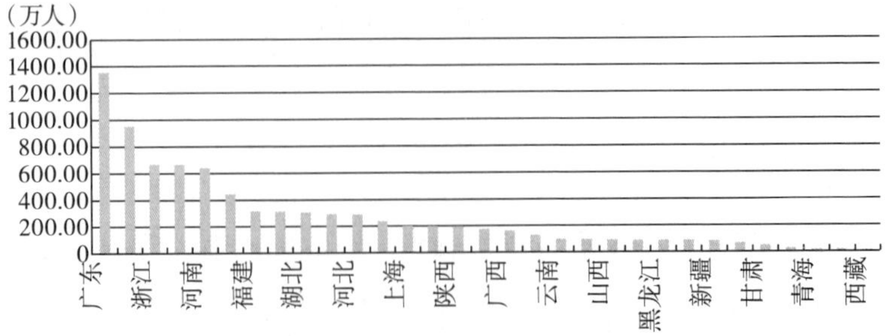

图 3　2018 年全国 31 个省份工业平均用工人数比较

四、资产总计

2018 年，山东省规模以上工业企业资产总计约 10. 11 万亿元，占全国总数的 8. 77%，居全国第 3 位，见图 4。从工业企业的资产总计来看，广东和江苏居全国前两位，资产总计分别为 12. 70 万亿元和 12. 04 万亿元，山东规模以上工业企业资产总计占粤苏两省比重分别为 79. 61% 和 83. 97%。排名第 4 位的浙江资产总计 7. 76 万亿元，占山东比重的 76. 76%。

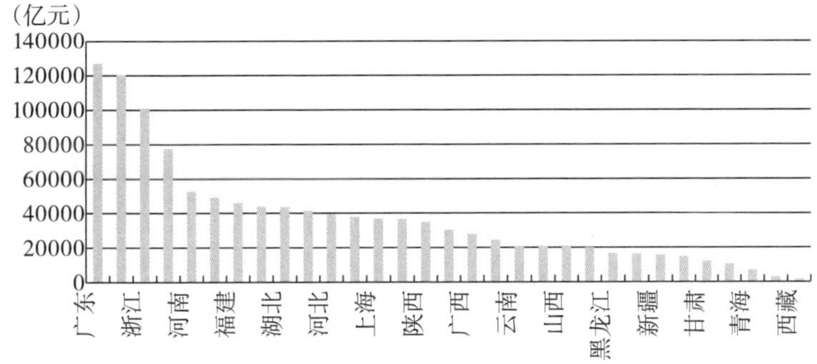

图 4　2018 年全国 31 个省份工业资产总计比较

五、营业收入

（一）横向比较

2018 年，山东省规模以上工业企业实现营业收入约 9. 26 万亿元，占全国比重 8. 76%，居全国第三位，见图 5。从工业企业营业收入规模来看，广东和江苏居全国前两位，营业收入分别为 14. 26 万亿元和 13. 21 万亿元，山东营业收入占粤苏两省比重分别为 64. 94% 和 70. 10%。排名第 4 位的浙江营业收入为 7. 23 万亿元，占山东比重的 78. 08%。

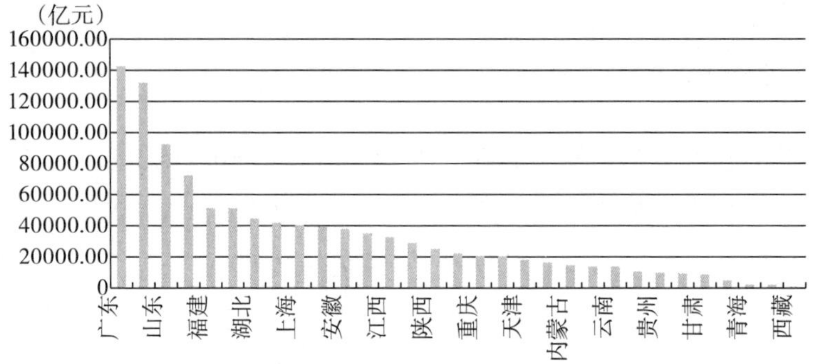

图 5　2018 年全国 31 个省份工业营业收入比较

（二）纵向比较

1. 山东省工业营业收入纵向变化情况

2009—2018 年，山东省规模以上工业营业收入发展情况如图 6 所示。山东省工业在 2009—2016 年营业收入快速增长，于 2016 年达到最大值 15.06 万亿元，比 2009 年的 7.08 万亿元增长了 112.71%；随后大幅度下滑，至 2018 年降为 9.26 万亿元。

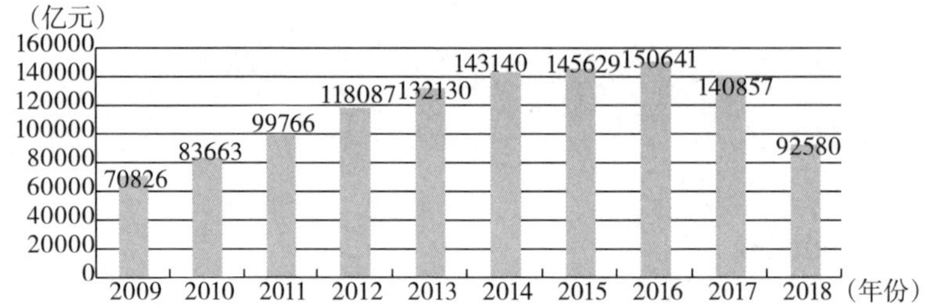

图 6　2009—2018 年山东省工业营业收入对比

注：2009—2017 年采用统计年鉴数据，2018 年采用中国经济普查数据。

2. 鲁粤苏浙四省工业营业收入纵向变化比较

2009—2018 年，山东同广东、江苏和浙江规模以上工业营业收入发展情况如图 7 所示。2012—2015 年，山东省工业和江苏不相上下，两省交替占据全国首位；2016 年至今，山东和江苏趋势接近，但山东降幅大于江苏，2018 年两省差距扩大至 3.95 万亿元。广东和浙江基本保持平稳增长态势，2018 年广东超过江苏，成为全国规模以上工业营业收入最大的省份。

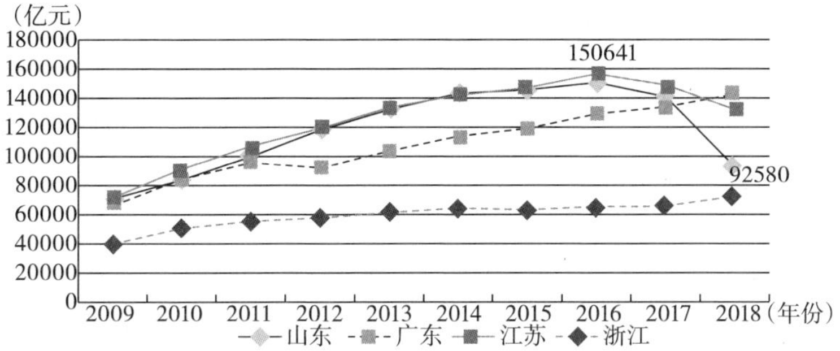

图7　2009—2018年鲁粤苏浙工业营业收入对比

注：2009—2017年采用各省统计年鉴数据，2018年采用第四次中国经济普查数据。

六、主要产品产量

（一）横向比较

山东省工业产品种类繁多，拥有41个工业大类和197个工业中类，是全国工业门类最齐全的省份之一。本节根据行业传统分类原则，按照以下9类进行分析：①化学工业；②轻工业；③机械工业；④纺织工业；⑤建材工业；⑥冶金工业；⑦医药工业；⑧电子工业；⑨能源工业。

1. 化学工业

山东省是化学工业大省，主营业务收入连续多年居全国首位，形成了炼化、化肥、无机化工、有机化工、橡胶加工、精细化工以及合成材料等“七大板块”的工业体系。2018年，山东纯碱产量446万吨，橡胶轮胎外胎约3.8亿条，均居全国首位；合成氨、合成橡胶、硫酸、塑料制品产量分居全国第2、第5、第6和第8位（见表2）。

表2　山东省化学工业重点产品产量

产品	山东	全国排名	占全国比重（%）	全国产量最大省份及产量	
硫酸（折100%）（万吨）	511	6	5.54	云南	1442

续表

产品	山东	全国排名	占全国比重（%）	全国产量最大省份及产量	
纯碱（碳酸钠）（万吨）	446	1	16.86	山东	446
合成氨（无水氨）（万吨）	549	2	11.96	河南	603
合成橡胶（万吨）	59	5	8.58	江苏	139
橡胶轮胎外胎（万条）	37739	1	42.59	山东	37739
塑料制品（万吨）	422	8	5.45	广东	1198

2. 轻工业

山东省是全国重要的轻工业生产基地，主营业务收入居全国前列，涉及造纸和纸制品业，农副食品加工业，食品制造业，酒、饮料和精制茶制造业，皮革、毛皮、羽毛及其制品和制鞋业，木、竹、藤、棕、草制品业，家具制造业，印刷和记录媒介复制业，文教、工美、体育和娱乐用品制造业，塑料制品业，日用金属制品制造及家用电器制造等 21 个大类行业，原盐，啤酒，纸浆、机制纸和纸板，彩色电视机等十几种产品产量稳居全国前 3 位。2018 年，山东原盐产量 1361 万吨，啤酒 477 万千升，均居全国首位；机制纸及纸板、精制食用植物油产量分居全国第 2 和第 3 位；乳制品、罐头、卷烟、彩色电视机、家用电冰箱、家用洗衣机和房间空气调节器产量占全国比重在 5.00% 以上，均居全国前列（见表 3）。

表 3　山东省轻工业重点产品产量

产品	山东	全国排名	占全国比重（%）	全国产量最大省份及产量	
原盐（万吨）	1361	1	21.39	山东	1361
精制食用植物油（万吨）	512	3	10.37	广东	727

续表

产品	山东	全国排名	占全国比重（%）	全国产量最大省份及产量	
乳制品（万吨）	211	4	7.94	河北	340
罐头（万吨）	65	6	6.20	福建	313
啤酒（万千升）	477	1	12.54	山东	477
卷烟（亿支）	1253	6	5.36	云南	3502
机制纸及纸板（外购原纸加工除外）（万吨）	2111	2	17.52	广东	2122
家用电冰箱（家用冷冻冷藏箱）（万台）	884	4	10.90	安徽	2630
房间空气调节器（万台）	1218	7	5.81	广东	6188
家用洗衣机（万台）	667	5	9.18	安徽	2126
彩色电视机（万台）	1652	3	8.39	广东	9989

3. 机械工业

山东省是机械工业大省，主营业务收入位居全国第2，涉及通用设备制造业，专用设备制造业，汽车制造业，铁路、船舶、航空航天和其他运输设备制造业，电气机械和器材制造业，仪器仪表制造业，金属制品、机械和设备修理业等。2018年，山东省铸造机械产量100万台，占全国48.81%，居全国首位；金属切削机床产量7万台，发动机约2.54亿千瓦，发电机组521万千瓦，均居全国前列；汽车及基本型乘用车（轿车）产量居全国第12位（见表4）。

表4　山东省机械工业重点产品产量

产品	山东	全国排名	占全国比重(%)	全国产量最大省份及产量	
铸造机械（万台）	100	1	48.81	山东	100
金属切削机床（万台）	7	—	13.92	—	—
发电机组（发电设备）（万千瓦）	521	6	4.78	上海	3236
电站锅炉（蒸发量吨）	15816	5	4.89	四川	109247
发动机（万千瓦）	25423	4	9.42	上海	38751
汽车（万辆）	92	12	3.31	广东	322
基本型乘用车（轿车）（万辆）	27	12	2.25	上海	196
摩托车整车（万辆）	65	7	3.56	广东	679

注：铸造机械、金属切削机床采用山东省统计局快报数据。

4. 纺织工业

山东省是全国重要的纺织大省，产业规模大，企业数量多，产业链完善，已形成了涵盖棉纺、毛纺、麻纺、丝绢、化纤、针织、家纺、产业用纺织品、服装服饰、纺织机械等行业完整的工业体系，综合经济指标持续保持全国前三的工业地位。2018年，山东纱、布、服装产量分别为459.3万吨、67.2亿米和16.3亿件，占全国比重均超过7.0%，居全国前列；蚕丝产量600.2吨、化学纤维59.6万吨，占全国比重分别为0.7%和1.2%。（见表5）

表5　山东省纺织工业重点产品产量

产品名称	单位	山东产量	山东占全国比重（%）
纱	万吨	459.3	15.4
布	亿米	67.2	13.5
其中：1. 棉布	亿米	55.0	21.5
2. 棉混纺布	亿米	10.0	8.1
3. 化学纤维短纤布	亿米	2.0	1.3
蚕丝	吨	600.2	0.7
服装	亿件	16.3	7.3

续表

产品名称	单位	山东产量	山东占全国比重（%）
化学纤维	万吨	59.6	1.2
其中：合成纤维	万吨	33.0	0.7

注：采用山东省统计局快报数据。

5. 建材工业

山东省是建材工业大省，产业规模和经济效益连续多年居全国首位。全省建材产品资源丰富、种类繁多，其中水泥及水泥制品、平板玻璃及加工玻璃、建筑卫生陶瓷、玻璃纤维、石材等是山东省建材工业的优势行业。2018年，山东玻璃纤维纱、石膏板产量分别为147万吨和6.28亿平方米，占全国比重在20%以上，均居全国首位；水泥熟料7597万吨，占全国比重5.34%；水泥1.23亿吨，占全国比重5.64%；平板玻璃7489万重量箱，占全国比重8.62%；陶瓷砖1.90亿平方米，占全国比重2.07%（见表6）。

表6　山东省建材工业重点产品产量

产品名称	单位	山东产量	占全国比重（%）
水泥熟料	吨	75971224	5.34
水泥	吨	122802422	5.64
商品混凝土	立方米	69677494	3.88
平板玻璃	重量箱	74886449	8.62
玻璃纤维纱	吨	1473973	25.57
陶瓷砖	平方米	189883601	2.07
卫生陶瓷	件	1930702	0.93
石膏板	平方米	627494500	20.21

注：采用山东省统计局快报数据。

6. 冶金工业

山东冶金工业体系比较完整，在全国占有重要地位，形成了从矿业采选、原燃料加工、冶炼到压延加工比较完整的工业体系。2018年，山东无缝钢管产量792.43万吨，十种有色金属1055.84万吨，均居全国首位；生铁、钢材产量居全国第3位；铁矿石原矿产量占全国比重6.00%，居全国前5位（见表7）。

表7　山东省冶金工业重点产品产量

产品	山东	全国排名	占全国比重(%)	全国产量最大省份及产量	
铁矿石原矿（万吨）	4813	5	6.00	河北	23677
生铁（万吨）	6460	3	8.28	河北	21131
钢材（万吨）	9816	3	8.66	河北	26688
无缝钢管（万吨）	792.43	1	30.14	山东	792
十种有色金属（万吨）	1055.84	1	17.91	山东	1056

7. 医药工业

山东省医药工业已形成化学药、生物药、中药、医疗器械、药用辅料、药包材和制药机械等门类齐全的工业体系，并呈现出化学药品优势突出，中药和医疗器械快速发展，生物药物顺势兴起的格局。2018 年，山东化学药品原药产量 47.93 万吨，占全国比重 20.81%，居全国第 2 位；中成药产量 10.81 万吨，占全国比重 4.17%，居全国第 11 位（见表 8）。

表8　山东省医药工业重点产品产量

产品	山东	全国排名	占全国比重(%)	全国产量最大省份及产量	
化学药品原药（万吨）	47.93	2	20.81	河北	49
中成药（万吨）	10.81	11	4.17	四川	34

8. 电子工业

山东省电子信息产业规模居全国前列，大数据、云计算、高端软件、量子通信、虚拟现实等新兴领域发展迅速，产业结构不断优化，但总体上仍处于价值链中低端，大规模集成电路制造和显示面板生产等核心关键领域缺失。2018 年，山东手机产量 3392.53 万台，集成电路 10.68 亿块，微型计算机设备 0.81 万台，复印和胶版印制设备 0.31 万台，上述产品产量占全国比重均不到 2%（见表 9）。

表 9　山东省电子信息工业重点产品产量

产品	山东	全国排名	占全国比重(%)	全国产量最大省份及产量	
集成电路（亿块）	10.68	9	0.58	江苏	619
电子计算机整机（万台）	102	—	—	—	—
微型计算机设备（万台）	0.81	17	0.003	重庆	6988
复印和胶版印制设备（万台）	0.31	8	0.05	广东	430
移动通信手持机（手机）（万台）	3392.53	12	1.88	广东	77222
移动通信基站设备（万信道）	726	—	—	—	—
半导体分离器件（亿只）	289	—	—	—	—

9. 能源工业

山东省是传统能源工业大省，尤其是原油、液化石油气等重点产品产量居全国前列。2018 年，山东原油产量 2231 万吨，占全国比重 11.80%；天然气产量 2.8 亿立方米，占全国比重 0.17%；液化天然气 14.5 万吨，占全国比重 1.61%；液化石油气 1170 万吨，占全国比重 30.80%（见表 10）。

表 10　山东省能源工业重点产品产量

产品名称	单位	山东产量	占全国比重（%）
原油	万吨	2231	11.80
天然气	亿立方米	2.8	0.17
液化天然气	万吨	14.5	1.61
液化石油气	万吨	1170	30.80

注：采用山东省统计局快报数据。

（二）纵向比较

随着社会发展，市场需求的变化以及工业结构的升级，山东省工业主要产品产量也随之发生变化。表11列举了2018年同2008年山东省部分工业产品产量变化情况。

表11　2018年同2008年山东省部分工业重点产品产量对比

产品	2018年	2008年	2018年比2008年增长（%）
硫酸（折100%）（万吨）	511	414	23.41%
纯碱（碳酸钠）（万吨）	446	300	48.87%
合成橡胶（万吨）	59	34	73.40%
原盐（万吨）	1361	2525	-46.10%
精制食用植物油（万吨）	512	483	6.13%
乳制品（万吨）	211	167	26.58%
罐头（万吨）	65	76	-14.70%
啤酒（万千升）	477	461	3.48%
机制纸及纸板（外购原纸加工除外）（万吨）	2111	1455	45.05%
家用电冰箱（家用冷冻冷藏箱）（万台）	884	726	21.73%
房间空气调节器（万台）	1218	361	237.37%
家用洗衣机（万台）	667	429	55.44%
彩色电视机（万台）	1652	237	596.74%
发电机组（发电设备）（万千瓦）	521	676	-22.90%
汽车（万辆）	92	43	114.92%
基本型乘用车（轿车）（万辆）	27	16	68.30%
印染布（亿米）	33	55	-40.44%
水泥（万吨）	13442	13909	-3.36%
平板玻璃（万重量箱）	7525	5606	34.23%
铁矿石原矿（万吨）	4813	2394	101.02%
生铁（万吨）	6460	4511	43.20%
钢材（万吨）	9816	5191	89.10%
无缝钢管（万吨）	792	389	103.88%
十种有色金属（万吨）	1056	195	442.04%
集成电路（亿块）	11	2	480.43%
移动通信手持机（手机）（万台）	3393	3365	0.82%

注：2008年产量数据来源于第二次全国经济普查。

从表11比较来看，山东省工业主要产品产量发展有如下特点。

（1）化学工业产业结构持续优化，主要产品产量稳定增长。近十年来，山东化学工业产业链不断完善，尤其是向橡胶化工、化工新材料、精细化工、生物化工等专业领域延伸，产业结构持续优化，硫酸、纯碱和合成橡胶等重点产品产量均有较大幅度增长。

（2）轻工纺织工业产品向满足人民美好生活需要方向发展。随着家庭收入增加以及市场需求带动，彩电、冰箱、洗衣机和空调等消费型产品产量大幅度增长；乳制品等健康食品产业快速发展，罐头等传统产品产量有所下降；纺织产品中的印染布存在容易落色等因素，市场份额逐步被色织布取代。

（3）机械和电子工业中的高技术、高附加值产品产量增幅较大。如集成电路产品产量增幅达到4.8倍，汽车等机械工业高附加值产品产量增幅也在1.0倍以上。

（4）投资拉动建材冶金工业产品快速增长。随着基础设施建设和房地产等投资拉动，平板玻璃、铁矿石、钢材、无缝钢管和有色金属等建材冶金工业重点产品产量迅速增长；受淘汰落后产能等因素影响，水泥等产能过剩行业产品产量有所回落。

七、本章小结

（1）山东省作为全国重要的工业产品生产基地，规模以上企业数量居全国第4位，从业人数、资产规模和营业收入均居全国第3位，大多数工业产品产量位居全国前列。

（2）山东省工业经济增长趋势与粤苏两省相比差距正在拉大。山东省规模以上工业企业营业收入多年保持稳定增长态势，于2016年达到最大值15.06万亿元后出现大幅度下滑，至2018年降为9.26万亿元，给保持山东省工业经济平稳增长带来挑战。

（3）山东省工业传统行业产品优势突出。主要产品产量在全国排名靠前的多集中在轻工业、纺织工业、化学工业和建材冶金工业，在全国占有重要地位；机械工业和医药工业产品产量排名分化较大，电子信息工业主要产品产量占全国比重较低。

（4）山东省工业产品结构正不断优化升级。从产量的横向和纵向比较分析来看，山东省工业主要产品产量多数居于全国前列，新兴产品产量增速快于传统产品产量，山东省工业产品结构正不断优化升级，持续向高质量方向发展。

第二章　山东省工业结构

工业结构与工业增长密切相关，是关系到工业能否健康发展的重要因素。本章分别从所有制结构、企业规模结构、工业门类结构、行业结构来分析山东省工业结构情况，并对41个行业大类进行因子分析。

一、所有制结构

依据《山东省统计年鉴（2019）》，将山东省规模以上工业企业按登记注册类型划分为6类，股份制企业有约3.34万个，从业人员569万人，利润总额3967亿元，均占全省规模以上企业的80%以上，居各类所有制类型企业之首。国有企业仅占总企业数的0.31%，营业收入、利润和从业人员比重也不到3%。占比最少的是股份合作企业，各项经济指标所占比例均低于0.1%（见表12、图8）。

表12　2018年按登记注册类型划分的山东省工业企业对比

注册类型	企业数（个）	营业收入（亿元）	利润总额（亿元）	资产合计（亿元）	流动资产合计（亿元）	负债合计（亿元）	从业人员（万人）
合计	38333	92704	4872	102276	52528	62247	696
国有企业	119	2670	76	4318	545	3043	17
集体企业	163	107	4	146	99	95	2
股份合作企业	34	28	3	27	17	12	1
股份制企业	33370	77316	3967	84819	44072	52083	569
外商及港澳台商投资企业	3269	11401	757	11917	7303	6528	95

续表

注册类型	企业数（个）	营业收入（亿元）	利润总额（亿元）	资产合计（亿元）	流动资产合计（亿元）	负债合计（亿元）	从业人员（万人）
其他企业	1292	905	49	432	169	155	10

注：数据来源为山东省统计年鉴。

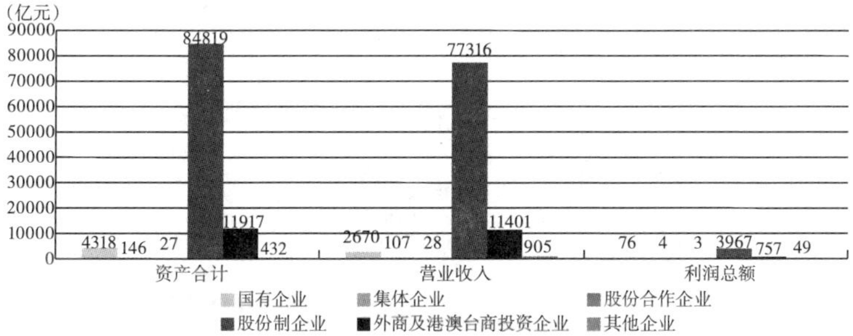

图 8　2018 年按登记注册类型划分的山东省工业企业对比

二、企业规模结构

国家统计局发布的《统计上大中小微型企业划分办法（2017）》中，将工业企业按营业收入和从业人员可分为大型、中型、小型和微型企业。按照《中国经济普查年鉴 2018》数据，山东省规模以上工业企业类型主要是小微型企业，企业数达到约 3.27 万个，占总企业数的 90.19%，从业人员数 265 万人，占总从业人员数的 39.69%，营业收入和利润总额分别占比 26.77% 和 20.98%。中型企业 2882 个，占总企业数的 7.94%，从业人员数 155 万人，占总从业人员数的 23.30%，营业收入和利润总额分别占比 20.50% 和 17.56%。大型企业 679 个，占总企业数的 1.87%，从业人员数 247 万人，占总从业人数的 37.01%，营业收入和利润总额分别占比 52.73% 和 61.46%（见表 13、图 9）。

表 13　2018 年按照规模划分的山东省工业结构

注册类型	企业数（个）	营业收入（亿元）	利润总额（亿元）	资产合计（亿元）	流动资产合计（亿元）	负债合计（亿元）	从业人员（万人）
合计	36304	92580	4619	101111	52426	62237	667
大型企业	679	48817	2839	55319	27517	33766	247

续表

注册类型	企业数（个）	营业收入（亿元）	利润总额（亿元）	资产合计（亿元）	流动资产合计（亿元）	负债合计（亿元）	从业人员（万人）
中型企业	2882	18976	811	19709	11337	13010	155
小微型企业	32743	24787	969	26083	13572	15461	265

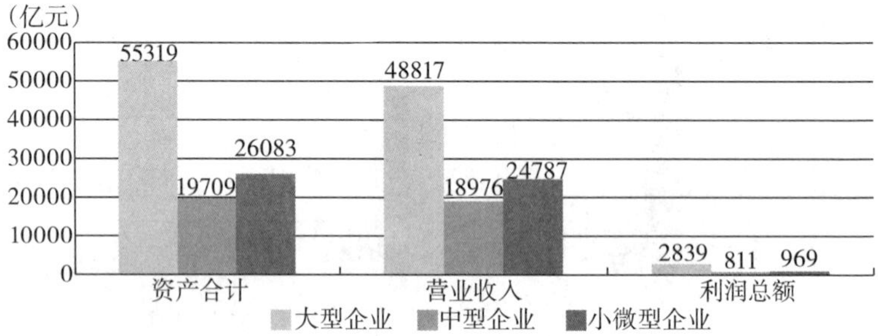

图 9　2018 年按照规模划分的山东省工业结构

三、工业门类结构

（一）轻重工业结构

2009—2018 年，山东省重工业营业收入占全省工业营业收入比重低于全国平均水平，2018 年山东省重工业营业收入比重为 71. 28%。整体来看，鲁粤苏浙四省重工业比重均在全国平均上下 5 个百分点附近，变化趋势基本保持一致，江苏重工业比重居四省之首，浙江最低（见表 14、图 10）。

表 14　2018 年鲁粤苏浙四省轻重工业结构对比

省份	指标	营业收入		利润总额		从业人员	
		数值（亿元）	比重（%）	数值（亿元）	比重（%）	数值（万人）	比重（%）
山东	轻工业	26627	28. 72	1510	30. 98	279	40. 14
	重工业	66077	71. 28	3363	69. 02	417	59. 87
广东	轻工业	43663	32. 20	2876	34. 61	586	45. 65
	重工业	91953	67. 80	5434	65. 39	697	54. 35

续表

省份	指标	营业收入		利润总额		从业人员	
		数值（亿元）	比重（%）	数值（亿元）	比重（%）	数值（万人）	比重（%）
江苏	轻工业	31385	24.50	2258	26.59	311	33.54
	重工业	96701	75.50	6234	73.41	616	66.46
浙江	轻工业	25877	35.77	2808	36.49	329	49.14
	重工业	46466	64.23	4887	63.51	340	50.86

注：数据来源为各省统计年鉴。

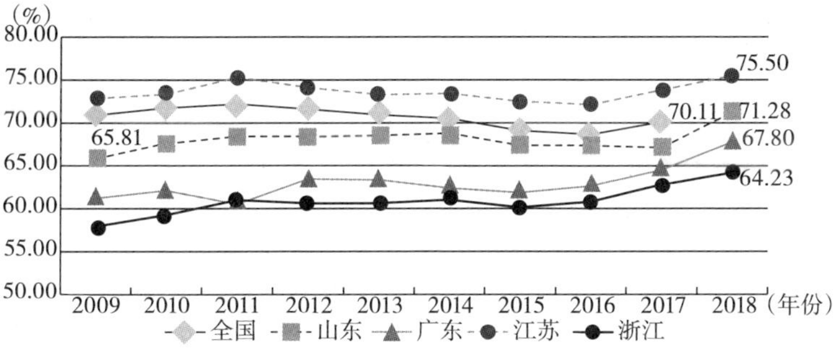

图 10　2009—2018 年鲁粤苏浙四省重工业营业收入比重

（二）采矿业、制造业、电力燃气及水的生产和供应业结构

工业包括采矿业，制造业，电力、热力、燃气及水生产和供应业三大门类。2018 年，山东省规模以上工业营业收入中，制造业完成 8.24 万亿元，所占比重达到 89.03%；采矿业完成 5441 亿元，占比 5.88%；电力、热力、燃气及水生产和供应业完成 4718 亿元，占比 5.10%。从利润总额和从业人员两个指标来看，制造业所占的比重在 90% 左右，而采矿业所占的比重在 4.80% ~6.90%，电力、热力、燃气及水生产和供应业占比约为 4%。

山东省矿产资源丰富，采矿业比重远高于粤苏浙三省。从全国来看，山东省制造业在工业体系中虽然营业收入和利润总额比重高于全国平均水平，却是鲁粤苏浙四省中最低的（见表 15、图 11）。

表 15　2018 年鲁粤苏浙四省工业三大门类结构对比

地区	指标	营业收入		利润总额		从业人员	
		数值（亿元）	比重（%）	数值（亿元）	比重（%）	数值（万人）	比重（%）
全国	采矿业	46672	4.41	5481	7.65	519	6.21
	制造业	937798	88.70	61848	86.37	7497	89.72
	电力、热力、燃气及水生产和供应业	72858	6.89	4279	5.98	340	4.07
山东	采矿业	5441	5.88	222	4.81	46	6.90
	制造业	82421	89.03	4203	90.97	594	89.06
	电力、热力、燃气及水生产和供应业	4718	5.10	195	4.22	27	4.05
广东	采矿业	899	0.63	323	3.69	4	0.30
	制造业	133514	93.63	7749	88.60	1325	97.86
	电力、热力、燃气及水生产和供应业	8185	5.74	674	7.71	25	1.85
江苏	采矿业	573	0.43	23	0.26	6	0.63
	制造业	125251	94.85	8517	94.90	931	97.90
	电力、热力、燃气及水生产和供应业	6230	4.72	435	4.85	14	1.47
浙江	采矿业	139	0.19	20	0.43	1	0.15
	制造业	66159	91.45	4312	92.75	656	97.91
	电力、热力、燃气及水生产和供应业	6045	8.36	317	6.82	13	1.94

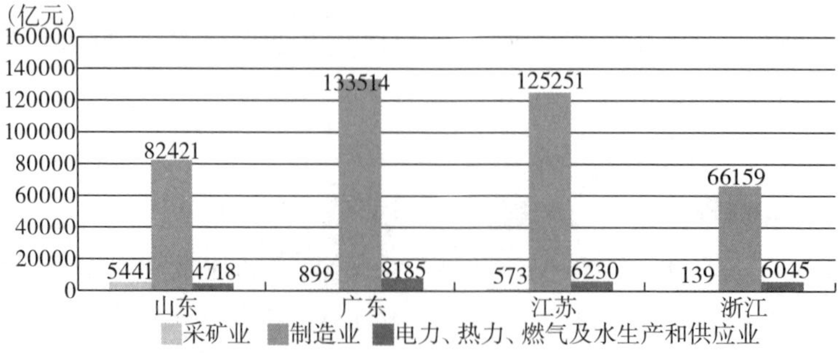

图 11　2018 年鲁粤苏浙工业三大门类营业收入对比

四、行业结构与集中度分析

（一）工业企业数量的行业分布

山东省规模以上工业企业的行业分布，在41个行业大类中，非金属矿物制品业是企业最集中的行业，占到全省规模以上工业企业数的9.75%。其次，农副食品加工业、化学原料和化学制品制造业、通用设备制造业、金属制品业、专用设备制造业、纺织业6个行业占规模以上企业数比重也超过5%。上述7个行业集中了山东规模以上企业的一半以上。企业数最少的4个行业为石油和天然气开采业、烟草制品业、开采专业及辅助性活动、其他采矿业，企业数均少于10个（见图12）。

表16 2018年山东省工业企业数量的行业分布

国民经济行业名称	企业数（个）	百分比（%）	累计百分比（%）
非金属矿物制品业	3541	9.75	9.75
农副食品加工业	3485	9.60	19.35
化学原料和化学制品制造业	2998	8.26	27.61
通用设备制造业	2980	8.21	35.82
金属制品业	2168	5.97	41.79
专用设备制造业	2151	5.92	47.72
纺织业	2117	5.83	53.55
木材加工和木、竹、藤、棕、草制品业	1765	4.86	58.41
橡胶和塑料制品业	1712	4.72	63.13
电气机械和器材制造业	1418	3.91	67.03
汽车制造业	1356	3.74	70.77
文教、工美、体育和娱乐用品制造业	1229	3.39	74.15
食品制造业	1102	3.04	77.19
纺织服装、服饰业	1084	2.99	80.17
医药制造业	716	1.97	82.15
计算机、通信和其他电子设备制造业	660	1.82	83.96
印刷和记录媒介复制业	588	1.62	85.58

续表

国民经济行业名称	企业数（个）	百分比（%）	累计百分比（%）
电力、热力生产和供应业	586	1.61	87.20
造纸和纸制品业	583	1.61	88.80
家具制造业	481	1.32	90.13
有色金属冶炼和压延加工业	447	1.23	91.36
酒、饮料和精制茶制造业	400	1.10	92.46
铁路、船舶、航空航天和其他运输设备制造业	377	1.04	93.50
黑色金属冶炼和压延加工业	364	1.00	94.50
仪器仪表制造业	342	0.94	95.44
皮革、毛皮、羽毛及其制品和制鞋业	335	0.92	96.37
石油、煤炭及其他燃料加工业	316	0.87	97.24
水的生产和供应业	174	0.48	97.72
非金属矿采选业	162	0.45	98.16
燃气生产和供应业	159	0.44	98.60
煤炭开采和洗选业	106	0.29	98.89
废弃资源综合利用业	89	0.25	99.14
化学纤维制造业	85	0.23	99.37
黑色金属矿采选业	72	0.20	99.57
有色金属矿采选业	63	0.17	99.74
其他制造业	58	0.16	99.90
金属制品、机械和设备修理业	16	0.04	99.95
石油和天然气开采业	9	0.02	99.97
烟草制品业	6	0.02	99.99
开采专业及辅助性活动	2	0.01	99.99
其他采矿业	2	0.01	100.00

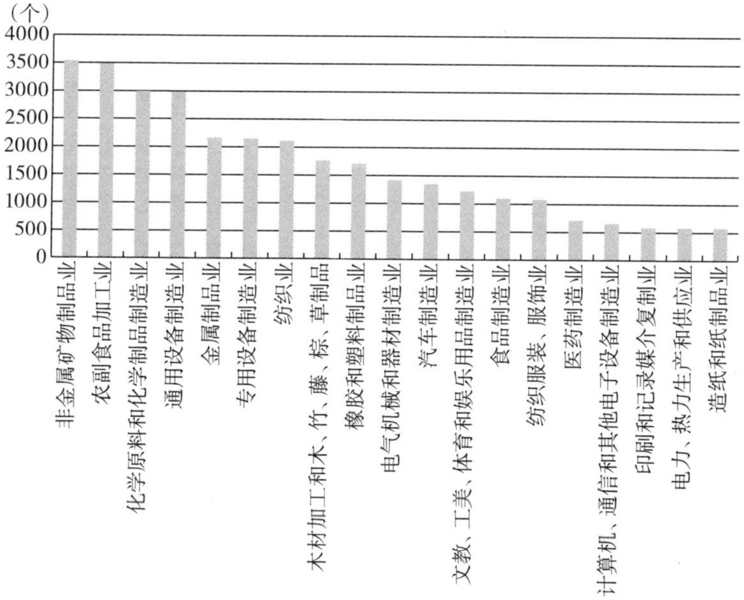

图 12　2018 年山东省工业企业数量的行业分布（行业企业≥500 个）

（二）工业营业收入的行业分布

山东省规模以上工业 41 大类行业占全省规模以上工业营业收入比重排名前五的行业分别为：石油、煤炭及其他燃料加工业、化学原料和化学制品制造业、有色金属冶炼和压延加工业、农副食品加工业、黑色金属冶炼和压延加工业，所占比重分别是 11.86%、10.70%、8.14%、7.39% 和 5.78%，这 5 个行业集中了山东规模以上工业营业收入的 43.87%。行业营业收入不到 100 亿元的有 3 个，分别是其他制造业，金属制品、机械和设备修理业，其他采矿业，所占比重均低于 0.10%（见表 17、图 13）。

表 17　山东省工业企业营业收入的行业分布

国民经济行业名称	营业收入（亿元）	百分比（%）	累计百分比（%）
石油、煤炭及其他燃料加工业	10979.28	11.86	11.86
化学原料和化学制品制造业	9902.55	10.70	22.56
有色金属冶炼和压延加工业	7536.25	8.14	30.70
农副食品加工业	6839.03	7.39	38.08

续表

国民经济行业名称	营业收入（亿元）	百分比（%）	累计百分比（%）
黑色金属冶炼和压延加工业	5355. 53	5. 78	43. 87
汽车制造业	5013. 17	5. 41	49. 28
电力、热力生产和供应业	4123. 64	4. 45	53. 74
计算机、通信和其他电子设备制造业	3590. 94	3. 88	57. 62
电气机械和器材制造业	3383. 96	3. 66	61. 27
煤炭开采和洗选业	3327. 05	3. 59	64. 86
非金属矿物制品业	3305. 87	3. 57	68. 44
通用设备制造业	3159. 51	3. 41	71. 85
橡胶和塑料制品业	2881. 59	3. 11	74. 96
医药制造业	2677. 5	2. 89	77. 85
金属制品业	2526. 08	2. 73	80. 58
专用设备制造业	2487. 75	2. 69	83. 27
纺织业	2022. 64	2. 18	85. 45
造纸和纸制品业	1910. 85	2. 06	87. 52
纺织服装、服饰业	1491. 39	1. 61	89. 13
食品制造业	1386. 43	1. 50	90. 63
木材加工和木、竹、藤、棕、草制品业	1197. 28	1. 29	91. 92
铁路、船舶、航空航天和其他运输设备制造业	1156. 01	1. 25	93. 17
有色金属矿采选业	870. 27	0. 94	94. 11
文教、工美、体育和娱乐用品制造业	869. 75	0. 94	95. 05
石油和天然气开采业	827. 18	0. 89	95. 94
酒、饮料和精制茶制造业	693	0. 75	96. 69
燃气生产和供应业	449. 96	0. 49	97. 17
皮革、毛皮、羽毛及其制品和制鞋业	422. 1	0. 46	97. 63
印刷和记录媒介复制业	399. 39	0. 43	98. 06
仪器仪表制造业	317. 81	0. 34	98. 41
烟草制品业	298. 36	0. 32	98. 73
家具制造业	217. 01	0. 23	98. 96
废弃资源综合利用业	197. 18	0. 21	99. 17
黑色金属矿采选业	176. 47	0. 19	99. 37
化学纤维制造业	160. 89	0. 17	99. 54

续表

国民经济行业名称	营业收入（亿元）	百分比（%）	累计百分比（%）
水的生产和供应业	144.31	0.16	99.70
开采专业及辅助性活动	127.81	0.14	99.83
非金属矿采选业	111.99	0.12	99.95
其他制造业	28.9	0.03	99.99
金属制品、机械和设备修理业	12.96	0.01	100.00
其他采矿业	0.55	0	100.00

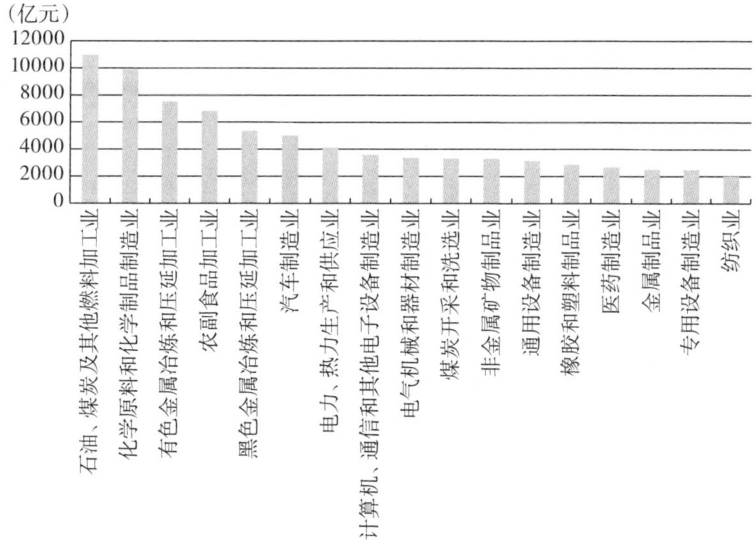

图13　山东省工业企业营业收入的行业分布（行业营业收入≥2000亿元）

（三）工业利润的行业分布

山东省规模以上工业41个行业大类中，利润最集中的5个行业分别是化学原料和化学制品制造业，医药制造业，黑色金属冶炼和压延加工业，石油、煤炭及其他燃料加工业，非金属矿物制品业，所占比重分别为13.69%、8.31%、7.58%、6.87%和5.66%，这5个行业合计利润占全省规模以上工业的42.11%，反映出山东省工业利润分布较为集中。值得注意的是其他采矿业、化学纤维制造业、石油和天然气开采业3个行业处于亏损状态，其中石油和天然气开采业亏损50多亿元，拉低全省规模以上工业利润1.13个百分点（见表18、图14）。

表18　山东省工业企业利润总额的行业分布

国民经济行业名称	利润总额（亿元）	百分比（%）	累计百分比（%）
化学原料和化学制品制造业	632.24	13.69	13.69
医药制造业	383.82	8.31	22.00
黑色金属冶炼和压延加工业	350.07	7.58	29.58
石油、煤炭及其他燃料加工业	317.25	6.87	36.45
非金属矿物制品业	261.47	5.66	42.11
有色金属冶炼和压延加工业	257.18	5.57	47.67
农副食品加工业	250.58	5.43	53.10
汽车制造业	239.29	5.18	58.28
通用设备制造业	227.02	4.92	63.19
煤炭开采和洗选业	212.87	4.61	67.80
电气机械和器材制造业	195.58	4.23	72.04
计算机、通信和其他电子设备制造业	165.62	3.59	75.62
专用设备制造业	153.72	3.33	78.95
电力、热力生产和供应业	148.22	3.21	82.16
橡胶和塑料制品业	93.25	2.02	84.18
金属制品业	92.6	2.00	86.18
造纸和纸制品业	88.84	1.92	88.11
食品制造业	86.74	1.88	89.99
纺织服装、服饰业	76.36	1.65	91.64
纺织业	67.89	1.47	93.11
铁路、船舶、航空航天和其他运输设备制造业	54.55	1.18	94.29
木材加工和木、竹、藤、棕、草制品业	50.34	1.09	95.38
有色金属矿采选业	44.13	0.96	96.33
燃气生产和供应业	43.22	0.94	97.27
文教、工美、体育和娱乐用品制造业	41.11	0.89	98.16
酒、饮料和精制茶制造业	31.13	0.67	98.83
仪器仪表制造业	25.09	0.54	99.38
印刷和记录媒介复制业	18.21	0.39	99.77
烟草制品业	16.22	0.35	100.12
皮革、毛皮、羽毛及其制品和制鞋业	9.28	0.20	100.32

续表

国民经济行业名称	利润总额（亿元）	百分比（%）	累计百分比（%）
家具制造业	8.52	0.18	100.51
非金属矿采选业	8.31	0.18	100.69
黑色金属矿采选业	8.08	0.17	100.86
废弃资源综合利用业	6.86	0.15	101.01
水的生产和供应业	3.38	0.07	101.09
其他制造业	1.39	0.03	101.12
金属制品、机械和设备修理业	0.84	0.02	101.13
开采专业及辅助性活动	0.25	0.01	101.14
其他采矿业	-0.01	0	101.14
化学纤维制造业	-0.46	-0.01	101.13
石油和天然气开采业	-52.13	-1.13	100.00

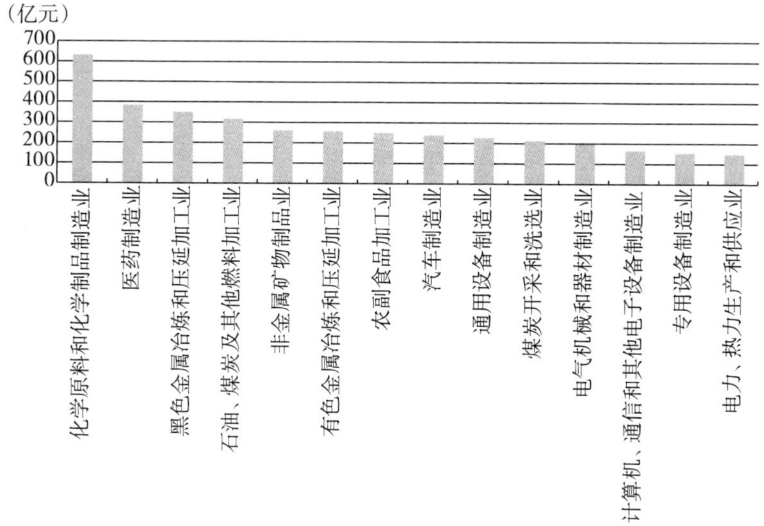

图 14　山东省工业企业利润总额的行业分布（行业利润总额≥100 亿元）

（四）工业从业人员的行业分布

从从业人数的行业分布来看，农副食品加工业、化学原料和化学制品制造业、纺织业、通用设备制造业、非金属矿物制品业 5 个行业的从业人数最多，分别占山东规模以上工业从业人数的 8.59%、6.83%、5.97%、5.83%

和5.67%，这5个行业合计比重为32.89%。从业人数不足1万人的有5个行业，分别为烟草制品业，其他制造业，废弃资源综合利用业，金属制品、机械和设备修理业，其他采矿业（见表19、图15）。

表19　山东省工业从业人数的行业分布

国民经济行业名称	从业人数（万人）	百分比（%）	累计百分比（%）
农副食品加工业	57.30	8.59	8.59
化学原料和化学制品制造业	45.56	6.83	15.42
纺织业	39.83	5.97	21.39
通用设备制造业	38.90	5.83	27.22
非金属矿物制品业	37.79	5.67	32.89
汽车制造业	34.85	5.22	38.12
计算机、通信和其他电子设备制造业	28.95	4.34	42.46
专用设备制造业	28.64	4.29	46.75
纺织服装、服饰业	28.52	4.28	51.03
橡胶和塑料制品业	27.78	4.16	55.19
金属制品业	26.13	3.92	59.11
煤炭开采和洗选业	26.09	3.91	63.02
电气机械和器材制造业	24.09	3.61	66.63
医药制造业	23.86	3.58	70.21
有色金属冶炼和压延加工业	23.33	3.50	73.71
电力、热力生产和供应业	22.13	3.32	77.02
文教、工美、体育和娱乐用品制造业	16.06	2.41	79.43
食品制造业	15.74	2.36	81.79
黑色金属冶炼和压延加工业	15.09	2.26	84.05
木材加工和木、竹、藤、棕、草制品业	14.92	2.24	86.29
造纸和纸制品业	11.76	1.76	88.05
石油、煤炭及其他燃料加工业	11.68	1.75	89.81
铁路、船舶、航空航天和其他运输设备制造业	10.32	1.55	91.35
石油和天然气开采业	9.89	1.48	92.84
酒、饮料和精制茶制造业	7.10	1.06	93.90
皮革、毛皮、羽毛及其制品和制鞋业	6.46	0.97	94.87
印刷和记录媒介复制业	5.62	0.84	95.71
家具制造业	5.29	0.79	96.50

续表

国民经济行业名称	从业人数（万人）	百分比（%）	累计百分比（%）
仪器仪表制造业	4.36	0.65	97.16
有色金属矿采选业	4.18	0.63	97.78
水的生产和供应业	2.81	0.42	98.21
黑色金属矿采选业	2.21	0.33	98.54
燃气生产和供应业	2.01	0.30	98.84
开采专业及辅助性活动	1.91	0.29	99.12
化学纤维制造业	1.72	0.26	99.38
非金属矿采选业	1.48	0.22	99.60
烟草制品业	0.96	0.14	99.75
其他制造业	0.72	0.11	99.86
废弃资源综合利用业	0.63	0.09	99.95
金属制品、机械和设备修理业	0.32	0.05	100.00
其他采矿业	0.01	0	100.00

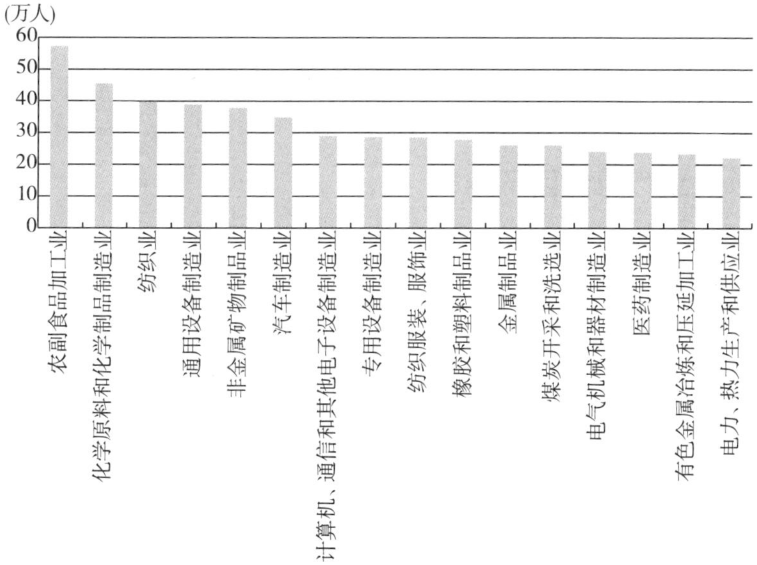

图 15　山东省工业从业人数的行业分布（行业从业人数≥20 万人）

（五）工业营业收入行业集中度分析

按照本章山东省规模以上工业营业收入的行业分布，可以算出山东省规模以上工业行业的前一位、前四位和前八位的绝对集中度（以下分别简称“CR1”“CR4”“CR8”）。以此类推，根据四经普数据计算出的粤苏浙工业行业营业收入集中度如表20所示。可以看出，山东省规模以上工业行业的前一位CR1、前四位CR4和前八位CR8集中度均高于全国平均水平和浙江水平，低于广东和江苏。尤其和广东相比，山东省工业前一位CR1和前四位CR4集中度均大幅落后，反映出山东省工业行业集中度同广东仍有较大差距。

表20　鲁粤苏浙营业收入行业集中度对比

地区	前一位行业集中度 CR1	前四位行业集中度 CR4	前八位行业集中度 CR8
全国	0. 10	0. 31	0. 53
山东	0. 12	0. 38	0. 58
广东	0. 29	0. 50	0. 66
江苏	0. 13	0. 39	0. 61
浙江	0. 10	0. 34	0. 56

五、工业行业的因子分析

（一）变量选择

本文选取以下7个指标来构成行业结构因子分析的指标体系，它们是：X1工业总产值、X2资产总计、X3从业人数、X4营业收入、X5利润总额、X6总资产贡献率、X7全员劳动生产率。受统计资料的限制，总资产贡献率的分子简化为利润总额，并且用资产总计代替平均资产总额；全员劳动生产率的分子采用工业总产值代替工业增加值。

（二）因子分析的数据结果

运用SPSS软件，计算得出经过旋转以后的各因子相关系数矩阵的前两个特征值、贡献率、累计贡献率见表21。

表 21　前两个因子的特征值、贡献率、累计贡献率

因子项目	特征值	方差贡献率（%）	累计贡献率（%）
第一因子（Factorl）	4.639	66.27	66.27
第二因子（Factor2）	1.092	15.60	81.87

由表21 可知，用第一因子可以解释原来7 个变量约66.27%的信息量，用第二因子可以解释原来 7 个变量约 81.87%的信息量，而且 KMO 检验值为0.731，大于0.5，可以用因子分析。我们选取因子个数为 $m=2$。具有 Kaiser 标准化的正交旋转法后的旋转成分矩阵见表 22。

表 22　旋转成分矩阵

因子项目	工业总产值	资产总计	从业人数	营业收入	利润总额	总资产贡献率	全员劳动生产率
第一因子（Factorl）	0.821	0.889	0.928	0.814	0.891	0.384	0.122
第二因子（Factor2）	0.526	0.272	-0.207	0.542	0.317	0.213	0.976

由表22 可以看出，在所有 7 项指标中，工业总产值、资产总计、从业人数、营业收入、利润总额在第一因子上的荷载值较大，反映的是工业行业的总体规模水平，定义为规模因子；全员劳动生产率在第二因子上的荷载值较大，反映的是工业行业投入与产出的经济效益与效率情况，定义为效率因子。

同时得出各行业因子得分如表 23 所示。表中因子得分正负仅表示某行业相对于工业行业平均水平。如某行业的效益因子得分为负值，并不意味着该行业的效益为负。

表 23　各行业因子得分

国民经济行业代码	国民经济行业名称	规模因子	效率因子
6	煤炭开采和洗选业	0.90739	-0.73827
7	石油和天然气开采业	-0.85586	-0.48164
8	黑色金属矿采选业	-0.90575	-0.21442
9	有色金属矿采选业	-0.80279	0.52589
10	非金属矿采选业	-0.86204	-0.16961

续表

国民经济行业代码	国民经济行业名称	规模因子	效率因子
11	开采专业及辅助性活动	-0.99050	-0.33163
12	其他采矿业	-1.11898	-0.37749
13	农副食品加工业	2.07897	-0.62428
14	食品制造业	-0.10584	-0.28307
15	酒、饮料和精制茶制造业	-0.61962	-0.22728
16	烟草制品业	-1.23256	1.15631
17	纺织业	0.60470	-1.15069
18	纺织服装、服饰业	0.26526	-0.85597
19	皮革、毛皮、羽毛及其制品和制鞋业	-0.71331	-0.41212
20	木材加工和木、竹、藤、棕、草制品业	-0.20404	-0.27777
21	家具制造业	-0.74447	-0.44360
22	造纸和纸制品业	-0.22909	0.22471
23	印刷和记录媒介复制业	-0.68502	-0.24648
24	文教、工美、体育和娱乐用品制造业	-0.26024	-0.57365
25	石油、煤炭及其他燃料加工业	0.32040	5.01945
26	化学原料和化学制品制造业	3.06579	0.56023
27	医药制造业	1.03325	-0.12542
28	化学纤维制造业	-1.07772	-0.06239
29	橡胶和塑料制品业	0.43280	-0.39805
30	非金属矿物制品业	1.23380	-0.67439
31	黑色金属冶炼和压延加工业	0.65846	1.51153
32	有色金属冶炼和压延加工业	1.06235	1.34869
33	金属制品业	0.32251	-0.43921
34	通用设备制造业	1.18613	-0.77235
35	专用设备制造业	0.61118	-0.58142
36	汽车制造业	1.28394	-0.13009
37	铁路、船舶、航空航天和其他运输设备制造业	-0.41342	-0.11019
38	电气机械和器材制造业	0.74886	-0.14290
39	计算机、通信和其他电子设备制造业	0.69659	-0.20326
40	仪器仪表制造业	-0.69576	-0.21322
41	其他制造业	-0.91671	-0.36262
42	废弃资源综合利用业	-1.25542	1.20646

续表

国民经济行业代码	国民经济行业名称	规模因子	效率因子
43	金属制品、机械和设备修理业	-0.86274	-0.31052
44	电力、热力生产和供应业	0.81441	0.19754
45	燃气生产和供应业	-0.90633	0.62614
46	水的生产和供应业	-0.86855	-0.44292

（三）规模与效率双因子分析

以工业行业规模因子为横坐标、以效率因子为纵坐标，利用 SPSS 软件得到行业的两维因子散点图，并以两维因子坐标的 0 点为界，可以将行业划分为四种类型（见图 16）。

其中，高规模、高效率的有 5 个：化学原料和化学制品制造业，有色金属冶炼和压延加工业，电力、热力生产和供应业，黑色金属冶炼和压延加工业，石油、煤炭及其他燃料加工业。

高规模、低效率的有 13 个：农副食品加工业、汽车制造业、非金属矿物制品业、通用设备制造业、医药制造业、煤炭开采和洗选业、电气机械和器材制造业、计算机通信和其他电子设备制造业、专用设备制造业、纺织业、橡胶和塑料制品业、金属制品业、纺织服装服饰业。

低规模、高效率的有 5 个：造纸和纸制品业、有色金属矿采选业、燃气生产和供应业、烟草制品业、废弃资源综合利用业。

剩余的 18 个行业都是属于低规模、低效率的。

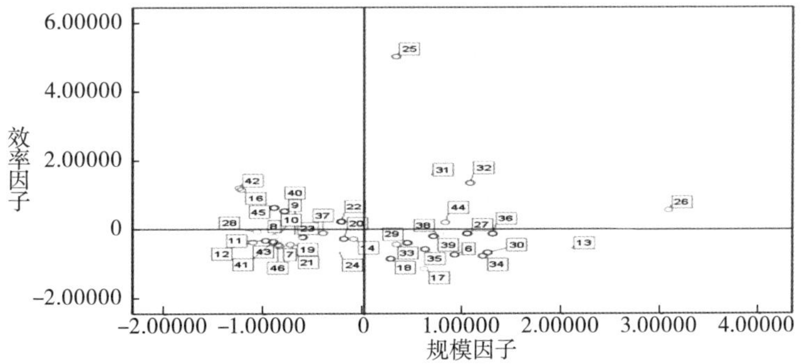

图 16　因子散点图

1. 高规模、高效率行业分析

从这5个行业来看，基本可以归为与山东丰富的原材料资源相关的行业。尤其是序号25代表的石油、煤炭及其他燃料加工业效率得分高达5.02，序号26代表的化学原料和化学制品制造业规模得分3.07，但是两个行业均存在规模和效率得分不匹配的问题。

2. 高规模、低效率行业分析

这13个行业中，涉及机械工业的有汽车制造业、通用设备制造业、电气机械和器材制造业、专用设备制造业4个行业，涉及纺织工业的有纺织业，纺织服装、服饰业；建材、医药工业的主要构成即分别为非金属矿物制品业和医药制造业。上述四大工业行业，是山东省工业发展的重要组成部分，但这些行业的经济效率未达到全省工业的平均水平，需要进一步提高行业经济效率。

3. 低规模、高效率行业分析

造纸和纸制品业是山东省重要的优势传统产业，近年来在原料结构、装备水平、污染治理、产品质量档次等方面有了重大提升，从能耗污染大户蜕变成绿色生态产业，纸与纸板产量占全国的1/6，鉴于该行业现有优势突出，建议加大行业转型升级力度，继续发挥行业优势。烟草制品业可以扩大规模，进一步提高行业收益。

4. 低规模、低效率行业分析

本类别包括大部分的轻工业、部分机械工业以及采矿业等。18个行业中的食品制造业，木材加工和木、竹、藤、棕、草制品业，文教、工美、体育和娱乐用品制造业，酒、饮料和精制茶制造业，印刷和记录媒介复制业，皮革、毛皮、羽毛及其制品和制鞋业，家具制造业7个行业属于轻工业范畴，这也说明了轻工业全员劳动生产率在一定程度上偏低的特点，因此加快山东轻工业的高质量发展显得尤为迫切。

六、本章小结

（1）股份制企业是山东省工业企业的主要力量。股份制企业在企业数、营业收入、利润总额、从业人数等多方面均占到山东规模以上工业的80%以上。国有企业仅占总企业数的0.31%，营业收入、利润和从业人员比重也不到3%。

（2）具有良好的规模结构优势。从营业收入、利润总额、从业人数来看，山东省大型企业比例不仅高于全国平均水平，而且同粤苏浙相比也居于首位。

（3）重工业比重低于全国平均水平。2009—2018年，山东重工业比重要低于江苏和全国平均水平。从整体来看，鲁粤苏浙四省重工业比重均在全国平均水平上下5个百分点附近，变化趋势基本保持一致。

（4）制造业比重仍有较大发展空间。山东制造业在工业体系中的营业收入和利润总额比重，高于全国平均水平。但同粤苏浙对比来看，山东制造业比重是四省中最低的。

（5）重点工业行业集中度较高。从规模和效率指标来看，化学原料和化学制品制造业，有色金属冶炼和压延加工业，电力、热力生产和供应业，黑色金属冶炼和压延加工业，石油、煤炭及其他燃料加工业，农副食品加工业，汽车制造业，非金属矿物制品业是山东的主要工业行业。这8个行业占整个山东省工业营业收入的57.3%，利润总额的53.1%，从业人数的37.14%。

第三章　山东省工业区域分布

工业布局是一国或一个地区工业生产的各个环节、各个部门和各生产要素的空间组合与安排。它是人类有意识、有目的的一种经济活动，是生产力布局的主要环节。它取决于社会经济制度，并受自然资源和技术条件等因素的影响。从纵向来看，工业布局包括工业的总体布局、重大项目的地区分布、地点分布和厂址选择。从横向来看，工业布局包括不同部门、不同行业、不同规模的工业企业的空间联系，以及工业区域、工业枢纽、工业中心间的各种经济技术上的空间联系。本章侧重于分析山东省工业布局情况，总结分布特征，为探讨布局是否合理、是否需要进行调整提供支撑和依据，对促进山东省工业经济高质量发展有着借鉴意义。

一、各市工业总量分布

2018 年，全省共有规模以上工业企业 3.63 万户，实现营业收入 8.99 万亿元。形成了青岛、烟台两市规模以上工业企业营业收入均超过 9500 亿元的第一梯队，工业增加值、营业收入、利润总额等主要经济指标在全省占比均超过 10%。两市工业企业数量累计占全省比重 15.66%、工业增加值占 24.4%、营业收入占 22.27%、利润总额占 25.25%、资产规模占 23.87%、从业人员占 20.63%，带动全省工业经济发展的“头羊效应”突出。其中，烟台市依靠占全省 6% 的规模以上工业企业数量，却贡献了全省 11.08% 的工业增加值、10.76% 的营业收入和 13.49% 的利润总额，尤其是利润总额占比超过青岛 1.76 个百分点，高质高效发展表现突出。

潍坊、滨州、济宁、东营、淄博、临沂、济南等 7 市作为第二梯队，各项经济指标全省占比均在 5.00% ~10.00%，7 市规模以上工业企业营业收入占比超过全省一半。其中工业企业数量累计占全省比重 47.34%、工业增加值占 44.98%、营业收入占 54.27%、利润总额占 46.24%、资产规模占 50.34%、从业人员占 47.66%，成为支撑全省工业经济发展的“中坚力量”。其中临沂市工业企业数量位居全省第一，占比达到 12.01%，贡献的利润总额占比位居全省第三，成为第二梯队中加快转型升级实现高质发展基础牢、潜力大、动力足的地区之一。

菏泽、威海、聊城、德州、日照、泰安、莱芜、枣庄等 8 市是第三梯队，各市规模以上工业企业营业收入占比均未超过 5%。8 市合计工业企业数量占全省比重 37.00%、工业增加值占 30.62%、营业收入占 23.46%、利润总额占 28.50%、资产规模占 25.81%、从业人员占 31.72%，是全省工业经济下一步发展潜力空间较大的地区。其中菏泽市在第三梯队中，各项工业经济指标位居首位，工业企业数量占比甚至能排在全省第四名，加上鲁西南特有的区位优势，加快工业经济高质量发展基础好，潜力大，最有希望跻身全省工业第二梯队的区域之一。

（一）工业企业规模分布

根据《山东省第四次经济普查公报（第三号）——第二产业基本情况》数据，2018 年，全省规模以上工业企业 3.63 万户，临沂工业企业达到 4358 户，占全省比重 10.00% 以上，居全省首位。占全省比重 5.00% ~10.00% 的有济南、聊城、烟台、淄博、济宁、德州、菏泽、潍坊、青岛九市；占全省比重 3.00% ~5.00% 的有枣庄、泰安、滨州、威海四市；比重在 3.00% 以下的有东营、日照、莱芜三市（见表 24、图 17）。

表 24　2018 年山东省工业企业规模各市分布情况

地区	规模以上工业企业户数（个）	比重（%）	累计比重（%）
全省	36300	100.00	—
济南	1890	5.21	5.21
青岛	3508	9.66	14.87
淄博	2412	6.64	21.51
枣庄	1138	3.13	24.64
东营	865	2.38	27.02
烟台	2177	6.00	33.02
潍坊	3499	9.64	42.66
济宁	2868	7.90	50.56
泰安	1278	3.52	54.08
威海	1674	4.61	58.69
日照	746	2.06	60.75
莱芜	551	1.52	62.27
临沂	4358	12.01	74.28
德州	2923	8.05	82.33
聊城	1975	5.44	87.77
滨州	1292	3.56	91.33
菏泽	3146	8.67	100.00

注：山东省管企业国网山东省电力公司、华电国际电力股份有限公司、山东中华发电有限公司、山东中烟工业有限公司 4 家企业未列入表中统计。

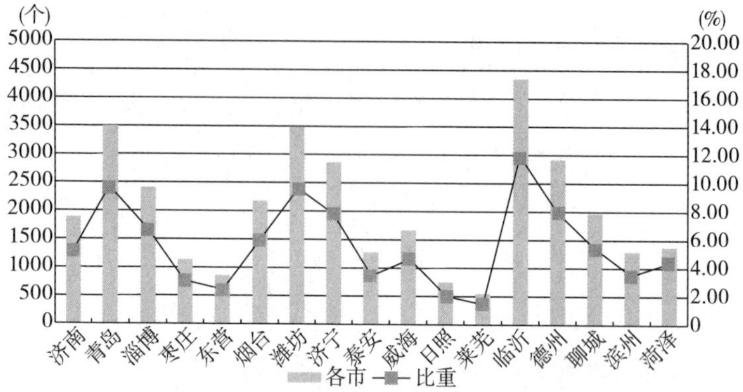

图 17　2018 年山东省工业企业规模各市分布情况

（二）工业增加值分布

根据《山东统计年鉴 2019》数据，2018 年，全省规模以上工业增加值约 3.11 万亿元，青岛、烟台工业增加值超过 3000 亿元，比重占全省工业 10.00%以上。占全省比重 5.00% ~10.00%的有临沂、济宁、济南、淄博、潍坊、东营六市；占全省比重 3.00% ~5.00%的有枣庄、滨州、泰安、菏泽、威海、德州、聊城七市；占全省比重 3.00%以下的有日照、莱芜两市（见表 25、图 18）。

表 25　2018 年山东省工业增加值各市分布情况

地区	工业增加值（亿元）	百分比（%）	累计百分比（%）
全省	31063	100.00	—
济南	2145	6.91	6.91
青岛	4137	13.32	20.23
淄博	2300	7.40	27.63
枣庄	1072	3.45	31.08
东营	2499	8.04	39.12
烟台	3443	11.08	50.20
潍坊	2342	7.54	57.74
济宁	1959	6.31	64.05
泰安	1325	4.27	68.32
威海	1417	4.56	72.88

续表

地区	工业增加值（亿元）	百分比（%）	累计百分比（%）
日照	928	2.99	75.87
莱芜	525	1.69	77.56
临沂	1641	5.28	82.84
德州	1421	4.57	87.41
聊城	1444	4.65	92.06
滨州	1085	3.49	95.56
菏泽	1380	4.44	100.00

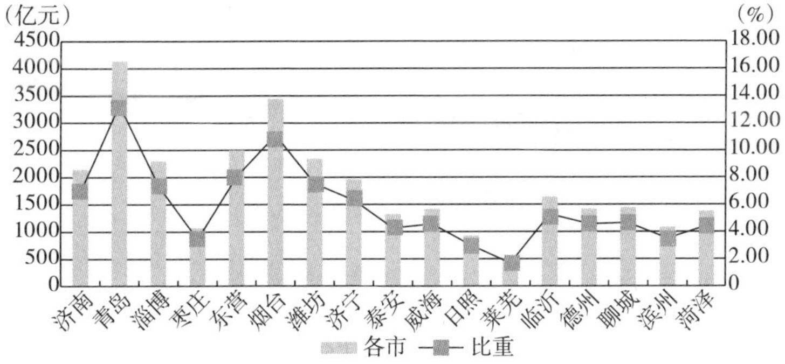

图 18　2018 年山东省工业增加值各市分布情况

（三）工业营业收入分布

2018 年，全省规模以上营业收入约 8.99 万亿元，青岛工业企业营业收入超过 1 万亿元，烟台营业收入超过 9000 亿元，两市占全省比重超过 10.00% 以上。比重在 5.00% ~10.00% 的有济南、临沂、淄博、东营、济宁、滨州、潍坊七市；比重在 3.00% ~5.00% 的有日照、德州、聊城、威海、菏泽五市；比重在 3.00% 以下的有泰安、莱芜、枣庄三市（见表 26、图 19）。

表 26　2018 年山东省工业营业收入各市分布情况

地区	营业收入（亿元）	百分比（%）	累计百分比（%）
全省	89886	100.00	—
济南	5520	6.14	6.14
青岛	10344	11.51	17.65

续表

地区	营业收入（亿元）	百分比（%）	累计百分比（%）
淄博	6811	7.58	25.23
枣庄	1454	1.62	26.85
东营	7507	8.35	35.20
烟台	9672	10.76	45.96
潍坊	8285	9.22	55.18
济宁	7513	8.36	63.54
泰安	1997	2.22	65.76
威海	3220	3.58	69.34
日照	2709	3.01	72.35
莱芜	1652	1.84	74.19
临沂	5521	6.14	80.33
德州	2908	3.24	83.57
聊城	3144	3.50	87.07
滨州	7627	8.49	95.55
菏泽	4002	4.45	100.00

注：山东省管企业国网山东省电力公司、华电国际电力股份有限公司、山东中华发电有限公司、山东中烟工业有限公司4家企业未列入表中统计。

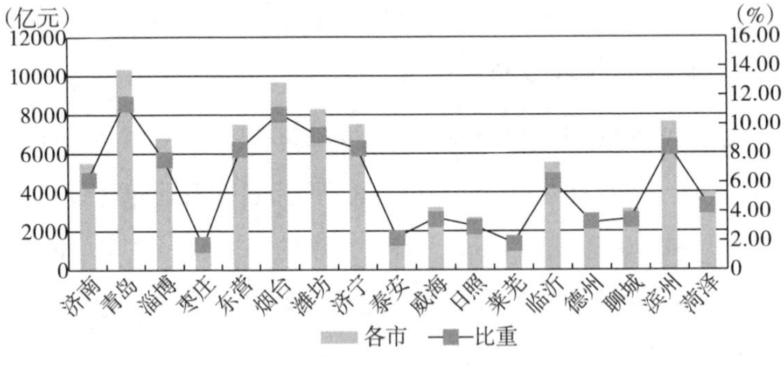

图19　2018年山东省工业营业收入各市分布情况

（四）工业利润总额分布

根据《山东统计年鉴2019》数据，2018年，全省规模以上工业利润总额4872亿元，烟台、青岛、临沂三市工业企业利润总额比重均在10.00%以上；济南、菏泽、淄博、潍坊、济宁五市比重在5.00%～10.00%；聊城、日照、滨州、威海、德州五市比重在3.00%～5.00%；泰安、枣庄、莱芜、东营四市比重在3.00%以下（见表27、图20）。

表27　2018年山东省工业利润总额各市分布情况

地区	利润总额（亿元）	百分比（%）	累计百分比（%）
全省	4872	100.00	—
济南	304	6.24	6.24
青岛	573	11.76	18.00
淄博	352	7.22	25.23
枣庄	105	2.16	27.38
东营	57	1.17	28.55
烟台	658	13.51	42.05
潍坊	435	8.93	50.98
济宁	447	9.17	60.16
泰安	139	2.85	63.01
威海	216	4.43	67.43
日照	161	3.30	70.74
莱芜	90	1.85	72.59
临沂	489	10.04	82.63
德州	220	4.52	87.15
聊城	154	3.16	90.31
滨州	168	3.45	93.76
菏泽	304	6.24	100.00

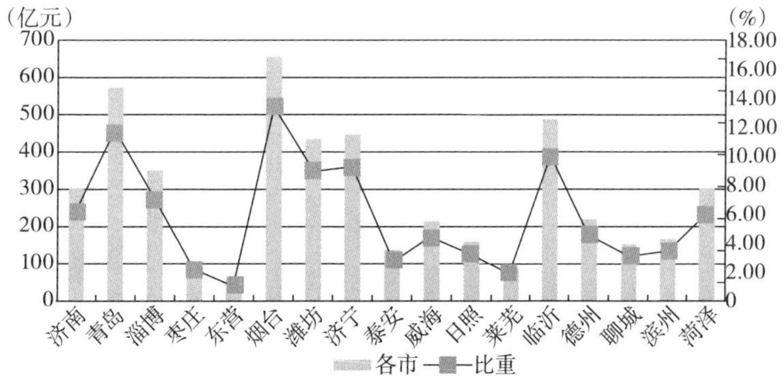

图20　2018年山东省工业利润总额各市分布情况

（五）工业企业资产分布

2018 年，全省规模以上工业资产总额约 9.74 万亿元，青岛、烟台两市工业企业资产超过 1 万亿元，比重在 10.00% 以上；临沂、淄博、济南、东营、滨州、潍坊、济宁七市比重在 5.00% ~10.00%；泰安、日照、菏泽、聊城、威海、德州六市比重在 3.00% ~5.00%；枣庄、莱芜两市比重在 3.00% 以下（见表 28、图 21）。

表 28　2018 年山东省工业资产各市分布情况

地区	资产总计（亿元）	百分比（%）	累计百分比（%）
全省	97393	100.00	—
济南	6214	6.38	6.38
青岛	12864	13.21	19.59
淄博	5586	5.74	25.32
枣庄	1630	1.67	27.00
东营	7233	7.43	34.42
烟台	10383	10.66	45.09
潍坊	8541	8.77	53.86
济宁	8998	9.24	63.09
泰安	3320	3.41	66.50
威海	4008	4.12	70.62
日照	3411	3.50	74.12
莱芜	1294	1.33	75.45
临沂	5062	5.20	80.65
德州	4031	4.14	84.79
聊城	3979	4.09	88.87
滨州	7381	7.58	96.45
菏泽	3458	3.55	100.00

注：山东省管企业国网山东省电力公司、华电国际电力股份有限公司、山东中华发电有限公司、山东中烟工业有限公司 4 家企业未列入表中统计。

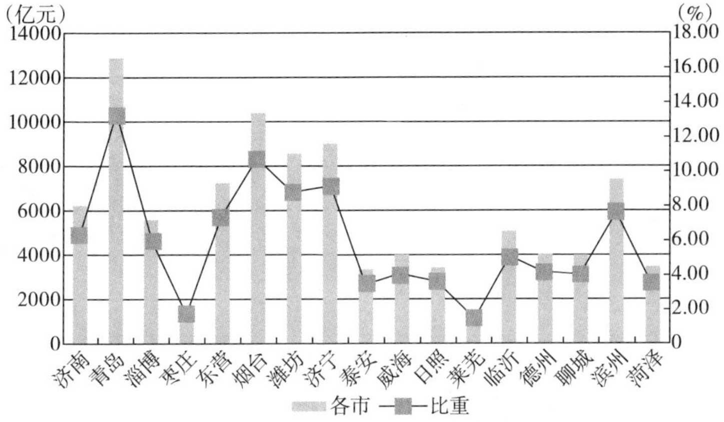

图 21　2018 年山东省工业资产各市分布情况

（六）工业从业人员分布

2018 年，全省规模以上工业从业人员数约 655.98 万人，青岛、潍坊两市工业从业人员比重在 10.00% 以上；滨州、德州、济南、淄博、菏泽、威海、临沂、济宁、烟台九市比重在 5.00% ~10.00%；枣庄、泰安、聊城、东营四市比重在 3.00% ~5.00%；日照、莱芜两市比重在 3.00% 以下（见表 29、图 22）。

表 29　2018 年山东省工业从业人员各市分布情况

地区	从业人员数（人）	百分比（%）	累计百分比（%）
全省	6559778	100.00	—
济南	365104	5.57	5.57
青岛	728820	11.11	16.68
淄博	372450	5.68	22.35
枣庄	199630	3.04	25.40
东营	282172	4.30	29.70
烟台	624184	9.52	39.21
潍坊	661414	10.08	49.30
济宁	560677	8.55	57.84
泰安	239234	3.65	61.49
威海	398918	6.08	67.57

续表

地区	从业人员数（人）	百分比（%）	累计百分比（%）
日照	131474	2.00	69.58
莱芜	110414	1.68	71.26
临沂	550329	8.39	79.65
德州	357376	5.45	85.10
聊城	265436	4.05	89.14
滨州	333612	5.09	94.23
菏泽	378534	5.77	100.00

注：山东省管企业国网山东省电力公司、华电国际电力股份有限公司、山东中华发电有限公司、山东中烟工业有限公司4家企业未列入表中统计。

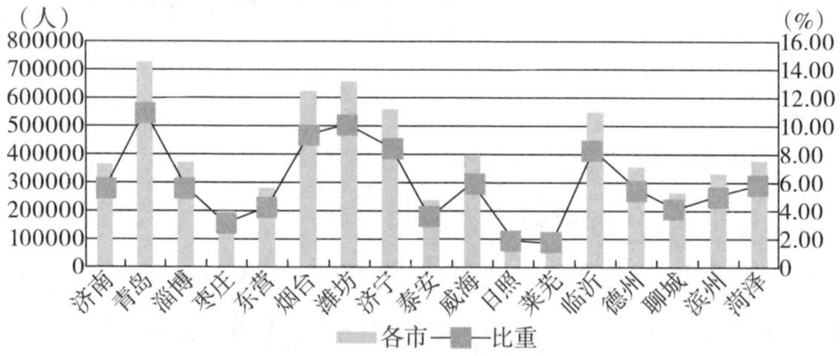

图22　2018年山东省工业从业人员各市分布情况

汇总以上六个方面的工业经济指标各市分布情况，可以看出，青岛和烟台两市经济发展水平较高，各项经济指标明显高于其他城市，名列前茅；济南、淄博、潍坊、济宁、临沂五市经济发展紧随其后，各项经济指标略低于青岛和烟台，基本在5.00%～10.00%；东营、泰安、威海、德州、聊城、滨州、菏泽七市经济发展略慢，各项经济指标基本在3.00%～5.00%；枣庄、日照、莱芜三市经济发展缓慢，各项经济指标大部分在3.00%以下（见表30、图23）。

表30　2018年山东省工业主要经济指标比重各市分布情况　%

地区	企业数	工业增加值	营业收入	利润总额	资产	从业人员
济南	5.21	6.91	6.14	6.24	6.38	5.57
青岛	9.66	13.32	11.51	11.76	13.21	11.11

续表

地区	企业数	工业增加值	营业收入	利润总额	资产	从业人员
淄博	6. 64	7. 40	7. 58	7. 23	5. 74	5. 68
枣庄	3. 13	3. 45	1. 62	2. 15	1. 67	3. 04
东营	2. 38	8. 04	8. 35	1. 17	7. 43	4. 30
烟台	6. 00	11. 08	10. 76	13. 49	10. 66	9. 52
潍坊	9. 64	7. 54	9. 22	8. 93	8. 77	10. 08
济宁	7. 90	6. 31	8. 36	9. 18	9. 24	8. 55
泰安	3. 52	4. 27	2. 22	2. 85	3. 41	3. 65
威海	4. 61	4. 56	3. 58	4. 42	4. 12	6. 08
日照	2. 06	2. 99	3. 01	3. 30	3. 50	2. 00
莱芜	1. 52	1. 69	1. 84	1. 86	1. 33	1. 68
临沂	12. 01	5. 28	6. 14	10. 04	5. 20	8. 39
德州	8. 05	4. 57	3. 24	4. 52	4. 14	5. 45
聊城	5. 44	4. 65	3. 50	3. 16	4. 09	4. 05
滨州	3. 56	3. 50	8. 48	3. 45	7. 58	5. 09
菏泽	8. 67	4. 44	4. 45	6. 24	3. 55	5. 77

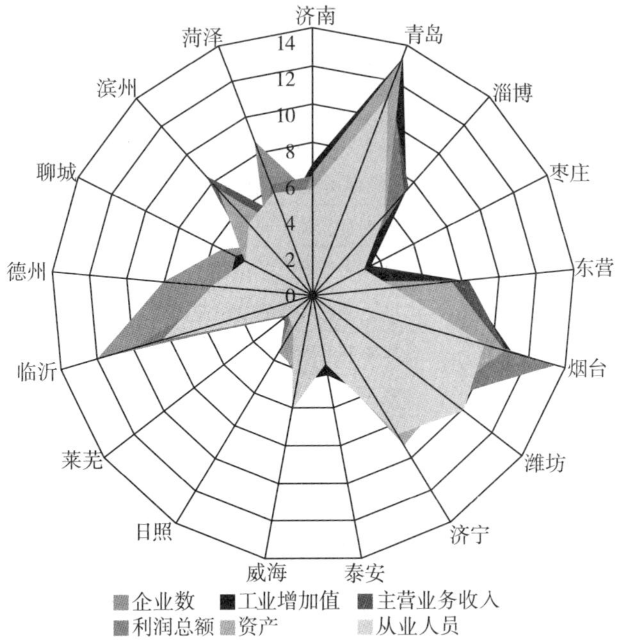

图 23　2018 年山东省工业主要经济指标比重各市分布情况

二、行业区域分布

山东省工业门类齐全，机械、化工、轻工、纺织、建材、医药等工业行业在全国均位居前列，具有明显的集聚分布的特点，特别是工业经济发达的区域，产业特色十分明显。为了分析研究，明确清晰，现将山东省41个行业合并成10个工业大类进行详细分析，包括：机械工业、化学工业、轻工业、纺织工业、建材工业、冶金工业、医药工业、电子工业、能源工业、其他工业（见表31）。

表31　各工业大类所包含的工业行业名称

工业大类	包含的工业行业名称
1. 机械工业	通用设备制造业
	专业设备制造业
	汽车制造业
	铁路、船舶、航空航天和其他运输设备制造业
	电气机械和器材制造业
	仪器仪表制造业
	金属制品、机械和设备修理业
2. 化学工业	石油、煤炭及其他燃料加工业
	化学原料和化学制品制造业
	化学纤维制造业
	橡胶和塑料制品业
3. 轻工业	农副食品加工业
	食品制造业
	酒、饮料和精制茶制造业
	烟草制品业
	皮革、毛皮、羽毛及其制品和制鞋业
	木材加工和木、竹、藤、棕、草制品业
	家具制造业
	造纸和纸制品业
	印刷和记录媒介复制业
	文教、工美、体育和娱乐用品制造业
	金属制品业

续表

工业大类	包含的工业行业名称
4. 纺织工业	纺织业
	纺织服装、服饰业
5. 建材工业	非金属矿采选业
	非金属矿物制品业
6. 冶金工业	黑色金属矿采选业
	有色金属矿采选业
	黑色金属冶炼和压延加工业
	有色金属冶炼和压延加工业
7. 医药工业	医药制造业
8. 电子工业	计算机、通信和其他电子设备制造业
9. 能源工业	煤炭开采和洗选业
	石油和天然气开采业
	电力、热力生产和供应业
	燃气生产和供应业
	水的生产和供应业
10. 其他工业	开采专业及辅助性活动
	其他采矿业
	其他制造业
	废弃资源综合利用业

（一）化学工业

2018 年，全省化学工业规模以上企业营业收入 2.39 万亿元，主要集中在东营、淄博、潍坊三市，比重分别为 21.67%、18.55%、11.20%，累计比重超过 50%。青岛、滨州、菏泽三市占比在 5.00% ~10.00%；德州、临沂、济宁、烟台四市占比在 3.00% ~5.00%；济南、枣庄、日照、威海、聊城、泰安、莱芜七市在 3.00% 以下（见表 32）。

表 32 2018 年山东省化学工业各市分布情况

地区	营业收入（亿元）	百分比（%）	排名
东营	5184	21.67	1
淄博	4439	18.55	2

续表

地区	营业收入（亿元）	百分比（%）	排名
潍坊	2680	11.20	3
菏泽	1775	7.42	4
滨州	1766	7.38	5
青岛	1678	7.01	6
烟台	1004	4.20	7
济宁	971	4.06	8
临沂	855	3.57	9
德州	805	3.36	10
济南	657	2.75	11
枣庄	492	2.06	12
日照	450	1.88	13
威海	439	1.83	14
聊城	408	1.71	15
泰安	263	1.10	16
莱芜	59	0.25	17

（二）轻工业

2018年，全省轻工业规模以上企业营业收入1.65万亿元，占全省比重10.00%以上的有临沂、青岛、潍坊、烟台四市；菏泽、威海、济宁、滨州四市占比在5.00%～10.00%。淄博、济南、日照、德州四市占比在3.00%～5.00%；聊城、枣庄、泰安、东营、莱芜五市占比在3.00%以下（见表33）。

表33　2018年山东省轻工业各市分布情况

地区	营业收入（亿元）	百分比（%）	排名
临沂	2305	14.00	1
青岛	1955	11.87	2
潍坊	1789	10.87	3
烟台	1673	10.16	4
滨州	1548	9.40	5
济宁	1343	8.16	6

续表

地区	营业收入（亿元）	百分比（%）	排名
威海	936	5.69	7
菏泽	896	5.44	8
德州	763	4.63	9
日照	623	3.78	10
济南	611	3.71	11
淄博	553	3.36	12
聊城	493	2.99	13
枣庄	303	1.84	14
泰安	291	1.77	15
东营	227	1.38	16
莱芜	155	0.94	17

注：山东省管企业山东中烟工业有限公司营业收入未列入表中统计。

（三）机械工业

2018年，全省机械工业规模以上企业营业收入1.55万亿元，主要集中在青岛、济南、烟台、潍坊四市，营业收入均超过千亿元，占全省比重均在10.00%以上，分别为28.48%、13.91%、13.80%和11.26%，累计比重超过60%。比重占5.00%~10.00%的是济宁市；比重在3.00%~5.00%的有泰安、威海、临沂三市；其他九市分布比较均衡，都低于3.00%（见表34）。

表34　2018年山东省机械工业各市分布情况

地区	营业收入（亿元）	百分比（%）	排名
青岛	4423	28.48	1
济南	2161	13.91	2
烟台	2143	13.80	3
潍坊	1749	11.26	4
济宁	882	5.68	5
临沂	614	3.95	6
威海	526	3.39	7
泰安	487	3.14	8
淄博	441	2.84	9

续表

地区	营业收入（亿元）	百分比（%）	排名
德州	437	2.81	10
聊城	435	2.80	11
日照	390	2.51	12
菏泽	233	1.50	13
枣庄	181	1.17	14
东营	179	1.15	15
滨州	138	0.89	16
莱芜	112	0.72	17

（四）纺织工业

2018年，全省纺织工业规模以上企业营业收入3513亿元，占全省比重10.00%以上的有济宁、潍坊两市，分别为23.63%、12.35%；德州、聊城、威海、滨州、菏泽、青岛六市占比在5.00%～10.00%；泰安、烟台、淄博、临沂四市占比在3.00%～5.00%；枣庄、济南、东营、莱芜、日照五市占比在3.00%以下（见表35）。

表35　2018年山东省纺织工业各市分布情况

地区	营业收入（亿元）	百分比（%）	排名
济宁	830	23.63	1
潍坊	434	12.35	2
青岛	330	9.39	3
菏泽	308	8.77	4
滨州	259	7.37	5
威海	212	6.03	6
聊城	194	5.52	7
德州	182	5.18	8
临沂	156	4.44	9
淄博	138	3.93	10
烟台	121	3.44	11
泰安	114	3.25	12
枣庄	72	2.05	13

续表

地区	营业收入（亿元）	百分比（%）	排名
济南	65	1.85	14
东营	63	1.79	15
莱芜	18	0.51	16
日照	17	0.48	17

（五）建材工业

2018年，全省建材工业规模以上企业营业收入3417亿元，占全省比重10.00%以上的有淄博、济南、临沂三市；泰安、菏泽、青岛、潍坊、济宁、五市占比在5.00%～10.00%；滨州、日照、烟台、德州、枣庄五市占比在3.00%～5.00%；威海、聊城、莱芜、东营四市占比在3.00%以下（见表36）。

表36　2018年山东省建材工业各市分布情况

地区	营业收入（亿元）	百分比（%）	排名
淄博	422	12.35	1
济南	371	10.86	2
临沂	358	10.48	3
济宁	302	8.84	4
潍坊	271	7.93	5
青岛	245	7.17	6
菏泽	228	6.67	7
泰安	186	5.44	8
枣庄	168	4.92	9
德州	160	4.68	10
烟台	147	4.30	11
日照	128	3.75	12
滨州	109	3.19	13
威海	98	2.87	14
聊城	96	2.81	15
莱芜	67	1.96	16
东营	61	1.79	17

（六）冶金工业

2018 年，全省冶金工业规模以上企业营业收入 1.29 万亿元，占全省比重 10.00% 以上的有烟台、滨州、聊城三市，分别为 22.06%、20.00%、10.29%，累计超过 50%；临沂、东营、日照、莱芜四市占比在 5.00% ~ 10.00%；济南、潍坊两市占比在 3.00% ~ 5.00%；青岛、淄博、泰安、德州、济宁、菏泽、威海、枣庄八市占比均在 3.00% 以下（见表 37）。

表 37　2018 年山东省冶金工业各市分布情况

地区	营业收入（亿元）	百分比（%）	排名
烟台	2854	22.06	1
滨州	2587	20.00	2
聊城	1331	10.29	3
莱芜	1138	8.80	4
日照	941	7.27	5
东营	756	5.84	6
临沂	716	5.53	7
济南	604	4.67	8
潍坊	529	4.09	9
青岛	383	2.96	10
淄博	335	2.59	11
泰安	333	2.57	12
德州	294	2.27	13
济宁	59	0.46	14
菏泽	33	0.26	15
威海	30	0.23	16
枣庄	15	0.12	17

（七）医药工业

2018 年，全省医药工业规模以上企业营业收入 2677 亿元，占全省比重 10.00% 以上的有威海、临沂两市，分别为 22.94%、11.77%；德州、济宁、烟台、潍坊、淄博、菏泽、济南七市占比在 5.00% ~ 10.00%；青岛占比在

3.00%～5.00%；聊城、滨州、泰安、东营、日照、枣庄、莱芜七市占比在3.00%以下（见表38）。

表38　2018年山东省医药工业各市分布情况

地区	营业收入（亿元）	百分比（%）	排名
威海	614	22.94	1
临沂	315	11.77	2
济南	266	9.94	3
菏泽	237	8.85	4
淄博	225	8.40	5
潍坊	190	7.10	6
烟台	179	6.69	7
济宁	163	6.09	8
德州	156	5.83	9
青岛	98	3.66	10
聊城	73	2.73	11
滨州	56	2.09	12
泰安	48	1.79	13
东营	27	1.01	14
日照	15	0.56	15
枣庄	14	0.52	16
莱芜	1	0.04	17

（八）电子工业

2018年，全省电子工业规模以上企业营业收入3590亿元，主要集中在烟台、青岛、济南三市，占全省比重分别为34.76%、27.41%、17.30%，累计达到近80%；潍坊、威海两市比重在5.00%～10.00%；其他十二市零星分布，占比均在3.00%以下（见表39）。

表39　2018年山东省电子工业各市分布情况

地区	营业收入（亿元）	百分比（%）	排名
烟台	1248	34.76	1
青岛	984	27.41	2

续表

地区	营业收入（亿元）	百分比（%）	排名
济南	621	17.30	3
威海	273	7.60	4
潍坊	268	7.47	5
济宁	51	1.42	6
日照	26	0.72	7
临沂	21	0.58	8
淄博	21	0.58	9
滨州	18	0.50	10
菏泽	15	0.42	11
德州	14	0.39	12
东营	9	0.25	13
泰安	8	0.22	14
莱芜	6	0.17	15
枣庄	4	0.11	16
聊城	3	0.08	17

（九）能源工业

2018 年，全省能源工业规模以上企业营业收入 6475 亿元，主要集中在济宁、东营两市，比重分别为 44.79%、13.47%，累计比重超过 50%；其他各市占比都在 5.00% 以下，其中，枣庄、淄博、青岛、潍坊、泰安、菏泽、烟台七市比重在 3.00%～5.00%，威海、德州、莱芜、日照、聊城、滨州、济南、临沂八市占比在 3.00% 以下（见表 40）。

表 40　2018 年山东省能源工业各市分布情况

地区	营业收入（亿元）	百分比（%）	排名
济宁	2900	44.79	1
东营	872	13.47	2
烟台	283	4.37	3
菏泽	269	4.15	4
泰安	266	4.11	5
潍坊	249	3.85	6

续表

地区	营业收入（亿元）	百分比（%）	排名
青岛	233	3.60	7
淄博	225	3.47	8
枣庄	201	3.10	9
临沂	174	2.69	10
济南	164	2.53	11
滨州	143	2.21	12
聊城	111	1.71	13
日照	107	1.65	14
莱芜	95	1.47	15
德州	93	1.44	16
威海	90	1.39	17

注：山东省直管企业国网山东省电力公司、华电国际电力股份有限公司、山东中华发电有限公司3家企业营业收入未列入表中统计。

（十）其他工业

2018年，全省其他工业规模以上企业营业收入354.45亿元，主要集中在东营和潍坊两市，占全省比重分别为36.16%、35.59%，累计超过70%；烟台市占比在5.00%～10.00%。淄博、日照、济宁、青岛四市占在3.00%～5.00%；其他十市零星分布，都在3.00%以下，其中，聊城市没有该工业分布（见表41）。

表41　2018年山东省其他工业各市分布情况

地区	营业收入（亿元）	百分比（%）	排名
东营	128	36.16	1
潍坊	126	35.59	2
烟台	19	5.37	3
青岛	16	4.52	4
济宁	12	3.39	5
日照	12	3.39	6
淄博	12	3.39	7
菏泽	8	2.26	8

续表

地区	营业收入（亿元）	百分比（%）	排名
临沂	7	1.98	9
德州	5	1.28	10
枣庄	3	0.78	11
滨州	2	0.7	12
莱芜	1	0.34	13
泰安	1	0.3	14
济南	1	0.28	15
威海	1	0.27	16
聊城	0	0	17

（十一）各工业大类总分布

2018年，从营业收入指标来看，山东省机械工业主要集中在济南、青岛、烟台、潍坊四市，电子工业主要集中在济南、青岛、烟台三市，化工工业主要集中在淄博、东营、潍坊三市，能源工业主要集中在济宁、东营二市，冶金工业主要集中在烟台、聊城、滨州三市，建材工业主要集中在济南、淄博、临沂三市，轻工业主要集中在青岛、烟台、潍坊、临沂四市，纺织工业主要集中在潍坊、济宁二市，医药工业主要集中在威海、临沂二市，其他工业主要集中在东营、潍坊二市（见表42）。

表42　2018年山东省各工业大类按营业收入总分布情况　　%

地区	化工工业	轻工业	机械工业	纺织工业	建材工业	冶金工业	医药工业	电子工业	能源工业	其他工业
济南	2.75	3.71	13.91	1.84	10.85	4.66	9.94	17.30	2.53	0.28
青岛	7.01	11.88	28.48	9.38	7.17	2.96	3.65	27.40	3.60	4.47
淄博	18.56	3.36	2.84	3.92	12.35	2.59	8.42	0.59	3.47	3.29
枣庄	2.06	1.84	1.17	2.05	4.92	0.11	0.53	0.12	3.11	0.78
东营	21.67	1.38	1.15	1.79	1.79	5.85	1.01	0.26	13.47	36.25
烟台	4.20	10.16	13.80	3.45	4.30	22.06	6.70	34.76	4.37	5.32
潍坊	11.20	10.86	11.26	12.36	7.94	4.09	7.08	7.48	3.84	35.64
济宁	4.06	8.16	5.68	23.62	8.85	0.46	6.09	1.41	44.81	3.40

续表

地区	化工工业	轻工业	机械工业	纺织工业	建材工业	冶金工业	医药工业	电子工业	能源工业	其他工业
泰安	1.10	1.77	3.14	3.24	5.45	2.57	1.78	0.23	4.11	0.30
威海	1.84	5.69	3.39	6.04	2.87	0.23	22.94	7.60	1.39	0.27
日照	1.88	3.78	2.51	0.49	3.75	7.28	0.54	0.72	1.65	3.32
莱芜	0.25	0.94	0.72	0.51	1.95	8.80	0.04	0.16	1.46	0.34
临沂	3.57	14.00	3.95	4.45	10.46	5.53	11.78	0.60	2.69	2.03
德州	3.36	4.63	2.81	5.19	4.69	2.27	5.81	0.39	1.43	1.28
聊城	1.71	2.99	2.80	5.52	2.80	10.29	2.74	0.08	1.71	0
滨州	7.38	9.40	0.89	7.38	3.19	19.99	2.10	0.50	2.21	0.70
菏泽	7.42	5.44	1.50	8.76	6.68	0.25	8.85	0.41	4.16	2.34

三、各市行业分布

山东省各市结合工业历史基础、区位、资源、技术等优势条件，经过多年的发展，虽然形成了各具特色的产业结构，但是总体自成体系，门类齐全。各市都拥有化工工业、轻工业、机械工业、纺织工业、建材工业、冶金工业、医药工业、电子工业、能源工业和其他工业。

（一）济南

济南市按照高质量发展的要求，以推进供给侧结构性改革为主线，以加快建设新旧动能转换先行区为契机，聚焦数字经济引领、工业优化升级、服务实体经济三大重点任务，重点布局机械、化工、电子、轻工、冶金等行业，主要有中国重汽集团有限公司、浪潮集团有限公司、中国石油化工股份有限公司济南分公司、齐鲁制药有限公司、济南二机床集团有限公司等重点企业。济南市机械工业规模以上工业企业营业收入2160.70亿元，占全省机械工业比重13.91%，排名第二，占本市工业比重39.14%，排名第一，在济南市乃至全省有着重要的地位；建材工业虽然在本市工业中占比仅为6.72%，排名第六，但是在全省建材工业中占比为10.85%，排名第二，在全省建材工业中有着重要的地位（见表43、图24）。

表 43　2018 年济南市各工业大类按营业收入指标分布情况

工业大类	营业收入（亿元）	全省行业比重（%）	全省行业排名	本市各工业大类比重（%）	本市各工业大类排名
化工工业	657	2.75	11	11.90	2
轻工业	611	3.71	11	11.08	4
机械工业	2160.70	13.91	2	39.14	1
纺织工业	65	1.84	14	1.17	9
建材工业	371	10.85	2	6.72	6
冶金工业	604	4.66	8	10.93	5
医药工业	266	9.94	3	4.82	7
电子工业	621	17.30	3	11.25	3
能源工业	164	2.53	11	2.97	8
其他工业	1	0.28	15	0.02	10

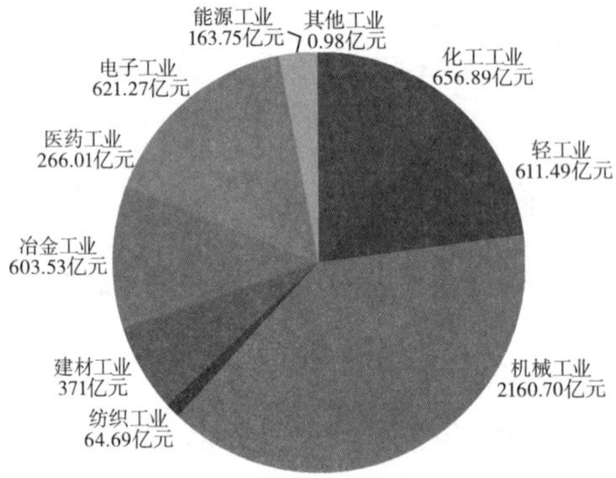

图 24　2018 年济南市各工业大类营业收入比重

（二）青岛

青岛市出台支持高质量发展政策，确定优化发展的“956”重点产业集群，推进“双百千”行动和“一业一策”计划，机械、轻工、化工、电子等行业快速增长，主要有海尔集团、海信集团有限公司、中车青岛四方机车车辆股份有限公司、一汽解放青岛汽车有限公司、青岛啤酒股份有限公司等重点企业。青岛市工业经济发展强劲，机械工业规模以上工业企业营业收入

4423.02亿元，占全省机械工业比重28.48%，排名第一，占该市工业比重42.76%，排名第一，机械工业在青岛市乃至全省有着举足轻重的地位；电子工业和轻工业在全省该两类工业占比分别为27.40%、11.88%，排名都是第二，在全省有着重要的地位（见表44、图25）。

表44　2018年青岛市各工业大类按营业收入指标分布情况

工业大类	营业收入（亿元）	全省行业比重（%）	全省行业排名	本市各工业大类比重（%）	本市各工业大类排名
化工工业	1678	7.01	6	16.22	3
轻工业	1955	11.88	2	18.90	2
机械工业	4423	28.48	1	42.76	1
纺织工业	330	9.38	3	3.19	6
建材工业	245	7.17	6	2.37	7
冶金工业	383	2.96	10	3.70	5
医药工业	98	3.65	10	0.94	9
电子工业	984	27.40	2	9.51	4
能源工业	233	3.60	7	2.25	8
其他工业	16	4.47	4	0.15	10

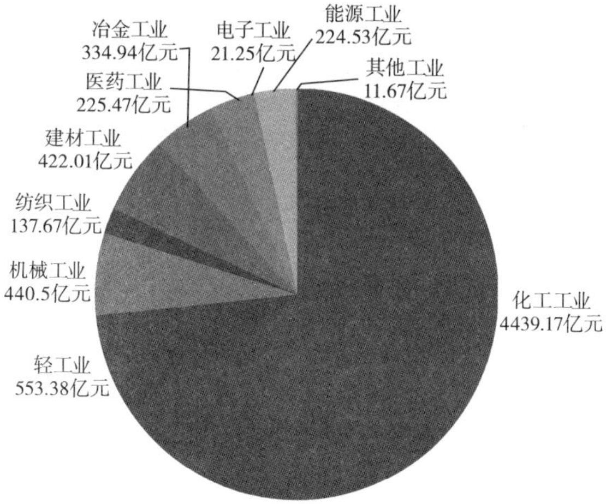

图25　2018年青岛市各工业大类营业收入比重

（三）淄博

淄博市制定实施新旧动能转换重大工程规划和推进方案，聚力做好“高新轻绿”，聚力推动工业迈向中高端，突出化工、轻工、机械、建材等行业，主要有中国石化齐鲁石油化工公司、山东清源集团有限公司、山东汇丰石化集团有限公司、山东淄博傅山企业集团有限公司、山东钢铁集团永锋淄博有限公司等重点企业。淄博市化学工业规模以上工业企业营业收入 4439. 17 亿元，占全省化学工业比重 18. 56%，排名第二，占该市各工业大类比重 65. 18%，排名第一，在淄博市一枝独秀；建材工业在全省建材工业占比为 12. 35%，排名第一，在全省有着重要的地位（见表 45、图 25）。

表 45　2018 年淄博市各工业大类按营业收入指标分布情况

工业大类	营业收入（亿元）	全省行业比重（%）	全省行业排名	本市各工业大类比重（%）	本市各工业大类排名
化工工业	4439. 17	18. 56	2	65. 18	1
轻工业	553. 38	3. 36	12	8. 13	2
机械工业	440. 50	2. 84	9	6. 47	3
纺织工业	137. 67	3. 92	10	2. 02	8
建材工业	422. 01	12. 35	1	6. 20	4
冶金工业	334. 94	2. 59	11	4. 92	5
医药工业	225	8. 42	5	3. 31	6
电子工业	21	0. 59	9	0. 31	9
能源工业	225	3. 47	8	3. 30	7
其他工业	12	3. 29	7	0. 17	10

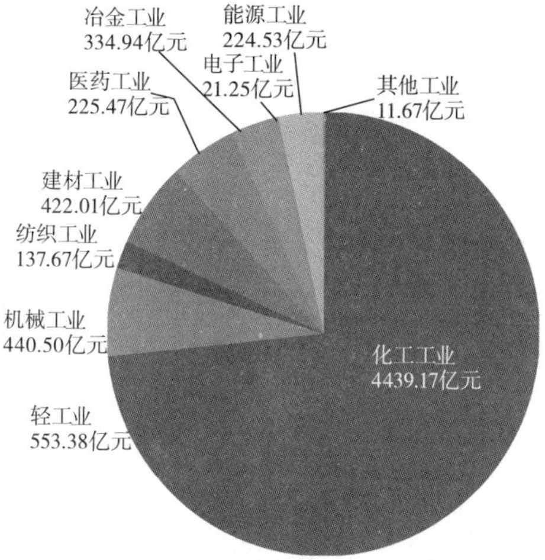

图 25　2018 年淄博市各工业大类营业收入比重

（四）枣庄

枣庄市扎实推进新旧动能转换重大工程项目建设，高端制造业快速发展，成为推动工业增长的重要动力，主要布局化工、轻工、能源、机械、建材等行业，主要有枣庄矿业（集团）有限责任公司、兖矿鲁南化工有限公司、山东潍焦集团薛城能源有限公司、联泓新材料科技股份有限公司等重点企业。枣庄市工业经济规模较小，各工业大类在全省排名均比较靠后，在本市各工业大类排名第一的化学工业，规模以上营业收入 491. 90 亿元，在全省化学工业所占比重为 2. 06%，排名仅第十二；在全省排名最靠前的能源工业和建材工业，也仅仅在该类排名第九（见表 46、图 26）。

表 46　2018 年枣庄市各工业大类按营业收入指标分布情况

工业大类	营业收入（亿元）	全省行业比重（%）	全省行业排名	本市各工业大类比重（%）	本市各工业大类排名
化工工业	491. 90	2. 06	12	33. 83	1
轻工业	303	1. 84	14	20. 86	2
机械工业	181	1. 17	14	12. 46	4
纺织工业	72	2. 05	13	4. 96	6
建材工业	168	4. 92	9	11. 56	5

续表

工业大类	营业收入（亿元）	全省行业比重（%）	全省行业排名	本市各工业大类比重（%）	本市各工业大类排名
冶金工业	15	0.11	17	1.01	7
医药工业	14	0.53	16	0.97	8
电子工业	4	0.12	16	0.30	9
能源工业	201	3.11	9	13.85	3
其他工业	3	0.78	11	0.19	10

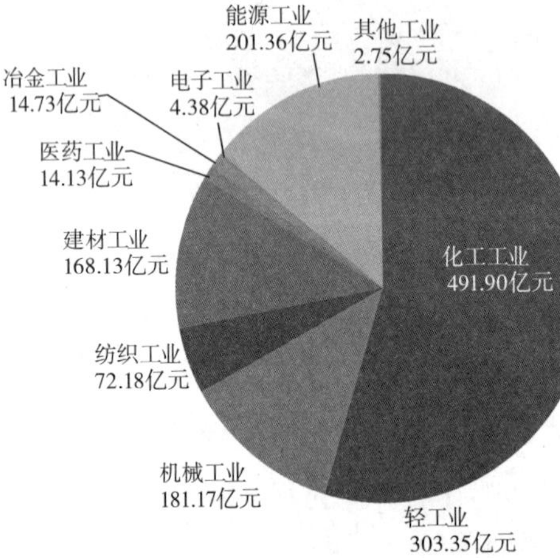

图 26　2018 年枣庄市各工业大类营业收入比重

（五）东营

东营市推动工业发展由量的扩张加快向创新发展转变，以创新为引领，重点抓好四大产业集群转型升级，全力培育工业新动能，化工、能源、冶金等行业优势明显，主要有中国石油化工股份有限公司胜利油田分公司、东营鲁方金属材料有限公司、利华益利津炼化有限公司、东营齐润化工有限公司等重点企业。东营市因地理环境优势，化学工业规模以上营业收入 5183.91 亿元，占全省化学工业比重 21.67%，排名第一，占本市工业比重 69.05%，排名第一，在东营市乃至全省无出其右；能源工业在全省该类工业占比为 13.47%，排名第二，在本市工业中占比为 11.62%，排名第二，在本市及全省都有着重要的地位，其他工业在全省该类工业占比为 36.25%，位列第一

（见表47、图27）。

表47　2018年东营市各工业大类按营业收入指标分布情况

工业大类	营业收入（亿元）	全省行业比重（%）	全省行业排名	本市各工业大类比重（%）	本市各工业大类排名
化工工业	5183.91	21.67	1	69.05	1
轻工业	227	1.38	16	3.02	4
机械工业	179	1.15	15	2.38	5
纺织工业	63	1.79	15	0.84	7
建材工业	61	1.79	17	0.82	8
冶金工业	756	5.85	6	10.07	3
医药工业	27	1.01	14	0.36	9
电子工业	9	0.26	13	0.12	10
能源工业	872	13.47	2	11.62	2
其他工业	128	36.25	1	1.71	6

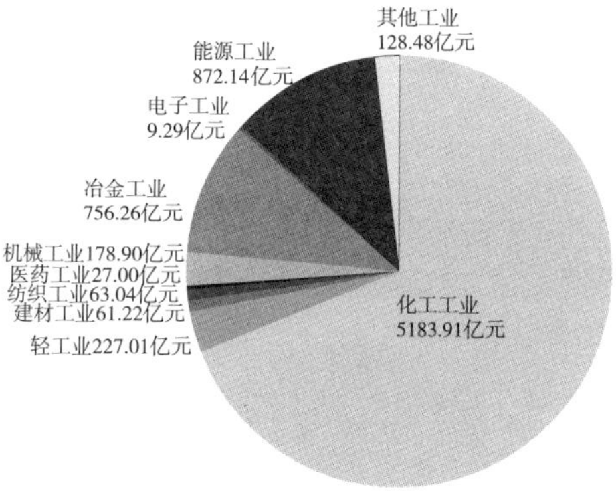

图27　2018年东营市各工业大类营业收入比重

（六）烟台

烟台市在建设先进制造业强市上持续加力，积极构建实体经济、科技创新、现代金融、人力资源协同发展的产业体系，重点培育“7+N”主导产业集群，促进产业迈向中高端水平，重点布局冶金、机械、轻工、电子、化工等行业，主要有山东黄金冶炼有限公司、山东招金集团有限公司、南山集团有限公司、万华化学集团股份有限公司、上海通用东岳汽车有限公司等重点企业。烟台市工业经济发展强劲，电子工业和冶金工业规模以上工业企业营业收入分别为 1248.05 亿元、2854.42 亿元，分别占全省该两类工业比重为 34.76%、22.06%，排名都是第一，占本市各工业大类比重分别为 12.90%、29.51%，排名分别是第四、第一，在烟台市乃至全省都有着极其重要的地位（见表 48、图 28）。

表 48　2018 年烟台市各工业大类按营业收入指标分布情况

工业大类	营业收入（亿元）	全省行业比重（%）	全省行业排名	本市各工业大类比重（%）	本市各工业大类排名
化工工业	1004	4.20	7	10.38	5
轻工业	1673	10.16	4	17.30	3
机械工业	2143	13.80	3	22.16	2
纺织工业	121	3.45	11	1.25	9
建材工业	147	4.30	11	1.52	8
冶金工业	2854.42	22.06	1	29.51	1
医药工业	179	6.70	7	1.85	7
电子工业	1248.05	34.76	1	12.90	4
能源工业	283	3.84	6	2.93	6
其他工业	19	5.32	3	0.19	10

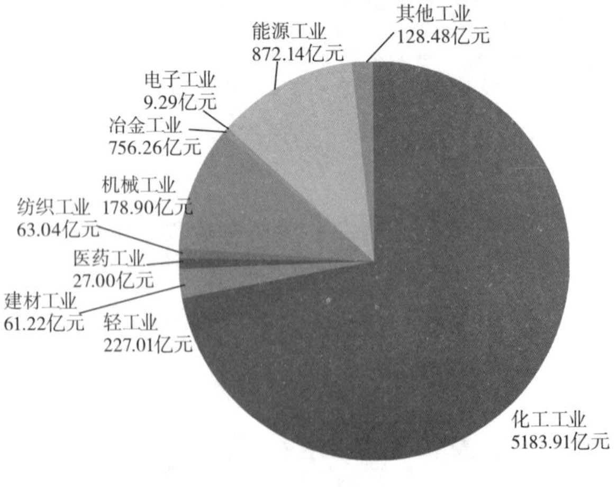

图 28　2018 年烟台市各工业大类营业收入比重

（七）潍坊

潍坊市在全省率先组建新旧动能转换基金。16 家企业列入国家、省级“两化”融合贯标试点，上云企业超过 3000 家，PPP 项目入库和签约落地数量位居全省第一，化工、轻工、机械等行业优势明显，主要有中化弘润石油化工有限公司、潍柴动力股份公司、山东寿光鲁清石化有限公司、歌尔股份有限公司、北汽福田汽车股份有限公司诸城汽车厂等重点企业。潍坊市化学工业规模以上工业企业营业收入 2679.90 亿元，占全省化学工业比重 11.20%，排名第三，占本市各工业大类比重 32.35%，排名第一，在潍坊市有着重要的地位；纺织工业和其他工业分别占全省该两类工业比重 12.36%、35.64%，排名都是第二（见表 49、图 29）。

表 49　2018 年潍坊市各工业大类按营业收入指标分布情况

工业大类	营业收入（亿元）	全省行业比重（%）	全省行业排名	本市各工业大类比重（%）	本市各工业大类排名
化工工业	2679.90	11.20	3	32.35	1
轻工业	1789	10.86	3	21.59	2
机械工业	1749	11.26	4	21.11	3
纺织工业	434	12.36	2	5.24	5
建材工业	271	7.94	5	3.27	6
冶金工业	529	4.09	9	6.38	4
医药工业	190	7.08	6	2.29	9
电子工业	268	7.48	5	3.24	7
能源工业	249	3.84	6	3.00	8
其他工业	126	35.64	2	1.52	10

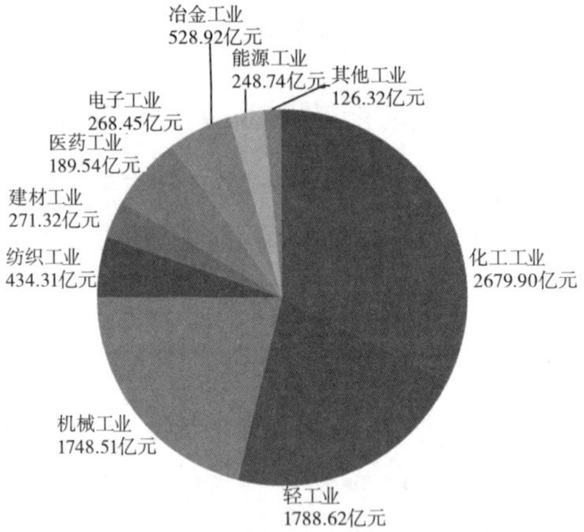

图 29　2018 年潍坊市各工业大类营业收入比重

（八）济宁

济宁市产业结构持续优化，工业机器人、集成电路等高新技术产品产量翻番，针状焦、石墨烯等关键核心技术填补国内空白，重点布局能源、轻工、化工、机械、纺织等行业，主要有兖矿集团有限公司、山东如意时尚投资控股有限公司、山东太阳控股集团有限公司、华勤橡胶工业集团有限公司、济宁能源发展集团有限公司等重点企业。济宁市工业经济总体向好，因地理环境优势，能源工业规模以上工业企业营业收入 2900.09 亿元，占全省能源工业比重 44.81%，排名第一，占本市工业比重 38.60%，排名第1，在济宁市乃至全省都有着举足轻重的地位；纺织工业在全省纺织工业占比为 23.62%，排名第一，在本市各工业中占比为 11.05%，排名第五，也有着重要的地位（见表 50、图 30）。

表 50　2018 年济宁市各工业大类按营业收入指标分布情况

工业大类	营业收入（亿元）	全省行业比重（%）	全省行业排名	本市各工业大类比重（%）	本市各工业大类排名
化工工业	971	4.06	8	12.92	3
轻工业	1343	8.16	6	17.87	2
机械工业	882	5.68	5	11.74	4
纺织工业	830	23.62	1	11.05	5
建材工业	302	8.85	4	4.03	6

续表

工业大类	营业收入（亿元）	全省行业比重（%）	全省行业排名	本市各工业大类比重（%）	本市各工业大类排名
冶金工业	59	0.46	14	0.78	8
医药工业	163	6.09	8	2.17	7
电子工业	51	1.41	6	0.68	9
能源工业	2900.09	44.81	1	38.60	1
其他工业	12	3.40	5	0.16	10

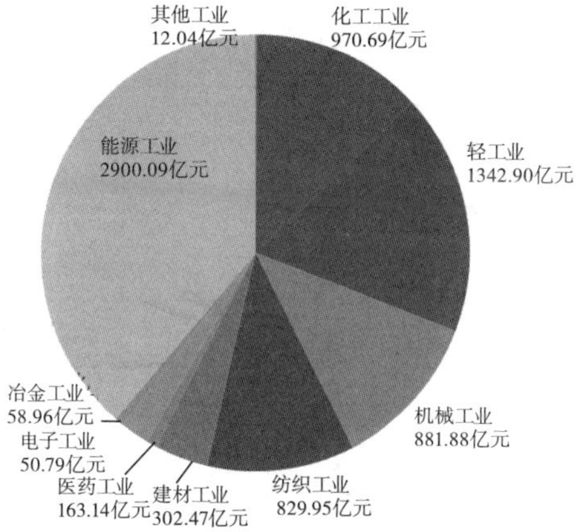

图30　2018年济宁市各工业大类营业收入比重

（九）泰安

泰安市落实“产业兴市”战略，围绕“10+1”产业培育，健全完善专项规划，组建“11+4”专班推进机制，优势产业加速发展，重点布局机械、冶金、轻工、能源、化工等行业，主要有石横特钢集团有限公司、泰开集团有限公司、瑞星集团股份有限公司、山东能源重型装备制造集团有限责任公司、泰山玻璃纤维有限公司等重点企业。泰安市工业经济发展比较滞后，各工业大类在全省排名均比较靠后，在本市各工业大类排名第一的机械工业，规模以上工业企业营业收入487.37亿元，在全省机械工业中所占比重为3.14%，排名仅第八；在全省排名最好的是能源工业，占全省该类工业比重仅为4.11%，排名为第五（见表51、图31）。

表 51　2018 年泰安市各工业大类按营业收入指标分布情况

工业大类	营业收入（亿元）	全省行业比重（%）	全省行业排名	本市各工业大类比重（%）	本市各工业大类排名
化工工业	263	1. 10	16	13. 18	5
轻工业	291	1. 77	15	14. 59	3
机械工业	487. 37	3. 14	8	24. 4	1
纺织工业	114	3. 24	12	5. 70	7
建材工业	186	5. 45	8	9. 32	6
冶金工业	333	2. 57	12	16. 66	2
医药工业	48	1. 78	13	2. 39	8
电子工业	8	0. 23	14	0. 40	9
能源工业	266	4. 11	5	13. 31	4
其他工业	1	0. 30	14	0. 05	10

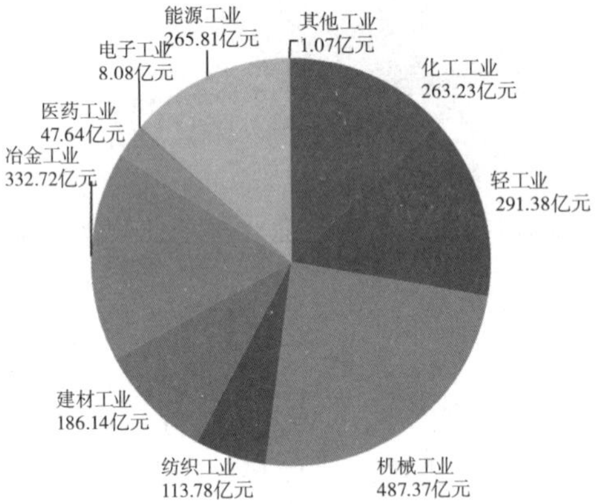

图 31　2018 年泰安市各工业大类营业收入比重

（十）威海

威海市坚持以“四新”促“四化”，聚焦数字经济，实施工业互联网战略和大数据战略，促进物联网、云计算、大数据、人工智能与实体经济深度融合，推进企业商业模式变革和流程再造，重点布局轻工、医药、机械、化工等行业，主要有威高集团有限公司、迪尚集团有限公司、三角集团有限公司、成山集团有限公司、惠普打印机（山东）有限公司等重点企业。威海市医药工业规模以上工业企业营业收入 614.13 亿元，占全省医药工业比重 22.94%，排名第一，占本市工业比重 19.07%，排名第二，在威海市乃至全省都有着重要的地位；轻工业虽然在本市工业中占比为 29.07%，排名第一，但在全省轻工业中占比为 5.69%，排名仅仅第七（见表 52、图 32）。

表 52　2018 年泰安市各工业大类按营业收入指标分布情况

工业大类	营业收入（亿元）	全省行业比重（%）	全省行业排名	本市各工业大类比重（%）	本市各工业大类排名
化工工业	439	1.84	14	13.64	4
轻工业	936	5.69	7	29.07	1
机械工业	526	3.39	7	16.35	3
纺织工业	212	6.04	6	6.59	6
建材工业	98	2.87	14	3.05	7
冶金工业	30	0.23	16	0.94	9
医药工业	614	22.94	1	19.07	2
电子工业	273	7.60	4	8.48	5
能源工业	90	1.39	17	2.79	8
其他工业	1	0.27	16	0.03	10

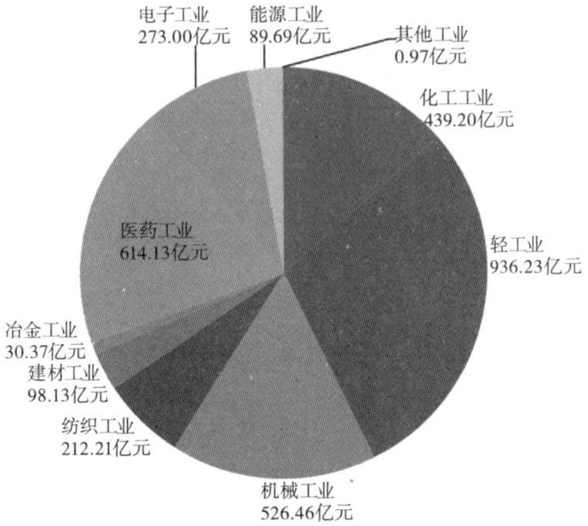

图 32　2018 年威海市各工业大类营业收入比重

（十一）日照

日照市编制实施了《新旧动能转换重大工程实施规划》，确立了“一带一路”港口枢纽、日照（石臼湾）中央活力区、先进钢铁制造基地、汽车整车及零部件基地等“十大专项”，重点布局冶金、轻工、化工、机械等行业，主要有日照钢铁有限公司、山东钢铁集团日照有限公司、日照宝华新材料有限公司、亚太森博（山东）纸浆有限公司等重点企业。日照市工业经济总体发展比较缓慢，冶金工业规模以上工业企业营业收入941.47亿元，占全省冶金工业比重7.28%，排名第五，占本市工业比重34.75%，排名第一，在本市有着重要的地位（见表53、图33）。

表53　2018年日照市各工业大类按营业收入指标分布情况

工业大类	营业收入（亿元）	全省行业比重（%）	全省行业排名	本市各工业大类比重（%）	本市各工业大类排名
化工工业	450	1.88	13	16.61	3
轻工业	623	3.78	10	23.01	2
机械工业	390	2.51	12	14.40	4
纺织工业	17	0.49	17	0.64	8
建材工业	128	3.75	12	4.74	5
冶金工业	941	7.28	5	34.75	1
医药工业	15	0.54	15	0.54	9
电子工业	26	0.72	7	0.96	7
能源工业	107	1.65	14	3.93	6
其他工业	12	3.32	6	0.43	10

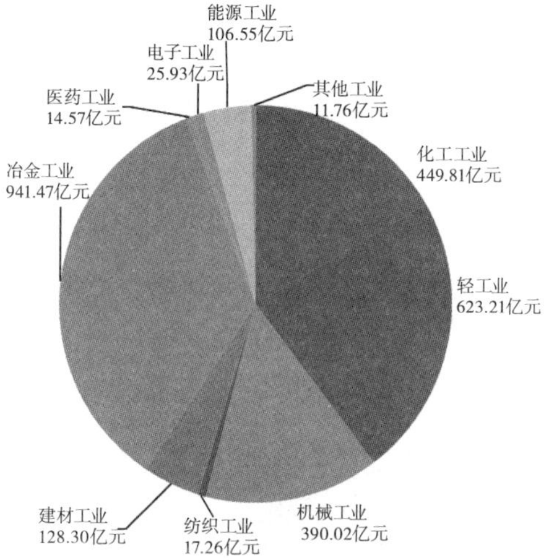

图33　2018年日照市各工业大类营业收入比重

（十二）莱芜

莱芜市（现为济南市莱芜区和钢城区）推进十大重点产业项目和十大基础设施项目建设，努力做好以“四新”促“四化”，深入推进供给侧结构性改革，冶金行业优势明显，主要有山东钢铁股份有限公司莱芜分公司、山东九羊集团有限公司、山东泰山钢铁集团有限公司等重点企业。莱芜市工业经济规模较小，各工业大类在全省排名均比较靠后，发展最好的冶金工业，规模以上营业收入1138.38亿元，在全省冶金工业所占比重为8.80%，排名第四，占本市工业比重为68.91%，排名第一（见表54、图34）。

表54　2018年莱芜市各工业大类按营业收入指标分布情况

工业大类	营业收入（亿元）	全省行业比重（%）	全省行业排名	本市各工业大类比重（%）	本市各工业大类排名
化工工业	59	0.25	17	3.56	6
轻工业	155	0.94	17	9.38	2
机械工业	112	0.72	17	6.80	3
纺织工业	18	0.51	16	1.09	7
建材工业	67	1.95	16	4.03	5
冶金工业	1138	8.80	4	68.91	1

续表

工业大类	营业收入（亿元）	全省行业比重（%）	全省行业排名	本市各工业大类比重（%）	本市各工业大类排名
医药工业	1	0.04	17	0.07	10
电子工业	6	0.16	15	0.35	8
能源工业	95	1.46	15	5.74	4
其他工业	1	0.34	13	0.07	9

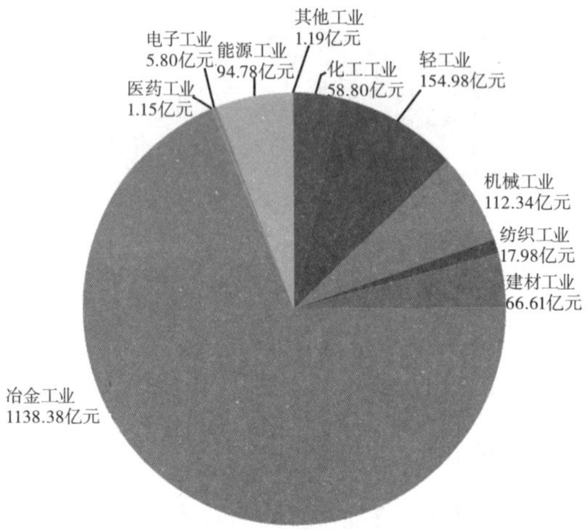

图 34　2018 年莱芜市各工业大类营业收入比重

（十三）临沂

临沂市明确“一城引领、两廊带动、三园集聚、全域协同”总体布局。对重点产业逐一制定专项规划，坚决淘汰落后过剩产能，工程机械、木业、精品旅游、商贸物流四个产业集群，列入全省首批现代优势产业集群。重点布局轻工、化工、冶金、机械等行业，主要有山东临工工程机械有限公司、山东清沂山石化科技有限公司、临沂鑫海新型材料有限公司、东部铜业股份有限公司、临沂新程金锣肉制品集团有限公司等重点企业。临沂市工业经济总体向好，轻工业规模以上营业收入 2304.67 亿元，占全省轻工业比重 14.00%，排名第一，占本市工业比重 41.74%，排名第一，在临沂市乃至全省都有着极其重要的地位；医药工业虽然在本市工业中占比为 5.71%，排名第六，但是在全省医药工业中占比为 11.78%，排名第二，在全省医药工业中有着重要的地位（见表55、图35）。

表55　2018年临沂市各工业大类按营业收入指标分布情况

工业大类	营业收入（亿元）	全省行业比重（%）	全省行业排名	本市各工业大类比重（%）	本市各工业大类排名
化工工业	855	3.57	9	15.48	2
轻工业	2305	14.00	1	41.74	1
机械工业	614	3.95	6	11.12	4
纺织工业	156	4.45	9	2.83	8
建材工业	358	10.46	3	6.48	5
冶金工业	716	5.53	7	12.97	3
医药工业	315	11.78	2	5.71	6
电子工业	21	0.60	8	0.39	9
能源工业	174	2.69	10	3.15	7
其他工业	7	2.03	9	0.13	10

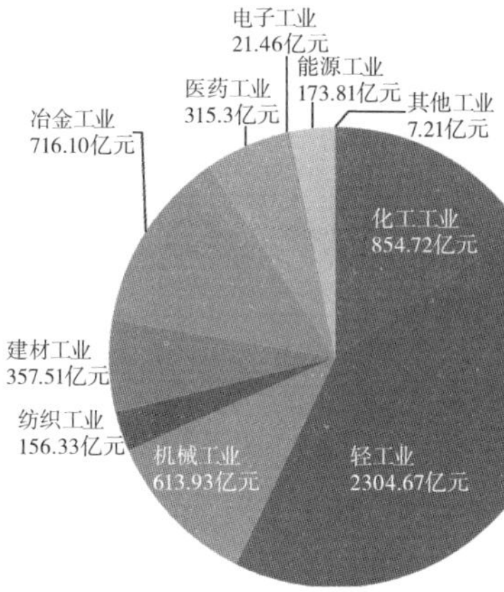

图35　2018年临沂市各工业大类营业收入比重

（十四）德州

德州市坚持以“四新”促“四化”，东部城区德州创新谷、高新区（禹城）中央创新区、齐河中关村海淀高新园区三大园区建设取得新进展。新能源汽车及零部件、生物技术、医养健康、现代农业四个产业纳入全省首批现代优势产业集群。重点布局化工、轻工、机械、冶金等行业，主要有山东莱钢永锋钢铁有限公司、山东恒源石油化工集团有限公司、山东华鲁恒升化工股份有限公司、华能国际电力股份有限公司德州电厂、德州实华化工有限公司等重点企业。德州市工业经济在全省排名比较靠后，在本市各工业大类排名第一的化学工业，规模以上工业企业营业收入804.82亿元，在全省化学工业中所占比重为3.36%，排名仅第十；在全省排名最靠前的纺织工业，也仅仅排名第八（见表56、图36）。

表56　2018年德州市各工业大类按营业收入指标分布情况

工业大类	营业收入（亿元）	全省行业比重（%）	全省行业排名	本市各工业大类比重（%）	本市各工业大类排名
化工工业	805	3.36	10	27.68	1
轻工业	763	4.63	9	26.23	2
机械工业	437	2.81	10	15.03	3
纺织工业	182	5.19	8	6.27	5
建材工业	160	4.69	10	5.51	6
冶金工业	294	2.27	13	10.10	4
医药工业	156	5.81	9	5.35	7
电子工业	14	0.39	12	0.48	9
能源工业	93	1.43	16	3.18	8
其他工业	5	1.28	10	0.16	10

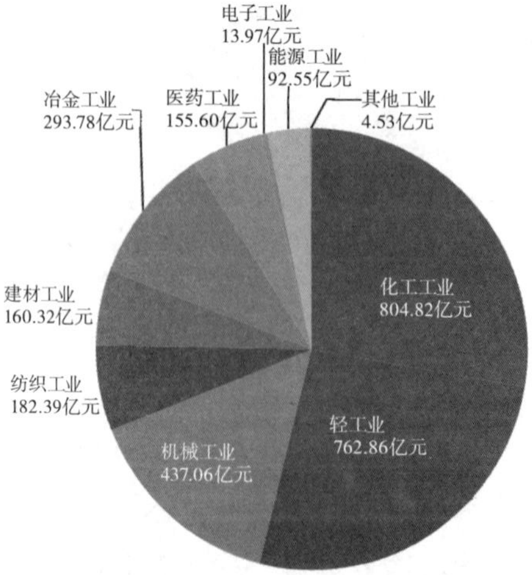

图36　2018年德州市各工业大类营业收入比重

（十五）聊城

聊城市立足迈向产业中高端，加快推进产业集群化、产品高新化、模式新型化、品牌高端化，产业发展竞争力全面提升，重点布局冶金、轻工、机械、化工等行业，主要有信发集团（茌平）有限公司、鲁西集团有限公司、阳光祥光铜业有限公司、山东鑫华特钢集团有限公司、山东冠洲股份有限公司等重点企业。聊城市工业经济发展最好的是冶金工业，规模以上营业收入1331.33亿元，占全省冶金工业比重10.29%，排名第三，占本市工业比重42.34%，排名第一，在聊城市有着重要的地位；在本市各工业大类排名第二的轻工业，在全省轻工业中占比为2.99%，仅排名第十三；其他工业在聊城市为空白（见表57、图37）。

表57　2018年聊城市各工业大类按营业收入指标分布情况

工业大类	营业收入（亿元）	全省行业比重（%）	全省行业排名	本市各工业大类比重（%）	本市各工业大类排名
化工工业	408	1.71	15	12.98	4
轻工业	493	2.99	13	15.68	2
机械工业	435	2.80	11	13.84	3
纺织工业	194	5.52	7	6.17	5
建材工业	96	2.80	15	3.04	7
冶金工业	1331	10.29	3	42.34	1
医药工业	73	2.74	11	2.34	8
电子工业	3	0.08	17	0.09	9
能源工业	111	1.71	13	3.52	6
其他工业	0	0	17	0	10

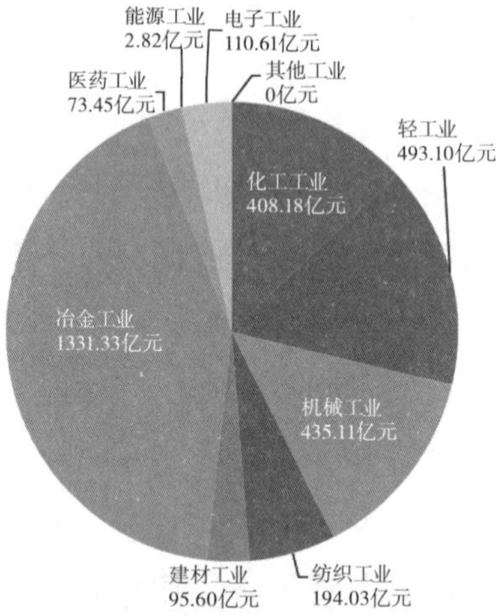

图 37　2018 年聊城市各工业大类营业收入比重

（十六）滨州

滨州市重点推动五大千亿元级产业集群向高端迈进，加快国家级轻质高强新材料产业基地、高端石化产业基地、粮食加工转化基地、新型纺织产业基地、优质畜牧水产基地和军民融合产业园建设，冶金、化工、轻工等行业优势明显，主要有山东魏桥创业集团有限公司、西王集团有限公司、山东京博石油化工有限公司、山东广富集团有限公司、山东创新金属科技有限公司等重点企业。滨州市冶金工业规模以上工业营业收入 2586.91 亿元，占全省冶金工业比重 19.99%，排名第二，占本市工业比重 39.04%，排名第一，在滨州市乃至全省都有着重要的地位（见表 58、图 38）。

表 58　2018 年滨州市各工业大类按营业收入指标分布情况

工业大类	营业收入（亿元）	全省行业比重（%）	全省行业排名	本市各工业大类比重（%）	本市各工业大类排名
化工工业	1766	7.38	5	26.65	2
轻工业	1548	9.40	5	23.36	3
机械工业	138	0.89	16	2.08	6
纺织工业	259	7.38	5	3.91	4
建材工业	109	3.19	13	1.65	7

续表

工业大类	营业收入（亿元）	全省行业比重（%）	全省行业排名	本市各工业大类比重（%）	本市各工业大类排名
冶金工业	2587	19.99	2	39.04	1
医药工业	56	2.10	12	0.85	8
电子工业	18	0.50	10	0.27	9
能源工业	143	2.21	12	2.16	5
其他工业	2	0.70	12	0.04	10

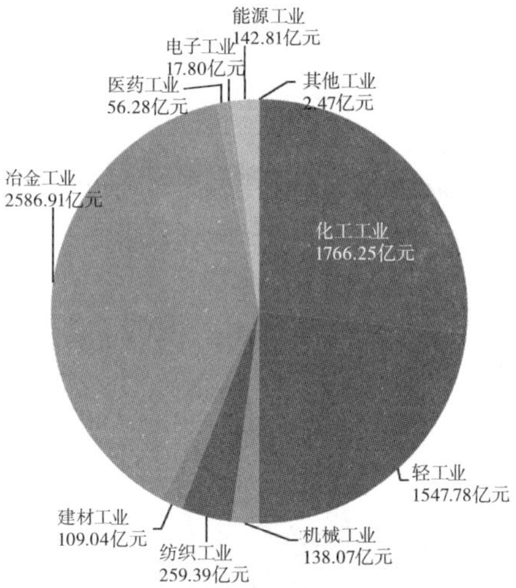

图 38　2018 年滨州市各工业大类营业收入比重

（十七）菏泽

菏泽市聚焦“七大主导产业”，全面实施新旧动能转换“十大工程”，东明石化产业园、定陶润鑫化工产业园等 7 个化工园区获省批准认定，化工、轻工等行业优势明显，主要有山东东明石化集团有限公司、山东玉皇化工有限公司、山东恒伟化工科技有限公司、山东玉皇盛世化工股份有限公司、山东铁雄新沙能源有限公司等重点企业。菏泽市化学工业规模以上工业企业营业收入 1775.21 亿元，占全省化学工业比重 7.42%，排名第四，占本市工业比重 44.35%，排名第一，在菏泽市有着重要的地位（见表 59、图 39）。

表 59　2018 年菏泽市各工业大类按营业收入指标分布情况

工业大类	营业收入（亿元）	全省行业比重（%）	全省行业排名	本市各工业大类比重（%）	本市各工业大类排名
化工工业	1775	7.42	4	44.35	1
轻工业	896	5.44	8	22.39	2
机械工业	233	1.50	13	5.82	6
纺织工业	308	8.76	4	7.69	3
建材工业	228	6.68	7	5.70	7
冶金工业	33	0.25	15	0.82	8
医药工业	237	8.85	4	5.92	5
电子工业	15	0.41	11	0.37	9
能源工业	269	4.16	4	6.72	4
其他工业	8	2.34	8	0.21	10

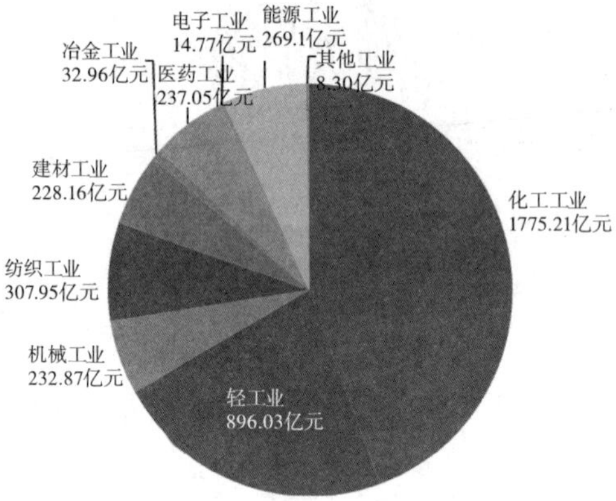

图 39　2018 年菏泽市各工业大类营业收入比重

四、本章小结

（1）工业分布集中于东部沿海，区域差距依然较大。多年来，山东省工业总体分布呈明显的集中趋势，主要是东部沿海地区，尤其是以济青线为轴心的“工业走廊”。2018 年，济青线两侧的半岛地区和鲁中地区各项经济指标依然能占全省的半壁江山，其中规模以上工业企业数量占 41.76%、工业增加值占 50.81%、营业收入占 48.79%、利润总额占 52.07%、资产占

48.88%、从业人员占48.04%。工业布局的不平衡加剧了区域经济发展的不平衡，工业的自我发展能力和产业优势难以发挥。

（2）区域增长不均衡，三大圈层一体化发展带来挑战。全省大多数市工业经济虽然保持较快增长，但是依然存在着区域增速不均衡的现象。2018年，济南、青岛、淄博等13个市规模以上工业增加值增速均保持在5%以上，而枣庄、东营、聊城、滨州4个市相对低位增长，增速低于5%，其中位居第二梯队的滨州还是负增长；主营业务收入方面，日照、临沂、莱芜、淄博4个市增速较快，增幅均在10%以上，而滨州、聊城则是负增长；利润总额方面，莱芜、枣庄、日照、淄博、泰安增速均在20%以上，而东营、滨州、烟台和聊城则是负增长。

第四章　山东省工业的经济效益分析

一、工业的经济效益分析

（一）工业获利与亏损情况分析

2018年，山东规模以上企业利润总额为4618.92亿元，占全国利润总额的6.45%，居全国第四位。而从企业的平均利润来看，山东省规模以上工业企业的平均利润为1272.29万元，在全国排第29位，比全国平均水平低637.46万元。亏损企业亏损额为618.72亿元，占全国亏损企业亏损额的7.96%，居全国第三位。从以上数据可以初步判断，山东省工业企业的亏损较为严重，利润总额虽然居全国前列，但是企业的平均利润水平仅为全国倒数第三（见表60）。

表60　2018年全国31个省份工业企业平均盈利与亏损情况对比

地区	利润总额（亿元）	排序	亏损企业亏损额（亿元）	排序	企业平均利润（万元/家）	排序
全国	71609	—	7781	—	1910	—
江苏	8975	1	660	2	1939	17
广东	8749	2	852	1	1730	20
浙江	4650	3	400	4	1119	30
山东	4619	4	619	3	1272	29
福建	4180	5	131	26	2410	10
河南	4011	6	321	9	1909	18
湖北	3753	7	185	16	2465	9
上海	3379	8	242	12	4090	5
四川	3056	9	289	10	2196	13
陕西	2739	10	178	18	4111	4
安徽	2664	11	182	17	1419	27
江西	2280	12	82	29	1898	19
河北	2164	13	344	6	1580	24
湖南	2015	14	155	19	1285	28
北京	1647	15	336	7	5299	2
辽宁	1577	16	333	8	2291	12
内蒙古	1441	17	274	11	5344	1
山西	1355	18	362	5	3217	6
重庆	1331	19	137	24	2068	14
天津	1242	20	232	14	2844	7
贵州	1036	21	129	27	1951	16
云南	1023	22	153	20	2320	11
广西	948	23	136	25	1587	23
吉林	842	24	234	13	2052	15
新疆	769	25	200	15	2600	8
黑龙江	489	26	152	21	1504	26
甘肃	292	27	150	22	1641	22
宁夏	190	28	106	28	1647	21
海南	145	29	36	30	4166	3
青海	30	30	147	23	537	31
西藏	19	31	24	31	1541	25

（二）工业企业主要财务指标分析

2018 年，山东省规模以上企业营业成本 7.96 万亿元，占全国比重 9.04%，居全国第三位；销售费用 2516.47 亿元，占全国比重 8.12%，居全国第三位；管理费用 3459.25 亿元，占全国比重 7.18%，居全国第四位；财务费用 1260.35 亿元，占全国比重 10.63%，居全国首位；应收账款 1.01 万亿元，占全国比重 6.93%，居全国第四位；负债合计 6.22 万亿元，占全国比重 9.52%，居全国第三位。从以上数据分析，山东省工业企业主要财务指标基本符合山东省工业在全国的地位，但企业财务费用偏高，从财务费用构成来看，主要是山东省工业企业利息支出较高（见表 61）。

表 61　2018 年全国 31 个省份工业企业主要财务指标情况对比

单位：亿元

地区	营业成本	排序	销售费用	排序	管理费用	排序	财务费用	排序	应收账款	排序	负债合计	排序
全国	880805	—	31004	—	48153	—	11853	—	146085	—	653871	—
广东	119492	1	4859	1	8238	1	687	6	23762	1	71795	1
江苏	111560	2	3800	2	5891	2	1034	2	22409	2	63863	2
山东	79639	3	2516	3	3459	4	1260	1	10123	4	62237	3
浙江	60549	4	2194	4	4050	3	739	3	12920	3	43093	4
福建	43276	5	1222	8	1900	7	398	13	4931	10	19012	16
河南	42945	6	1124	10	1718	10	720	4	5627	6	29093	5
湖北	36217	7	1315	7	1947	6	406	11	4964	9	21117	11
四川	34465	8	1369	6	1737	9	558	8	5287	7	26151	8
河北	33410	9	873	13	1356	12	576	7	4250	12	26712	7
上海	32584	10	1466	5	2681	5	92	29	7351	5	20919	12
安徽	32001	11	976	12	1578	11	403	12	5264	8	20694	13
湖南	28491	12	1114	11	1793	8	380	14	3710	14	14040	17
江西	28271	13	671	15	1059	17	225	19	2885	16	12744	18
辽宁	24371	14	792	14	1204	13	444	10	4050	13	23919	9
陕西	19638	15	622	19	1074	16	359	15	2783	17	19080	15
北京	18482	16	1194	9	1151	14	232	18	4526	11	22270	10
重庆	17374	17	627	18	944	18	197	22	3120	15	11495	22
山西	16240	18	645	17	1091	15	715	5	2748	18	28209	6
天津	15256	19	429	21	775	19	161	25	2717	19	12202	21

续表

地区	营业成本	排序	销售费用	排序	管理费用	排序	财务费用	排序	应收账款	排序	负债合计	排序
广西	14127	20	374	23	554	22	181	23	1697	21	10470	23
内蒙古	11542	21	444	20	585	21	464	9	1974	20	19220	14
吉林	11322	22	651	16	709	20	143	26	1478	22	9648	25
云南	10671	23	390	22	537	23	303	16	1303	25	12743	19
新疆	8422	24	249	26	484	25	283	17	1327	24	12615	20
黑龙江	7558	25	318	25	527	24	126	27	1399	23	8753	26
甘肃	7486	26	143	27	258	27	218	20	875	27	8022	27
贵州	7465	27	341	24	461	26	213	21	1166	26	9669	24
宁夏	4195	28	87	29	184	28	170	24	695	28	6691	28
青海	1825	29	57	30	107	29	115	28	461	29	4857	29
海南	1726	30	133	28	80	30	43	30	239	30	1692	30
西藏	205	31	9	31	21	31	8	31	44	31	846	31

二、工业的市场优势分析

（一）工业整体市场优势分析

受数据限制，本节采用各省或某行业营业收入占全国及同行业比重来进行市场竞争力优势分析（大体等同市场占有率，下文以市场占有率代称）。

2018 年，山东省规模以上工业市场占有率估算为 8.76%，居全国第三位。市场占有率最高的是广东省，市场占有率达到 13.49%，比山东省高出 4.73 个百分点；江苏省居第二位，市场占有率为 12.49%，比山东省高出 3.73 个百分点；浙江省居第四位，市场占有率为 6.84%，比山东省低 1.92 个百分点（见表 62）。

表 62　2018 年全国 31 个省份工业整体市场优势

地区	营业收入（亿元）	市场占有率（%）	排序	地区	营业收入（亿元）	市场占有率（%）	排序
全国	1057327	100.00	—	北京	22348	2.11	16
广东	142598	13.49	1	重庆	20654	1.95	17
江苏	132054	12.49	2	山西	20468	1.94	18
山东	92580	8.76	3	天津	18096	1.71	19
浙江	72343	6.84	4	广西	16501	1.56	20
福建	51264	4.85	5	内蒙古	14792	1.40	21
河南	51068	4.83	6	吉林	13972	1.32	22
湖北	44636	4.22	7	云南	13814	1.31	23
四川	41834	3.96	8	新疆	10629	1.01	24
上海	40457	3.83	9	贵州	9979	0.94	25
河北	39168	3.70	10	黑龙江	9443	0.89	26
安徽	37979	3.59	11	甘肃	8773	0.83	27
湖南	35087	3.32	12	宁夏	4958	0.47	28
江西	32819	3.10	13	青海	2242	0.21	29
辽宁	29090	2.75	14	海南	2233	0.21	30
陕西	25182	2.38	15	西藏	266	0.03	31

（二）各工业行业市场优势分析

2018 年，山东省规模以上工业行业中国内市场占有率排前五位的行业分别是：石油、煤炭及其他燃料加工业（23.06%），有色金属矿采选业（23.04%），农副食品加工业（14.59%），化学原料和化学制品制造业（14.05%），木材加工和木、竹、藤、棕、草制品业（13.85%）。41 个行业大类中，有 11 个行业的市场占有率高于全省工业的市场占有率。市场占有率排后五位的行业分别是：烟草制品业（2.85%），其他采矿业（2.21%），化学纤维制造业（1.87%），其他制造业（1.36%），金属制品、机械和设备修理业（1.07%）。作为高技术产业的计算机、通信和其他电子设备制造业市场占有率仅为 3.25%，是山东省工业同广东、江苏差距扩大的重要因素（见表 63）。

表 63　山东省各工业行业市场占有率

%

国民经济行业名称	市场占有率	国民经济行业名称	市场占有率
石油、煤炭及其他燃料加工业	23.06	文教、工美、体育和娱乐用品制造业	6.47
有色金属矿采选业	23.04	印刷和记录媒介复制业	6.02
农副食品加工业	14.59	汽车制造业	5.93
化学原料和化学制品制造业	14.05	开采专业及辅助性活动	5.77
木材加工和木、竹、藤、棕、草制品业	13.85	燃气生产和供应业	5.74
有色金属冶炼和压延加工业	13.84	黑色金属矿采选业	5.39
造纸和纸制品业	13.64	水的生产和供应业	5.26
煤炭开采和洗选业	13.15	电气机械和器材制造业	5.19
橡胶和塑料制品业	11.31	废弃资源综合利用业	4.83
医药制造业	11.19	酒、饮料和精制茶制造业	4.57
石油和天然气开采业	9.51	仪器仪表制造业	4.12
纺织服装、服饰业	8.62	皮革、毛皮、羽毛及其制品和制鞋业	3.50
专用设备制造业	8.26	非金属矿采选业	3.31
通用设备制造业	8.14	计算机、通信和其他电子设备制造业	3.25
纺织业	8.01	家具制造业	3.02
黑色金属冶炼和压延加工业	7.93	烟草制品业	2.85
铁路、船舶、航空航天和其他运输设备制造业	7.62	其他采矿业	2.21
食品制造业	7.43	化学纤维制造业	1.87
金属制品业	7.35	其他制造业	1.36
电力、热力生产和供应业	6.62	金属制品、机械和设备修理业	1.07
非金属矿物制品业	6.58		

三、本章小结

（1）企业平均利润低。山东省工业企业利润总额虽然居全国前列，但企业的平均利润仅为1272.29万元/家，比全国平均水平低637.46万元/家，位居全国倒数第3。

（2）财务费用偏高。山东省工业企业财务费用达到1260.35亿元，占全国比重10.63%，居全国首位，尤其是山东省工业企业利息支出较高。

（3）2018年，山东省规模以上工业行业中市场占有率排前5位的行业分别是：石油、煤炭及其他燃料加工业，有色金属矿采选业，农副食品加工业，化学原料和化学制品制造业，木材加工和木、竹、藤、棕、草制品业。

（4）作为高技术产业的计算机、通信和其他电子设备制造业市场占有率仅为3.25%，是山东省工业同广东、江苏差距扩大的重要因素。

第五章　山东省工业的贡献分析

近年来，我国经济加快向高质量发展推进，工业越来越显现出其巨大的发展潜力、韧性和回旋空间，为国民经济的繁荣、人民生活的富裕安康，以及世界经济的发展做出了卓越贡献。本章基于经济普查和统计年鉴资料从对经济和社会的贡献两方面来分析论述，目的在于揭示山东省工业在社会经济中的地位和作用。

一、工业对经济的贡献

虽然第四次全国经济普查相关数据显示工业对经济的贡献有所下降，但是从山东近十年的经济发展来看，工业仍然是推动经济发展的重要力量。下面通过山东省工业增加值占地区GDP的比重、工业对GDP增长的贡献率、工业和GDP的增长趋势对比来反映。

从2009年到2018年十年间，工业增加值占GDP的比重呈下降趋势。

2009 年山东省工业增加值占 GDP 的一半以上，2010 年至 2018 年比重持续下降，但是一直维持在 37.0% 以上。2018 年，全国工业增加值占 GDP 的比重为 33.9%，比山东省的比重低 3.9 个百分点，亦可反映出山东省工业在山东省经济中的地位比全国工业在全国经济中的地位强，但仍低于福建（39.6%）、江苏（39.0%）、安徽（38.9%）、广东（38.6%）等省。

从工业对 GDP 增长的贡献率来看，该系数有些波动。2009 年为 52.8%，2010 年有所下降，2011 年上升至高点为 54.4%，从 2012 年开始工业对 GDP 的贡献率一路下滑，2018 年降至十年间的最低值 32.2%。2018 年，全国工业对 GDP 的贡献率为 31.7%，山东略高于全国平均水平，低于安徽（44.1%）、福建（42.2%）、浙江（38.4%）、江苏（37.9%）、江西（36.9%）、湖北（33.9%）、广东（33.8%）等省。另外，有数据表明自 2015 年起山东省工业对经济增长的推动作用开始落后于第三产业，到 2018 年第三产业对经济增长的贡献率已高达 60%（见表 64、图 40）。

表 64　2009—2018 年工业发展对山东经济的贡献情况 %

年份	工业增加值占 GDP 的比重	贡献率
2009	50.3	52.8
2010	48.7	50.4
2011	47.5	54.4
2012	46.3	51.7
2013	44.7	50.5
2014	43.4	46.6
2015	41.9	39.0
2016	40.6	35.6
2017	39.5	35.5
2018	37.8	32.2

注：工业增加值占 GDP 的比重数据来源于《山东统计年鉴 2019》。工业对 GDP 的贡献率是根据《山东统计年鉴 2019》相关数据计算所得，运算误差率在 3% 以内。

从山东 GDP 和工业增长走势来看，工业与经济增长走势高度一致，工业增速和 GDP 增速自 2010 年以来均呈逐年下降的趋势，2018 年两者都处于十年内的最低点（见表 65）。利用 SPSS 软件可以求出这十年间两者的相关系数

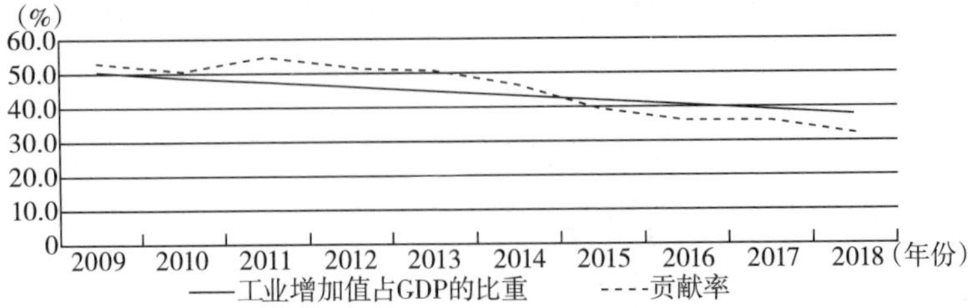

图 40　2009—2018 年工业发展对山东经济的贡献情况

为 0.967。相关分析用于研究定量数据间的关系情况，是否有关系、关系紧密程度等，相关系数越接近 1 或 -1，相关度越强，相关系数越接近 0，相关度越弱。因此，上述系数表明工业增长与经济增长具有高度正相关关系，工业发展与经济发展休戚相关（见表 65、图 41）。

表 65　2009—2018 年山东省工业增加值与地区 GDP 增长速度　　%

年份	工业增速	地区 GDP 增速
2009	12.9	12.2
2010	12.8	12.3
2011	12.7	10.9
2012	11.2	9.9
2013	11.0	9.6
2014	9.4	8.7
2015	7.4	8.0
2016	6.6	7.6
2017	6.6	7.4
2018	5.4	6.4

注：数据来源于《山东统计年鉴 2019》。

为更直观地显示表 65 数据，绘制增速对比如图 42 所示。

从以上几点可以看出，山东省工业在国民经济中已经难以维持绝对的主导地位，目前工业增加值在 GDP 中仅占 1/3 左右。但是山东省工业与经济密切相关，近十年工业与 GDP 的相关系数仍高于第三产业与 GDP 的相关系数，工业依然是推动经济发展的重要力量。

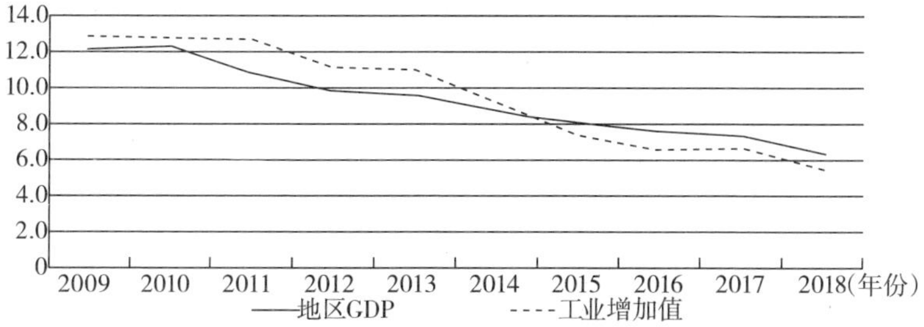

图 42　2009—2018 年山东省工业增加值与地区 GDP 增长速度

二、工业对社会的贡献

工业对社会的贡献体现在很多方面，比如提供优质的产品和服务、为社会创造财富、承担国家税收、解决社会就业问题，还有一些捐款捐物等社会福利活动。因受资料的限制，本节仅从工业企业为社会创造财富的能力和对就业的贡献两方面来阐述工业对社会的贡献。

（一）为社会创造财富的能力

诺贝尔经济学奖获得者弗里德曼认为，如果企业有社会责任，那就是在遵守游戏规则的情况下，最大限度地赚取利润。即“企业对社会做出贡献的衡量标准，来自为社会提供相同质量与数量的产品和服务下的利润多少，利润多的企业就是为社会贡献大的企业”。下面用规模以上工业企业的销售息税前利润率这一指标来反映工业企业通过销售产品和服务为社会创造财富的能力。

2018 年，山东省规模以上工业企业的息税前利润为 6160. 34 亿元，营业收入为 9. 26 万亿元，均位居全国第三位，而销售息税前利润率仅为 6. 65%，在全国 31 个省份中排第 26 位。这一指标比最高的内蒙古低 5. 89 个百分点；比全国水平低 0. 79 个百分点；比很多西部省份如陕西、新疆等也低了很多。从上述数据可以看出，山东省工业企业的销售盈利能力比较低（见表 66）。

表 66　2018 年全国各地区规模以上工业企业的销售获利能力　　%

地区	销售息税前利润率	排序	地区	销售息税前利润率	排序
全国	7.44	—	安徽	7.45	16
内蒙古	12.54	1	浙江	7.33	17
陕西	11.06	2	河南	7.28	18
贵州	10.78	3	江苏	7.27	19
新疆	10.17	4	江西	7.20	20
山西	10.14	5	河北	7.10	21
西藏	9.57	6	湖北	7.00	22
云南	8.91	7	吉林	6.95	23
上海	8.74	8	重庆	6.87	24
海南	8.54	9	宁夏	6.80	25
北京	8.17	10	山东	6.65	26
广西	7.92	11	辽宁	6.63	27
四川	7.91	12	黑龙江	6.53	28
福建	7.69	13	广东	6.44	29
天津	7.53	14	湖南	5.89	30
青海	7.52	15	甘肃	5.54	31

注：销售息税前利润率是企业息税前利润与当期营业收入的比值，现将分子简化为利润总额和利息支出两项。数据来源于《中国经济普查年鉴 2018》。

（二）工业对就业的贡献

2018 年 7 月底，中央在深刻洞察国际国内形势的背景下，做出了“六稳”重大经济政策部署，其中稳就业居首位。工业对社会稳定做出贡献主要是解决就业问题，工业经济的运行以及发展壮大给人们提供了就业机会，为人民生活安定提供了有力保障。

工业对就业的贡献主要体现在工业的就业吸纳能力。2018 年末，山东地区工业从业人员约为 976.6 万人，占全国工业从业人数的 8.5%，占山东人口的 9.7%。而这一年全国工业从业人员占全国人口的比重为 8.3%，整个山东人口占全国人口的 7.2%。从 8.5% 和 7.2%、9.7% 和 8.3% 两组数据对比，反映出山东省工业的就业吸纳能力高于山东人口所占的比重，山东省工业的就业吸纳能力亦高于全国平均水平，发挥了重要的社会稳定器作用。

从单位资产贡献来看，2018 年山东省工业每百万资产提供 0.814 个就业岗位，而全国平均水平为 0.827 个，山东省工业单位资产的就业吸纳能力稍逊于全国。从全国各省份的情况来看，山东这一数值大大低于福建、广东、河南、湖南、江西、浙江等地，居全国第 12 位（见表 67）。对比山东省第三次经济普查数据，2018 年数值比 2013 年（1.399）低，亦反映出近年来山东省工业资产的就业吸纳能力有所减弱，产业结构调整优化及对经济增长的贡献下降对其造成一定影响。

表 67　2018 年全国各地区工业资产的就业吸纳能力

地区	每百万资产的就业吸纳能力	排序	地区	每百万资产的就业吸纳能力	排序
全国	0.827	—	吉林	0.598	16
福建	1.279	1	辽宁	0.583	17
广东	1.247	2	黑龙江	0.579	18
河南	1.226	3	陕西	0.526	19
湖南	1.156	4	上海	0.511	20
江西	1.124	5	天津	0.507	21
浙江	1.074	6	云南	0.493	22
重庆	0.969	7	山西	0.481	23
江苏	0.968	8	甘肃	0.470	24
安徽	0.898	9	海南	0.386	25
湖北	0.869	10	宁夏	0.307	26
广西	0.860	11	西藏	0.301	27
山东	0.814	12	内蒙古	0.291	28
河北	0.775	13	青海	0.264	29
四川	0.704	14	北京	0.212	30
贵州	0.653	15			

注：工业资产的就业吸纳能力按年末工业企业法人单位从业人员与工业企业法人单位资产合计的比值计算。数据来源于全国及各地区第四次经济普查公报，暂缺新疆统计数据。

三、本章小结

（1）近十年，山东省工业增加值占地区GDP的比重、工业对GDP增长的贡献率均呈下降趋势，但是工业增速与GDP增速走势基本一致，工业增长与经济增长具有高度正相关关系，工业仍然是推动全省经济发展的重要力量。

（2）2018年，山东省规模以上工业企业的营业收入和息税前利润位居全国第三，但是企业销售盈利能力低于全国平均水平，工业为社会创造财富的能力较弱。从就业吸纳能力来看，山东省工业从业人员约976.6万人，占全国工业从业人数的8.5%，高于山东人口占全国人口的7.2%，反映出山东省工业的就业吸纳能力高于全国平均水平。

（3）2018年，山东省工业总体的就业吸纳能力高于全国平均水平，但是单位资产的就业吸纳能力稍逊于全国，工业对就业的贡献有所减弱。

（4）总体来看，山东省工业在推动经济发展、创造社会财富、提供就业机会和维护社会稳定方面发挥了重要作用，但是受行业结构调整的阵痛期、新旧动能转换的攻坚期、高质量发展的关键期"三期叠加"以及第三产业快速发展的影响，自2015年以来山东省工业做出的贡献正在逐年下降。

第六章　山东省工业存在的问题和高质量发展对策

上述章节分别从规模、结构、空间布局、经济效益和贡献五个方面对山东省工业现状进行了分析，可以较为清晰地认识到山东省是全国重要的工业生产基地，工业经济指标均居全国前列，但与粤苏浙等工业强省相比还存在着差距，山东省工业经济发展还存在一些问题，主要有以下几个方面。

一、山东省工业发展中存在的问题

（一）保持稳定增长面临挑战

受行业结构调整的阵痛期、新旧动能转换的攻坚期、高质量发展的关键期“三期叠加”的影响，山东规模以上工业营业收入于2016年达到最大值15.06万亿元后大幅度下滑，至2018年降为9.26万亿元，同广东、江苏两省差距不断扩大；而浙江工业增速保持平稳增长，有望今后超过山东。同时，山东制造业营业收入占工业比重89.03%，略高于全国平均水平，但同粤苏浙对比来看，山东制造业占工业比重是四省中最低的。广东、江苏、浙江三省制造业比重分别为93.63%、94.85%和91.45%，高出山东2~6个百分点。

（二）传统行业比重高

从41个行业大类的规模和效率指标来看，化学原料和化学制品制造业，有色金属冶炼和压延加工业，电力、热力生产和供应业，黑色金属冶炼和压延加工业，石油、煤炭及其他燃料加工业，农副食品加工业，汽车制造业，非金属矿物制品业是山东主要的工业行业，这8个行业主要集中在传统工业行业，占整个山东省工业营业收入的57.3%，利润总额的53.1%，从业人数的37.14%。

（三）新兴产业发展缓慢

从41个行业大类来看，广东省和江苏省工业营业收入最大的行业均为计算机、通信和其他电子设备制造业，两省该行业营业收入分别达到4.12万亿元和1.73万亿元，而山东仅为0.36万亿元，不到广东省的1/10。

（四）工业企业盈利能力不足

山东省工业企业财务费用达到1260.35亿元，占全国比重的10.63%，居全国首位，尤其是企业利息支出较高。同时，山东省工业企业的亏损较为严重，导致利润总额虽然居全国前列，但是企业的平均利润仅为1272.29万元/家，比全国平均水平低637.46万元/家，位居全国倒数第三。

二、山东省工业高质量发展对策

当前，山东省工业面临诸多困难，追赶先进的步伐日益沉重，但总体来看，我国长期稳定向好的发展趋势没有改变，山东仍处在重要战略机遇期，山东省工业传统产业改造升级的动力和新动能快速成长的潜力仍然较大，山东省工业基础雄厚的底蕴仍存。尤其是自2018年山东省委、省政府出台《关于推进新旧动能转换重大工程的实施意见》以来，山东把新旧动能转换作为引领全省经济发展的重大工程，是正确把握山东经济发展阶段性特征所做出的重大战略决策。山东省传统动能稳固，新动能正在发力，实现山东省工业高质量发展，必须抓住“走在前列”的目标定位，围绕供给侧结构性改革主线，进一步解放思想，打破惯性思维和传统发展路径依赖，以时不我待的精神加快高质量发展，全力打造山东新工业。

（一）推进要素配置持续改善

经济高质量发展的体制机制就是激励要素与资源流向高质量部门和领域的体制机制，完善使市场在资源配置中起决定性作用和更好发挥政府作用的体制机制，提高资源配置的效率效能。一是健全完善的市场机制，形成产权有效激励、要素自由流动、价格反应灵活、竞争公平有序、企业优胜劣汰的制度环境。二是实施政策优先、税收减免等方式，分阶段谋划引进省外、国外的创新型企业落地生根，鼓励盘活资金要素更多流向高端制造领域。三是加强新兴项目、重点项目的培育扶持和跟踪指导，推进项目高标准建设并尽早建成投运。协调服务关键项目推进中的困难问题，积极争取各方支持，分散产业风险，营造良好的工业产业生态环境。

（二）发挥传统产业既有优势

坚持“稳中求进”的传统产业改造提升路线，在巩固现有发展优势的基础上，遵循客观规律，实施“质量优先，兼顾效益”的发展策略。一是保持工业经济增长基础，瞄准传统产业的关键领域和薄弱环节，推进“工业强基”专项建设，引导鼓励传统产业利用新技术、新业态、新模式，提升质量和效益。二是坚持以创新驱动为引领，以推进供给侧结构性改革为主线，以提高工业发展质量效益为中心，瞄准传统产业的关键领域和薄弱环节，实现山东传统产业由大到强的转变。三是推动跨界方式多元化，以新业态提升融合发展动力，深化制造业与互联网融合发展，加快构建基于互联网的制造业“双创”平台新体系，培育网络化生产制造新模式。

（三）引导新兴产业加快发展

对新兴产业实施“引导鼓励，加快提速”的发展策略，对成长状态的行业和企业加大政策优惠，对萌芽状态的新生行业加强引导，不断注入新鲜营养。立足山东比较优势出发，找准新兴产业的发展方向和突破口，因势利导，为新兴产业的发展营造健康的环境。防止高端产业低端化，促进新兴产业向技术密集型产业加快发展。一是加强政策鼓励引导力度，为优化工业经济发展氛围做到“政策鼓励干”。二是加大产业扶持力度，对新兴产业发展实现“帮扶设梯次”。三是强化共性技术产业平台培育，为促进各方优势资源聚集做好“政府搭平台”。

（四）强化质量品牌价值持续提升

加强企业质量体系建设和品牌培育建设，以提高供给质量为主攻方向，推动供给侧结构性改革。引导企业树立质量第一的价值导向，全面提升企业质量管理体系。一是推广应用先进质量管理方法，提高全员、全过程、全方位质量控制水平。二是实施制造工艺优化和质量提升行动计划，组织攻克一批长期困扰产品质量提升的关键共性质量技术，建立完善质量标准体系。三是制订实施高质量发展品牌培育计划，提升传统品牌、培植新兴品牌，开拓品牌传播渠道，扩大品牌影响力。

（五）优化区域工业产业整合

进一步发挥好产业集群在加快高质量发展中的引领和支撑作用，瞄准高端装备制造、高端化工、信息产业、新材料等重点产业领域，对集约程度显著、创新能力较强、资源节约效果明显、两化融合程度较高、发展潜力较大的集群进行扶持培育。重点围绕产业集群转型升级，加快推进优势产业集聚发展、特色发展。一是推动产业集群快速发展，统筹规划产业布局，提高土地节约集约水平，形成区域支柱产业集群。二是加强高质量产业集群建设，以绿色设计与制造、资源循环利用等为重点，着力推广节能新技术、新产品，改造提升一批重点用能企业。三是延伸产业链，提高配套能力和产业集聚度，推动产业向高质量发展。

（六）发挥工业企业吸纳就业主力军作用

面对日益增多的国内外风险挑战，尤其是2020年新冠肺炎疫情以来稳就业压力加大，需要抓住实现“更充分更高质量就业”这一关键，坚持创造更多就业岗位和稳定现有就业岗位并重，创新机制、多措并举。一是按照国务院《关于进一步做好稳就业工作的意见》部署，通过加大对企业的政策和金融等支持、引导企业开拓国内市场、规范企业裁员行为等，支持企业稳定岗位。二是通过挖掘内需、合理扩大有效投资、稳定外贸、培育壮大新动能等，开发更多就业岗位，拓展就业空间。三是通过鼓励企业吸纳就业、扶持创业、支持灵活就业和新就业形态、加强托底安置等，促进劳动者多渠道就业创业。四是积极开展职业技能培训，大力推进职业技能提升行动，为促进经济社会健康平稳发展发挥重要支撑作用。

参考文献

[1] 郭金明．山东工业经济发展报告[M]．北京：中国言实出版社，2018.

[2] 盖美，张丽平，田成诗．环渤海经济区经济增长的区域差异及空间格局演变[J]．经济地理，2013，33(4)：46－51.

[3] 肖春梅．我国工业布局的演变特征、存在问题与优化策略[J]．当代经济研究，2011(1)：73－78.

[4] 徐晓鹰，曹灵芝，王翠玲．山东省工业发展的区域特征[J]．华东经济管理，2007(6)：19－24.

[5] 安虎森．区域经济学(第二版)[M]．北京：经济科学出版社，2004.

[6] 贾益东．产业经济学[M]．北京：中国财政经济出版社，2003.

课题组成员简介

陈高华，室主任，高级经济师，山东省工业和信息化研究院。

李国芹，副院长，山东省工业和信息化研究院。

邵　磊，高级工程师，山东省工业和信息化研究院。

刘际宁，高级经济师，山东省工业和信息化研究院。

王巧婧，经济师，山东省工业和信息化研究院。

夏　轲，高级经济师，山东省工业和信息化研究院。

陈　文，工程师，山东省工业和信息化研究院。

7

废旧轮胎高值化利用进展及建议

潘劲松　王玉伟　苏俊杰

摘　要　本文在借鉴国际先进经验的基础上，通过研究废旧轮胎综合利用方式进展，探析当前我国废旧轮胎综合利用存在的问题，提出符合我国国情的废旧轮胎高值化利用政策建议和技术方案。

关键词　废旧轮胎；高值化利用；建议

当前，世界资源环境压力日益突出，绿色发展已成为全球共识，资源能源利用效率成为衡量国家制造业竞争力的重要因素。我国是世界上最大橡胶消费国和进口国，80%的天然橡胶、30%的合成橡胶依赖进口。随着汽车产业快速发展，我国废旧轮胎量也在迅速增长。目前，我国机动车保有量累计达3.4亿辆以上，其中汽车达2.5亿辆以上。每年产生废旧轮胎3亿多条，折合重量已突破1000万吨。近年来，由废旧轮胎导致的环境污染、资源浪费和安全隐患等问题也越发突出。大力推动废旧轮胎综合利用，发展橡胶工业绿色经济，对保护生态环境、促进生态文明建设具有重大意义。

一、废旧轮胎综合利用方式及进展

经过多年发展，废旧轮胎综合利用从早期的以掩埋、焚烧为主，发展到现在的原型利用、材料再生和热能利用等多方式互补，由简单环保处理提升为具有不同附加值的再生资源循环利用的局面。按照处置路径，废旧轮胎综合利用可大致分为以下六种利用方式。

（一）原型利用

原型利用是指对废旧轮胎不经过化学变化，只通过捆绑、裁剪、冲切等简单物理加工方式，改造成有利用价值的物品加以利用。如人工渔礁，船舶防护、轮胎花坛、牧场栅栏、赛道防撞等。这种利用方式在耗费能源和人工较少的情况下使废旧轮胎物尽其用，给人们提供了充分发挥想象力的空间以及大胆实践的机会。但是这类方式利用废旧轮胎数量非常有限，废旧轮胎利用率不到总量的1%。

（二）轮胎翻新

轮胎翻新是指对使用后的旧轮胎胎体修补、重新更换橡胶新胎面、新胎侧或两者同时更换，延长轮胎胎体使用寿命的一种方法。据国外研究机构估算，2018年全球翻新轮胎市场价值约100亿美元，预计未来10年，这一市场市值将以4.6%的复合年增长率增长。从地区分布来看，世界范围内轮胎翻新产业主要集中于美国、欧盟、日本、中国、马来西亚、印度和巴西，规模占全球80%以上；从翻新轮胎产品结构来看，载重轮胎占70%，轻型载重轮胎占20%，轿车轮胎占7%，工程机械轮胎及其他特种轮胎占3%；从轮胎翻新率来看，载重轮胎约30%，轻型载重轮胎约20%，工程机械轮胎约50%，轿车轮胎为3%以下，巨型工程机械轮胎和航空轮胎可达70%以上；从翻新技术来看，传统热硫化斜交胎翻工艺由于翻新效率低、能耗大已逐步淘汰，以预硫化、冷翻子午胎工艺翻新的轮胎使用寿命可以达到新胎的80%以上，甚至超过新胎；从产业发展水平来看，目前美国、欧盟、日本等发达国家和地区轮胎翻新起步较早，技术先进，一条轮胎平均可以翻新2~3次。而我国翻新轮胎产品质量良莠不齐，新胎与翻新胎之比远低于世界平均水平。

（三）生产再生橡胶

再生橡胶是指以轮胎、胶管、胶带、胶鞋、密封件等废旧橡胶制品经过粉碎、加热、机械处理等物理、化学过程，加工成具有一定可塑性、能重新使用的一种橡胶代用材料。再生橡胶因其具有良好的工艺性能和物理机械性能，在橡胶加工过程中可替代部分天然胶和合成胶，被广泛应用到轮胎、输送带、胶鞋等行业。据北极星市场研究（Polaris Market Research）公司预测，到2026年，全球再生橡胶市值有望达到65.3亿美元，年均复合增长率为12.03%。再生橡胶的制造有多种方法，大致可分成机械简易再生法与脱硫再生法两大类。机械简易再生法包括热密炼机法和螺旋压出法；脱硫再生法分为惯用法（直接蒸汽法/油法再生和蒸煮法/水油再生）、机械化学法、低温化学法、高速混合脱硫法、高温连续脱硫法、微波脱硫法、超声波脱硫法、微生物脱硫法等。20世纪90年代以来，发达国家已从再生橡胶生产转入胶粉活化改性或精细胶粉的直接利用。我国再生橡胶从刚开始的酸碱法、水法、油法等再生方法，发展到现在的高温动态再生法与机械连续再生法，再生橡胶的品质得到较大提升。目前，生产再生橡胶已经成为我国废旧橡胶综合利用的主要方式。我国再生橡胶主要产品包括丁基再生胶、卤化丁基再生胶、三元乙丙再生胶、高强力再生胶、无味再生胶、环保再生胶等几大类。随着微波脱硫、超临界脱硫、微生物脱硫以及先进的热导机械挤压等新技术的工业化应用，未来再生橡胶将会迎来绿色发展的革命性机遇。

（四）生产橡胶粉

以废旧橡胶为原料，通过机械加工粉碎或研磨制成不同粒度的粉末状物质，简称“橡胶粉”。常采用的加工方法有常温粉碎法、冷冻粉碎法和化学粉碎法。与再生橡胶相比，橡胶粉生产过程无须脱硫，无废水、废气排放，且性能优异，主要用于再生橡胶原材料、活化胶粉、填充材料和橡胶热裂解原料等领域。通过回收利用废旧轮胎生产橡胶粉是集环保与资源再利用于一体的很有前途的方式，这也是发达国家摒弃再生橡胶生产，将废旧轮胎利用重点由再生橡胶转向橡胶粉和开辟其他利用领域的主要原因。橡胶粉生产与加工在我国起步较晚，但近年发展迅速，目前已成为我国废旧轮胎再利用领域重要方式之一。

（五）热裂解

热裂解是指在缺氧或惰性气体氛围中，将轮胎、胶管、胶带、胶粉等废旧橡胶高分子材料加热到一定温度，促使其裂解得到热解气、热解油和热解胎渣等产物的处理过程。一般废旧橡胶热裂解可以得到约10%的热解气、55%的热解油及35%的胎渣。所得热解气主要是H_2以及C1～C4的烃类化合物，热值为25.8～33MJ/m^3，常作为燃料使用。热解油热值为40～43MJ/kg，一般必须与其他燃料油按比例混合后才可以使用。热解胎渣主要含炭黑和各种橡胶加工助剂高温产物，未经处理的热解胎渣难以直接替代普通商用炭黑，只能用作低等工业填料。热裂解早期技术形态就是废旧轮胎（橡胶）“土法炼油”。近年来，我国热裂解行业虽然开展了以工艺设备连续化、自动化为特征的生产线升级改造，但是热解油品质低劣、热解胎渣应用局限、附加值低等核心问题并未得到本质改变。国外研究开发了常压惰性气体热解、真空热解、熔触盐热解、催化热解等废旧橡胶热解技术，但由于热裂解设备投资大、操作费昂贵、回收炭黑质量差和二次污染防治工序复杂等原因，热裂解利用在国外尚未形成大范围推广。

（六）热利用

废旧轮胎是由天然橡胶、合成橡胶、炭黑、化纤帘布和橡胶助剂等材料组成的一种高热值材料。其热值比煤炭高5%～10%，与天然气接近。其热利用方式可分为直接强制燃烧和间接气体化燃烧两种。直接强制燃烧按废旧轮胎参烧程度与方式，可分为单纯燃烧及与其他材料配制轮胎衍生燃料燃烧两种形式。其中，利用轮胎衍生燃料回收能源是目前发达国家或地区对废轮胎最主要的利用方式，主要用于水泥窑、发电厂锅炉、造纸厂锅炉等。间接气体化燃烧是以生产合成气为主要产物的热解过程，使不充分燃烧产生更多的合成气体，用合成气燃烧发电，目前该技术还处于研制阶段。

二、国外废旧轮胎综合利用现状

从20世纪70年代初开始，发达国家就投入大量资金和人力研究开发废旧轮胎综合利用，并取得了较大进展。初步形成了鼓励废旧轮胎资源再生和循环利用的法律保障制度。通过将集中回收废旧轮胎纳入法定义务、强制实行废旧轮胎回收利用、实行差别化补贴等政策，发达国家的废旧轮胎减量化和回收率得到大幅度提高。

目前，国外废旧轮胎综合利用方式主要以轮胎翻新、热能利用和生产橡胶粉为主。在美国，有95%以上的废旧轮胎被资源化循环利用，主要是用于热能利用和生产橡胶粉、再生橡胶。其中：57%用作燃料，主要用于钢铁冶炼、水泥生产、造纸和发电等领域；28%用于材料回收；7%用于土木工程和公共工程。美国废旧轮胎的回收利用主要在州一级进行管理，各州通过协商立法，轮胎制造商、销售商、进口商均按不同比例缴纳废旧轮胎处置费。美国处理废旧轮胎每条轮胎补贴3～5美元。在欧洲，约有37%的废旧轮胎用于热能利用、约30%用于生产橡胶粒和橡胶粉、约5%用于生产再生橡胶，用于轮胎翻新的废旧轮胎约10%。每处理1吨废旧轮胎补贴140欧元，补贴费用来自每条轮胎出售时的附加金额。在日本，为防止随意丢弃废胎，政府施行废旧轮胎管理卡政策，规定境内所有轮胎生产销售商都有回收废旧轮胎的义务。由于废旧轮胎燃烧产生的污染略小于同比重的煤和油，因此废旧轮胎做燃料受到造纸厂和钢厂的欢迎，近年来作为替代燃料的需求非常旺盛。废旧轮胎用于热能燃烧占58%，出口占13%，土地填埋占12%，物料回收占

10%，轮胎翻新占 6%。

三、我国废旧轮胎综合利用现状

我国废旧轮胎综合利用经过几十年艰苦努力，初步形成了以生产再生橡胶为主（我国是世界上再生橡胶产量最大的国家，占 70% 以上），适度发展硫化橡胶粉和胶粒直接应用，扩大再生橡胶、胶粉的深加工应用，大力推广预硫化轮胎翻新的模式，形成了具有中国特色的废旧轮胎循环利用产业。特别是近年来，国家先后密集出台了有关加强废旧橡胶综合利用的扶持政策，加强废旧橡胶综合利用已成为保障我国资源、能源安全和改善环境的重要措施。

据估算，2019 年我国废旧轮胎产生量约为 3.3 亿条，折合重量超过 1000 万吨。全国综合利用企业约 1500 家，资源化回收利用废旧轮胎约 2 亿条，回收利用率约 60%，折合重量为 600 万吨左右。其中：轮胎翻新量约 500 万标准折算条，再生橡胶产量约 300 万吨，橡胶粉产量约 100 万吨，热裂解处理量约 100 万吨。我国轮胎翻新企业主要分布在福建、江苏、广东、山东、湖北等地，绝大多数为中小型企业，缺少规模型、集团化的轮胎翻新企业。翻新产品主要为客货载重卡车及工程机械用轮胎，产品结构十分单一。我国轿车旧轮胎数量众多，但受胎翻新技术、工艺和材料要求高，以及翻新市场认可度低、价格低等因素制约，还没形成轿车轮胎翻新规模化生产。与发达国家相比，我国轮胎翻新产业整体技术装备水平仍然相对落后。废旧轮胎生产再生橡胶、橡胶粉是我国废旧轮胎综合利用的主要方式。自 20 世纪 90 年代，我国自主研发的生产成本较低的“动态脱硫新工艺技术”，使我国再生橡胶得到快速发展。目前，我国再生橡胶产量占世界 70% 以上，再生橡胶生产企业主要分布在山东、河北、辽宁、浙江、广东和陕西等地，主要产品有轮胎再生橡胶、丁基再生橡胶和三元乙丙再生橡胶三大类。橡胶粉生产企业主要分布在山东、湖南、四川和河北等地，产品以 60 目以下的橡胶粉为主，主要用于再生橡胶、道路改性沥青、防水材料及制品的生产；120 目以上高附加值的超细橡胶粉还未见生产与应用。通过行业不断努力，我国再生橡胶和橡胶粉工艺技术与生产装备不仅实现了国产化，而且达到了安全、高效和节能。环保自动化连续生产装备、精炼成型采用的联动装备、新型塑化等先进装备和工艺得到广泛应用，并且出口法国、加拿大、美国、印度等国家。

四、我国废旧轮胎综合利用存在的问题

（一）废旧轮胎产生量大，综合利用率低

目前，我国废旧轮胎年产生量在3亿条以上，突破1000万吨，并且每年以8%左右的速度增长。但我国废旧轮胎综合利用率只有60%左右，距离发达国家90%以上的利用率还有不小差距。特别在轮胎翻新方面，我国轮胎翻新率远低于世界平均水平。受橡胶粉、热裂解企业争夺废旧胎源等影响，我国翻新胎产量近年来呈下降趋势。2014年，我国翻新胎产量约1300万条；2017年我国翻新胎产量约800万条；2019年我国翻新胎产量只有500万条左右。从翻新轮胎产品来看，我国翻新轮胎主要以载重轮胎和工程机械轮胎为主，轿车轮胎翻新方面几乎为空白。从翻新率来看，发达国家载重轮胎翻新率一般在90%以上，而我国不到30%。

（二）政策法规不健全，回收体系有待进一步完善

国外发达国家已经建立了一套相对完整的废旧轮胎循环利用法律政策体系、严格的行业准入制度、专项基金收费和收费制度。通过征收消费者废旧轮胎回收处理费，建立专项基金鼓励、补贴废旧轮胎再生加工处理，已经形成了一个较为完整的回收、运输、处理的市场化运作的废旧轮胎综合利用产业链。目前，我国还没有建立健全鼓励废旧轮胎资源再生和循环利用的制度体系、法律体系、政策体系和社会机制。虽然我国近年来也在逐步完善废旧轮胎回收加工利用的相关政策法律，先后出台了《中华人民共和国循环经济促进法》《轮胎生产者责任延伸制推行方案》等相关政策文件，但是并没有加强废旧轮胎再生与循环利用方面的具体细化方案和强制措施。与国外发达国家相比，我国在废旧轮胎综合利用行业管理、政策和立法等方面全面滞后，已经严重阻碍了我国废旧轮胎综合利用产业的健康发展。特别是我国以个体

为主的回收网络已经无法适应现有废旧轮胎综合利用的需求。

（三）企业生产规模普遍小，产业集中度低

在国外废旧轮胎综合利用已成为一个重要行业，从事废旧轮胎回收和再利用的企业众多，也有的已成长为大型跨国企业集团，如德国的 Genan 集团，无论是处理技术还是经营效益，都在全球保持了领先水平。国外轮胎翻新企业一般采取集约化连锁经营模式，普利司通、米其林、固特异等大公司除了生产新轮胎外，均有自己的翻胎企业，引领各自细分市场客户消费。而我国绝大多数轮胎生产企业还没有开展轮胎翻新方面的工作。我国废旧轮胎综合利用行业普遍以作坊式的中小企业为主，布局分散，缺少能够引领产业化发展趋势的龙头企业。众多的橡胶粉、再生橡胶生产企业大部分是低水平重复建设、加工方式粗放、产品附加值低、经济效益差。翻胎企业装备水平不高，大部分工序为手工作业，生产技术和管理方式相对落后。

（四）再生产品应用性能差，市场附加值低

目前，我国废旧轮胎再生利用产品主要包括再生橡胶、橡胶粉、热解油、裂解炭黑等。再生橡胶和橡胶粉产品的质量稳定性及可加工性能相对较差。特别是随着环保要求达标，作为原材料替代的再生橡胶和橡胶粉，在由强调物性指标转向注重内在化学含量环保要求的过程中，由于得不到用户认可，进一步限制了市场应用推广。废旧轮胎橡胶裂解生成的裂解油、裂解炭黑等再生工业原料产品缺乏行业标准，产品应用市场定位不够明确，只能用作低等工业燃料或填料，其经济附加值与生产过程环保和能耗投入严重不相称。此外，受翻新技术、材料、市场认可度以及产品性能良莠不齐等因素制约，我国轮胎翻新业处于濒临萎缩边缘挣扎的局面。

（五）自主创新能力不强，技术装备水平有待进一步提升

目前，我国还没有一所专门从事废旧轮胎综合利用的高等院校或国家级科研机构，综合利用基本理论与关键技术得不到系统研究和开发。我国废旧轮胎综合利用新技术装备和生产工艺创新大多是由企业自主摸索完成。大部分综合利用企业为民营中小型企业，人才和资金投入十分有限，自主创新能

力不强，产品的技术含量低，竞争力不强，不少企业还停留在人工作坊式生产经营模式。粉碎自动化分级技术与装备、数控打磨机、数控硫化罐、精炼成型联动装备等提升产品质量和性能的生产技术与设备还没有得到大范围推广应用。

（六）适应绿色发展，环保、安全压力进一步加大

改革开放以来，我国废旧轮胎综合利用行业发展较快，虽然取得了一定的社会和经济效益，但是整体行业技术装备水平与国外先进水平还有很大差距，真正实现安全、环保的连续化、智能化生产企业极少。废旧轮胎处理过程中废料、尾气以及热裂解油炭黑等再生产品存在污染转移或二次污染等隐患。随着社会对节能减排、污染防治的高度重视，绿色发展将成为提升经济发展效益和改善群众生活质量的动力源泉。废旧轮胎综合利用行业在工艺技术、装备以及产品性能等方面面临更趋严格的环保、能耗、安全要求。

五、我国废旧轮胎高值化发展建议

（一）加强行业管理及政策制定

建议参照国外发达国家废旧轮胎管理模式，成立废旧轮胎回收利用专门管理机构；建立、健全我国废旧轮胎回收利用管理法规和细则，将废旧轮胎资源回收利用纳入法制化管理轨道。加快完善我国轮胎企业生产者责任延伸制，落实轮胎领域生产者责任承担主体，细化责任种类，强化回收目标管理，从源头控制“黑色污染”。建议以轮胎企业生产者责任延伸制为基础，建立废旧轮胎回收处理费征收机制，建立循环利用专项基金，用于废旧轮胎回收利用产业链上相关企业的补偿和奖励，建立、建全废旧轮胎回收、加工、利用循环网络，以此推动废旧轮胎回收利用行业向规范化、正规化、绿色化、资源化发展。

（二）完善行业准入机制和标准

建议进一步细化、完善《废旧轮胎综合利用行业规范条件》《商用旧轮胎

回收选胎规范》《废轮胎回收与管理规范》《废轮胎回收体系建设规范》等行业标准和规范，大力淘汰属于“小、散、乱、污”的回收利用企业，确保废旧轮胎综合利用企业符合国家能源节约、环境保护等要求。积极构建市场准入机制，严格执行绿色标准，控制规划区域性企业数量，推动废旧轮胎回收利用行业向园区化、规模化、产业链化、集群化、绿色化、品牌化发展。研究制定废旧轮胎无害化回收标准与再生产品环保型利用标准，对综合利用过程中再生产品价值水平、加工过程及无害化程度等符合绿色发展要求的企业，给予相应的补贴政策。

（三）建立废旧轮胎分级利用机制

建议利用 RFID 电子芯片等技术，建立轮胎从生产、销售到报废处理全生命周期信息数据管理平台。引导轮胎生产企业从开发设计、生产工艺上考虑轮胎翻新，强制规定轮胎使用寿命（包括翻新次数）、行驶里程和磨耗极限等指标。凡达到胎冠花纹深度磨耗极限必须进行及时翻新。对不适合翻新的废轮胎进行再生回收，严格按照胎面、胎侧、子口圈等分别分解归口，分类精益化处理。对达到一定翻新次数，且不适合再生回收的废轮胎再进行热解或热能利用。建议根据我国废旧橡胶加工产业区域性分布特点及市场需求，加快推进废旧轮胎—翻新轮胎、废旧轮胎—胶粒/改性胶粉应用以及废旧轮胎—热能/热解的废旧轮胎综合利用全产业链生态圈建设。

（四）审慎发展废旧轮胎热裂解

热裂解技术形态来源于废旧轮胎（橡胶）“土法炼油”。近年来，我国鼓励支持热裂解行业开展工艺设备连续化、自动化生产线升级改造，但“回收炭黑”经济价值低、热解油品质低劣等瓶颈问题并未得到本质突破。“回收炭黑”只是外形像炭黑其实不是炭黑的“轮胎渣”，根本无法获得市场认可。“热解油”呈黑色黏稠状、沥青质含量高、含蜡量超标、闪点低（不到52℃），并在燃烧过程中散发异味污染环境，属于劣质燃料油。“热裂解”不符合当前中国国情，更不能作为废旧轮胎处理的发展方向。目前，除了生产“热裂解”设备的企业获得利润外，投入“热裂解”项目的企业基本依靠政府扶持资金维持生存。

（五）鼓励发展废旧轮胎热能综合利用

与煤炭相比，废旧轮胎燃烧具有热值高、硫氮含量低、挥发性大等特点，因而被认为是一种很有开发潜力的燃料替代品，而燃烧处理被认为是废旧轮胎最有效的终结处理方案。在美国、欧洲及日本，不少水泥厂、发电厂、造纸厂、钢铁厂以及冶炼厂等均采用废旧轮胎作衍生燃料。美国和日本已有50%以上的废旧轮胎用于热能利用，而我国在这方面几乎还是空白。由于我国废旧轮胎产生量大，传统的胶粉、再生橡胶无法完全消化，因此鼓励开发废旧轮胎热能利用技术，开展再生资源热能转换，符合产业生态化发展需求。

（六）加强现有生产企业技术改造

建议在废旧轮胎综合利用现有生产企业大力推广绿色环保再生工艺、淘汰落后工艺、产能和装备；开展以源头控制和过程减排为核心，以优化工艺控制，采用环保设备、使用绿色原材料为重点的生产清洁化、产品绿色化的技术改造，进一步提高生产过程信息化、智能化和集约化。对工艺技术、装备、能耗、环保、安全、质量等方面符合废旧轮胎综合利用规范条件的企业，在申请税收优惠、资金补贴等方面给予支持。

（七）完善行业自主创新驱动机制

在废旧轮胎综合利用细分领域市场以及相关上下游产业链完整性方面，我国与欧美等发达国家存在一定差异。建议充分借鉴欧美日等发达国家先进企业的生产管理经验和工艺技术，加强适合我国市场需求的废旧轮胎综合利用生产与管理方面自主创新。建议研究建立我国废旧轮胎综合利用发展专项基金，加大对废旧轮胎再生资源技术及装备产业化公共平台建设的支持力度；支持企业与高校、科研机构等开展产学研用，加快新技术、新工艺、新材料、新产品和新设备的推广应用；鼓励企业研发综合利用先进技术装备及促进成果转化。

（八）强化舆论引导

进一步重视运用网络、电视、广播、报刊等宣传渠道，加强废旧轮胎综合利用宣传教育，在全社会普及循环经济理念，引导公众形成节约资源和保护环境的生活方式与消费模式。在政府部门、企业中广泛开展专题讲座、成果展示会和新技术交流会等，尤其在重点运输、物流等轮胎消耗企业定期开展多层次的培训，提高全社会开展废旧轮胎资源综合利用的法治观念和自觉意识。

参考文献

[1]中国橡胶工业协会．中国橡胶工业强国发展战略研究[M]．北京:中国商业出版社,2014:305－361.

[2]李国学．固体废物处理与资源化[M]．北京:中国环境科学出版社,2005:94－101.

[3]黄发荣．高分子材料的循环利用[J]．上海化工,1998(20):3－5.

[4]杨宏辉．国外废胎管理如何实施生产者责任延伸制[J]．中国橡胶,2019,35(6):6－8.

[5]权家薇,于佳雪,许君清,等．废轮胎的资源化回收利用[J]．上海节能,2019(4):262－270.

[6]中国轮胎循环利用协会．2019年中国轮胎循环利用行业部分企业生产情况调查统计报告[J]．中国轮胎资源综合利用,2020(7):12－29.

[7]刘道春．开辟废橡胶资源综合利用的蓝海[J]．中国轮胎资源综合利用,2019(1):37－45.

作者简介

潘劲松，高级工程师，山东省工业和信息化研究院。

王玉伟，七级职员/经济师，山东省工业和信息化研究院。

苏俊杰，六级职员/工程师，山东省工业和信息化研究院。

8

山东省水泥行业绿色矿山建设发展研究

张伟　姚树利　李洪文　徐兆伟

摘　要　山东是矿业大省，矿业是山东经济的基础。截至目前，共有72处绿色矿山入选国家绿色矿山名录库，数量位居全国前列。践行习近平总书记“绿水青山就是金山银山”的发展理念，以创新、协调、绿色、开放、共享的发展理念为引领，推动水泥行业绿色矿山建设，对降低企业生产成本、提高资源利用率，加强环境保护与恢复，加快矿业绿色转型升级，实现资源与经济、社会和环境协调发展，具有重要意义。

关键词　绿色矿山；水泥矿山；发展

一、我国绿色矿山建设发展历程

国土资源部《关于发布实施〈全国矿产资源规划（2008—2015 年）〉的通知》（国土资发〔2008〕309 号）的发布，对提高我国矿产资源合理利用与保护水平，优化矿产资源开发利用布局，提出了发展绿色矿业的明确要求；2010 年《关于贯彻落实全国矿产资源规划发展绿色矿业建设绿色矿山工作的指导意见》（国土资发〔2010〕119 号）文件的出台，则是列出了发展建设绿色矿山的重要意义和基本条件，标志着我国绿色矿山建设正式启动，各项绿色矿山建设工作步入规范化轨道。2015 年，党的十八届五中全会提出创新、绿色的发展理念。2017 年，国土资源部、财政部、环境保护部、国家质检总局、银监会、证监会联合印发《关于加快建设绿色矿山的实施意见》（国土资规〔2017〕4 号），要求加快我国绿色矿山建设进程，提出了到 2020 年建成符合生态文明要求的绿色矿业发展模式。该意见首次明确提出了绿色矿山建设的三大目标：一是基本形成绿色矿山建设新格局。二是构建矿业发展方式转变新途径。三是建立绿色矿业发展工作新机制。2018 年，《中华人民共和国宪法修正案》中，生态文明首次被纳入宪法规定范畴，标志着绿色矿山建设上升为国家战略。

二、山东省水泥行业绿色矿山建设发展情况

国务院关于山东省矿产资源规划（2016—2020 年）的批复中明确提出，要牢固树立新发展理念，贯彻落实绿色发展要求，以资源保护和合理利用为前提，着力提升矿业发展质量和效益。保证矿产资源供给稳定，提高资源环境保护和合理利用水平。持续推动矿业绿色转型升级，大力推进绿色勘查和绿色矿山建设。

按照国家相关要求，山东省自然资源厅、山东省财政厅、山东省生态环境厅、山东省市场监督管理局、中国银行保险监督管理委员会山东监管局、中国证券监督管理委员会山东监管局联合印发了《关于印发山东省绿色矿山建设工作方案的通知》，提出了山东省绿色矿山建设的任务及建设进度；制

定了水泥灰岩等6矿种《绿色矿山建设规范》，按照国家绿色矿山建设相关条件制定对应矿种的绿色矿山建设要求；为了做好绿色矿山的申报、入库、核查、管理等工作，结合山东省实际，制定了《山东省绿色矿山建设第三方评估管理办法》《山东省绿色矿山建设管理办法》等规范性文件，这一系列文件的出台对加快山东省绿色矿山建设，开创全省绿色矿业发展新局面，为推进绿色矿山建设提供了遵循和指导。

山东省作为矿产资源大省，国家级绿色矿山试点数量远超其他省。截至2019年12月，山东省水泥灰岩矿山共计116家。2020年，自然资源部公布的全国绿色矿山名录企业共953家，山东72家，其中水泥矿山10家。2020年，山东省自然资源厅公布的山东省省级绿色矿山名录企业两批共81家，水泥灰岩矿山17家。

三、绿色矿山建设条件要求

（一）基本条件

2020年6月出台由自然资源部印发的《绿色矿山评价指标》明确提出了绿色矿山建设的前提条件：一是两证一照合法有效；二是近3年内未发生过重大安全、环保事故，未受行政处罚；三是未被列入矿业权人勘查开采信息公示系统异常名录；四是矿山正常生产运营，剩余可采年限不低于3年；五是矿区开采范围不涉及各类自然保护地。

（二）评价指标

2020年6月，自然资源部印发《绿色矿山评价指标》，规范统一了评价指标。文件包括6项一级指标以及24项二级指标、100项三级指标，主要涵盖了矿区环境、资源开发方式、资源综合利用、节能减排、科技创新与智能矿山、企业管理与企业形象等六大方面，对绿色矿山的评价指标进行了规定。六个一级指标概括起来，即要求矿山企业做到开采之前矿山开采手续合法，生产过程中开采方式科学、资源开采利用高效清洁，生产管理规范，符合安全标准化要求，矿区环境良好，建立良好的企业形象。这些基本条件可以分为以下两类。

（1）以提高技术实力为目的，包括资源开发方式、资源综合利用、节能减排、科技创新与智能矿山，首先矿山开采设计就要达到绿色矿山建设基本要求；资源综合利用即要求资源的综合开采过程达到国家相关资源利用率水平；科技创新和智能矿山建设要求矿山企业通过科技创新等手段，提升行业综合科技水平，发展绿色循环经济；节能减排即要求矿山企业降低单位开采能耗，减少废弃物排放。

（2）以彰显社会责任为目的，包括矿区环境、企业管理与企业形象。生产过程规范化管理，加强环境保护，做好矿区环境治理和土地复垦矿山复绿，构建和谐的地矿关系和企业文化，履行好企业的社会责任，树立良好的企业形象。

四、山东省绿色矿山建设先进企业经验介绍

经过多年努力，山东水泥行业绿色矿山建设取得了巨大进步。自然资源部公布的第四批全国绿色矿山名录企业山东有 10 家水泥矿山入选。2020 年，山东省自然资源厅公布的山东省省级绿色矿山名录企业两批共 81 家，水泥灰岩矿山 17 家。山东鲁碧建材有限公司下属水泥矿山名列我国第四批绿色矿山企业名录和山东省绿色矿山名录，其绿色矿山建设经验在行业内有借鉴意义。

山东鲁碧建材有限公司（以下简称“鲁碧公司”）始建于 1970 年，是莱钢集团的子公司。公司总部位于山东省济南市钢城区，在青岛、日照、新泰、沂南、沂水、连云港等地设有 20 家分（子）公司，主要有矿山开采、冶金辅料生产、冶金渣资源化综合利用、水泥制造、混凝土制造、绿色装配式建筑等六大产业板块，现已具备年产冶金辅料 500 万吨、水泥/微粉 1000 万吨、商品混凝土 400 万立方米的产能规模，鲁碧公司是国家级装配式建筑产业基地、国家级工业资源综合利用基地、山东钢铁集团非金属矿山资源供应基地，是山东省最大的冶金熔剂生产基地和冶金渣处理基地，也是第四批国家级绿色矿山。

鲁碧公司一直努力改进企业管理模式，用绿色生态的行业发展理念，构

建符合生态文明要求、经济和社会效益相协调的矿山发展模式，坚持“边开采、边治理”的生产方针，始终把矿产资源高效利用和绿色矿山建设放在首位。着力打造矿区环境生态和谐、开采方式先进科学、资源利用高效合理、企地和谐化良好的国内一流绿色矿山企业。

（一）加强矿产资源综合利用

实现资源利用最大化。通过分区域爆破、精益采矿等方式提高矿石开采回采率，各品种石灰石有效利用，实现了资源利用最大化。提高剥离废岩的利用率，利用已经建成投产的建筑骨料生产线与机制砂生产线消化剥离废岩，形成产品建筑骨料，综合利用率达到100%。

（二）提高矿区绿化面积

实现可绿化面积100%。对矿区终了边坡及时进行恢复治理，进行坡面修整、覆土植草等工作，绿化苗木以黑松、紫薇、国槐、龙柏为主；对破碎加工区运输道路两侧及闲置区域进行美观绿化，种植紫叶李、侧柏、龙柏、毛竹、蜀桧、雪松、扶芳藤、冬青球、绿篱等树木，各品种树木实现有效搭配。目前，矿区绿化面积达到0.2152平方千米，占可绿化面积的100%。将矿区建设成了绿树成荫的“绿色矿山”，园林式厂区，工人及周边群众的生活环境明显改善。

（三）提高作业效率，实现节能减排目标

采用国家推广的露天矿高效开采技术，即穿孔—爆破—铲装—运输工艺。其中穿孔使用国内先进的ZGYX－453志高履带式露天钻机，自带空压机与除尘设施，穿孔作业高效环保；矿山爆破采用深孔毫秒微差爆破技术，使用最先进的电子雷管逐孔起爆，起爆过程安全可靠；铲装工作采用斗容2.2立方米的R944CLC利勃海尔挖掘机，铲装工作节能环保；运输过程使用国Ⅳ标准MT86D矿山车，载重能力55吨，运输过程节能减排。

（四）加强生产过程控制，实现无尘开采

利用洒水车坚持每天三次洒水制度，确保运输道路与矿区周边道路的清

洁；每个工作台面配备雾炮一台，铲装时进行洒水降尘，实现无尘挖掘；每次爆破前后对工作面进行喷水，控制爆破扬尘；敷设喷淋管道与车辆清洗装置；破碎系统采用全密封、扬尘点安装布袋除尘器和喷淋设施，破碎系统无尘生产，实现采掘、运输、破碎零粉尘化作业。

鲁碧公司作为山钢非金属矿山资源供应基地，现有三座矿山，分别是南港里熔剂用石灰岩矿、小上峪石灰岩矿、莱钢白云石矿山。目前，南港里熔剂用石灰岩矿山已经通过实地核查，录入国家级绿色矿山名录，小上峪石灰岩矿已经通过省级绿色矿山验收，正在申报国家级绿色矿山，庙岭口白云石矿也正在进行绿色矿山的验收工作。

五、山东省绿色矿山建设存在的问题

（一）绿色矿山数量较少

山东省水泥灰岩矿山已建成国家级绿色矿山数量 10 家，但相对全省 100 多家矿山来说，数量明显偏少，距离国家绿色矿山建设要求差距较大，在坚持生态文明建设发展要求和新发展理念的背景下，如何进一步提高绿色矿山建设水平，成为加快完成绿色矿山建设任务的当务之急。

（二）地方标准不健全

虽然国家相关文件已出台，但是如何结合地方实际，建立、健全地方绿色矿山标准体系，对促进规范化监督管理，提升矿山企业在生产全周期建设过程中的技术，推进绿色矿山建设进程具有重要意义。如何将山东省水泥矿山的绿色矿山建设标准体系形成各级标准更加融合完善的标准体系，提升绿色矿山建设水平和进程，是接下来工作的重要内容。

（三）绿色矿山建设评价指标不完善

建设和监督监管绿色矿山依据就是绿色矿山建设与评估标准体系。完善的标准体系对于提升矿产资源综合利用水平、降低能耗、保护环境、尾矿治理等方面具有重要意义。

（四）绿色矿山建设相关职能部门融合协调机制不完善

企业承担绿色矿山建设的主体责任，在建设过程中也会与政府职能部门、属地部门、属地群众发生较多的利益关系。因为对绿色矿山建设的目标不同，利益各方对绿色矿山建设的诉求不一致，缺少推进绿色矿山建设的相关协调机制。

（五）矿山企业技术更新不及时

科技创新和智能矿山建设是国家级绿色矿山建设的基本条件，《关于加快建设绿色矿山的实施意见》、《国家绿色矿山建设规范》和《绿色矿山评价指标》中都强调了智能化、科技化、数字化等在绿色矿山建设中的重要作用。但还存在一部分的矿山企业由于经营理念、人才、资金等方面的不足，阻碍了绿色矿山建设新技术的发展应用。

六、对山东省水泥行业绿色矿山建设发展的建议

（一）树牢绿色矿山建设发展理念

牢固树立“绿水青山就是金山银山”的生态文明理念和协调、可持续的发展理念，推动矿山企业转型、提高资源利用率，加强环境保护与恢复，既是深化供给侧结构性改革的需要，也是绿色矿山建设的需要。要将绿色矿山建设理念深入人心，贯穿矿山企业发展的整个过程。矿山企业作为绿色矿山建设的主体，要转变思想和经营理念，主动寻求绿色可持续的发展模式，推动我省绿色矿山建设。

（二）加强政策

找准已出台的国家层面的政策措施与推动山东绿色矿山建设的契合点，出台更多具有针对性的政策措施和建设评价标准体系以及更能鼓励各级部门、推动企业积极开展绿色矿山建设的具体措施。要充分认识到推动绿色矿山建设就是贯彻新发展理念、实现新旧动能转换的具体措施。加大对绿色矿山建设的支持力度，包括专项资金支持和金融信贷措施支持，确保各项支持落到

实处，为进一步快速发展山东省绿色矿山建设提供政策支撑和制度保障。

（三）完善绿色矿山建设标准和评价标准

应该区分不同矿种与开发利用方式，推出不同的符合发展需求的标准，并明确绿色矿山第三方评估标准和要求，建立完整的绿色矿山建设和评估标准体系，采取“典型引路、示范带动、分批实施、逐步落实”的原则，总结推广先进矿山建设经验，寻求绿色矿山建设的新模式，整体推进绿色矿山建设工作有效开展。

（四）建立各方协调机制

研究建立融合政府、职能部门联动企业、第三方评估机构、社会监督力量工作协调机制。矿山企业主动开展绿色矿山建设，政府部门运用各种政策手段加强事前引导，更要积极参与到绿色矿山建设的过程中，做好全周期监管。

（五）示范引领，扩大绿色矿山数量规模

总结国家级绿色矿山建设经验和先进模式，在行业中积极推广，引导符合条件的企业开展绿色矿山建设工作。开展绿色矿山建设试点评估工作，规范绿色矿山章程和管理，推动绿色矿山建设走向规范化道路。

（六）加强属地与企业的沟通

将属地发展与矿山企业发展结合起来。企业在自身寻求发展的同时，要平衡地方政府与当地群众的利益，企业沟通与政府引导相结合，共谋协同发展之路。

（七）推动技术创新

加强产学研交流合作。矿山企业要提升环保理念和社会责任感，推广新技术、新成果应用。加强与相关科研院所及高校和行业协会的交流与合作，借助各类产学研平台，加强交流联系，推广先进技术成果和经验做法，促进矿山企业间的交流，共同发展。

七、结语

推进绿色矿山建设，是一项长久的任务，这需要整个矿业行业牢固树立发展理念，统筹资源保护与发展，以符合生态文明发展要求为前提推进绿色低碳可持续发展，实现资源、环境 、经济、社会各方效益相互统一协调。

参考文献

[1]司芗,张应红,刘立,等. 新时代我国绿色矿山建设与发展的思考[J]. 中国矿业,2020,29(2):59－64.

[2]陈国栋,郭宝奎,刘瑄,等. 对山东省绿色矿山建设与发展的思考[J]. 山东国土资源,2018,34(6):55－58.

[3]国土资源部、财政部、环境保护部、国家质检总局、银监会、证监会《关于加快建设绿色矿山的实施意见》(国土资规〔2017〕4 号)。

[4]自然资源部 关于印发《绿色矿山评价指标》和《绿色矿山遴选第三方评估工作要求》的函(自然资矿保函〔2020〕28 号)。

[5]山东省自然资源厅、山东省财政厅山东省生态环境厅、山东省市场监督管理局、中国银行保险监督管理委员会、中国证券监督管理委员会、山东监管局《关于印发山东省绿色矿山建设管理办法的通知》(鲁自然资规〔2019〕6 号)。

[6]徐向宇. 煤矿环保技术在绿色矿山建设中的应用[J]. 山东工业技术,2018(22):82.

作者简介

张　伟，经济师 ，山东省工业和信息化研究院。

姚树利，工程师，山东省工业和信息化研究院。

李洪文，经济师，山东省工业和信息化研究院。

徐兆伟，工程师，山东省工业和信息化研究院。

9

山东省水泥行业高质量发展路径研究

李洪文　庄涛　陈文

摘　要　水泥行业属于国民经济中重要的基础原材料行业，在我国工业体系中占据着举足轻重的地位，近年来水泥行业在供给侧结构性改革的大背景下面临着艰巨的转型升级的压力。本文系统介绍了山东省水泥行业发展现状，梳理出了当前行业发展面临的突出问题，并从化解过剩产能和推动产品升级、推进绿色发展和循环发展、延伸产业链条和构建产业生态、推进智能化发展、强化创新能力支撑等5方面提出了推动水泥行业高质量发展的路径措施。通过研究，希望能对山东省水泥行业转型升级提供有益的支撑和探索。

关键词　水泥；高质量发展；路径研究

一、水泥行业发展现状

近年来，山东省水泥行业深入推进供给侧结构性改革，在推动产业转型升级、新旧动能转换和高质量发展上迈出了重要步伐。

（一）行业产出保持稳定

近年来山东省水泥产量保持相对稳定，水泥年产量常年徘徊在1.4亿~1.6亿吨（见图1）。其中，2020年度山东全省水泥实际产量为1.58亿吨，同比增长4.05%，占全国的6.6%，居全国第2位。

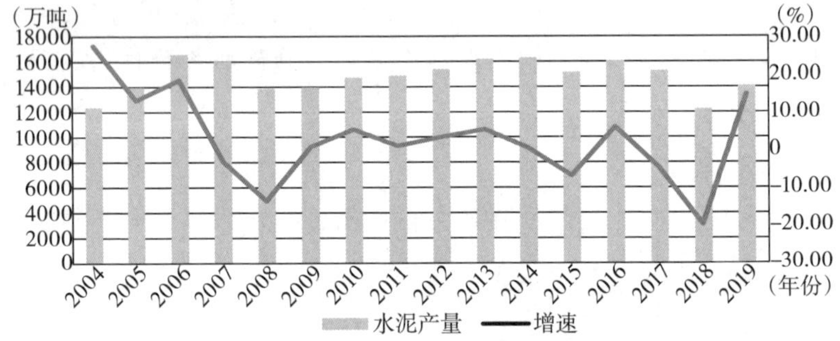

图1　2004—2019年山东省水泥产量与增速

山东省水泥熟料产量也保持了相对稳定的状态，水泥熟料年产量常年徘徊在8000万吨左右。其中，2020年度山东全省水泥熟料实际产量为9100万吨，同比增长10.09%，占全国的5.8%，居全国第6位。

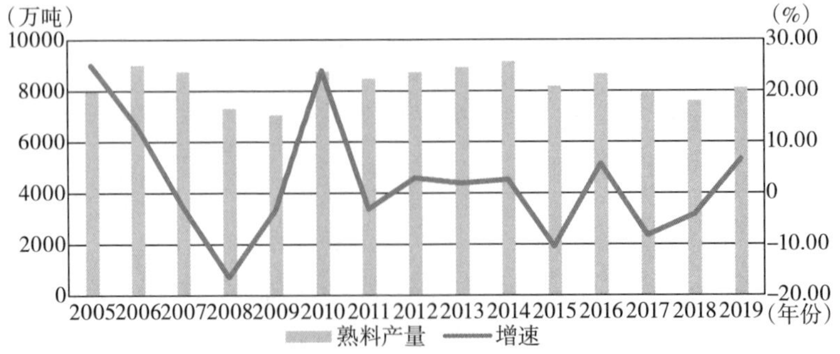

图2　2005—2019年山东省水泥熟料产量与增速

与此同时，山东省水泥熟料新增产能得到有效控制，2016 年以来，全行业未新增一条熟料生产线。

（二）行业规模和结构总体保持稳定

1. 行业总体规模日趋稳定

截至目前，山东全省共有水泥生产企业 323 家，其中，熟料企业 74 家，纯粉磨企业 249 家，熟料生产线共计 115 条；熟料产能超 1.1 亿吨，居全国第 2 位；粉磨产能 3 亿吨以上，居全国第 1 位。

2. 区域分布日渐合理

从地域来看，枣庄全市共有 21 条熟料生产线，熟料年产能 2415 万吨，占山东全省熟料产能比重的 21.61%，高居第 1 位。熟料年产能超过 1000 万吨的地市还有淄博市、临沂市、烟台市、潍坊市和泰安市。

表 1　山东全省重点地市熟料生产线和产能情况

地市	条数（条）	熟料产能（万吨）	占比（%）
山东省	96	11174	100.00
枣庄市	21	2415	21.61
淄博市	11	1349	12.07
临沂市	9	1318	11.79
烟台市	12	1308	11.71
潍坊市	8	1194	10.68
泰安市	9	1029	9.21
济宁市	8	874	7.82
济南市	8	729	6.52

3. 熟料生产线规模结构更加合理

从单线规模来看，山东省熟料日产 2000 吨以下的生产线占比仅为 4.51%，明显低于全国平均水平的 6.93%。山东省虽无万吨线，但规模结构比全国相对更加合理、更具优势。

表 2　山东全省熟料生产线单线规模情况

规模（吨/天）	全国			山东		
	条数（条）	熟料能力（万吨）	比重（%）	条数（条）	熟料能力（万吨）	比重（%）
8000 以上	12	4092	2. 25	0	0	0
5000 ~ 8000	56	11017	6. 06	7	1361	12. 18
2500 ~ 5000	786	111935	61. 53	51	7372	65. 97
2000 ~ 2500	546	42269	23. 23	25	1938	17. 34
2000 以下	281	12610	6. 93	13	504	4. 51
合计	1681	181923	100. 00	96	11175	100. 00

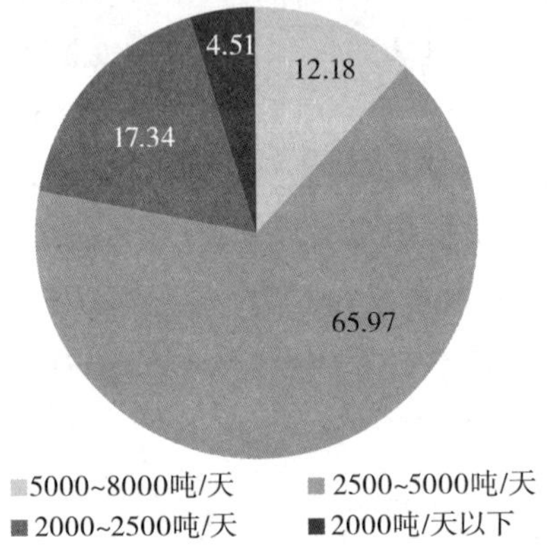

图 3　山东省熟料生产线单线规模占比情况

（三）行业质量和效益稳步提升

1. 产品质量不断提升

近年来，山东省水泥企业通过提升装备水平、优化工艺流程、加强内部管控等措施，水泥产品质量不断提升。同时，针对高铁、核电、管桩等特殊市场水泥需求，积极研发了低碱水泥、核电水泥、管桩水泥。目前，山东省高标号水泥市场占比达到 50% 以上。

2. 水泥价格相对坚挺

自 2016 年起，山东省水泥价格（以 po425 为例）呈现出高于全国市场平均价格的趋势，2019 年山东省 po425 水泥市场均价 510 元/吨，较全国市场平均价格的 438 元/吨高出 16%，从侧面反映出山东省水泥的质量优势和品牌优势。

3. 行业利润相对可观

自 2016 年以来山东省水泥行业利润呈现快速上涨势头，2019 年山东省水泥行业实现利润 170 亿元左右，利润规模约占全国水泥行业利润总量的 10%。

图 4　2008—2019 年山东省水泥行业利润总额

(四) 错峰生产成效显著

为减轻大气污染，缓解产能严重过剩矛盾，促进水泥行业节能降耗，提质增效，山东省水泥企业按照《山东水泥行业 2019—2020 年度秋冬季错峰生产实施方案》《关于山东省水泥熟料企业开展夏季错峰生产的通知》的有关要求，继续全面做好水泥错峰生产工作，全年共计停产 150 天，按照最近发布的《山东省水泥行业错峰生产总结工作报告》显示：2017 年 11 月 15 日—2021 年 4 月 1 日，山东全省熟料企业累计错峰生产 618 天，其间累计减少熟料产量 1.95 亿吨，累计共减少煤炭消耗 2530 万吨，减少二氧化碳排放 1.68 亿吨，减少氮氧化物排放 23.35 万吨，减少粉尘排放 1.71 万吨，为山东省打赢“三年蓝天保卫战”和推进美丽山东建设贡献了力量。

(五) 产业生态逐步完善，产业链上下游不断延伸

近年来，山东省水泥企业注重行业产业链和价值链的构建，不断往上游和下游行业拓展产业链条，不断增强全产业链条的生产协同。山水水泥和中国联合水泥集团等在做好水泥主业的同时，积极打造“水泥 +”产业发展模式，通过向上游发展骨料业务，向下游发展商品混凝土、水泥制品等业务，不断拓展产业链条，增强产业链条的生产协同。目前，在山东省内市场，山水水泥集团骨料年产能超

1200万吨、商混年产能超1900万立方米，中国联合水泥集团骨料年产能1460万吨、商混年产能超1亿立方米，山东鲁碧水泥的商混年产能超800万立方米。

二、山东省水泥行业存在的突出问题

山东省水泥行业依然遵循传统的增长模式、过于追求量的增长的发展方式仍然没有从根本上得到改善，特别是在消化过剩产能、提升行业集中度和规模效应、延伸产业链条并优化产品和产业结构、绿色工厂和产业智能生态建设等方面依然任重道远。

（一）产能严重过剩，淘汰落后产能方面力度不足

1. 供需矛盾突出

近年来，山东全省水泥年产量稳定在1.5亿吨左右，而省内对水泥的年需求一般在1.2亿~1.3亿吨，产能利用率自2017年以后一直低于全国平均水平，维持在65%左右的较低且不合理的产能利用率水平。

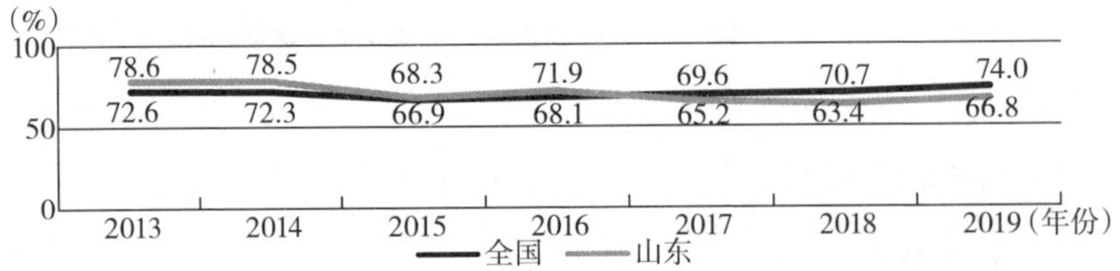

图5　2013—2019年全国及山东水泥熟料产能利用率

2. 去产能工作推进缓慢、低端低效产能仍大量存在

截至目前，山东全省仍有16条日产2000吨以下的水泥熟料生产线在保持运转（含特种水泥窑）；正常生产的粉磨企业中，年设计产能100万吨以下的还有150家，占粉磨企业总数的60%，平均设计产能仅为56.3万吨。

（二）产业集中度较低，规模效应不强

山水、中联、泉兴3家企业作为山东熟料产能前三大企业，合计熟料总产能占山东全省比重为65%，与其他熟料生产大省相比，山东省占比相对较低，仅处于中游水平。

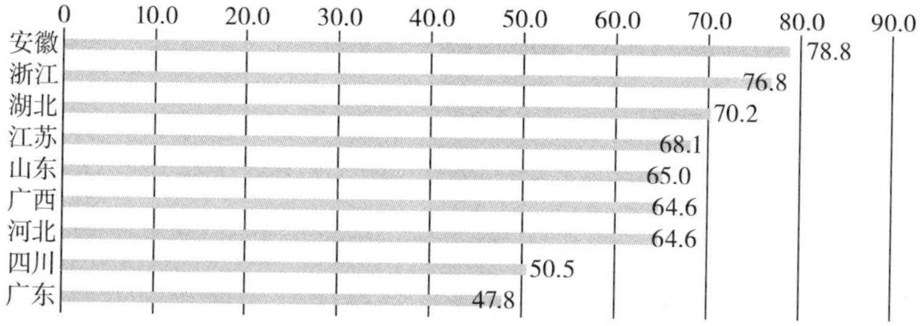

图 6　全国熟料产能排前列省份的前三家企业生产集中度

（三）产品结构和产业模式有待进一步优化，急需培育行业增长的新动能

1. 从产品结构来看

首先，混凝土与水泥制品行业的发展参差不齐。山东全省 2020 年度商品混凝土完成 18724 万立方米，同比增长 1.62%；水泥电杆完成 63.71 万根，同比下降 23.88%；水泥混凝土桩完成 1422 万米，同比增长 1.21%。其次，预拌混凝土产量与先进省份相比还有较大的差距。山东全省 2020 年度商品混凝土完成 18724 万立方米，占全国的比重约为 6.6%，远低于江苏、浙江的产量。山东省低端水泥及产品占比仍然过高。尽管全国已全面取消复合 32.5 级水泥，但山东全省多数纯粉磨企业仍在生产其他品种的 32.5 级水泥，低端水泥仍占一定市场份额。反观工业发达国家，建筑工程使用平均为 C50 ~ C60 的混凝土等级，水泥品种则以 52.5 和 62.5 高等级水泥为主导。

2. 从产业模式来看

山东省水泥行业对原有的传统的经营和商业模式有较强的依赖性，产业定位还是囿于原材料制造商而不是全产业链服务商，在新动能加持的新的产业模式方面还有诸多不足，比如在大数据智能化结合创新商业模式方面进展不足；在跨界融合延伸产业链条大力发展行业服务业方面力度不够；在产学研用结合大力发展新型无机非金属材料延长新材料产业链方面还有很大的发展空间。

（四）绿色和智能工厂建设进度缓慢

1. 绿色工厂建设方面

部分企业对绿色发展认识不够，不重视，整体推进缓慢。水泥行业绿色工厂应该具有原料和燃料是绿色无污染的、生产过程中确保废气和废渣的排放达到甚至超过有关环保标准、产品质量符合国家标准并且不对环境造成过多负担等诸多特点。但从实际情况来看，部分企业对绿色发展认识不够，对绿色工厂建设工作不重视，整体推进缓慢。特别是在水泥窑协同处置危险废物方面推进力度不够。一和废废数据显示，截至 2019 年 4 月 30 日我国已有 20 个省（自治区、直辖市）存在水泥窑协同处置危险废物的产能，规模前五名的省份分别为浙江（83 万吨/年）、广西（32 万吨/年）、福建（27 万吨/年）、陕西（23 万吨/年）和江苏（22 万吨/年），合计规模占全国总量的 56%，反观山东省的规模仅为 3.7 万吨/年，与上述省份相比差距明显。

2. 智能工厂建设方面

一方面，企业智能化水平仍处在初级阶段，虽然信息技术在水泥企业运营和生产等各环节得到推广运用，但主要还是聚焦在制造环节的“小数据”，整个水泥行业产业链的智能化水平仍然很低，重要骨干企业也未能搭建涵盖产业上下游的智能化高效协同的产业生态“大数据”，水泥行业智慧园区、智能工厂建设仍然任重道远。另一方面，受政府对水泥行业智能化政策及资金支持力度不够的影响，企业受制于资金不足和对现有装备的依赖，普遍对智能改造的投入力度有所不足。

三、山东省水泥行业高质量发展的路径探索

（一）化解过剩产能、推动产品升级

化解过剩产能应以《水泥行业去产能行动计划（2018—2020）》的有关精神为指引，通过清理不合规产能和淘汰落后产能从而完成国家布置给山东省的水泥熟料去产能 1400 万吨、粉磨站企业数量淘汰 25% 的任务。此外，化解过剩产能和推动产品升级工作还可以从以下三个方面探索。

1. 探索利用市场机制去产能

一是组建区域化市场平台，大企业带头优化区域市场布局，通过企业间的兼并重组，采取互相持股、委托运营、资产交换等方式共同组建区域性水泥平台公司，从而达到清除长期闲置的生产线、提高市场集中度，进而缩减产能的目的。二是适时争取设立去产能专项资金（基金），积极争取财政补贴资金的支持，创新多种筹措补贴资金的办法，用于主动淘汰落后产能的生产线以及推出职工的生活安置和就业补贴。

2. 不断优化错峰生产工作

错峰生产是水泥行业供给侧结构性改革的重要方面，在降低库存、倒逼产能方面发挥了重要作用。应以工业和信息化部《关于全面推进水泥行业错峰生产的实施意见》的具体要求为依据，推动水泥行业错峰生产实现常态化，认真落实错峰生产具体方案全面开展好秋冬季错峰生产和夏季错峰生产。特别是对错峰生产期间承担供暖任务的企业，应在采暖季结束后由企业自主安排来补齐错峰生产时间；对于那些承担协同处置任务的企业应采取多线轮停、单线多时段停产等方式落实错峰政策。

3. 加快特种水泥和专用水泥研发，提高高端产品市场占比

一是引导水泥企业主动与国家、省市重点项目对接，依托现有水泥生产线，综合利用废渣发展高标号水泥和满足海洋、港口、核电、隧道等工程需要的特种水泥等新产品；二是针对硫（铁）铝酸盐水泥生产过程煤耗低、污染小的特点和产品快硬、高强、膨胀、抗冻、水化热集中释放、耐腐蚀和防水的优势，鼓励大企业集团加大该产品的研发投入，推进产品多样化，全面提高服务社会建设能力、提升行业产品价值；三是引导山东全省水泥企业逐步停止生产32. 5级水泥，重点生产42. 5级及以上等级产品，探索开展绿色产品认证工作。

（二）推进绿色发展和循环发展

推进绿色发展重点在于推进生产、运输、使用全环节超低排放，积极采用二代水泥技术标准对现有熟料生产线进行改造提升，积极采用超低排放技术及装备，围绕熟料基地布局混凝土业务，减少水泥运输流程，降低粉尘排

放。此外，还可以从以下三个方面探索推进相关工作。

1. **推进前端能源低碳化**

一要积极开发新燃料。加快探索“煤改气”“煤改电”等燃料升级措施，降低化石能源消费和二氧化碳的排放，加快实施熟料生产线燃料替代改造工作。二要积极开发利用降低能耗的新技术新装备。大力推广低能耗烧成和低能耗绿色粉磨技术及装备，从而全面降低煤耗和电耗。

2. **提高后端资源综合循环利用水平**

一要提高固体废弃物综合利用水平，建设一批工业固体废弃物综合利用产业基地。二要提高烟尘废气综合利用水平，扩大二氧化碳延伸产品的价值。三要整合利用砂石骨料用尾矿、废石等资源，提高资源综合利用水平。四要加快水泥窑协同处置城市垃圾和固体危险废物，实现水泥企业功能的拓展。通过完善水泥窑协同处置和废渣综合利用的技术标准，提高行业的绿色化发展程度。

3. **大力推进绿色工厂建设**

一要坚持高标准引领。贯彻落实好《促进绿色建材生产和应用行动方案》的有关精神，开展绿色标准制定和绿色建材、绿色工厂的评价工作。二要推进绿色园区建设。以市场需求为指导，以水泥和熟料生产基地为依托，综合整合协调水泥、冶金、砂石骨料、预拌混凝土、水泥制品等行业，以绿色园区建设标准为指引，以规范的行业重点企业为主体成立产业园区，形成合理的规划布局。从供给侧入手，构建全产业的绿色供应链。

（三）延伸产业链条、构建产业生态

通过提升行业集中度，打造领航型水泥集团，在此基础上不断延伸企业上下游产业链条，推动行业发展方式的转变。

1. **提升行业集中度**

推动中联水泥和山水集团进一步提高行业集中度，力争早日完成《2020年水泥行业去产能行动计划》规定的前两家大型水泥熟料企业的产能集中度要达到65%的目标。

2. **延伸上下游产业链条、增强业务协同**

重点围绕搭建行业的全产业链条，整合上游砂石骨料企业打造绿色环保

型砂石骨料基地，向下游大力发展高性能商混和节能环保、功能性好的水泥制品，从而打造生产运营环节顺畅、上下游业务高效协同的产业生态。

3. **推动行业发展方式改变**

加快水泥企业研发设计、精深加工、物流营销、电子商务、工程服务等多种新业态和新的经营模式的发展，大力发展行业服务链，延伸行业功能，推动水泥行业由原材料制造商向全产业链服务商转变。

（四）推进智能化发展

应以工业和信息化部《建材工业智能制造数字转型三年行动计划（2020—2022年）》为指引，抢抓智能化制造机遇期，并重点做好以下三个方面工作。

1. **加快推动智能化改造项目，建设水泥智慧工厂**

推进行业智能化建设，改造和提升生产、运营、售后等各环节的智能化水平，深化互联网、物联网、云计算、大数据等智能化技术在水泥生产过程中的研究和应用示范，加快现有生产线智能化改造。

通过以物联网、大数据、人工智能等新一代信息技术的加持，融合生产流程、供需流程、经营管理等各环节，打造水泥制造全过程装备系统智能化、生产运营信息化、过程数据可视化、协同管理智慧化的智慧工厂，实现产品全生命周期智能管理。

2. **推动智能化标准建设**

积极完善有关水泥行业智能制造的标准和服务体系指标建设，通过建立行业智能制造标准体系、开展智能工厂和数字矿山的标准制定、建设行业智能制造标准试验验证平台等举措，进一步完善行业生态体系的构建。

3. **推动电商平台和互联网采购平台建设**

积极应用互联网技术，推动水泥企业实现线上销售和自助销售，提升客户购买体验和便利性，提高企业营销管理效能，降低销售成本，扩大企业和产品宣传。基于云计算、大数据、智能技术，打造新一代水泥企业数字化采购平台，实现采购标准化、物流智慧化、仓储数字化，推进水泥企业采购模式从传统型向互联网化、数字化转型。

（五）强化创新能力支撑

1. 着重做好技术攻关

着重推进二代水泥技术装备的攻关和试点工作，重点在燃料替代、窑炉功能完善、能耗和排放的降低、智能化运用等环节实现突破。

2. 打造行业技术创新平台

围绕行业重大需求、前瞻性问题，依托优势骨干企业，整合全省行业创新资源，着力建设一批省市重点实验室、工程研究中心、工程实验室，积极创建国家级实验室，辐射带动山东省水泥行业创新发展，并面向全行业提供技术服务。

3. 加强产学研合作

充分利用高等院校、科研院所、大企业集团人才富集、技术专业、研发力强的资源优势，积极开展产学研项目合作，引导高等院校开展科技下企业、科研人员到企业挂职工作，为山东省水泥行业提供技术服务支撑，积极推动高等院校和科研院所成果转化。

参考文献

[1]李琛．关于赴日本调研水泥资源综合利用和去产能经验的报告[J]．中国水泥,2018(3).

[2]孔祥忠．不忘引领协调服务初心牢记行业高质量发展使命[J]．中国水泥,2019(8).

[3]孟帆,孟宪红．产能严重过剩水泥行业何以盈利[J]．市场观察,2018(12).

[4]唐婧．海螺集团在高质量发展道路上笃定前行[J]．中国水泥,2020(2).

[5]孔祥忠．水泥行业的高质量发展与企业的创新能力[J]．中国水泥,2019(12).

作者简介

李洪文，经济师，山东省工业和信息化研究院。

庄　涛，高级经济师，山东省工业和信息化研究院。

陈　文，工程师，山东省工业和信息化研究院。

10

山东省新能源汽车产业强链与补链研究

李尚达　宋鹏飞　程琳

摘　要　新能源汽车产业是推动经济发展方向转变，促进经济增长的战略需要，是我国实施“以内循环为主的双循环战略”的重要支撑产业。当前，我国经济增长与资源环境矛盾日益尖锐。发展节能与新能源汽车，是政府关注的焦点和汽车企业研发的重点，同时有助于解决国内光伏产业产能过剩问题。

关键词　节能与新能源；　汽车产业链；　强链补链；　高质量发展

一、研究背景与意义

（一）新能源汽车方向是全球共识

近年来，面对日益突出的环境污染问题，国际汽车产业已将发展重点转向新能源汽车。美国从研发与产业化支持、消费刺激、基础设施建设、示范推广等多方面出台政策，支持新能源汽车发展，特斯拉已成长为具有国际影响力的新能源整车企业。德国多维度促进新能源汽车产业发展，奔驰、宝马等企业已经制定电动化时间表。日本数十年一直致力于新能源汽车研发，新能源汽车技术已领跑世界。韩国计划到2030年把公交车、出租车和小型卡车全部转换成电动汽车。挪威、荷兰、法国等欧盟国家先后宣布2035年左右全面禁售燃油车计划。新能源汽车已经成为国际汽车产业发展的大趋势和新一轮竞争焦点。

（二）我国新能源汽车产业高速发展

国家层面高度重视新能源汽车产业发展。习近平总书记指出："发展新能源汽车是我国从汽车大国迈向汽车强国的必由之路，要加强统筹规划，加大研发力度，认真研究市场，用好用活政策，开发适应各种需求的产品，使之成为一个强劲的增长点。"国务院提出"严格控制新增传统燃油汽车产能，原则上不再核准新建传统燃油汽车生产企业，积极引导新能源汽车健康有序发展"。五部委联合发布《乘用车企业平均燃料消耗量与新能源汽车积分并行管理办法》，引导传统汽车企业加快向新能源方向转型，这将为我国新能源汽车产业营造更大的发展空间。2019年，全国生产新能源汽车124.2万辆，连续五年居世界首位，我国已经成为新能源汽车产销第一大国。

（三）山东是国内新能源汽车生产基地

近年来，在市场导向下，在国家和省一系列政策支持下，山东省新能源汽车产业规模不断壮大，持续高速增长。全省共有新能源汽车生产企业近20家，产品涵盖纯电动乘用车、纯电动客车、插电式混合动力客车、燃料电池客车、纯电动专用车等多个种类，成为全国重要的新能源汽车生产基地。全省拥有新能源汽车零部件生产企业近百家，锂离子动力电池、电机、电控等核心零部件在全国占有重要市场，全铝车身等自主创新项目实现了重大突破。充电基础设施建设稳步推进，为新能源汽车推广使用提供了重要保障。

二、产业发展内容与方向

（一）新能源汽车应成链发展

电动汽车产业化和运营商业化的发展，为电动汽车产业链上下游，特别是关键零部件产业、电池和材料产业以及输变电储电设施提供了发展机会。新能源汽车产业链建设包含三个关键环节：研发、制造、应用（含充电站和加氢站）。在新能源汽车占主导地位的新型汽车产业链中，价值链发生变化，利润向下游延伸。新能源汽车生态系统不仅包含原始设备制造商和消费者，也包含经销商、零售商、服务中心、电池制造商、电力工业、充电网络。新能源汽车产业发展，是上下游产业链同步发展过程。车用燃料电池/蓄电池、电机、电控系统是新能源汽车核心技术之一，可以带动相关能耗设备的高效化和清洁化，助推新能源技术加速发展。

（二）新能源汽车和智能电网联动共进

智能电网建设产业链下游涉及新能源汽车应用和发展。传统电力系统现有的用电方式，难以处理电力系统削峰填谷问题。电动汽车作为分布式的储能装置，可以通过协调控制其充放电过程，实现错峰储电放电，实现系统的削峰填谷，同时通过电动汽车充放电优化控制，可以平抑风力和太阳能发电的波动，提高新能源发电的利用效益和电网接纳新能源发电接入的能力。比如，在晚上用电低谷时期对电动车进行充电，将能量保存在电池里，从而实现削峰填谷。电动车的广泛普及，能起到一定程度的稳定电力的作用，电动车将成为利于民生的电力传导工具。在这一设想下，建立的电网将具有一定的自我调节能力，电力系统的发、输、配、售、用及调度等各个环节将会形成有效的互动，成为一个智能化的有机整体，从而极大地提高电力系统的安全性和可靠性。可以预计，作为智能电网建设的重要组成部分，新能源汽车将带来电力系统的一场革命。

三、不同领域内的山东短板

山东省新能源电动车产业链短板主要集中在关键技术和核心零部件领域。新能源乘用车“缺芯少核”，高速电动车用锂电池、纯电控制系统、高性能电机均存在短板缺环。亟须投入省级资源进行补强，通过市场作用引导产业链补全关键环节。

新能源商用车已在全国产业链中拥有一席之地，自身链条较完善，需针对氢燃料电池堆、制氢、储氢设施和加氢站等核心领域进行有针对性的补强。

四、补链、强链措施

（一）完善整车产业链

根据山东省整车发展特点，主要发展纯电客车、插电式混合动力客车、纯电动物流车、纯电动专用车、燃料电池客车、智能网联汽车。新能源乘用车不建议作为发展重点。

1. 纯电动客车

研究下一代高效纯电动汽车动力平台技术，研制高功率密度、高扭矩密度驱动电机系统，突破动力电池系统全气候应用难题，提高其系统能量密度；研制具备深度制动能量回收的纯电动商用车高效制动能量回收系统及其控制器，解决电动商用车全工况深度制动能量回收能效与制动安全协调控制难题；研发高压系统电力电子一体化集成与应用技术，实施系统功能安全设计，实现纯电动商用车高压系统的高可靠性和高安全性；研发基于镁/铝合金、高强钢等新材料新工艺的应用，突破纯电动汽车的轻量化新技术；强化复合材料应用，探索攻关整车热管理技术，提高能效水平。

2. 插电式混合动力客车

突破高性价比插电式混合动力系统及整车关键技术，在继承自主研发同轴并联混合动力系统高可靠高耐久性基础上，研制全工况高效高性价比插电式混合动力驱动系统，开发多动力链单离合变速耦合驱动系统，深度挖掘基于 AMT 自动变速箱的多动力源充分解耦机制，探索多动力源多模变速耦合驱动系统；研究整车一体化最优集成控制技术，开发高效混合动力专用发动机、一体化集成控制器、机械/电动双耦合助力转向、环境功率负荷调节空调等关键零部件，研究高强钢、镁铝合金及结构拓扑优化等整车轻量化技术。

3. **纯电动物流车**

研究纯电动物流车的制动、助力转向防丢技术、电子驻车制动系统等专业技术的开发应用，引入安全失效模式与潜在后果分析设计方法，采用多举措的主动及被动安全技术，提高整车的安全性、可靠性，达到行业领先的安全可靠性匹配设计水平；提高动力电池系统的安全性、可靠性及环境适应性，提高整车在复杂工况下的续航能力。改善纯电动物流车车架结构，通过新材料、新工艺的应用实现整车轻量化，全路况强化道路模拟试验保证轻量化后结构的可靠性。

4. **纯电动专用车**

重点围绕纯电动环卫车，与行业先进零部件企业共同开发环卫车纯电动底盘，实现整车轻量化、底盘电控系统及上装作业电控系统的融合。围绕环卫作业管理需求，运用现代化的信息技术，结合物联网、大数据、云平台，开发环卫作业管理平台及车辆终端，实现车辆定位及行驶轨迹、人员考勤和调度、故障诊断及预警、工作量和油耗等作业信息收集及大数据分析等管理功能，基于环卫汽车电动化平台建立智能环卫的整体解决方案。引进和培养高端专业技术人才，掌握信息处理、电控等核心技术，完成纯电动洗扫车、抑尘车、洒水车、压缩式垃圾车等各品系新能源环卫车的研发，实现推广应用。

5. **燃料电池客车**

重点突破整车多能源匹配与管理、车载氢安全管理与防护、辅助动力系统集成匹配、整车综合热管理、智能化控制、能量管理、故障诊断和容错控制以及整车轻量化等关键技术。支持开展国产燃料电池系统与国际先进系统对比测试和评价研究。突破燃料电池商用车工程化与产业化、动力系统匹配、氢—电—结构耦合安全等核心技术，提升整车稳定性、可靠性和环境适应性。重点发展面向城市用大中型燃料电池公交车，面向机场接驳、景点旅游、班车通勤等燃料电池客车。加快发展面向城际、城乡、城区、园区等领域的燃料电池物流车。

6. 智能网联汽车

建设基于多源传感器融合感知与车辆定位技术、最优路径规划与行为决策技术、线控底盘横向与纵向耦合姿态控制技术为架构的完整 L3 级智能驾驶汽车平台和体系；通过自动驾驶底层执行系统线控制动、线控转向、驱动控制三大模块的开发及标准化感知系统的系列化配置与标准化接口，实现标准化线控底盘的开发。完成车载以太网域控制器的混合车载网络、高吞吐低延时多类别传感器融合感知、车辆横向与纵向耦合姿态控制、多车多目标协同控制、基于云控 5G、V2X 基础平台的车联网与信息安全等关键核心技术突破；研发符合中国路况和驾驶习惯的智能辅助驾驶技术，并实现产业化应用。

（二）关键零部件和原材料

围绕燃料电池、驱动电机、整车控制器、先进动力传动系统、关键材料五大领域，加强关键技术研发，鼓励自主研发和引进及合资合作，尽快开发生产出系列化、标准化、高水平零部件产品，满足产业发展配套需要。

1. 燃料电池

重点突破燃料电池电堆关键技术，开展催化剂、质子交换膜、膜电极、双极板等核心技术研究，掌握电堆氢、空、水、电、热综合管理控制技术，提高电堆产品性能和寿命，提升高低温环境适应性，降低成本。加大辅助系统关键零部件技术研发力度，突破燃料电池大功率 DC/DC 变换器、大功率电动空压机、大功率氢气循环泵、加湿器等关键零部件技术，完善关键零部件产业链，推进燃料电池发动机开发，尽快形成系列化、产业化。

2. 驱动电机

重点突破驱动电机及其控制技术、高速电机及电机控制器与高效减速箱集成一体化技术、机—电—热集成设计技术及电磁兼容技术。加快推进永磁电机及其控制器的研发及产业化。研究集成电力电子控制器产品的可靠性及测试方法，探索基于功率器件级集成的多变流器拓扑结构和绝缘栅双极型晶体管芯片集成封装技术。加快推进高功率密度电驱动系统的开发及产业化。

3. **整车控制器**

重点突破基于机电一体化纯电动动力总成整车控制技术、电动车智能化车网融合技术。加快开发多能源管理系统，推进车载信息系统、车用传感器和执行系统的研发及产业化，为下一代纯电驱动汽车开发提供技术支撑。

4. **先进动力传动系统**

重点突破电动汽车电机变速箱一体化耦合技术，掌握电驱动总成批量制造生产工艺与高效检测等产业化技术。大力推进高效耦合传动系统、电驱动桥、轮边电机和轮毂电机的开发及应用。

5. **关键材料**

重点研发用于车身、零部件和整车制造的非金属复合材料、高强度轻质合金、高强度钢等轻量化材料。着力支持关键材料研发及产业化，形成有核心竞争力的产品，打造一批国内先进的关键材料生产企业。

（三）通过产业集聚构建产业链

以集聚集约发展为导向，打造行业龙头企业，围绕产业链布局创新链，加大“强链”“补链”力度，搭建公共服务平台，完善产业链并加快向价值链中高端攀升。

1. **鼓励龙头企业做优做强**

凝聚力量，推动新能源汽车及关键零部件骨干企业发展，打造一批具有竞争力的新能源汽车领军企业。支持中通客车开展产品研发和技术升级，积极开展燃料电池发动机及整车集成研发，抢占产业发展前沿，打造国际知名新能源汽车生产企业。支持时风集团优化产品结构，开拓纯电动物流车市场。加强龙头企业与国内外大型汽车企业集团的技术及资本合作，鼓励开展并购重组，提升企业核心竞争力。

2. **聚焦产业链提升**

充分利用现有产业基础及集群优势，进一步加大“强链”“补链”力度。全面梳理整车企业的供应商分布情况，筛选一批产品附加值高、供应量大的关键核心零部件生产企业，开展定点招商活动，填补省内空白，逐步提高省内配套率，构建较为完整的新能源汽车产业链。

3. **搭建公共服务平台**

围绕新能源汽车产业发展重大需求，统筹各种资源，采用整体引进、合资合作等方式，加快引进和培育专业服务平台，鼓励服务平台深入研究企业在技术开发、质量检测、人才培训、工业云计算等各个方面的需求，提供全方位的服务。

（四）培育企业作为产业链创新载体

实施创新驱动发展战略，培育企业创新主体，搭建公共创新平台，攻克关键核心技术，使创新成为引领新能源汽车产业发展的核心动力。

1. **培育企业创新主体**

支持骨干企业加强国家级、省级技术创新平台建设，加大研发投入，自主开发整车和关键零部件核心技术；鼓励开展跨国并购，建立境外研发机构，引进技术消化吸收再创新，充分利用国际先进技术和人才，提高创新能力和水平。重点打造中通客车和时风集团两个国家级企业技术中心。密切与国际设计机构合作，引入国际先进的工业设计理念，创新整车产品设计，让新能源汽车产品与世界顶尖设计制造接轨，达到国际先进水平。

2. **推进产学研合作**

深入推进“政产学研金服用”创新创业共同体建设，依托政府与国内高等院校科研院所建立的合作机制，积极组织骨干企业与中国科学院、清华大学、北京理工大学等开展合作，借助高等学校、专业院所的力量和科研优势，加快吸引转化一批科研成果，引进高水平配套研发机构，提高企业研发实力和产业化步伐。通过自主创新、集成创新、协同创新等方式，加快攻克一批关键核心技术，服务产业发展。

3. **成立技术创新联盟**

以产业集群技术创新需求为导向，以形成产业核心竞争力为目标，围绕产业技术创新链，充分发挥骨干企业带动作用，以中通客车、时风集团为龙头，联合天海汽车电器、通洋氢能动力、通盛制冷等零部件企业，成立覆盖新能源汽车产业链的技术创新联盟，打造新能源汽车产业创新共同体。技术创新联盟要汇聚知名大学和科研机构的创新资源，开展技术合作，突破制约集群发展的核心技术，强化引进和培养人才，提升产业集群整体竞争力。

（五）着力提升产业链产品质量

把质量建设作为提高产业竞争力的根本要求，大力培育龙头企业，严控产品质量，提高品牌影响力，全面提升汽车产业市场竞争力。

1. 坚持质量领先

以全面提升技术水平为突破口，以提高安全性、可靠性、降低故障率为目标，加强技术研发、质量保证、营销服务能力建设，增强企业综合竞争力。加强新能源汽车产品质量监督管理，强化产品质量专项执法，严厉查处不符合国家强制性标准和未经强制性认证等违法行为。加强车辆生产一致性监管，督促企业落实诚信自律承诺制度，打造一批质量过硬的新能源汽车生产企业。

2. 强化品牌建设

实施品牌战略，提升品牌意识，全面提高新能源汽车的国内外综合影响力。鼓励企业利用国际产业合作、国内外重大活动等机会推广品牌。借助“好品山东”网络营销平台优势，助推名牌企业进行产品宣传推广和市场开拓，大力提升山东省新能源汽车产业集群的品牌形象和产业吸引力。

（六）突出跨界融合

推动新能源汽车与信息、通信、能源等产业融合发展，构建新型产业生态圈，加快推进智能制造，推动智能网联汽车研发，积极拓展后市场服务，实现优势互补、研发协同和成果共享，提升全要素生产率。

1. 加快推进智能制造

引导企业加快实施智能制造，推进汽车整车及零部件企业智能车间、智能工厂建设，加快智能制造相关技术和装备在生产过程中的应用，提高生产效率和产品质量稳定性，实现大批量、个性化、定制化生产。到2022年，全省新能源汽车骨干企业智能化水平大幅提升，骨干企业研发、生产、销售等全面实现一体化智能转型，主要产品单耗达到国际先进水平。

2. **推动智能网联汽车研发**

围绕核心技术环节，加紧布局智能网联汽车关键技术攻关，鼓励和支持整车企业协同开展技术研发，推动智能网联核心技术研发及产业化。加快推动宽带网络基础设施和智能网联汽车数据平台建设，鼓励企业开展智能网联汽车应用试点和示范，实现智能网联汽车大数据交互，优化资源配置，提高服务水平。根据企业需求，选择若干典型路段用于智能网联汽车道路测试，推进产业化进程。

3. **积极拓展后市场服务**

鼓励企业充分利用云计算、大数据等先进技术，开展消费者多元化需求挖掘工作，创新引导消费者出行和服务模式，推动汽车企业向生产服务型转变，促进产业链向后端延伸，价值链向高端发展，打造集交通物流、共享出行、用户交互、信息利用等要素于一体的网状生态圈。鼓励优势企业拓展汽车金融业务，打造立足于新能源汽车主业的金融服务体系。支持开展二手车交易、维修保养、汽车租赁、汽车文化等后市场服务，带动社会物流、电子商务、房车营地、汽车运动等其他相关服务业同步发展。

（七）发展绿色制造

坚持产业发展与绿色低碳相协调，坚持合理利用水资源，倡导汽车产品设计、制造、使用、回收等全生命周期绿色发展。

1. **积极推行绿色制造**

鼓励和引导企业在车间设计建设、产品研发制造、商品使用和报废回收等各个环节主动采用生态理念和评价标准，推动绿色制造技术创新和产业应用示范，将新能源汽车打造成全省制造业绿色发展的标杆。支持新能源汽车制造装备绿色改造，推进绿色供应链建设，生产企业在设计生产阶段应采取环境友好设计方案，确保产品具有良好的可拆解、可回收性。持续推进关键零部件，特别是各大关键总成的再制造，提高新能源汽车及零部件回收利用效率。

2. **构建长效发展机制**

推动废旧动力电池回收利用。采取动力电池梯级利用和回收管理等循环经济模式，建立健全废旧动力电池循环利用体系，确保经济效益、社会效益与环境效益的紧密结合。鼓励企业开展动力电池拆解回收，推动废旧动力电池回收利用产业化，建立稀有金属资源化循环产业链，形成上下游企业联动的动力电池回收利用体系。

五、保障措施

加强组织领导。构建由省领导牵头的新能源汽车产业集群协调推进体系，强化协调、统筹运作；充分发挥新能源汽车产业集群专班作用，积极谋划、落实政策。结合本地实际和产业发展目标，研究制定具体措施，推动重点项目建设；有关部门健全工作机制，强化协同配合，统筹协调新能源汽车产业发展中出现的重大问题，形成发展合力，促进规划落地见效。

加大政策支持。制定和完善有利于新能源汽车产业发展的政策措施。各类专项资金对新能源汽车重大投资项目、关键核心技术研发及产业化、燃料电池汽车整车集成开发及推广等给予重点支持。充分发挥新旧动能转换投资引导基金作用，帮助企业积极申报省级引导基金。落实优惠政策，吸引高端人才创新创业。制定基础设施建设配套支持政策，重点推进加氢站和充电设施网络建设，明确并简化项目审批手续，支持有条件的企业积极参与建设新能源汽车配套基础设施。优化新能源汽车使用环境，鼓励各级政府机关、公共机构、公交等领域优先采购、使用新能源汽车，在车辆上牌、年检、停车等方面给予优先。

推进项目建设。积极落实大项目带动战略，围绕新能源汽车技术重点和发展方向，筛选一批经济效益好、技术含量高、辐射带动强、产品填补空白的重大项目，列入新旧动能转换重大项目库，在项目审批、建设用地、资金扶持、服务保障等方面予以优先支持。各级政府对入库项目强化跟踪服务，必要时采取一事一议方式协调解决项目建设遇到的困难问题，促其早投产、早见效，为新能源汽车产业发展积蓄力量。

抓好双招双引。抓住“一带一路”建设、国际产能合作等重大机遇，大力开拓国际、国内两个市场，做好“引进来”“走出去”两篇文章，打造共建共享、互促互赢的合作局面。加快引进填补全省汽车产业链空白和为整车企业配套的核心零部件研发制造企业，鼓励利用外资及引进相关技术和高端人才，为汽车产业发展注入新动力。鼓励优势企业加大出口力度，积极寻求投资、技术、管理等方面合作，由产品输出向服务、技术、标准输出模式转变。

强化人才支撑。建立全方位、多层次的新能源汽车产业人才队伍引进培养体系，加强领军人才、高层次和高技能人才队伍建设。支持企业与高等院校、科研院所加强合作，联合培养一批掌握前沿技术的科技人才和具有先进理念的管理人才。支持职业技术学校、职业教育实训基地建设，开展订单式、专业化教育，大力培养新能源汽车产业发展所需的高级技工。鼓励新设、扩充新能源汽车专业，重点加强车辆工程、汽车电子、机电一体化、电化学、新材料等相关学科建设。逐步形成多层次、多渠道的人才引进和培养体系，为新能源汽车产业发展提供坚实的人才保障。

参考文献

[1]吴腾奇．车联网发展现状分析及展望[J]．汽车工业研究，2016(4).

[2]陈泽宇,熊瑞,孙逢春．电动汽车电池安全事故分析与研究现状[J]．机械工程学报,2019(24).

[3]郑贵华,李呵莉,潘博．财政补贴和税收优惠对新能源汽车产业 R&D 投入的影响[J]．财经理论与实践,2019(4).

作者简介

李尚达，工程师，山东省工业和信息化研究院。

宋鹏飞，工程师，山东省工业和信息化研究院。

程　琳，高级经济师，山东省工业和信息化研究院。

11

山东省农机装备产业高质量发展研究报告

宋鹏飞　李尚达　王文平

摘　要　中国农业发展面临复杂的国内外形势，国家粮食安全战略地位突出。由于突如其来的新冠肺炎疫情及全球贸易摩擦等原因，一些国家和地区的粮食供应链受到巨大冲击，全球粮食供应链的建设也受到了前所未有的关注。虽然我国粮食产量连续5年保持1.35万亿斤，人均粮食占有量高于国际粮食安全标准线，但是国内相对高昂的粮食成本，农民收入增长困难，个别领域对进口粮食的依赖依然对我国粮食安全带来巨大隐患。有调查表明，我国的大米、玉米、小麦、大豆等粮食作物成本高出发达国家几十到几百美元每吨。国内大豆每年进口9870多万吨，接近全球的60%交易量，尤其是全国畜牧业对进口粮食依赖大，对我国粮食安全带来较大隐患。农业发展是全面建成小康社会，实现乡村振兴的基础，而农机装备化水平的高低决定着农业发展进程以及农业竞争力的强弱。农业离不开农机装备，农机装备在农作物种植及生产环节必不可少，很大程度上决定了粮食的生产效率。现代化农机的支撑，是对农业安全的坚实保障。本课题将在“完善农机装备创新体系”“推进农机装备全产业链协同发展”“优化农机装备产业结构调整”“注重农机产业人才培养”等方面深入研究，提出发展路径，以期为山东省农机装备高质量发展提供参考。

关键词　农机装备；产业链；发展重点；发展路径

一、全球农机产业发展情况

（一）全球农机发展进入低速增长

受全球经济走势低迷，单边市场保护主义大行其道等原因影响，世界农机行业进入下行通道，约翰迪尔、凯斯纽荷兰等全球农机装备巨头均出现大幅度业绩下滑，并多次调低年度经济增长预期。全球农机产业在 2017 年呈现复苏的态势，但是进入 2019 年又出现小幅度下滑。通过对相关机构发布的农机装备历史数据及美国迪尔公司（约翰迪尔）、美国凯斯纽荷兰工业公司、美国爱科集团、德国克拉斯农机公司、日本久保田株式会社等全球农机装备龙头企业年度财报等信息综合统计分析，2019 年全球农机装备市场规模约为 1303 亿美元，同比 2018 年下降 0. 5%，如图 1 所示。

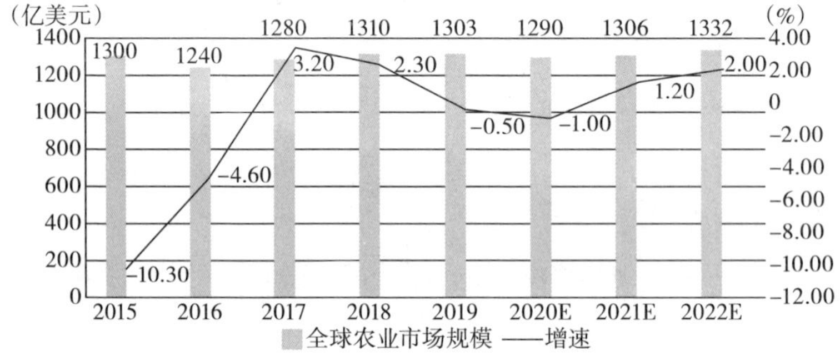

图 1　2015—2022 年全球农机装备市场规模及预测

注：2020—2022 年为预测数据。

资料来源：德国机械设备制造业联合会（VDMA）。

（二）国际主要农机企业分布及发展情况

1. 企业分布

由于技术进步、资本投资、集约型农业的发展水平不同，全球农业发展水平、劳动生产效率发展极不平衡。工业化发展程度高的发达国家，农场模式逐渐转变成农业公司，充足的资本、巨大的国内市场份额、成熟的技术、激烈的竞争环境等对劳动生产率提出了更高的要求，这都促进了其农机装备产业的快速发展。

目前，全球农机装备较为发达的地区主要分布在北美、欧洲、亚洲等，代表国家有美国、德国、日本、意大利等。其产品及品牌相较而言具有“档次高端、技术先进”的特点，代表了世界农机的发展水平。如美国的约翰迪尔、凯斯纽荷兰、爱科，德国的卡拉斯、道依茨法尔、雷肯，日本的久保田、洋马，意大利的马斯奇奥，法国的库恩等品牌，在主要业务领域主导产品竞争力很强，品牌知名度高。国际其他地区较有代表性的农机国家还有中国、韩国、独联体、印度等，代表企业有中国福田雷沃、一拖，韩国的国际、大同、东洋，独联体农机企业以生产拖拉机为主，主要有俄罗斯的伏尔加格勒、罗斯托夫，白俄罗斯的明斯克拖拉机，乌克兰的哈尔托夫拖拉机等，印度农机主要生产拖拉机，主要有 M& M（马恒达）、Escorts 等企业。这些国家的农机发展水平相当，但落后于欧美等发达国家产品。

对比而言，以农业为主的发展中国家，虽然对先进农机装备的需求程度最为迫切，但是因其劳动力较为充足，价格相对低廉，先进农机的推广较为困难，导致其农机产业发展的水平反而较为落后，如拉丁美洲、非洲、亚太、东欧等地区国家。

2. 企业规模

按照企业规模来看，国际主要农机企业主要有年销售收入过百亿美元的约翰迪尔（John Deere）、凯斯纽荷兰（CNH）和久保田（Kubota）公司，过十亿美元的爱科（AGCO）、洋马（Yanmar）和克拉斯（CLAAS）公司。如表 1 所示。

表 1　2017 年国际主要农机企业及基本情况

企业	国家	主要农机产品	销售收入
约翰迪尔	美国	拖拉机、联合收割机、植保机械、联合耕作机械、牧草机械、青饲收获机、棉花采摘机等	297.38 亿美元
凯斯纽荷兰	美国	拖拉机、联合收割机、牧草机械、青饲收获机、棉花采摘机等	261.68 亿美元
久保田	日本	中小型拖拉机、水稻联合收割机、插秧机等	123.41 亿美元
爱科	美国	拖拉机、联合收割机、牧草机械、农机具及零部件等	83.07 亿美元

续表

企业	国家	主要农机产品	销售收入
洋马	日本	水稻联合收割机、插秧机、蔬菜移栽机、施肥机等	67.74 亿美元
克拉斯	德国	拖拉机、联合收割机、牧草机械、青饲收获机、割草打捆机等	37.61 亿欧元

与其他行业相比，经过多年的兼并重组、资本运作，如今全球农机装备企业集中度非常高，上述 6 家大型农机企业营业收入占全球农机市场将近 70%。国际农机巨头技术先进、历史悠久、业务范围遍及世界各地，经过多年的运作与经营，几个大的农机跨国集团兼并了大量的知名农机品牌。如凯斯纽荷兰兼并了菲亚特农机、福特、纽荷兰、凯斯、万国、法莫、斯太尔等农机品牌，农机业务占其总收入的 70% 左右。阿里斯查尔默斯、芬特、麦赛福格森、挑战者、怀特、维创、奥利费、新思路等农机品牌进入了爱科公司。

美国约翰迪尔作为世界上最大的农机企业，主要生产拖拉机、联合收割机、农机具等，其农机装备收入约占 50%。其历史可追溯到 1837 年，现在业务遍及世界 160 多个国家和地区，其 1979 年就来到中国，引领、见证了中国农机装备的发展。约翰迪尔在国内主要有 4 家工厂，宁波工厂主要生产 30 ~ 100 马力中小型多功能拖拉机，组装甘蔗收割机。天津工厂主要生产发动机。佳木斯工厂主要生产联合收割机。哈尔滨工厂主要生产大型拖拉机、植保机械。其依靠优质的产品及售后，该服务同时拥有产品工程设计、供应商遴选、产品认证能力，依靠强大的技术优势及精准的价格定位，稳坐世界农机首位宝座。2019 年汉诺威国际农机展创新奖，约翰迪尔的 eAutoPower 变速箱技术获得唯一金奖。

凯斯纽荷兰由美国的凯斯和意大利的纽荷兰合并而成，其农用拖拉机和联合收割机世界领先。旗下拥有 12 个品牌，每个品牌在相关领域均为主力军。其农机业务规模位居世界第二。其在中国拥有 4 家制造基地，哈尔滨工厂主要生产拖拉机、联合收割机，上海工厂主要生产中小马力拖拉机，乌鲁木齐工厂主要生产摘棉机，佛山工厂主要生产甘蔗收割机。在满足中国农机市场需求的同时，辐射整个亚洲农机市场。

爱科专注于农业解决方案设计、生产销售。主要生产拖拉机、联合收割机、牧草机械等。爱科在中国主要有 3 家工厂。常州工厂主要生产全球系列拖拉机、麦赛福格森大中马力拖拉机、爱科动力柴油发动机以及动力传动系统。常州谷瑞工厂生产谷物仓储、自动化家禽养殖等设备。兖州工厂（并购山东大丰而来）主要生产联合收割机、牧草机械。其中，常州工厂为爱科集团全球化战略迄今为止最大的投资，可为用户提供综合性解决方案，并出口国际市场。

（三）国际农机市场情况

1. 世界农机市场分布

从农机装备需求来看，世界农机市场主要分布在北美（美国）、西欧（意大利、德国）、亚太（中国）、拉美、东欧、非洲等地区。北美地区占据 85% 的市场份额，此地区农机装备发展时间最长、市场最成熟，技术最先进，集聚了大批的高端农机企业，代表了世界农机发展最高水平。西欧的主要设备制造商分布在德国和意大利，市场主要在德国、法国、意大利，这一地区也是世界第三大农机市场。亚太地区为世界最大的农机需求市场，但是单位农业产值需求较低，属于快速的发展中的市场。中国为此地区最大的农机市场，同时印度、日本、韩国也占据较大份额。拉美市场主要集中在巴西和阿根廷。东欧主要是俄罗斯和波兰。非洲/中东人口密度大，经济虽然以农业为主，但是农机装备发展十分落后，市场主要集中在土耳其和南非。

2. 世界农机企业市场布局

地区农机装备市场与本地区农业生产比重间的关系不大，甚至呈相反的关系。如全球农业产值最大的 5 个国家中有 4 个国家（巴西、俄罗斯、印度、中国）的农机化水平低于世界平均水平。而美国、西欧、中国等地区为世界主要农机市场，现在中国已成为世界最大的农机市场。但是随着技术的进步，农业生产要素成本的提高，农机化已成为这些国家和地区农业生产的必由之路。同时受世界金融危机的影响，发达国家农业增长受阻，农机装备增长乏力，如今农机化相对落后的农业大国已成为农机增长的主要推动力。随着市场的发展与成熟，政府政策的积极导向，农业大国本地农机企业会得到迅速发展。如中国持续实施农机补贴政策，促使国内一大批农机企业规模快速扩张。随着印度农机企业对外合作成果转化及印度农业的发展，本地农机企业马恒达已成为全球第四大拖拉机制造商。

2019 年我国综合机械化率为 69%，机耕率、机播率、机收率分别为 84%、56%和 61%，而发达国家农机装备化水平普遍在 90%以上，其中美国、日本和韩国更是达到 99%以上。对比以上国家，我国在主要农作物特别是经济作物的农机装备化水平上还有很大的提升空间。

基于我国政府对农业的重视及我国农业高质量发展对农机的强烈需求，中国进入农业发展方式新阶段，农机行业增速将保持稳健发展，结构调整加快，农机装备发展进入新常态。随着《中国制造 2025》及《国务院关于加快推进农机装备化和农机装备产业转型升级的指导意见》等文件的出台，中国农机市场加速转型升级，结构调整，大型、高端农机装备的需求持续提高。国际农机巨头企业纷纷把中国市场作为核心竞争区。德国机械设备制造业联合会（VDMA）预测：近年来，全球农机市场增长动力主要来源于中国等发展中农业大国。未来伴随全球农机装备化的进程，尤其是在以中国、印度、巴西等发展中国家农机装备化发展的引领下，未来全球农机装备市场将整体呈波动增长态势，预计到 2022 年全球农机装备市场规模将达到 1332 亿美元，未来三年年均增长率约为 0.7%。近年来，全球排名前五的农机企业约翰迪尔、凯斯纽荷兰、爱科、克拉斯和道依茨法尔全部落户中国。国际农机巨头在山东省内也加紧布局，美国爱科公司并购山东大丰机械有限公司，德国克拉斯公司并购山东金亿机械制造有限公司，意大利赛迈道依茨法尔集团和常林集团合资成立了山东常林道依茨法尔机械有限公司，韩国乐星、意大利马斯奇奥、德国雷肯外资企业均在青岛成立了独资企业等。

反观我国农机产业经过“黄金十年”的快速发展，如今高端产品发展遇到瓶颈，市场遇冷，产业发展前景不明朗。山东省作为全国第一农机大省，产业结构处于中低端市场产品饱和，高端市场产品缺乏的状态，缺乏高端技术支持及服务能力较弱。无论全国还是山东省都对农机产业提出了更高的要求和更多的希望。

二、全国农机发展情况

从市场需求角度来看，中国农机市场属于需求层次和产品多样性较为丰富的国家。对比来看，美国、澳大利亚等国家，为规模化大农场作业，经营面积一般在几千亩，多的有几十万亩。英、德、法等欧洲国家是典型的中等规模经营，大多数农场规模几百亩，多的能到上千亩。日本、韩国为典型的小型家庭农场、精细化作业，每家几十亩、多则可上百亩。反观中国，上述所有规模的农业生产同时存在，甚至比它们更丰富，如小农个体经营农业大量存在，甚至为主流。再加上国内种植环境、土壤条件南北、东西差异巨大，造成国内对农机的需求层次多、品种复杂多样。很多国际巨头也很难满足国内农机的大部分需求。

（一）基本情况

1. 行业运行情况

我国政府高度重视农业现代化和农机装备化发展，我国农机装备市场经过近十余年来的快速发展，尤其是2005—2014年的黄金十年后，已经发展成全球第一大农机装备制造和使用国，形成了与我国国民经济和农业发展水平基本相适应的农机技术和产品体系。我国农机生产企业总数超过8000家，规模以上企业约2000家。农机产品数量达到4000多种，主要产品年产500万台（套），市场规模占全球45%以上，国际贸易占全球20%左右。但受国际环境影响，近年来，全国农机市场需求不足，产业增长持续乏力，企业增长缓慢，甚至出现负增长，企业生存压力加大。

全国规模以上农机企业2018年工业业务总收入为2601.32亿元，增长了1.637%；2019年业务总收入为2464.67亿元，比上年同期下降了5.25%，出现负增长，行业利润为103.39亿元，比上年下降了0.25%。2019年超过规模以上农机企业为1892家，比2018年的2236家减少了334家。规模以上企业中亏损企业有296家，亏损面为15.64%，如图2所示。

2020年上半年，我国农机行业规模以上企业主营业务收入为1158.80亿元，同比2019年为零增长，但行业利润总额同比增长35.3%。

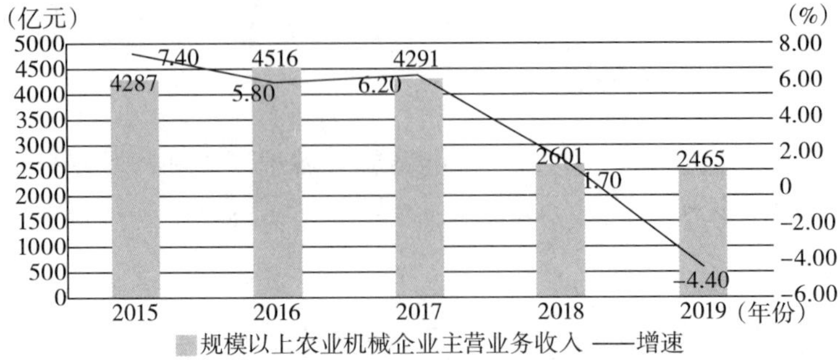

图 2　2015—2019 年全国规模以上农机企业主营业务收入

注：2018 年主营业务收入 2601 亿元，但同比增长 1.67，一方面为统计口径的变化，另一方面存在统计数据“挤水分”的原因。

从具体子行业来看，全国农机拖拉机、收获机械等主要行业下滑严重，给农机主干企业带来很大压力。受外资农机企业国产化，加大国内零部件采购的影响，同时国内零部件出口增长，加上在农机后市场发力，农机零部件增长较快。同时畜牧机械、饲料机械表现较好。如表 2 所示。

表 2　2018 年农机装备行业 12 个子行业经济指标完成情况

子行业名称	企业家（家）	主营业务收入（亿元）	同比增长（%）	利润总额（亿元）	同比增长（%）
合计	2236	2601.42	1.67	103.44	-15.76%
农用及园林用金属工具制造	168	154.15	1.25	5.92	-11.23
农副食品加工专用设备制造	388	430.35	5.89	32.66	4.32
饲料生产专用设备制造	55	45.34	6.61	1.88	97.14
拖拉机制造	160	434.71	-3.52	-12.86	-355.65
机械化农业及园艺机具制造	660	842.9	0.07	36.28	-11.66
营林及竹采伐机械制造	11	8.02	-7.92	0.52	23.34
畜牧机械制造	126	157.6	12.46	7.07	-2.75
渔业机械制造	20	9.6	0.34	0.77	-19.52
农林牧渔机械配件制造	324	202.68	-5.78	13.42	1.34
棉花加工机械制造	13	11.86	4.63	-0.03	55.86
其他农林牧渔业机械制造	141	141.63	17.09	7.3	6.8
水资源专用机械制造	170	162.58	2.39	10.51	15.25

2. 主要企业及分布

随着农机行业的快速发展，全国农机行业形成了一定程度的产业集聚效应，其中山东、江苏、河南、浙江区域聚集明显。根据《中国农机装备工业年鉴（2013）》数据统计，2013 年我国农机工业 100 强企业分布在 22 个省份。其中，山东省、浙江省、江苏省和河南省共拥有 62 家企业，营业收入合计占 100 强企业的 82. 71%，利润合计占 100 强企业的 83. 88%。

（二）我国农机技术发展情况

近年来我国农机产业通过自主创新、国际收购兼并重组、消化吸收等形式，技术方面取得长足发展。

1. 重大核心技术取得突破

从产品结构分析来看，我国已形成了满足农业作业需求的小、中、大、重不同功率段的全系列、多形态拖拉机产品。从传动系统方面来看，由滑动齿轮、啮合套和同步器等机械换挡逐步发展到动力换挡，无级变速技术也取得重大进展。在动力系统方面，柴油机由自然吸气、增压升级到增压中冷、电控喷油的阶段，广泛采用电控高压共轨技术，后处理技术逐步应用。在液压系统方面，由手动操控的机械式力、位反馈系统，升级到电控液压提升系统。在智能技术应用方面，车载控制器、北斗全球定位系统、互联网大数据和云计算技术快速发展，拖拉机的自动化、远程控制和智能化等信息化控制技术开始大规模应用。一拖依靠国家支撑计划，进行了无级变速关键技术研究，研制出国内第一台 400 马力无级变速拖拉机，潍柴与雷沃重工联合开发 240 马力无级变速产品。

2. 工艺制造能力持续提升

近年来，工业机器人等智能制造装备广泛应用于农机整机及关键零部件生产，产品制造技术的自动化、数字化和信息化水平不断提高。智能制造技术的推广应用，为我国农机整体制造质量及工艺水平的快速提升发挥了积极示范带动作用。同时一批具有技术先进、质量保障、绿色环保特征的重点建设项目建成投入使用，如绿色铸造、现代农业装备、智能驾驶舱、数字化工厂、柴油机智能装配线、新型拖拉机装配线和中试基地的建设等。

3. 国际化经营水平不断提高

（1）出口规模和档次持续提升

我国拖拉机等农机及零部件产品出口规模稳步扩大、结构持续优化、品质不断提升，农机品牌的国际影响力显著增强。2016—2019 年，中国农机出口额逐步提升，其中 2019 年比 2018 年增长 14.47%。如图 3 所示。

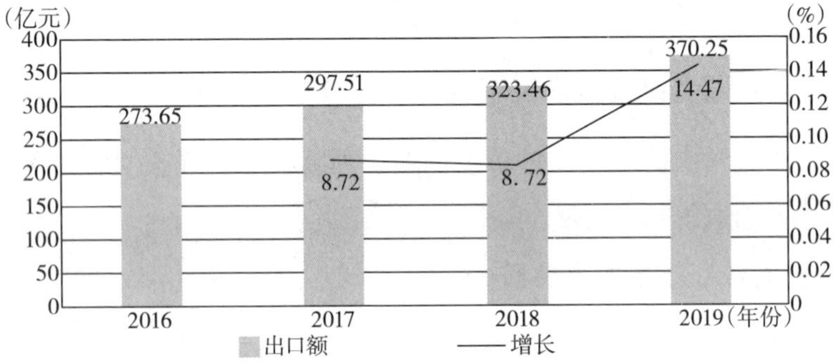

图 3　2016—2019 年中国农机出口额及增长率

（2）积极融入全球产业价值链

中国农机龙头企业通过兼并重组、投资、设立研发中心等手段，不断向农机发达国家及市场延伸产业链，深度参与农机全球化布局与竞争，促进国内农机产业转型升级。中国一拖收购法国 McCormick 工厂，在中白工业园设立东欧研发中心，在法国设立西欧研发中心。雷沃重工收购阿波斯、高登尼和马特马克等国外农机品牌，设立欧洲和日本研发中心。中联重机在美国成立农机研究所，在意大利设立欧洲研发中心。同时行业企业开始探索从产品“走出去”到项目“走出去”，由提供产品向提供整体解决方案转变的新型海外经营模式。

（三）我国农机面临的主要问题

1. 国内农机行业集中度低，竞争激烈

从世界范围来看，从事主要粮食作物生产设备（拖拉机、联合收割机等）的企业较为集中，欧美发达国家只有约翰迪尔、凯斯纽荷兰等十几家企业，日韩加起来也只有久保田、洋马等几十家企业，在农机的发展过程中，大量的企业及品牌被兼并重组，产业集中度很高。但是反观国内，拖拉机生产企业

有将近200家，玉米收获机70家左右、水稻联合收割机60家左右，旋耕机200多家；其中光拖拉机生产企业山东潍坊就有100家左右。国内农机细分领域企业众多，大都小而散，竞争激烈。

2. 近年来行业利润持续下跌，企业经营压力增大

受国内外大环境影响，近年来，国内农机企业利润大幅度下降，2018年农机行业规模以上企业利润总额为103.44亿元，比上年下降15.76%，利润增幅低于主营业务收入增幅。主要原因在于，一是钢材等原材料、国三排放配置升级导致的环境成本上升，农机产品价格不降反升。二是铸造、锻造、喷涂等环保相关生产工艺的控制费用增加。三是受市场因素影响，农机企业产量锐减，多数农机企业都为低利润经营，产量下降，利润下跌。四是全行业拖拉机、收获机等主要农机产品制造设备利用率不足50%，土地、厂房闲置增加财务成本。

面对行业成本不断提高，企业利润持续下降的困境，多数企业开始采取较为谨慎的经营策略。如主动去产能，淘汰利润差的产品。抛弃零首付、低首付的经营方式，实行现款拿货，严格控制经营风险。

三、山东省农机发展面临的机遇与挑战

（一）山东省农机产业总体情况

1. 产业规模较大

2019年，山东省农机装备行业规模以上企业450家左右，主营业务收入600亿元左右，近十多年来，主要经济指标一直列全国同行业首位。主营业务收入，利润等约占全国的1/4。中国农机工业100强中（只有2013年数据），山东企业22家，前5名中，山东占3家，分别是山东时风（第1位），雷沃重工（第2位），五征（第4位）。全国200多家大中型拖拉机生产企业，形成了潍坊、洛阳、“苏锡常”、芜湖四个产业集群，但是约60%在潍坊，有3家企业销量过万台，有10家企业产能过万台。

表 3　山东主要农机企业及产品

企业	产品
山东时风（集团）有限责任公司	农用运输机械、拖拉机、收获机械
福田雷沃国际重工股份有限公司	拖拉机、收获机械、配套农机具
山东五征集团有限公司	农用运输机械、拖拉机、收获机械
山东常林农业装备股份有限公司	拖拉机、收获机械
山东华盛中天机械集团有限公司	植保机械
临沂三禾永佳动力有限公司	植保机械
山东鲁中拖拉机有限公司	拖拉机
山东巨明机械有限公司	收获机械
山东亿嘉现代农业装备有限公司	拖拉机
山东宁联机械有限公司	收获机械
山东国丰机械有限公司	收获机械
山东玉丰农机装备有限公司	收获机械
山东大华机械有限公司	农机具

2. 领军企业竞争力较强、优势产品突出

雷沃重工作为山东省重要的农业装备生产服务商，在农业“耕”“种”“管”“收”“储”“运”全环节提供全程机械化解决方案。雷沃重工的研发投入占销售收入的3%～5%，先后通过自主研发、全球资源整合等方式在“智能化动力换挡拖拉机”“高性能大型联合收割机和大型高端智能化农机具”等高端农机方面取得一系列重大创新，实现了动力换挡等大量关键、瓶颈技术的突破，填补了国内空白。2020 年上半年，雷沃重工农业装备业务共实现销量 3.6 万台，销售收入 35 亿元。其中拖拉机、小麦机、水稻机三大主营业务，分别大幅度增长了 37%、37% 和 39%。世界品牌实验室（World Brand Lab）在北京发布的“2020 年中国 500 最具价值品牌”排行榜，雷沃品牌价值以 743.58 亿元排第 74 位，连续 12 年位居农业装备行业第 1。山东时风集团有限公司主要产品为低速运输车辆、拖拉机、联合收割机等，连续多年营业收入居山东省农机行业第 1 名，其低速农用运输车销量位居全国第 1。山东五征集团有限公司农业装备产品涵盖拖拉机、玉米收获机、烟草作业机械、青饲料收获机、植保机械等系列产品，其中拖拉机涵盖 25～265 马力。山东省优势农机产品为拖拉机、联合收割机、植保机械。雷沃谷神系列主打产品玉米收获机，市场占有率较高，销量较上年同比增长近90%。

（二）山东省农机发展的机遇

1. 政府对农机产业发展重视，积极出台支持政策

2018年底，国务院发布《关于加快推进农机装备化和农机装备产业转型升级的指导意见》（国发〔2018〕42号）明确提出我国农机产业科技创新能力不强、部分农机装备有效供给不足、农机农艺结合不够紧密、农机作业基础设施建设滞后等问题亟待解决，将“加快推动农机装备产业高质量发展”作为主要工作任务。2019年7月，山东省人民政府印发《关于加快推进农机装备化和农机装备产业转型升级的实施意见》（鲁政发〔2019〕12号），提出到2025年，全省主要农作物耕种收综合机械化率达到92%，大宗经济作物生产基本实现机械化，林牧渔加工业机械化率总体达到60%以上。全省整建制基本实现主要农作物生产全程机械化，力争率先建成“两全两高”农机装备化示范省。农机补贴政策积极执行。今年农机购置补贴政策启动早、补贴申请便捷、审核兑付快，各地实施进度普遍提速，截至2020年7月底，全国24个省份补贴资金超过60%，其中黑龙江、新疆等地补贴资金已经用完。

2. 山东省农业发展对农机的刚性需求

有数据显示，农业贡献了全国7.1%的GDP，但只用了27%的就业人口。随着国内城镇化规模不断扩大，大量农村青壮年劳动力转入城市或者进入非农领域工作，农业劳动力持续下降，农业生产作业成本持续提高，导致对农机的依赖程度加大。同时以精准农业为代表的现代农业发展方式，对农机提出的自动化、信息化、智能化要求更为迫切。国家实施农机购置补贴政策，促进了农机的推广使用，农业生产机械水平不断提升。随着农业现代化和农业产业化进程的加快，种粮大户、家庭农场、农机合作社等经营主体规模不断扩大，对大型、高效农机的发展起到了激励作用。

（三）面临的挑战

受世界金融危机、贸易保护主义盛行、新冠肺炎疫情等多种复杂因素的影响，国内制造业正面临着前所未有的发展压力，农机行业近年发展持续放

缓，虽然有国家政策支持，但是面临着激烈的国际市场竞争及国内产业结构不合理、低端过度竞争叠加的发展压力，增长持续下行，挑战巨大。

1. **市场竞争激烈**

当前主要粮食作物机械化作业设备已经进入存量市场。如拖拉机行业，年销量从37万台下降到现在的24.5万台，而生产企业从最初的80家增长到现在的200多家，东方红和雷沃等龙头企业的市场份额从20%下降到10%，行业集中度持续下降，而且未来几年市场容量不会有较大增长。国际农机巨头基本完成在国内的生产布局。“十三五”以来，我国加快改造传统农业、发展现代农业，农机装备化快速增长，国际巨头纷纷落户中国，建立生产基地、降低生产成本，扩大与国内农机企业竞争。同时还应注意到，国内其他行业巨头也在积极跨界进入农机领域。房企碧桂园进入农业领域，将在现代化农机、物联网和智慧农业等方面突破发展；临工也计划进入农机制造行业，国内农机企业生存压力巨大。

2. **产业结构不合理**

虽然山东省农机产业在全国保持优势，但是整体来看，还处于“大而不强”的阶段，表现为高端产品不足，低端产品过剩，产业技术水平与发达国家相比还有很大差距。液压品种数量约为欧洲、日本的1/3，寿命周期为其1/2。整机综合性能、作业效率、作业质量、在线故障预警系统、试验大数据积累及检测项目、检测精度等都有较大差距。动力换挡变速箱、CVT、液压系统等重要装备核心技术与零部件依然依赖国外，高效、大型、数字化、智能化成套高附加值产品基本依靠进口，高端产品价格居高不下，低附加值产品产能过剩，低价恶性竞争严重。

3. **创新能力薄弱**

由于基础农业生产具有复杂性、多样性，但对机具的作业精确度要求不高的特点，导致农机装备的原始技术突破难，但是易模仿，进而导致行业共性技术和前沿技术研发投入大、见效慢、风险高。从创新主体来看，企业研发投入不足，农机领域的现代设计方法和模拟条件不完善，近年来科研院所转制导致对基础技术的研究动力不足，而美德日韩都设立共性技术研究机构，以解决“卡脖子”技术和产业化间的“死亡之谷”。从市场来看，知识产权保护制度不健全、科研成果转化渠道不畅通影响打击企业创新的积极性，很多农机企业停留在低档次仿制和重复生产，急于将产品推向市场去拿补贴，收回成本。最终企业利润低下，全行业利润率常年保持在6%左右，创新投入更少。全行业科研经费投入占销售收入的比重常年不足1%，而欧美等农机发达国家，可以达到4%。山东省从2020年开始取消“山东省农机装备研发创新计划项目”，这也对山东农机的发展产生相对消极的影响。

4. 农机行业信息化发展滞后，制约农机普及

农业作业的季节性特点决定了农机一年的有效作业时间很短，如玉米收获机，作业时间一般从每年的中秋节开始，到11月结束，一般40天左右，即使跨区作业也只能延长到60天左右，而且跨区作业升高的油耗成本成了主要支出成本。农机除了作业时间，其余的就是闲置时间，长时间的闲置导致设备的利用率低，农机用户成本高、回收慢，导致农机用户对农机的更新换代主观意愿不高。跨区作业的机手缺乏清晰的作业需求信息和路线规划，信息获取滞后，跨区作业盲目性高，作业成本增加。

5. 质量品牌建设滞后

有报道显示，根据购置补贴公布的数据测算，全国的拖拉机60%~70%产自山东潍坊。潍坊拥有拖拉机制造企业100多家，但是大多数为作坊式小企业，品牌质量意识薄弱，售后服务缺失、产品质量得不到保障，基本是在雷沃、鲁中等大型拖拉机厂的带动下，依靠低价战略及补贴政策取得市场。这些农机产品把潍坊制造品牌整体拉下一个档次，甚至连累了山东制造的品牌。同样档次参数的产品，江苏常州的拖拉机价格贵，但是销量好，得到用户信赖。相反地，近年青岛落地了一批国际品牌农机，如马斯奇奥、雷肯、麦克萨姆、大牧人畜牧机械等，发展很快，其产品价格高、质量好，品牌溢价能力高。

四、国内外农机产业发展对比

与发达国家相比，因农业技术水平及发展阶段的差异，同时国际农机巨头企业利用其在资本运作、跨国经营经验、高研发投入等方面的优势，确立

了发达国家在发展现代农业，实现农机装备化进程的绝对优势。

（一）兼并重组为国际农机企业快速发展的主要手段

国外有学者将大型农机企业的发展模式总结为横向一体化模式和纵向一体化模式两种。

横向一体化模式也叫水平一体化模式，是指为了扩大生产规模、降低成本、巩固企业的市场地位、提高企业竞争优势、增强企业实力而与同行业企业进行联合的一种模式。如凯斯纽荷兰公司。意大利菲亚特公司于1991年收购美国福特纽荷兰公司，后与菲亚特农机事业部合并成为纽荷兰，1999年菲亚特又收购美国凯斯，与纽荷兰合并，成立凯斯纽荷兰。成为当时最大的企业兼并重组，一举成为全球规模第二的农机企业，合并后农机继续使用各自的品牌“纽荷兰”和“凯斯万国”，从而降低了采购成本，扩大了市场平台。但这种规模体量都差不多的两家同行业企业合并，整体效果不明显。爱科同样依靠此模式扩张，其采用多品牌战略收购扩张，共享销售网络、共享供应链。

纵向一体化模式就是指企业在现有业务的基础上，向现有业务的上游或下游发展，形成供产、产销或供产销一体化，以扩大现有业务范围的企业经营行为。约翰迪尔属于此种模式。其兼并重组国际业务，吸纳上下游伙伴。其通常建立同一品牌、建立合资企业，而不是收购同行业企业，保留多品牌。约翰迪尔始终保持着行业领先地位。

（二）企业规模拟扩张离不开资本运作

通过研究国际大型农机具企业发展的过程，离不开兼并重组、资本运作等方式实现企业规模及产品技术的快速发展。值得注意的是，大多数的跨国农机企业，为了更方便地实施兼并重组战略，设立了隶属自己的投资公司来进行资本运作与可行性研究。如约翰迪尔、凯斯纽荷兰、爱科、沙姆道依茨法尔等，在实施业务整合的过程中，注意主导业务的取舍，将不符合公司发展方向的业务及时出售或裁撤。

（三）大型农机企业已经向着提供解决方案方向发展

国外主要农机企业的营销理念早已从推销产品过渡到推销解决客户问题

的方案上来。所以，许多公司有自己的农业技术研究机构为客户提供农业技术方面的服务，这一方面延伸了对市场的服务链，另一方面推介了自己公司的产品。如美国爱科通过整合利用全球技术和资源，为用户提供全方位的解决方案实现市场份额增长。同时在全球不同地区建立基地，为满足当地不同地域耕种环境、生长气候、适宜作物的差异，有针对性地提出适合当地的解决方案。

（四）国外农机企业更注重研发投入

研究发现，当经济形势好转时，大型农机企业发展的步伐明显快于国内企业，这和国外企业注重新技术研发有关。它们特别注重 R&D 费用比重，此比值无关企业经济效益。对比也不难发现，R&D 费用比值最高的企业也是行业排头兵企业。如约翰迪尔，R&D 保持在 4.3% ~5.3%，即使在亏损的年份，此比值也基本不变。凯斯纽荷兰 R&D 保持在 2.6% ~3.4%，虽然合并后与合并前相比，规模上没有太大变化，但是其新产品对销售额的贡献率持续提高。克拉斯 R&D 费用对销售额的比例在收割机行业中较高，近年保持在 4.3% ~5.0%，并且在逐年提高。研发资金的投入，带动了技术进步，如技术进步较快地体现在拖拉机上，拖拉机的功率和最高速度不断提升，驾驶室噪声持续降低，电控液压悬挂应用增多，现在最大功率到了 500 多马力，最大速度达到 50 千米/小时。可全系做到动力换挡、无级变速。有机构预测，中国拖拉机与发达国家相比，技术相差 40 年。

（五）全球农机产业技术发展水平差异巨大

美国为世界上农机技术水平最高的国家，近年来，随着技术的进步，美国致力于谷物播种机、联合收割机、喷药机等农机装备采用卫星导航定位，降低劳动强度，提高作业精度，向着精准化农业方向发展。日本的小型农机装备先进、齐全，同时畜牧养殖设备先进，基本实现机械化养殖。总体来看，发达国家农机装备朝着大型、高效、智能化方向发展，适应大农场、精准化作业需求。

中国农机技术受益于国家政策扶持、资金、财税优惠政策鼓励等多方面的环境优势，产业规模不断扩大，现已成为最大的农机市场和农机生产国。

但是从人均保有量上来看，还处于较低水平，小型机械多大型机械少、动力机械多配套机械少。粮食作物机械化水平明显高于经济作物、丘陵地带农机发展滞后。谷物联合收割机以喂入量小于6千克/秒的中小型为主，产品智能化水平低。

（六）国外农机企业更加注重售后服务

对于用户来说，农业发达国家农机使用者多为大农场企业化经营，以大型化、复合化农机作业为主，用户较为专业，注重设备的维护保养，每年轮作期间对设备的保养较为正规。我国农机的用户以农民、小农场主为主，大多数农民只注重农机具使用的生产效率，不注重农机的使用规范和保养，设备的维修保养不及时、超负荷运转情况经常出现，很容易导致农机故障的发生。农机的带伤作业和超负荷运转，加上农机作业环境本身较为恶劣多变，极易造成农机寿命缩短，农机故障频发，作业质量下降，对农民造成经济损失。

对于农机生产企业来说，我国农机产业起步较晚，企业规模不一、技术水平参差不齐，所能提供的售后服务也不同。所以用户在买到农机后，得不到好的售后服务时常发生。据有关农机合作社理事长反映，某品牌拖拉机，相同型号不同批次产品，配件竟然不通用，主机厂也不能及时提供相应的售后服务。在这种售后体系羸弱的环境下，国内农机给人印象为效率低下、故障频发甚至影响农机合作社的正常经营，造成经济损失，使用户对国产农机信心不高。

（七）国外注重农机与农艺结合发展

我国农业种植历史悠久，耕作种植制度复杂，不同区域差异较大，缺乏标准化模式。加之不同地区经济发展水平不同，对于农机的使用情况也存在差异。国外更加注重农机装备与先进农业科学的融合发展。如国外农业生产在实现了多功能和自动化生产基础上，开始导入先进的农业管理思想，向智能化方向发展，变量喷药、变量施肥播种等技术开始普及。西欧国家，为了适应机械化收获作业，在苹果、葡萄等经济作物种植方面，甚至通过生物工程技术，改变作物生长机构及形状，以达到方便机械化种植、收获的目的，来谋求农机与农艺紧密结合。

（八）国内企业市场竞争力明显不足

与国外相比，国内农机行业竞争格局分散，市场集中度有待提高，具备国际竞争力和品牌影响力的大企业集团严重缺乏，单体竞争力非常薄弱，无法与国际品牌正面竞争。发达国家农机品种将近7000种，覆盖面广，基本实现了全程机械化。同时不断与电子信息产业相互融合，向着大型、高效、自动化程度高的方向不断突破，综合竞争力强。国内高端农机市场基本被国际品牌垄断，定价权基本被外企掌握。外资企业在垄断我国高端市场的同时，还可以享受我国农机补贴带来的政策红利，这也是国际农机巨头看重中国市场的重要原因。

五、山东农机发展重点及路径研究

农机产业受农业地域性差异、农艺多样性等需求因素影响较大，特别是中国地域广阔，南北、东西农业种植环境差异较大，对农机的需求不尽相同，所以农机产业呈现出产品多样性强的特点，但是农机具发展又具有鲜明不平衡的特点。山东省农机产业按照产品来看，拖拉机、联合收割机、植保机械、青贮机械、粮食加工机械等农机装备及涉及主要粮食作物全程机械化生产的农机发展较为充分，全国市场份额较高，但是涉及设施农业、经济作物机械、植保机械、经济作物、畜牧养殖等的机械设备发展较为滞后，市场规模较小。从全球农机装备的发展趋势及市场应用需求来看，整机智能化控制和大型化联合复式作业装备为未来农机的主要发展方向，农机装备向着多功能、大型化、信息化、智能化，环保化、高可靠性方向发展。我国农机基础零部件、材料、制造工艺、装备等方面与国外先进水平存在较大差距，导致产品的可靠性差距较大，虽然在有些方面突破的还是比较快的，但目前还是在“点”方面的突破，从整体系统来看，还是存在差距的，尤其是数据的采集、积累，以及数据的分析、加工。同时应注意到所有类别农机装备的发展都离不开基础共性技术的发展，所以农机产业从发展路径来看，应注重基础研发的同时，根据不同发展程度领域提出不同的发展道路，构建高端和适用性产品共同开发的产业格局。本部分根据农机装备行业的发展方向及结合山东省农机特点，提出山东农机的发展重点及路径。

（一）发展重点

主要发展新型高性能拖拉机、高效低损联合收割机、复合式耕整地作业机械、高速智能精量播种机、智能变量多功能植保机械、高效果园和园艺作业机械、优质畜牧和饲草机械、地膜残膜回收设备、粮食后加工装备等重点农机装备。

1. 拖拉机

受国内外市场需求及环保要求等因素影响，拖拉机向着大功率、高效节能、智能化、专业化方向发展。以 80 马力以上拖拉机为主，重点研发底盘技术、智能化操控技术、总线技术、湿式离合器、动力换挡、无级变速、电控液压提升系统等。重点关注“CVT + 发动机 + 前后桥 + 液压系统”动力总成的研发，如低排放（满足国四排放）高压共轨发动机；重点研发适用于林果生产、大棚种植等经济作物中小型环保拖拉机；重点发展自动驾驶技术、新能源拖拉机等新技术。

专题 1　拖拉机变速箱技术发展趋势

拖拉机变速箱技术按照发展的时间先后，大体分为手动变速箱、动力换挡变速箱和 CVT 变速箱。国内拖拉机起步较晚，传动系统仍以机械换挡为主，技术同质化比较严重。国内大中功率拖拉机传动系统以啮合套换挡为主，部分机型采用同步器换挡，变速杆侧置，梭式挡取代倒挡成为主流。欧洲、美国等农机先进国家和地区早已进入 CVT 时代。近年来，国内企业动力换挡、动力换向开始小批量应用，国内一拖、雷沃重工批量生产，中联重科、东风农机、时风、鲁中等小批量推出动力换挡或动力换向机型，动力换挡技术产品获得 11 个省市给予补贴。一拖依靠国家支撑计划，进行了无级变速关键技术研究，研制出国内第一台 400 马力无级变速拖拉机，潍柴与雷沃重工联合开发了 240 马力无级变速产品。

表 4　国内外拖拉机动力传动技术对比

关键技术	国内状况	欧美状况	差距
啮合套	成熟技术、主流配置	基本淘汰	
同步器	生产厂家少、品种系列不全	成熟技术、专业生产、单锥、双锥、三锥成系列	可靠性、成本
动力换向	尚未成熟专业厂家、控制以液控为主	专业生产、电子控制、平顺性可调	国内关键部件制造、电控技术不足
动力换挡	尚未成熟专业厂家、控制功能少、可靠性待验证	成熟技术、实现自动化、开始向电动及智能方向发展	国内制造技术、控制技术缺乏
双离合	无	开始系列化应用	
无级变速	单个样机、尚未成熟产品	成熟技术、成系列、开始与电动技术结合	国内实验技术、控制技术、制造技术不足
电动及混动	小功率电动概念机	从关键零部件到整机研究、商品化前期	国内部件技术、控制技术缺乏

2. **联合收获机**

重点发展大喂入量、自动化、智能化主要粮食作物联合收割机。在静液压驱动技术、割台自动仿形技术、谷物联合收割机纵轴流和高效低损脱粒分离技术、在线监控及故障诊断技术等方面加大研发力度。

专题 2

联合收割机根据用途不同大致分为水稻联合收割机、小麦联合收割机、玉米联合收割机、棉花采摘机、甘蔗联合收割机、蔬菜收获机、中药材联合收割机等。

水稻联合收割机：产品发展重点主要为大喂入量和高功率方向。现在国内行业产品最大能到 3 米割台，发动机功率 120 马力，喂入量达到 8 千克。近年来，半喂入量产品发展值得关注。省内生产企业主要有雷沃，国内主要有江苏沃得、中联、浙江星光等企业。

小麦联合收割机：产品主要向大喂入量、多功能、智能化方向发展。行业基本进入喂入量8千克级别；纵轴流、智能化、网络化发展较为迅速，自动导航技术、作业监测技术、“产业+互联网”等技术不断得到应用。主要生产企业有雷沃、中联、金大丰、中农发巨明、科乐收等企业。

玉米联合收割机：产品主要发展方向为多功能、高配置。茎穗兼收技术，收获打捆一体技术，玉米、大豆、杂粮兼收技术不断取得突破。适合山区丘陵的小型化机器不断上市。在龙头企业带动下，静液压驱动、无级变速等技术得到应用。主要企业有英虎、中农博远、九方泰和、巨明、金大丰等。

棉花采摘机：棉花采摘机是典型的技术、资金、管理密集型产业，国内有竞争力的企业不多。市场基本被美国约翰迪尔和凯斯纽荷兰垄断。省内主要有小天鹅、滨州市农机所等单位涉足。

甘蔗联合收割机：主要发展方向为智能化、电液控制等。市场基本被美国约翰迪尔和凯斯纽荷兰垄断。国内主要企业有中联重科、沃得等。

3. **配套农机具**

重点研发与大中型拖拉机配套作业的联合整地机械、精量播种机械、定向变量施肥机械、变量喷药机械等。

4. **主要经济作物装备**

重点研发蔬菜、林果等经济作物领域作业装备。重点发展马铃薯、花生、大蒜种植和收获机械，蔬菜生产智能化控制、工厂化育苗设备，蔬菜生长环境监测系统，水肥一体化技术与控制系统，病虫害监控技术及变量施药设备，精量播种、高速移栽、清洁收获机械及关键零部件。果树自动对靶精准施药技术与设备，高效低损收获技术及设备等。

5. **畜牧养殖装备**

以牛羊规模化健康养殖领域为重点，研发动物生理与环境信息监测、远程跟踪测控及自动识别等饲养管理信息化技术，粪便无害化处理技术，秸秆及二次转化物（畜禽粪便、沼渣等）有机肥产业化技术，研发生物有机制肥设备。

（二）农机关键基础零部件

关键基础零部件：电控高压共轨技术及产品、静液压传动系统、无级变速器、动力控制系统（ECU/VCU）、自动驾驶系统、电控液压悬挂提升系统、液压驱动部件包括柱塞马达、变量泵、控制阀、电控比例阀等；农机导航用陀螺加速传感器、毫米波雷达、谷物流量与清洁度传感器、金属等异物在线监测传感器、土壤综合肥力在线监测等农机专用传感监测系统。农机入土部件、收获机滚筒、输送绞龙、割草刀、搂草弹齿；农机装备制造过程检测、收割机脱分/清选仿真、拖拉机耕作作业仿真。

（三）山东省农机发展路径研究

1. 加快农机产业结构调整

坚持市场导向和政策扶持相结合的原则，根据国内外市场需求变化情况和农业装备发展趋势，结合山东省农机行业现状，合理规划，加快调整优化产品结构。加快发展山东省具有比较优势、产业基础好、带动力强的大中型高性能拖拉机、联合收割机等传统优势农机装备产业，推动其在高效率、智能化、多功能方面实现新突破；培育发展具有地域特色和资源优势的新兴农机装备产业，以经济作物、蔬菜、林果及畜牧机械等为重点，发展增产增效、资源节约、环境友好型新技术、新产品、新装备。优化农机补贴方案，提高补贴准入门槛，注重农机新产品的技术先进性和对农机化水平的提高作用。利用农机报废补贴政策，合理引导农机更新换代，淘汰高耗能、低性能的设备。支持企业通过资产重组、兼并收购等方式，做大做强；零部件企业做专做精，形成大型骨干企业引领带动、中小企业跟进发展，主机与零部件企业协同配套、布局合理的产业格局。

2. 加强农机产业产业链、供应链建设

农机产业链上、中、下游分别为零部件供应商、研发生产流通、农机用户。山东省为农机装备生产大省，农机零部件配套企业较为健全，整机生产

企业基础较好，又是农业大省，农业生产环境多样，对农机的市场需求较为丰富，在产业链、供应链建设方面具有量与质的优势。应鼓励全省农机龙头企业、科研院所、大专院校牵头搭建农机产业联盟，利用新一代信息技术搭建供应链管理平台。

目前，山东省乃至国内高端农业装备产业链尚不完善，处于导入期向成长期的过渡阶段，成本与售价依然偏高。受农民群体收入有限因素的影响，用户购置高端农业装备的积极性仍然不高，导致推广应用难以达到预期，在一定程度上影响了加快我国农业现代化建设的步伐。

3. 加强科技创新体系建设、构建完善的产学研用深度融合产业创新体系

整合省内创新链资源，开展联合集中攻关，解决农机核心技术、基础材料及关键零部件“卡脖子”问题。支持优势骨干农机企业建设重点实验室、技术研发中心，在关键共性技术以及关键作业装备“卡脖子”问题上加大研发投入，带动行业技术进步。加大各级财政资金对农机技术创新、新装备试验示范和推广应用支持力度。改革科技成果转移转化机制，加强省内农机专业院校和学科建设，培养高端农机创新人才。

4. 农机与农艺结合，注重农业生产解决方案研究

加强农机与农艺融合，推进全面和全程机械化。从农机和农艺两个方面着手，实现农机与农艺有效融合。在农艺方面，要树立农艺积极向农机靠拢的理念，为机械化作业创造条件；在农机方面，要确立农机主动服务于农艺的理念，在产品研发设计、生产制造及服务推广等环节要适应农艺技术要求。组织开展农机、农艺相结合的技术研究，形成技术标准，积极组织农业、农机科研人员，开展联合攻关，解决关键技术“卡脖子”问题。

5. 提高农机企业售后服务能力

加强农民机械化作业职业能力培训，提高农民特别是农机手农机技术、农艺知识、农机管理等专业技术素养；农机生产企业及农机管理部门定期开展农机与农艺知识培训与宣传，提高农机用户农机维修保养意识。农机企业建立完善的售后服务体系，建立农机维修保养机制，可按照销售区域划分等形式，建立售后易损件零配件备货中心，及时高效地为责任区域内农机用户提供维修保养服务。探索农机产业第三方平台化服务机制，农机企业积极参与，开展农机运维与监控（作业载荷谱）、农机预防性维护，促进农机产业形态由生产型制造业向全生命周期的服务型制造业转变，同时更好地控制服务成本。鼓励农机作业的服务公司、农机专业合作社等多种形式的农机作业服务组织的发展，鼓励农机作业服务组织用专门从事农机作业的服务向土地托管、土地流转等方向融合发展。

6. 继续发挥政策引导优势

优化农机购置补贴资金的使用。加大农机购置补贴和税收政策以及农机专项支持力度，扶优扶强，推动产业优化升级。可根据不同地域条件、种植特点制定不同的农机购置补贴标准。如平原地区以粮食作物种植为主，属于易于机械化的地区，应重点补贴大型农机装备，提高地区作业效率。而对于丘陵山地等地形的地区，应将购置补贴向中小型农机浮动，保证经济作物的农机化发展。对农机的购置补贴适当向农机置换方向发展，经过十几年的农机快速发展，以及购置补贴的助力，国内农机市场特别是主要粮食作物农机产品已经进入存量市场阶段，应鼓励农机更新换代，在作业效率及节油等方面提高补贴门槛，加快农机的产品向高端化发展。

目前，深耕深松作业已经纳入补贴体系，建议适当增加对农机服务产业的支持力度，将耕、种、收等多个环节的作业服务纳入补贴范围。

7. 注重人才培养

据《制造业人才发展规划指南》预测，我国农机装备产业人才到2025年缺口将达到44万人。人才和科技支撑不足是造成农机装备产业创新力不足的主要原因。设立农机专业的高校也在很大程度上存在招生难的问题。山东省为农机第一大省，对农机人才的需求最为紧迫。建议将农机人才培养纳入公益人才培养计划。紧跟市场需求，鼓励高校与企业联合建设农机装备研发基地，设立协同创新实验室，突破企业技术难题，定向培养人才。加大农机产业复合型人才培养，未来农机产业将是与信息化、电动化、智能化行业深度融合的时代，如电动拖拉机的开发需要既懂拖拉机又懂电动控制的复合型人才，现在从事拖拉机行业的人越来越少，满足未来发展的人才更少。

六、未来农机发展方向

整体来看，农机装备未来的趋势将朝着“集约化、信息化、大型化、智能化”方向发展。发展形势首先是农机功能的集约化，通过全程机械化的集成配套技术体系，提升装备水平。其次是解决方案的研究及运作的集约化，实现从单一技术到技术共享。

对于农业经济发展水平高的国家地区来说，其农机装备向着大型、宽幅、高速等高生产效率方向发展，在较高的农业生产机械化率的基础上，不断向着生产过程自动化、智能化过渡。

我国拖拉机行业经历了以机械化为特征的第一代产品、以自动化为特征的第二代产品，当前正处于以智能化为特征的第三代产品，未来将向以人工智能为特征的第四代产品发展。可以预想，未来人工智能普遍应用于农业装备，人类将不用直接参与农业生产。

（一）精准农业

现阶段，农业生产的播种、施肥、灌溉、耕整地等阶段，还无法保证作业的精确性，造成水资源、能源等的浪费，同时农药、化肥用量过度也在所难免。未来农业生产应朝着智能化、精确化发展。

精准农业大致分为农业数据采集、数据整理存储、分析决策、精准操作四个阶段。智能化农机装备是实现精准农业的基础与保障。如支持农田资源环境、农田小气候、土壤肥力、土壤含水量、土壤温度、农作物长势、病虫害、农机作业情况等信息的全面感知的传感器及系统，通过对采集信息的分析决策来指导耕整地深度、灌溉量、变量施肥、变量配药的精准调节，实现作物高产高效栽培与病虫草害综合防治及产后农机指挥调度等的智慧农机系统。精准农业技术应用可能会导致农业价值链的更替。

（二）电动化农机

为了适应越来越严苛的排放法规以及基于拖拉机的使用特点，电驱动技术成为研发热点。电动拖拉机是拖拉机的发展方向，具有环保、节能、清洁、高效等优点，对引导拖拉机行业的转型升级、缓解能源危机、减轻环境污染、保持农业可持续发展意义重大。

电驱动与柴油机相比具有更高的低速扭矩、更高的最高转速（10000 转/分），速度调节范围宽、高效率区间宽，电动驱动具有无级变速及动力换挡的先天优势。传统燃油拖拉机在大棚内作业污染严重，产生的尾气排放会污染温室内的空气、水、土壤，对机手的健康影响较大，同时污染还会混入食物链，损害人体健康。我国及世界各大农机公司都将拖拉机电动化视为未来的发展方向。2016 年，智能电动拖拉机开发列入我国重点研发计划项目。2017 年，约翰迪尔纯电动拖拉机 SESAM 正式发布，配备两块 130 千瓦的锂离子电池，提供 279.3 千瓦（380hp）的标准动力，持续工作 4 小时或者 55 千米，充电时间为 3 小时。2019 年，约翰迪尔发布 Gridcon，功率为 294 千瓦（400ph），取消驾驶室，改由电缆供电，完全自主。约翰迪尔正在研发第三代纯电动拖拉机。凯斯公司与 FPT 联合发布电驱动底盘。驱动系统采用 4 个轮毂电机，可持续传递 200 马力持续功率或者 335 马力最大功率，动力源可以有三种，甲烷发动机、蓄电池、燃料电池等。国内机构也在研发，湖南大学团队研发的纯电动拖拉机，充电后连续工作 4 小时，无驾驶舱，机身小、马力强、无排放，可在大棚设施中使用。2020 年，国家农机装备创新中心发布 ET04 - H 氢燃料电动拖拉机，采用永磁中置主电机驱动，提升与转向由独立电机驱动，动力系统以氢燃料电池供电为主，锂电池供电为辅的能量供给模式，无驾驶舱，完全无人驾驶。

（三）智能化农机

农机装备智能化是现代化农业发展的必要途径，世界农机强国都将智能化农机作为未来农机装备化的重要保证，并在不同领域实现了突破。

智能化农机主要为在播种、施肥、耕整地、田间管理等方面实现智能化作业，保证农机作业的高效、环保、节能化要求。如具有实时监测农作物含水量、喂入量等功能，实时调节作业速度的联合收割机；实时区分农作物与杂草，实时识别病虫害功能的智能配药机；根据土壤肥力、墒情以及作物种类实时调节施肥量的智能施肥机；实时监控土壤含水量、植物叶面水分功能的智能喷管系统；整合了地区农机保有量及状态、农作物成熟情况及需求的智能化管控平台等。

（四）大型化与小型化

随着农村土地流转、规模化经营快速发展，同时对保护性耕作的重视程度越来越高，农机服务组织、合作社等农机服务市场主体快速增长，加上农机补贴政策的支持，不断促使农机朝着大型化方向发展。包括拖拉机、收获机、植保机械等。但是由于我国土地环境复杂，大型农机主要针对平原地区，大面积的丘陵、山地等地形区域无法得到发展，成为制约我国农机化的“卡脖子”环节。所以适用于山地、丘陵等地形的小型适用化农机同样是未来的发展重点。

（五）经济作物农机装备

我国三大粮食作物基本实现机械化生产，但是经济类作物如蔬菜、棉花、油料、糖料等种、收环节基本依靠人工作业，正是我国农机发展的短板，现阶段基本依赖进口，价格昂贵。经济作物机械化问题突出，是未来的发展重点。

参考文献

［1］魏素豪．我国农机作业服务市场发展历程、趋势与优化路径研究［J］．管理现代化，2020，40（6）：16－18.

［2］中国已成为约翰迪尔亚太区首要市场［J］．农业装备与车辆工程，2010（3）：56.

［3］胡向涛．国内农机企业全球影响力探析［J］．农机装备，2020（8）：49－51.

［4］柳琪．拖拉机品牌如何从百家争鸣中胜出［J］．当代农机，2020（3）：38－41.

［5］孙妮娜，许令峰，刘贤喜，等．山东省农机装备发展现状及趋势［J］．农业装备与车辆工程，2015，53（10）：51－54.

［6］潘晓峰．山东省农机装备化发展研究［D］．泰安：山东农业大学，2017.

[7]彭超．农机装备化发展的新动能何在;基于山东潍坊的调研[J]．农村工作通讯,2017(9):55-56.

[8]申琳,是钟寅．农机大国如何由大而强;民盟中央赴江苏、山东围绕加快推进我国农业机械装备制造转型升级调研[J]．农业科技与装备,2017(6):2-3.

[9]孔祥德．山东省精准农业技术创新的影响因素及促进对策研究[D]．淄博:山东理工大学,2018.

[10]谢舒,李秀梅,黎子明．国内外农机装备智能化的发展现状与前景[J]．江西农业,2020(2):79+83.

[11]李海涛．国内外智能化农机的发展现状[J]．农家参谋,2020(6):93.

[12]刘德．CVT 动力总成:国产拖拉机实现弯道超车[J]．农机装备,2020(6):55-59.

[13]何叶．爱科:立足中国农机现代化　助力农业可持续发展[J]．农机装备,2016(10):81-82.

[14]李勇．国内农机产业升级制约点透视[J]．农机市场,2019(3):29-31.

[15]郎志中,杨军．我国拖拉机制造业 70 年发展成就与趋势[J]．农机质量与监督,2019(12):11-14.

[16]赵毅,王瑞华．精确农业背景下我国农业发展趋势分析[J]．南方农机,2020,51(20):7-8.

[17]张晔．破解农机装备人才培养难题　亟须加快推进一流学科建设[J]．中国食品,2020(19):86-87.

[18]朱春雨．我国农机装备的研发现状及未来展示[J]．内燃机与配件,2020(11):194-195.

作者简介

宋鹏飞，工程师，山东省工业和信息化研究院。

李尚达，工程师，山东省工业和信息化研究院。

王文平，高级工程师，山东省工业和信息化研究院。

12

山东省生物制药产业高质量发展对策研究

刘际宁　王唯佳

摘　要　生物制药产业是当今世界最具潜力的高新技术产业，也是我国战略性新兴产业之一。生物制药产业高质量发展对推动我国医药产业可持续发展具有重要的战略意义，不仅能够为人们的身体健康提供保障，也能够促进经济发展和社会稳定。因此，生物制药产业发展方向的研究探析和发展趋势的预测分析对助推政府积极采取各种有效措施，促进生物制药产业高质量发展具有一定的借鉴意义。本文深入剖析了国内外和山东省的生物制药产业发展状况及政策信息，找出存在的问题，提出对策建议，并对近期产业发展趋势做出了研判。

关键词　生物制药；高质量发展；产业集群；科技融合创新

生物制药产业是全球公认的极具成长性的朝阳产业，是具有广阔发展前景和蓬勃生命力的高技术先导产业。生物制药是综合利用生命科学和工程科学原理及方法，研究制造用于预防、治疗和诊断的医药制品，也是运用现代生物技术最重要的医药制品，已成为医药产业中发展最快、最具活力、技术含量高的领域，对医药发展具有重要的推动作用。山东省生物制药产业稳中向好，具有国内领先的新药研发和产业化能力，但仍存在着突出问题，产业结构不合理、企业创新不足、新药研发不多等。本课题通过分析山东省生物制药产业发展情况、产业区域集聚、龙头企业引领作用及国际国内发展现状，剖析了存在的问题，就今后如何高质量发展生物制药产业提出了对策措施。

一、山东省生物制药产业发展情况

（一）生物制药产业规模稳步提升

2019 年，山东省规模以上医药工业企业 600 家，占全省规上工业企业数量的 2.1%，实现营业收入 2390.0 亿元，位居全国第二，仅次于江苏（江苏省为 3200 多亿元，连续 2 年被江苏省超越，且差距加大），同比增长 5.8%。其中，生物药品制品制造业规模以上企业 100 家，实现营业收入 229.0 亿元，同比增长 11.6%；利润总额 47.7 亿元，同比增长 38.3%。

表 1　2019 年山东省医药工业细分行业主要经济指标

	规上企业（家）	营业收入（亿元）	同比（%）	利润总额（亿元）	同比（%）
医药工业企业合计	600	2390.0	5.8	335.5	-2.7
化学药品制造业	218	1100.8	7.2	144.1	2.8
卫生材料业	105	715.9	9.6	91.0	9.4
中药材及中成药加工业	131	278.8	-9.5	39.2	-47.3
动物药品制造业	46	65.5	-0.6	13.5	8.0
生物药品制品制造业	100	229.0	11.6	47.7	38.3

（二）产业区域集聚效应显现

2018 年，山东省政府印发的《山东省医养健康产业发展规划》明确提出重点发展生物技术药物等创新药物，提高原研药等创新能力和产业化发展水平；并计划发展20家国家级企业技术中心，15个产值过百亿元的生物医药产业园区等。为此，山东省先后出台了一系列发展医药产业的政策措施，着重培育发展济南高新区等14个生物医药产业集群，各个细分医药领域的知名企业正不断涌现。

1. 济南市

结合产业基础和优势，打造布局合理、特色鲜明、产业链完整、具有研发能力强的生物医药产业体系，目前已形成集聚700多家的医药企业，其中研发企业达到200家左右，规模以上企业34家，高新技术企业22家，销售收入过百亿元企业1家、过十亿元企业4家、过亿元企业38家，销售过亿元生物医药产品数达16个，生物医药类国家驰名商标6个；国产药品累计获批近1500件，其中生物制品23件。目前，济南市已在化疗天然药、医疗器械、医学耗材、生物工程、医疗服务、保健品及化妆品、医疗养老、医药物流等领域形成集聚发展态势，“生命科学城”初具规模。生物制药产业作为重要板块之一，以齐鲁制药、福胶集团、力诺药业为骨干，着重发展齐鲁制药生物医药产业园。园区按照国际标准建设了现代化抗肿瘤药物、新剂型药物、基因工程单抗药物等多个生产功能区域和功能齐全的现代化国家药物研发中心，进一步提高企业的国家级技术和相关创新平台的功能及规模，完善生物医药产业体系，提升品牌影响力与行业竞争力。

2. 青岛市

生物医药产业集群依托全国唯一的海洋特色国家生物产业基地——青岛国家产业基地，主要包括青岛高新区蓝色生物产业园、西海岸新区海洋生物产业园、崂山区生物医药产业园等三个特色产业园区。青岛市针对生物产业出台了《关于加快青岛市生物医药产业发展的若干政策》，在新药创制、项目引进、仿制药一致性评价、成果产业化、企业培育、市场开拓、服务平台等方面建立支持性政策，鼓励存量企业创新发展。青岛市借助高新区和院士港等平台，成功吸引了大批科技人才创业，尤其是在引进高端人才方面下足了功夫，形成了包括“千人计划”专家、海龟人才、留学人员等很好的人才创新环境。以正大制药、青岛黄海制药、上海医药集团青岛国风药业、青岛双鲸药业为骨干，打造以抗病毒、抗肿瘤、降血糖，治疗心脑血管、神经系统等疾病的化学药品、生物药品和中药为主的海洋生物产业集群。

3. **烟台市**

生物制药产业已经形成了一定的区域集聚效应，荣昌制药、绿叶制药、石药百克、先声药业等生物制药企业已经落地投产。烟台国际生物医药创新产业园以绿叶制药集团为骨干，打造国际生物与健康产业创新中心，建设基因技术应用示范中心、生命科学大数据中心、细胞与组织工程中心、药物筛选与评价中心、药物代谢动力学研究与分析测试中心等11个国际化生物医药研发公共服务平台和国际医疗研发及培训中心、医疗服务创新中心等多专科、国际化医疗服务产业集群，打造覆盖生物医药与健康产业全产业链的集成式园区。荣昌生物制药产业园以一类新药研发为主，主要包括7个单抗和抗体偶联药物一类新药研发，1项国家“863”计划，7项国家“重大新药创制”科技重大专项。绿叶制药研发布局包括2个进入临床阶段的抗体类新药，以及涉及CAR－T、干细胞治疗等领域的细胞、基因和数字化治疗方案的研发。

4. **菏泽市**

目前，健康管理需求呈现井喷式快速增长，山东省将医药健康列为十强产业，菏泽市根据这一重大战略，遵循生物医药产业发展的特点和规律，打造了以山东步长制药股份有限公司为骨干，集现代中成药生产、中医药文化宣传等于一体的千亿元级国家级生物医药产业园区。

5. **临沂市**

以鲁南制药、罗欣制药为骨干，以科技研发为支撑，重点发展现代化中药、化学原料药及制剂、生物技术药物及制品、保健制品、新型医疗器械、医药商贸流通、新型药用辅料及药包材、精准医学产品等产业园区。

6. **济宁市**

以辰欣科技集团、山东鲁抗医药、山东广育堂国药有限公司为骨干，打造集生物医药产业区、生物医药研发区、医药物流区、健康服务与健康管理区、产城生活配套与医养结合区等五大板块于一体的产业集群。

（三）龙头企业引领作用突出

1. **齐鲁制药**

致力于生物技术药物和创新化学药物开发，跟进国际创新药物发展趋势，持续开发“全球好”药物。在肿瘤、感染、肝病、自身免疫、代谢疾病等领域已布局完善的创新药物产品线，目前有几个项目已经进入转化治疗性研发阶段，未来10年内将有多个创新药物研发上市。

2. **步长制药**

继续致力于中药现代化项目，以国内领先水平的自动生产化智能装备为基础，科学运用工艺合规化、质量信息传递测控、信息数据自动感知与采集，以提升重要制造装备技术水平、数字化水平，提高产品品质，推动产业化应用与环境友好中药生产为目标，实现了从中药材进车间到成品出库发货全流程的生产自动化。

3. **鲁南制药**

将在技术创新和新药研发中重点发展。集团设有国家手性制药工程技术研究中心、中药制药共性技术国家重点实验室、哺乳动物细胞高效表达国家工程实验室、国家级企业技术中心等多个高位研发平台，将持续增加研发投入，提升科技成果转化。

4. **罗欣药业**

以大健康产业为主线，培植壮大“五大板块”（化学制药、特医食品、医药物流、现代中药、康养基地），以“传递健康”为使命，运用科技创新手段，努力打造千亿目标企业，为健康中国做出卓越贡献。发挥技术、成本、规模优势，壮大化药产业罗欣厂、欲欣厂、恒欣厂三大生产基地，不断拉长产业链，形成从化学原料药到各类制剂的完善的产业链，打造成特色规模化产业集群。

二、全球生物制药产业发展现状

生物制药是持续高景气的新兴产业，在整个制药业中有着举足轻重的地位，在治疗癌症、心肌梗死、糖尿病、肝炎等多种难以治疗的疾病中都发挥了重要作用。这些利用生物制药生产出来的医药被广泛用于全世界，不断造福于全人类。生物制药距今已有40多年的发展历史，一经推出，便在全世界迅猛发展，主要集中分布在美国、以英国为代表的欧洲、日本、印度、新加坡、中国等国家。

目前，全球生物医药产业快速增长，生物制药企业已达到4000多家，研制的生物技术药物超过2200种，其中，进入临床试验的有1700多种。20世纪90年代以来，全球生物药品销售额增长迅猛，年均增速在30%以上，大大高于全球医药产业年均不到10%的增长速度。美国是生物制药产业的发源地，并将其作为新的经济增长点，实施运用生物技术产业激励政策，对生物技术研发和产业化持续增加投入。目前，拥有1000多家生物制药企业，投资近400亿美元，研制出超过30个有效治疗的生物制药产品，在国际上处于领先地位，在技术和产业发展上，比最接近的竞争对手欧洲、日本至少要领先两代以上。目前，美国的生物制药产品及销售市场份额占全球比重70%以上，已形成波士顿、华盛顿、北卡罗来纳、旧金山、圣迭戈五大生物技术产业区，其中，华盛顿、波士顿及北卡罗来纳研究三角园分布在东海岸，旧金山、圣迭戈分布在西海岸。欧洲以坚实的产业基础和雄厚的技术优势紧随美国之后，其中，英国是仅次于美国的生物医药研发强国。英国的生物医药产业主要分布于伦敦、牛津、剑桥、爱丁堡等高等院校及科研机构密集的地区。英国剑桥生物技术园区是目前世界上最大、最顶尖的科研生物技术园区之一。与欧美相比，亚洲生物制药销售市场份额仅占全球3%。日本虽然起步较晚，但是发展势头迅猛，在亚洲处于领先地位，新加坡、中国紧随其后。

三、我国生物制药产业发展现状

我国也高度重视生物制药产业，把它作为战略性新兴产业之一予以支持。近年来，我国生物医药产业呈现出集聚发展的态势，以园区的形式聚集企业、资本、人才和科技等资源，从而促进生物医药产业的快速成长。目前，我国拥有生物制药企业的地级市占比达到90%以上，企业总数已超过1000家，主要集中在环渤海区域（北京、天津、山东、河北）、长三角区域（上海、江苏、浙江）以及珠三角区域（广州、深圳），这三大产业集聚区是我国生物医药产业发展的重要载体，在成果转化等方面发挥着突出作用。2018 年，我国生物医药产业园区实现总产值 1.8 万亿元，2019 年，总产值已突破 2.0 万亿元。

四、山东省生物制药产业发展存在的主要问题

（一）产业结构亟须优化

我国生物制药产业在以单抗、肿瘤免疫、基因测序、基因编辑、干细胞治疗等新技术为代表的新一代生物制药技术革命中正在进行弯道超车，已经接近世界一流水平。但是这些弯道超车的企业和生物产业园区仍然以化学药和中药为主，缺少新一代生物制药产业，尚未形成新一代生物技术产业集聚。截止到 2018 年，山东省在 A 股上市且主业为医药医疗行业的上市公司共有 17 家，其中 3 家以中药为主业，5 家医疗器械及医药服务类企业，7 家以化学制药为主业，2 家以生物材料和传统生物制品为主业。山东省在 A 股上市的所有上市公司中，尚无涉及抗体类药物、细胞治疗等新一代生物制药的公司。

（二）创新投入有待提升

在新一代生物制药产业创业的浪潮中，山东明显落后于北京、上海、江苏、广州等地。近几年，生物制药领域诞生了诸多炙手可热的“独角兽”企业，它们在研发阶段的融资规模可达数亿美元，如歌礼药业、百济神州、华领医药、信达生物、君实生物、基石药业、复宏汉霖、药明生物等。山东省制药企业在传统化学药制药领域拥有良好的工业基础，但在创新生物药研发领域，在研发企业数量、新药专利数量、研发药企融资规模等方面仍有较大差距。

（三）新药研发有待加强

2018 年，中国药品监督管理局推行了药品审评审批改革政策，加快了新药在国内上市的速度。2018 年共有 51 款新药在国内首次获批上市，其中，国产新药 11 个，进口新药 40 个；从药品类别来看，生物药 17 个，化药 33 个，中药 1 个。11 个国产获批新药的研发生产企业中没有一个药企是山东本土企业。近几年，山东省医养健康产业规模不断扩大，并拥有了国家重大新药创

制平台、国家级创新药物孵化基地、国家海洋药物工程技术研究分中心等一批国家级重大创新平台，但从新药研发和新药临床数据来看，山东的新药研发有待进一步加强，科研成果转化需要进一步落地。

五、生物制药发展趋势研判

2020 年，生物制药产业受到新冠肺炎疫情冲击较大，但同时某些细分领域也迎来了重大发展机遇。新冠肺炎病毒横行肆虐，医药产业是重要的战疫利器，药物是抗击新冠肺炎病毒的重要武器。一是中央预算内投资加大了相关医疗卫生机构项目建设的投资总量，进一步深化改革带量采购、分级诊疗制度，加速科技在医疗领域的融合创新，优化高端医疗设备配置等，这些政策措施将为企业形成巨大的合作机会。二是大力发展新冠肺炎疫情防控医疗器械，如新冠肺炎病毒检测试剂、呼吸机、医用隔离面罩、防护口罩、护目镜、红外体温计等。三是创新药物、前沿诊疗技术等将引领优化产业链布局，成为医药产业高地。四是加强企业创新疫苗研制，提升疫苗行业整体研发水平。

六、山东省生物制药高质量发展措施建议

（一）引进医药高端人才

生物制药产业属于智力高度密集型产业，美国波士顿地区之所以成为全球生物制药研发的聚集地与其所处的人才和智力高地密不可分，环波士顿地区聚集了麻省理工大学、哈佛大学、波士顿大学、塔夫茨大学等 40 多所世界顶尖的医学医药领域高校；还拥有全美著名的哈佛大学医学院、麻省总医院、新英格兰医学中心等优质临床医学资源，以及众多在生命科学、分子生物学、新材料及化学等相关研究领域引领世界的优势学科群和实验室。在山东，借助于山东大学、中国海洋大学及相关研究机构，山东具有一定的生物制药产业人才基础，但相较于北京、上海、江苏等地区，山东省大学和科研院所偏少，人才供给还存在不足。驻鲁两院院士仅 49 人，不到江苏省的 50%，千人计划专家约为浙江省的 30%。在这种情况下，借助国家“千人计划”等人才

政策的红利，山东省应大力吸引国际和国内高端生物制药人才、具有国际大型制药公司生产和研发经验相关人才以及国内科研和生产一线的人才。

（二）优化政府人员结构

随着我国政府职能转变和政府效能提高，我国政府也在快速由管理型政府转变为服务型政府。在高新技术领域，创业者和投资者的高学历、高专业化已成普遍情况，海龟留学博士、教授甚至外国创业团队也屡见不鲜。由此，对医药产业招商部门的政府工作人员的工作能力和专业化能力都提出更高的要求和挑战。在招商系统中，博士研究生学历的工作人员已经普遍分布在医药领域招商队伍中，以便能更好地对接和服务国际一流的创新创业团队。此外，各基层系统的中高层领导也逐步地年轻化、高学历化。而山东省的部分地区，相关选人用人机制还比较落后，年轻化、高学历化、专业化的服务型政府队伍正在组建，建议进一步优化医药产业领域政府部门的人员结构，选聘更多年轻、专业、责任心强的工作人员充实到为医药产业领域服务的政府部门。

（三）健全产业支持政策

加大力度支持新产品研发和产业化，对开展新产品开发的企业给予阶段性资金支持，将具有比较优势的品种优先纳入本地区医保支付范围；支持企业开拓国际市场，对于通过欧美发达国家和地区的GMP、GLP检查的生产线，以及在欧美发达国家注册且实现上市销售的项目给予资金支持；设立紧密合作的产业技术创新联盟，依托骨干企业，采取政企共建的模式，开展产学研医集成攻关，加快医药健康领域创新成果转化速度；设立医药健康产业发展专项基金，重点投向产业转型升级、技术研发和公共平台项目建设，切实提高资金使用效率；坚决淘汰落后产能，完善企业退出机制。

（四）营造良好发展环境

全面推进“放管服”改革，加快政府职能转变，为企业提供注册、立项、规划、土地、环评等行政审批绿色通道，优先保障医药健康领域重大建设项目用地。建设满足生物医药研发和生产所需的标准化厂房，支持中小企业以租代建组织生产。完善融资担保体系，加强企业信用信息共享，设立政府、银行、企业共同出资的产业担保基金，支持创新型医药企业发展。鼓励创新金融产品和服务，探索建立符合医药产业发展特点的信贷评审和管理制度，帮助企业降低融资成本，培育和支持医药企业上市。

（五）落实规划组织实施

建立政府统筹领导，药监、发改、财政、经信、科技、卫生、环保、规划、金融等相关部门组成的联席会议制度，形成重大问题研究、重大政策制定的会商机制，增强产业、监管、环保、医疗等方面的政策协调性，共同解决影响产业发展的重大问题。围绕规划的主要任务、重点领域，研究制定持续性的行动计划和实施方案，并定期开展评估。引导各地区发挥比较优势，推进重大项目落地和重大创新成果转化，共同推动生物医药健康产业持续发展。

（六）加速科技融合创新

加速人工智能医疗机器人、5G远程医疗技术、云计算、大数据等新科技在医疗领域的融合创新。加强智能化数字化医药产业信息传递，传统治疗手段、就医习惯在新一代互联网医疗技术下将会发生翻天覆地的巨变，目前的传统诊疗方式将向医疗预防转变，基因测序、智能诊断、手术机器人、精准治疗、5G远程诊疗、5G智能医护机器人等将改变现有的传统医疗模式。

参考文献

[1]滕一万,余齐耀,偰蜀江,等. 国内外生物医药产业发展分析及启示[J]. 药物生物技术,2015,22(2):181－184.

作者简介

刘际宁，高级经济师，山东省工业和信息化研究院。

王唯佳，副会长兼秘书长，高级经济师，山东省医药行业协会。

第二部分

信息化篇

1

省级政务信息资源共享平台建设问题及对策研究——以山东省为例

政务信息资源共享平台研究课题组

摘　要　利用新一代信息技术构建省级政务信息资源平台，是实现政务信息资源共享与开放，推进大数据智能化发展，提高政府社会治理能力和公共服务水平的基础，是推进政务服务标准化、规范化、便利化，深化政务公开重要技术支撑。整合面向社会服务的政务信息资源，推进一体化在线政务服务信息资源平台建设，初步形成全省统一的省级政务服务支撑体系最大限度地利企便民，推动加快政务服务流程再造，对全面实施“一窗受理·一次办好”改革具有重要的支撑作用。本文以当前山东省政务信息资源共享平台建设状况为例，结合当前山东省政务信息资源共享平台建设共享方法和模式的基础上，研究分析省级政务信息资源共享平台建设现状及政务信息资源共享平台绩效评估体系，结合发现的问题明确提出相应的解决对策，为进一步完善省级政务信息资源共享平台，推动数据资源体系与政务服务体系建设、推进业务协同体系建设，助力政务服务优化和营商环境改善提供有力的智力支撑。

关键词　大数据；政务信息；共享平台；指标体系；模糊综合分析

一、引言

近年来，国务院及相关部门相继出台了《政务信息资源共享管理暂行办法》、《政务信息系统整合共享实施方案》和《关于加快推进全国一体化在线政务服务平台建设的指导意见》等政策文件，提出了搭建大平台，建设大数据、大系统的要求，形成资源共享、共同接入、覆盖全国的共享数据大平台，加快国家一体化在线服务平台建设，推动全国政务信息资源共享，为实现“互联网＋政务服务”的目标要求，建立数据基础，切实解决“碎片化、烟囱林立、信息孤岛”等长期困扰我国电子政务发展的问题，充分彰现了国家对解决现有政务信息资源共享过程中存在问题的高度重视和坚强决心。

2017年，《山东省人民政府办公厅关于印发山东省政务信息系统整合共享实施方案的通知》要求编写政务资源目录，提高共享交换平台服务能力。2020年初，发布了《山东省电子政务和政务数据管理办法》。山东省通过政务信息化项目建设工程，将政务信息资源统筹规划，建立了标准规范目录，搭建了大平台，促进了政务信息资源的整合和共享应用，但在省级政务信息化建设中仍存在一些问题。

借助新一代信息技术搭建省级政务信息资源平台，实现政务信息资源共享与开放，是提升政府部门间信息交流效率的重要技术支撑。基于面向公众服务的政务信息系统进行一体化整合，对推进在线政务服务信息资源平台一体化建设，最大限度地满足利企便民要求，推动和加快对政务服务流程的再造，政务事项实现“一次办好”的改革发展目标具有重要的支撑作用。

本文以山东省政务信息资源共享平台建设为例进行研究。当前，山东省内重点行业领域的电子政务应用项目建设与应用已初见成效。但仍存在诸多问题，一是许多部门信息化发展水平参差不齐；二是数据资源开放共享应用程度不高；三是缺少基于新一代信息技术下信息资源平台建设复合型专业技术人才；四是政务信息资源平台的建设缺少统一规划与统一标准等。因此，急需找到问题的根源，提出相应的解决方案，以进一步推动山东省政务信息资源共享，提升政务社会服务的效率，为加快政府职能从管理型到服务型转变发展奠定良好基础。

二、政务信息资源共享平台概述

（一）政务信息资源共享平台的特点

政务信息资源共享平台是一个技术与成果的系统整合，具有三个特点：一是开发应用的地域性，二是体系结构的适应性，三是技术手段的整合性。

（二）政务信息资源共享平台的内涵

政务信息资源共享平台是将政府信息系统的基础技术框架与业务应用模式进行整体融合而形成的复合式框架。它是以共享式的应用体验观念为研究导向，抽象地展现了各类应用的共性和技术特点，利用建模方式来满足不同的个性化要求，形成一体化统一的技术支持环境。

政务信息资源共享平台，可以有效地实现政务信息资源的互联互通，促进信息资源的共享共用，为各级政府部门，提供统一、安全、高效的政务信息系统数据交换服务和政府信息系统目录资源管理服务，实现政务信息系统资源在不同行业、多个政府部门、不同地区的资源共享与信息交换。

（三）政务信息资源共享平台建设目标

建设基于电子政务信息资源的数字化共享服务平台，主要目的在于打破数字化“信息孤岛”的局面，实现各种数据资源库与各类政务信息系统的互联互通。共享平台的搭建应当具有统一性、开放性、通用性、独立性、灵活度等特征的网络传输服务系统，构建技术支持环境，为各种应用网络提供统一的技术支撑。

三、山东省政务信息资源共享平台建设情况

（一）管理体制情况

2017 年，为推进电子政务工作的改革发展，山东省将省发展改革委、省经

济和信息化委员会的电子政务、政务服务管理和大数据发展职责，统一划转到省政府办公厅，初步搭建起了“一组一委一办四处一中心”的工作组织架构。

为主动顺应信息数字化时代，信息科学与应用技术快速发展演变的要求，破解各级地方政府部门在信息资源管理共享中存在的“信息孤岛”“数据烟囱”等突出问题，加快引进“互联网＋电子政务”平台技术，推动“数字山东”建设，2018 年 10 月，组建成立山东省大数据局，负责统筹全省大数据发展和信息资源管理工作。

（二）政务网络建设情况

2003 年，山东省建成了山东政务内外网络。一是在政务内网方面，与省级政府办公厅联网，主要是进行公文的传输与互联网的物理分隔。二是政务外网方面，与互联网逻辑分隔，部署在该区域的内容主要负责平台管理和向互联网区域推送内容，包括内容管理平台、网站相关业务系统管理平台等与网站交换数据的系统。截至 2019 年 7 月，通过全国各地的电子政务外网统一接入平台，省级以上的电子政务外网开通接入电子政务线路 137 条，已经接入各级部门的省级电子政务外网公共服务域 16000 多个，实现了省、市、县、乡四级统一覆盖。

（三）政务信息资源共享平台建设情况

1. 山东省人民政府门户网站（全国一体化在线政务服务平台·山东）

山东省人民政府门户网站（www. sd. gov. cn）作为山东省人民政府及其省政府有关部门总的政府信息公开平台，也可以说是山东省政府向全国社会各界对外广泛宣传、服务人民群众的总窗口。主要内容围绕着如何实现方便广大企业和人民群众政务办理这一重要工作核心，在深入实行我国政务信息服务的管理标准化、政府工作管理流程结构优化和服务再造的基础上，整合政府服务领域资源，推动实现公众政务办理线上“进一张网、办全省事”，线下“只进一扇门、最多跑一次”的目标，按照“123N”的总体发展思路进行体系建设，即线上集成一个总门户，供需两端共同融合发力，建立对政务信息服务标准、考核、决策三大体系的支持，助力 N 类政府服务水平的不断提升（如图 1 所示）。

图1　山东省人民政府门户网站

2. 一体化大数据平台建设情况

自2019年以来，山东省先后采取了云集成、统一网络和融合数据三大举措，大力打破“信息孤岛”和“数据烟囱”等壁垒，并初步在全省范围内形成了统一的云、网、数融合等多种应用服务体系，构建了涵盖政务服务、协同办公、数据共享开放等各个领域的综合性应用服务体系。山东省继续着力于技术支撑基础数据层上，重点加快打造“一个平台、一个号（码）、一张网络、一朵云”的服务支撑系统。其中，一个平台是指创建“一体化大数据平台”，该平台以促进基础数据库、主题数据库、专题数据库和通用业务库的“四合一”数据资源系统的构建，畅通统一数据的流通跨省渠道，促进数据共享和开放，为全省数据管理和开发利用提供全方位服务（如图2所示）。

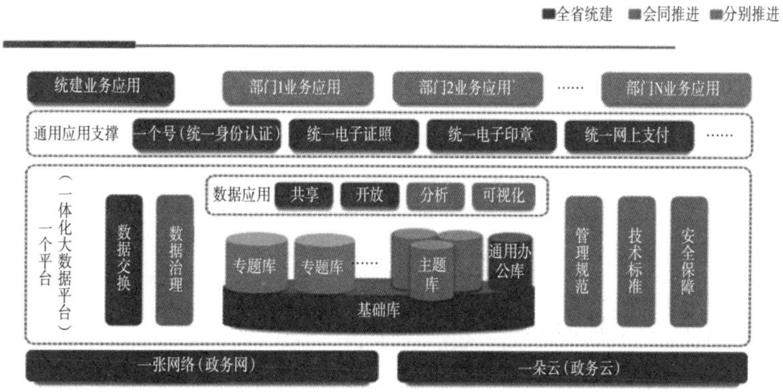

图2　一体化大数据平台架构

（1）山东省政务信息资源共享交换平台

从2012年开始，山东省政务信息资源共享工作以人口、法人基本信息交换为试点，建设山东省政务信息资源共享交换平台，实现基于全省基础信息库的数据交换、数据处理和统一认证等服务，同时提供基于12类人口信息、7类法人信息的定制服务。

山东省政务信息资源共享交换平台作为国家重点的政府信息基础设施，用于实现管理国家政务信息资源的目录和支持各级政府机关的共享与交流。该平台包括数据共享和数据开放两个子平台。数据共享致力于促进政务资源和信息的有效整合，实现多个部门之间的信息互通，创造一个信息交换与共享的方式和环境，实现了数据的共享。数据开放，汇聚政府资源，推动数据开放，消除各层级间政务服务信息的共享困难、信息不一致以及缺乏时效性情况（如图3所示）。

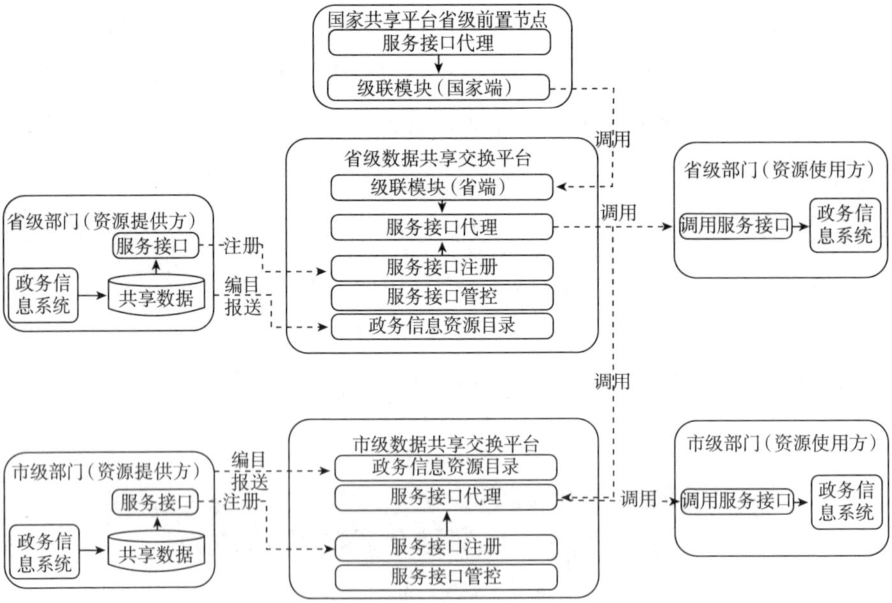

图3　山东省政务信息资源共享交换平台框架

（2）山东省政务信息资源共享网

山东省政务信息资源共享网是山东省政府信息资源共享交流服务平台，用于山东省政府信息资源的集中展示，主要展示部门信息资源、地方信息资源、基础信息资源，具有资源申请、信息发布、资源审核等功能。部署于政务外网环境，只供行政部门使用，由山东省大数据局负责。

网站实现了信息资源的申请、发布、交换、共享，推进政务信息资源的共享应用水平，提升共享平台的信息服务能力（如图 4 所示）。

图 4　山东省政务信息资源共享网

3. 山东公共数据开放网

该平台是由山东省大数据局主办，在全省范围内实施全省总体建设模式，统一数据收集和平台后端管理。省级及 16 个城市的公共信息服务网络实现了分站管理及分布式的部署。这种全新的集约化建设模式可以有效地减少和避免重复建设投资和重复投入，确保了政府资金的有效合理规范运用，有利于实现与全国开放平台的对接。

截止到 2021 年 1 月底，山东公共数据开放网已开放 51 个部门，204075 个数据目录，39 亿条数据，6.86 万条数据接口，147 个创新应用，平台访问量约 1700 万次，数据下载量约 600 万次（如图 5 所示）。

图 5　山东公共数据开放网

四、省级政务信息资源共享平台绩效评估研究

本文搭建省级政务信息资源共享平台的绩效评估指标体系，通过搭建绩效评估指标体系，引入和探索研究绩效评估的手段和方法，为省级政务信息资源共享平台的绩效评估工作开展提供新的视角，有利于各级政府部门在实施绩效评估中继续促进数据的共享、协同、共用，更好地服务于经济社会文化的培育与建设，提高政府工作效率，加快政府从传统管理型到服务型的职能转变，进一步提升政务服务能力和水平。

（一）绩效评估方法

1. 评估指标体系的构建

根据相关研究，构建省级政务信息资源共享平台绩效评估指标体系，需要遵循科学性、系统性、可操作性、可衡量性等原则。在遵循原则的基础上，通过对省级政务信息资源共享平台核心功能分析，本文构建了在现行条件下能够对省级政务信息资源共享平台的绩效进行评估的较为合理的指标体系。平台的绩效评估指标体系分 4 个一级指标和 16 个二级指标，具体指标如表 1 所示。

表1 省级政务信息资源共享平台绩效评估指标

一级指标	二级指标
平台质量 A_1	平台稳定性 B_1，平台可扩展性 B_2，平台融合性 B_3
平台功能 A_2	数据交换 B_4，数据整合 B_5，数据存储 B_6，数据管理 B_7
运维管理 A_3	基础设施 B_8，资金保障 B_9，组织机构 B_{10}，人员素质 B_{11}，安全保障 B_{12}
运行绩效 A_4	平台访问量 B_{13}，政务协同效率 B_{14}，互动反馈 B_{15}，用户满意度 B_{16}

（1）平台质量

平台质量是衡量平台整体性能的主要指标，包括平台稳定性、平台可扩展性和平台融合性。平台稳定性针对整个平台网站结构、内容完整性、操作便捷性以及运行的流畅程度进行评价；平台可扩展性用来反映平台能否随着新一代信息技术的提高变化顺利进行升级、扩容和提升；平台融合性主要是对平台与省内各级政府职能部门业务系统、社会企事业单位应用系统连接的兼容性进行评价。

（2）平台功能

平台功能包括数据交换、数据整合、数据存储和数据管理4个二级指标。数据交换用来衡量平台上各部门（单位）政务信息资源实时数据交换共享和数据开放水平。数据整合是对平台开放或共享交换的数据进行专题整合后应用及业务协同水平的衡量。数据存储是对平台数据分类存储的合理性的衡量。例如，是否建立人口、法人单位、电子证照、信用等基础数据库。根据业务分工及用途建立主题库、专题库、通用业务库等进行分组存储。数据管理用于衡量数据资源目录建设、数据共享交换及有效管理应用水平。

（3）运维管理

运维管理是平台可持续发展的重要因素，包括基础设施、资金保障、组织机构、人员素质和安全保障5个二级指标。基础设施是评价平台的硬件设施配置及分配利用情况；资金保障用于衡量平台建设资金来源是否充足、支配是否合理、运维资金是否充足等状况；组织机构用来评价平台人员配置的合理性、科学性、适用性；人员素质是衡量相关人员工作技术能力、协调组织能力及业务学习能力；安全保障是衡量平台安全管理体系建设合理性及平台的安全等级保护水平。

（4）运行绩效

运行绩效包括平台访问量、政务协同效率、互动反馈、用户满意度 4 个二级指标。平台访问量是对平台推广使用程度、平台知名度和平台服务能力的反映；政务协同效率主要是对平台政务信息整合与共享后，政府、企业、公众之间协同应用水平的衡量；互动反馈针对平台对公众关切问题反馈速度及反馈满意度测评；用户满意度是对平台为用户办事效率及办事能力水平满意度进行测评。

2. 模型建立

（1）设置指标权重

层次分析法（AHP）是对决策相关元素进行定性和定量分析的决策方法之一。本文使用层次分析法，将信息资源共享平台进行分级，通过采用同一层级内的各指标两两比较的方法构造矩阵，建立数学模型，求出每个指标的相对重要性，计算每个评价指标在本层级的权重。以此类推，最终计算出每个指标在模型中的总权重。使用层次分析法计算综合评价数值，是一种加权求和的计算法则，即

$$S = \sum_{i=1}^{n} W_i P_{i(v)} \ , \ i = 1,2,\cdots,n \qquad (1)$$

式（1）中：S 为综合指标数值；W_i 为各项指标组合的权重值；$P_{i(v)}$ 为测评人对第 i 个一级指标第 v 个二级指标给出的分值，n 为一级指标个数。

利用 AHP 方法确定每个指标在评价体系中所占的权重，建立多维层次模型，构造一个判断矩阵进行两两比较，通过计算得到每个指标的权重，即特征向量和最大特征值，最后进行一致性检验。

（2）构建层次结构模型

采用 Saaty 的九级标度法对重要性程度进行赋值，构建进行两两比较判断矩阵，$A = (a_{ij})_{N\times N}$，a_{ij} 表示 a_i 与 a_j 相对于上一层指标的重要性比例标度，a_i、a_j表示对行、列指标重要程度的赋值，N 是矩阵的阶数。

（3）计算评价指标的权重值

层次结构模型构造后，使用方根计算方法求出各级指标的特征根和特征向量，即得到指标的权重值。

1）将矩阵 A 的每行元素相乘，得到行元素的乘积，即

$$M_i = \prod_{j=1}^{n} a_{ij}, i = 1,2,3,\cdots,n \tag{2}$$

2）将所得乘积开 n 次方，即

$$W_i' = \sqrt[n]{M_i} i = 1,2,3,\cdots,n \tag{3}$$

3）将所得方根 Wi' 进行归一化处理，得到各个评价指标的权重值，即

$$W_i = \frac{W'_i}{\sum_{i=1}^{n} W'_i}, i = 1,2,3,\cdots,n \tag{4}$$

4）计算判断矩阵 A 的最大特征根，即

$$W = (W'_1, W'_2, \cdots, W'_N) \tag{5}$$

$$\lambda\max = \sum_{i=1}^{N} \frac{(AW)_i}{NW_i} = \frac{1}{N} \sum_{i=1}^{n} [(\sum_{j=1}^{n} a_{ij} W'_i / W_i)] \tag{6}$$

（4）一致性检验

通过计算获得评价指标权重后，为确保其科学性、有效性，需要对判断矩阵 A 进行一致性检验。

1）求 A 的一致性指标 A_{CI}，即

$$A_{CI} = \frac{\lambda\max - N'}{N' - 1} \tag{7}$$

式中，N' 为一致性指标个数。

2）通过 1～12 阶矩阵的平均随机一致性指标 A_{RI} 取值（如表 2 所示），查找同阶数的随机一致性指标。

3）求 A 的随机一致性比例 A_{CR}，

表 2　平均随机一致性指标 A_{RI} 的取值

N'	1	2	3	4	5	7	8	9	10	11	12
A_{RI}	0	0	0.58	0.90	1.12	1.32	1.41	1.45	1.49	1.51	1.54

4）判断一致性。当 $A_{CR} < 0.1$，认为判断矩阵的一致性可以接受；当 $A_{CR} \geqslant 0.1$，则需要继续调整判断矩阵，使之具有满意的一致性。1 阶、2 阶矩阵总是一致的，此时 $A_{CR} = 0$。

3. 模糊综合评估

在构建省级政务信息资源共享平台的绩效评估指标体系时，使用层次分析法计算获得每个指标的权重后，需要找到合适的方法对信息资源共享平台进行评估。省级政务信息资源共享平台的绩效评估涉及多个指标且需要加以综合，考虑到其绩效评估的多目标性和复杂性，本文选择模糊综合评价法对其进行绩效评估。

1）建立模糊评估因素集和评估等级集。依据省级政务信息资源共享平台绩效评估指标体系，将各个因素进行层次划分。

目标层的因素集为

$$A=\{A_1,A_2,A_3,A_4\}$$

准则层的因素集为

$$A_1=\{B_1,B_2,B_3\},\ A_2=\{B_4,B_5,B_6,B_7\}$$

$$A_3=\{B_8,B_9,B_{10},B_{11},B_{12}\},\ A_4=\{B_{13},B_{14},B_{15},B_{16}\}$$

将评价结果 V 划分为 5 个等级，建立评价结果等级矩阵 $V=(V_1\ V_2\ V_3\ V_4\ V_5)$，其中 V_1、V_2、V_3、V_4、V_5 分别代表不合格、合格、一般、良好、优秀，相对应的分数分别为 50、60、70、80、90，即矩阵 $V=(50\ 60\ 70\ 80\ 90)$。

2）构建模糊关系矩阵。通过专家打分法对每个评估指标进行合理打分，并按照等级比例建立隶属关系矩阵。根据具体评估的结果建立省级政务信息资源共享平台模糊评估矩阵，依据获得的模糊评估矩阵，构建共享平台绩效评估模型，用于衡量省级政务信息资源共享平台的运行绩效水平，建立模糊关系矩阵。

$$R_i=(\gamma_{ij})_{m\times n}=\begin{pmatrix}\gamma_{11} & \gamma_{12} & \cdots & \gamma_{1n}\\ \gamma_{21} & \gamma_{22} & \cdots & \gamma_{2n}\\ \cdots & \cdots & \cdots & \cdots\\ \gamma_{m1} & \gamma_{m2} & \cdots & \gamma_{mn}\end{pmatrix},i=1,2,3\cdots,m;\ j=1,2,3,\cdots,n \tag{8}$$

式（8）中：γ_{ij} 为被评估对象能被评为 V_j 的隶属度，即第 i 个指标在第 j 个评语 V_j 上的频率分布。

3）综合分析评估。利用构建确立的矩阵 $W_i\ i = (1,2,3 \cdots,n)$ 和 $R_i, i = (1,2,3 \cdots,n)$，进行复合运算 $A_i = W_i R_i$，通过对 A_i 归一化处理，算出模糊综合评估向量 A_1, A_2, A_3, A_4。

依据计算得到的省级政务信息资源共享平台指标集的相关结果，构建模糊评估矩阵 $R = (A_1, A_2, A_3, A_4)^T$，然后算出评估向量 $B = WR = (a_1, a_2, a_3, a_4, a_5)$，并按照最大隶属度原则，取 $a_j = \max(a_1, a_2, a_3, a_4, a_5)$，得到最终综合评价结果为 a_j。

4）计算评估结果。按照制定的评估等级集，运用公式 $E = BM$，计算得到省级政务信息资源共享平台评估各级指标的最终得分，其中，E 是各级评估指标得分，M 是评价结果等级矩阵 V 的转置矩阵。

（二）共享平台评估

利用以上评估方法，以山东省政务信息资源共享平台为例进行共享平台绩效评估验证。

1. 计算结果

根据已构建的省级政务信息资源共享平台绩效评估指标体系，通过专家依据指标对照山东省政务信息资源共享平台打分，最后利用层次分析法软件 yaahp 10.3 进行计算，得到以下评价结果。

平台判断矩阵为

$$\begin{pmatrix} 1 & 1/2 & 2 & 3 \\ 2 & 1 & 2 & 3 \\ 1/2 & 1/2 & 1 & 2 \\ 1/3 & 1/3 & 1/2 & 1 \end{pmatrix}$$

质量判断矩阵为

$$\begin{pmatrix} 1 & 1/2 & 2 \\ 2 & 1 & 2 \\ 1/2 & 1/2 & 1 \end{pmatrix}$$

功能判断矩阵为

$$\begin{pmatrix} 1 & 2 & 2 & 2 \\ 1/2 & 1 & 2 & 2 \\ 1/2 & 1/2 & 1 & 1/2 \\ 1/2 & 1/2 & 2 & 1 \end{pmatrix}$$

运维管理判断矩阵为

$$\begin{pmatrix} 1 & 2 & 2 & 2 & 1/2 \\ 1/2 & 1 & 1/2 & 1/2 & 1/2 \\ 1/2 & 2 & 1 & 1/2 & 1/2 \\ 1/2 & 2 & 2 & 1 & 1/2 \\ 2 & 2 & 2 & 2 & 1 \end{pmatrix}$$

运行绩效判断矩阵为

$$\begin{pmatrix} 1 & 1/2 & 2 & 1/2 \\ 2 & 1 & 3 & 2 \\ 1/2 & 1/3 & 1 & 1/2 \\ 2 & 1/2 & 2 & 1 \end{pmatrix}$$

针对上述所有的判断矩阵，分别进行一致性检验，得出如下结果。

平台一致性比例 0. 0266 <0. 1；对总目标的权重为 1. 0000；最大特征值为 4. 0710。

平台质量一致性比例 0. 0516 <0. 1；对总目标的权重为 0. 2926；最大特征值为 3. 0536。

平台功能一致性比例 0. 0454 <0. 1；对总目标权重为 0. 4155；最大特征值为 4. 1213。

运维管理一致性比例 0. 0435 <0. 1；对总目标的权重为 0. 1849；最大特征值为 5. 1947。

运行绩效一致性比例 0. 0266 <0. 1；对总目标的权重为 0. 1070；最大特征值为 4. 0710。

2. 确定模糊关系矩阵

邀请了山东省政务信息化建设领域内 15 位专业技术人员，针对当前山东省政务信息资源共享平台的建设情况，根据综合评估分数等级进行各项评价指标的综合评级，然后通过统计各项评价指标在每项评价下的专业赞同程度，将其作为各项评价指标的隶属程度。

表3为山东省政务信息资源共享平台绩效评估专家打分统计表（表中给出部分字段打分值）。

表3 山东省政务信息资源共享平台绩效评估专家打分统计表

评价指标	不合格	合格	一般	良好	优秀
平台稳定性 B_1	0	0	1	9	5
平台可扩展性 B_2	0	0	1	9	5
⋮	⋮	⋮	⋮	⋮	⋮
用户满意度 B_{16}	0	0	2	8	5

依据专家打分计算 $B_1 \sim B_{16}$对应等级的关系隶属度，求得平台质量 A_1、平台功能 A_2、运维管理 A_3、运行绩效 A_4的模糊关系矩阵。

$$R_{A_1} = \begin{pmatrix} 0 & 0 & 1/15 & 9/15 & 5/15 \\ 0 & 0 & 1/15 & 9/15 & 5/15 \\ 0 & 0 & 1/15 & 6/15 & 8/15 \end{pmatrix}$$

$$R_{A_2} = \begin{pmatrix} 0 & 0 & 4/15 & 3/15 & 8/15 \\ 0 & 0 & 2/15 & 5/15 & 8/15 \\ 0 & 0 & 1/15 & 6/15 & 8/15 \\ 0 & 0 & 0 & 10/15 & 5/15 \end{pmatrix}$$

$$R_{A_3} = \begin{pmatrix} 0 & 0 & 1/15 & 5/15 & 9/15 \\ 0 & 0 & 1/15 & 7/15 & 7/15 \\ 0 & 0 & 1/15 & 9/15 & 5/15 \\ 0 & 0 & 2/15 & 8/15 & 5/15 \\ 0 & 0 & 0 & 6/15 & 9/15 \end{pmatrix}$$

$$R_{A_4} = \begin{pmatrix} 0 & 0 & 2/15 & 9/15 & 4/15 \\ 0 & 0 & 2/15 & 9/15 & 4/15 \\ 0 & 0 & 3/15 & 8/15 & 4/15 \\ 0 & 0 & 2/15 & 8/15 & 5/15 \end{pmatrix}$$

3. 确定模糊综合评估向量

根据上述计算，得到 B_1、B_2、B_3 对 A_1 的权重为 W_{A_1}，B_4、B_5、B_6、B_7 对 A_2 的权重为 W_{A_2}，B_8、B_9、B_{10}、B_{11}、B_{12} 对 A_3 的权重为 W_{A_3}，B_{13}、B_{14}、B_{15}、B_{16} 对 A_4 的权重为 W_{A_4}，A_1、A_2、A_3、A_4 对总目标的权重为 W_A，它们的值如下：

$W_{A_1} = (0.3108\ 0.4934\ 0.1958)$

$W_{A_2} = (0.3905\ 0.2761\ 0.1381\ 0.1953)$

$W_{A_3} = (0.2447\ 0.1065\ 0.1405\ 0.1854\ 0.3229)$

$W_{A_4} = (0.1906\ 0.4182\ 0.1205\ 0.2707)$

$W_A = (0.2926\ 0.4155\ 0.1849\ 0.1707)$

分别求出平台质量、平台功能、运维管理、运行绩效的模糊评估向量，结果如下：

$B_{A_2} = W_{A_2} R_{A_2} = (0\ 0\ 0.1502\ 0.3556\ 0.4943)$；$B_{A_3} = W_{A_3} R_{A_3} = (0\ 0\ 0.0575\ 0.4436\ 0.4989)$；$B_{A_4} = W_{A_4} R_{A_4} = (0\ 0\ 0.1414\ 0.5739\ 0.2847)$；$B_{A_1} = W_{A_1} R_{A_1} = (0\ 0\ 0.0667\ 0.5608\ 0.3725)$

在此基础上得出总目标的模糊关系矩阵，即

$$R_A = \begin{pmatrix} 0 & 0 & 0.0667 & 0.5608 & 0.3725 \\ 0 & 0 & 0.1502 & 0.3556 & 0.4943 \\ 0 & 0 & 0.0575 & 0.4436 & 0.4989 \\ 0 & 0 & 0.1414 & 0.5739 & 0.2847 \end{pmatrix}$$

计算得到山东省政务信息资源共享平台评估等级矩阵 B_A，结果如下：

$B_A = W_A R_A = (0\ 0\ 0.1077\ 0.4553\ 0.4371)$。

根据计算结果可知，山东省政务信息资源共享平台绩效评价隶属“不合格、合格、一般、良好、优秀”的程度分别为{0 0 0.1077 0.4553 0.437 1}，根据最大隶属度原则，隶属“良好”的程度最高。其中，平台质量评价隶属“良好”的程度最高为 0.5608，平台功能评价隶属“优秀”的程度最高为 0.4943，运维管理评价隶属“优秀”的程度最高为 0.4989，运行绩效评价隶属“良好”的程度最高为 0.5739。

4. 评估结果

将上述各等级转化为 $V=$（50 60 70 80 90）对应的分数，则山东省政务信息资源共享平台绩效总得分为 $0.4371\times90+0.4553\times80+0.1077\times70=83.302$。

其中，平台质量得分为 $0.3725\times90+0.5608\times80+0.0667\times70=83.058$；

平台功能得分为 $0.4943\times90+0.3556\times80+0.1502\times70=83.449$；

运维管理得分为 $0.4989\times90+0.4436\times80+0.0575\times70=84.414$；

运行绩效得分为 $0.2847\times90+0.5739\times80+0.1414\times70=81.433$。

采用本文中建立的绩效评估指标体系和评估方法，对山东省政务信息资源共享平台进行了绩效评估，获得了运算后各指标的具体分值。从结果来看，目前山东省政务信息资源共享平台绩效评估综合得分83.302，发展情况良好。从各级指标比较来看，每一级指标得分均为良好，但仍存在进一步提升和发展的空间。

五、省级政务信息资源共享平台建设存在的问题

通过以上内容的研究分析发现，省级政务信息资源共享平台建设情况发展有了长足进步，但仍有进一步发展的空间，其中存在一些问题。

（一）应用程序模块的重复构建

政府在大力推进政务信息系统整合与共享中，解决了政务信息资源重复投资的问题，基本实现了政务网络、政务云、政务数据等基础资源的互联共享问题。但是，在应用模块的共享方面仍有不足，并且存在不同部门重复建设的情况。例如，在舆论监测过程中通常使用的“热点挖掘”应用模块也可以用于分析在线政务服务中的热点问题。但是，由于这些应用模块尚未实现共享，因此它们会被相关部门重复建设。随着业务量不断增长，应用系统会越来越多，进而产生更多“数据烟囱”。

（二）政务信息资源管理系统建设标准不一

首先，在国家层面没有完全形成一个完善的信息资源共享和发展体系，

上下级政府之间在对政策信息的传递、执行、反馈、接收中没有完全形成统一的政策标准制度体系；同级政府之间，政府的不同职能部门之间的合作协同效率低下，究其原因，主要是国家信息资源管理体系建设缺少统一的标准，相关的法律法规不够健全，缺乏具有立法性质的国家信息资源共享规章。其次，标准的制定和落实还存在沟通途径不畅，国家在如何构建统一、标准、规范化的大型数据信息资源共享服务平台方面还需不断改革、探索、实践。最后，绩效管理和监督考核评估体系的不健全导致信息资源管理体系的建设难以形成统一标准。由于受到各方利益主体的影响，该标准也仅是有上限或者有下限的浮动变化标准。

（三）云平台与新一代技术应用融合不充分

随着经济社会的发展进步，大数据、云计算、移动互联网、物联网、虚拟现实、人工智能等新一代信息技术水平不断提高，并广泛融入各个领域。但是，政务信息资源共享与新技术融合的深度和广度还有待更深层次的探索。大数据技术是继云计算、物联网等技术之后，所产生的新一代信息领域尖端技术。它蕴含着巨大的经济和社会应用价值，为发展电子政务带来了新的挑战和机遇，但省级政府信息资源共享平台建设尚处于大数据技术应用的基础阶段，它在数据采集、挖掘、清洗、应用和开放等方面还比较薄弱。在科学决策、精细化管理、公共服务等方面没有发挥应有的作用，相关大数据技术应用的法律法规、标准规范也相对缺乏。

（四）大数据平台人才建设相对滞后

由于政府和企业性质的不同，政府内部在技术人才方面存在着巨大的缺口。政府部门在大数据平台的建设上所花费的财政经费和投入相对较少，在培养与此相关的技术型人才上的积极性和主动性仍需加强。随着最近几年全国范围内大数据浪潮的到来，政府在大数据平台建设的过程中，资金投入虽然会有明显的增加，但是政府在对大数据平台的建设和人员培训等方面仍出现资金分配和利用的不合理，甚至挪用资金用于其他项目建设，或者会出现资金被重复使用等情况，造成了资金的严重损失和浪费。缺乏资金支持，数据信息资源平台的顶层架构、高新技术应用开发及人才建设的水平相对滞后。

六、省级政务信息资源共享平台建设的对策

（一）促进政务协同共享，推动共性应用建设

1. 促进政务协同共享

按照“业务归口、数据共享、统一标准、平台共用”的指导原则，由省级政府职能部门统筹推进电子政务信息资源共享平台建设，系统设计、构建政务信息共享交换平台的架构，集约建设标准的云平台，规范网络技术标准、搭建公共基础数据库，融合公共应用、规范安全保障、运行维护和数据存储备份等建设要求，优化和改进政务信息分类、核心元数据编码、交换认证和标识符编码共享标准，规范共享目录体系标准，构建各部门统一的协同共享业务系统，促进部门之间基础数据比对、重复使用、协同和共享，建立统一、协同、高效的电子政务信息资源共享平台。

2. 持续推动共性应用建设

建议以进一步改善和提高政府服务水平为主要工作重点，全面研究梳理地方政府机关和其他公共服务单位的服务项目，统筹地方政府在云数据中的应用需求和解决对策，引导并要求将现有系统向省级政府云数据中心进行统一迁移，加快政府公共服务系统的建设，优先支持地方政府在云数据中心与跨地区多个部门之间的业务系统互联互通、信息资源共享和政府在云数据中心的政府管理服务领域工作协同，加快政府在城乡居民、家庭、医疗、房产等多个领域的政府跨地区业务系统信息交流与资源共享，尽快以企业“一证通”、市民“一卡通”、政民互动和网上申请审批等多种政务服务形式为基础和依托，加快推动人口、户籍、医疗、房产、民政和社会保障等多个领域的跨职能部门信息交流与数据共享，实现对各个部门管理的行业、场地、组织及其他行政监督、信用制度、行政执法等各种类型的电子政务信息在全省范围内进行统一的归集整合并共享，建设全省统一的网上电子政务、社会服务、电子商务于一体的便民共享服务平台。

3. 搭建政务数据资源体系

建立层级分明、高效协同的政务数据资源体系。通过依托基于人口、电

子证照等基础数据库以及主题数据库、专题数据库等基础资源，根据应用需求，逐步收集相关数据资源，建立全面的基础数据资源平台，打通数据资源关联渠道，为上层业务应用和治理决策提供服务。根据政务治理和公共服务的需求，全面梳理应用方案和业务流程，并使用基于组件化和产品化的思维模式将基础数据处理为可直接使用的功能组件。统一功能组件标准规范，加快建设省级数据功能组件平台，畅通全省统一的数据流通渠道，推动数据共享开放，提高数据安全性和复用性，为全省数据治理和开发利用提供全方位服务。

（二）加快建立统一、标准化的政务信息资源共享平台

政务信息资源共享服务平台的目标是实现政务信息资源收集、分类、整合、共享和利用，也是实现各类政务信息资源统一规范的载体。基于互联网和大数据技术的迅猛发展，政务信息资源共享平台已经在起步阶段获得良好的发展。许多地方政府都建立了自己的政务信息资源平台，并实现了政务资源的信息共享。但同时，存在着不同地方政府之间系统网站不同、平台建设不平衡、数据信息输入和上传渠道不一致等问题。因此，迫切需要建立一个基于国家层面的统一、规范的政府信息资源整合平台，打破地方政府信息壁垒和“行政孤岛”的僵局。

（三）提高网站群架构集约化建设水平，构建大数据共享平台，提高综合服务能力

1. 加强省级基础数据库建设

通过依托基于人口、电子证照等基础数据库，以及主题数据库、专题数据库等基础资源，把建立政府部门及跨区域性政务关键应用业务信息系统作为工作重点，系统推进政务信息基础技术和大数据基础资源研究的开发和综合利用。基础数据库要在物理上分别构建、逻辑上统一管理。各个数据项的责任承担机构都必须要按照“一数一源多用”的原则，丰富和完善相关基础数据信息资源，确保准确完整及时地进行基础数据项的信息更新。依托各类政务信息综合资源的应用目录、信息系统和基本政务信息管理数据库，按照“条块结合、纵横交互、上下互连”的原则，实现各类政务信息应用资源的有

序收集、更新和综合管理应用，确保政务信息资源的横向交流、共享和纵向开放，实现政务信息资源在各级政府部门之间的互联互通，政务信息资源的垂直传递，满足各部门政务信息需求。

2. 推进政府网站群架构集约化建设，构建大数据共享平台

为了提升省级政府门户网站信息化建设的能力和服务水平，避免分散建设、重复规划、重复投资、技术标准混乱等弊端，应引导整合各部门门户网站信息系统中的分散数据，构建一个管理、部署、标准和规范统一的“政府门户网站群”，更好地服务各级政府和广大群众，是新时代我国各省级政府的长期任务，即研究、设计、开发信息共享的门户网站群系统，通过打造强大的政府门户网站，建立一批以政府门户网站群信息系统为核心的网站，以政府门户网站及其相关应用程序的信息系统为基础和支撑，形成多个门户网站、多个网站集合，构成统一规范的门户网站群系统，即新型数据共享平台。这样不仅加快了政府网站建设和网站部署的速度，而且可以在统一的标准下，达到政府网站信息资源交流与共享、提高政府网站建设水平、节约投资的目的。

构建大数据共享平台，是将目前所有门户网站信息服务功能在全部覆盖的前提下，构建门户网站群的系统框架，搭建起由省、地方政府共同管理的门户和窗口，将各级政府门户网站与专业网站进行整合融入，达到各级政府网站统一导航、分类、搜索及数据统计的目标要求。通过政务公开、网上服务、网上咨询和投诉等综合性运行，提高政务服务的效率和能力，进一步提升政府公信力。

（四）加强共享平台组织机构建设，促进政务服务体系建设，提高政务服务水平

不断规范信息资源共享平台运维管理模式，组织相应的机构设置和人员岗位职责。在集中统一的运行保障管理模式下，科学设置组织机构，合理设置岗位和任务划分，明确各岗位工作职责和人员配备职数，保证资源的合理配置。在运营管理人员引进和流动方面，可以适当降低门槛，尽可能满足复合型人才对平台建设和发展的需要，选择熟悉政府事务、平台运作、网站和

媒体工作，专业素质高、协调能力强的人员参与到平台建设和运作管理中。每年定期对平台负责人和工作人员进行业务培训，提高运维保障能力。

同时，可从高等院校、科研机构中选择一批信息化发展方向的“智库”，探索和联合高等院校与科研院所共同搭建人才培养共享平台，制定《关于加快共享平台人才培养的规划》，加强对专业技术人员的培训力度，促进政务服务体系建设，提高政务服务水平。

（五）建设效能监督考核评估机制

一是省级政务信息资源共享平台绩效评价的目的是了解平台建设的现状，实现平台更高效发展。对平台进行绩效评估，有助于政府及时发现电子政务建设和管理中存在的问题，及时纠正和调整；有助于提高电子政务平台建设的效率和质量，加强各参与主体间互动交流，打造满意政府、诚信政府。

二是引入更加科学完善的绩效考核机制，对平台的整体建设和运行情况进行评估，从而规范和指导平台建设的发展实践。借鉴先进的电子政务评估方法，结合国家和省级智库的实际评估方法，建立政务信息资源共享平台评估体系。将绩效考核纳入人事管理范畴，建立专家考核、公众评价、部门考核、日常监督和定期考核相结合的监督考核机制，确保平台建设科学、有效。

三是在建立政务资源信息数据库时，可以考虑建立效率监督评价数据库，随时利用相关信息，提供评价依据。帮助政务公开管理者不断完善绩效考核指标系统，对各部门行政权力和政务服务事项在线运行情况进行综合评估、分析和预测，不断推动转变政务职能，促进电子政务服务能力水平，提高政府公信力。

参考文献

［1］国务院关于印发《政务信息资源共享管理暂行办法》的通知（国发〔2016〕51 号）. http://www.gov.cn/zhengce/content/2016 – 09/19/content_5109486.html.

［2］国务院办公厅国务院办公厅关于印发《政务信息系统整合共享实施方案》的通知（国办发〔2017〕39 号）. http://www.gov.cn/zhengce/content/2017 – 05/18/content_5194971.html.

[3] 国务院《关于加快推进全国一体化在线政务服务平台建设的指导意见》(国发〔2018〕27 号). http://www.gov.cn/zhengce/content/2018-07/31/content_5310797.html.

[4] 山东省人民政府办公厅关于印发山东省政务信息系统整合共享实施方案的通知(鲁政办发〔2017〕75 号). http://www.dtdjzx.gov.cn/staticPage/zcfg/sdzcwj/20171026/2394340.html.

[5] 山东省电子政务和政务数据管理办法(省政府令第 329 号). http://www.sd.gov.cn/art/2019/12/27/art_107851_79338.html.

[6] 李玉娟,杨帆. 基于政务信息资源共享平台的省市社会信用平台建设框架研究[J]. 通信与信息技术,2019(1):59-62.

[7] 赵林峰. 电子政务:走出"信息孤岛"[J]. 中国国情国力,2005(8):54-55.

[8] 山东举行"实施新旧动能转换重大工程"系列发布会(第二场). http://www.scio.gov.cn/xwfbh/gssxwfbh/xwfbh/shandong/Document/1624580/1624580.htm.

[9] 孙孝文. 电子政务建设绩效评估指标体系研究[J]. 科技创新导报,2009(5):255-256.

[10] 谢金波. 科技创新电子政务平台绩效评估指标体系构建[J]. 黑龙江科技信息,2017(16):254.

[11] SAATY T L. Analytic hierarchy process[M]. New York: McGraw Hill,1980.

[12] 邓雪,李家铭,曾浩健,等. 层次分析法权重计算方法分析及其应用研究[J]. 数学的实践与认识,2012,42(7):93-100.

[13] 仲筱. 上海社区公共空间微更新评价体系研究[D]. 青岛:青岛理工大学,2020.

[14] 刘忠祥. 基于大数据的政府公共信息资源整合应用研究:以南京市为例[D]. 南京:南京邮电大学,2016.

[15] 张帅,董军平. 大数据时代政府信息资源整合共享中存在的问题及对策研究[J]. 现代营销(信息版),2019(12):179-181.

[16] 刘忠祥. 基于大数据的政府公共信息资源整合应用研究[D]. 南京:南京邮电大学,2016.

课题组成员简介

李　君，高级经济师，山东省工业和信息化研究院。

刘伟伟，工程师，山东省工业和信息化研究院。

王　鹏，工程师，山东省工业和信息化研究院。

闫　霄，高级工程师，山东省工业和信息化研究院。

魏　磊，高级工程师，山东省工业和信息化研究院。

庄　涛，高级经济师，山东省工业和信息化研究院。

李绪亭，高级工程师，山东省工业和信息化研究院。

2

山东省工业互联网平台的应用现状与对策研究

山东省工业互联网平台研究课题组

摘　要　制造业数字化、网络化、智能化发展，是实现产业基础高级化，产业链现代化的必要途径，工业互联网是其核心支撑，也是第四次工业革命的基石。工业互联网平台是大数据、云计算、人工智能等新一代信息技术实现与传统制造业的有机整合，构建出新的最突出的产业生态变迁。我国工业互联网平台的应用已经由传统的工业制造行业向实体经济各领域广泛延伸，已拓展至30多个国民经济重点行业，在推动实体经济智能化、数字化、网络化转型的同时，实现赋能传统产业转型升级，推进大中小企业融通发展。山东工业互联网平台技术研发与创新、工业互联网人才招引及培育、工业互联网平台生态体系、工业互联网平台安全保障能力等方面存在突出问题。加强工业互联网领域科技创新、加快培育工业互联网平台生态体系、筑牢工业互联网发展安全屏障、推动工业互联网平台与实体经济深度融合发展将是推动，山东省工业转型升级，实现高质量发展的关键。

关键词　工业互联网；工业互联网平台；融合发展

世界范围内各主要发达国家和地区的头部企业均通过使用工业互联网平台提供丰富的服务，结合原有的高端制造、装备、产业基础，着力构建可实现工业设备互联、工业大数据画像和工业云服务应用等强大功能的工业互联网平台，展开激烈的互联网工业生态竞争。自 2012 年以来，工业互联网蓬勃兴起并成为主要工业国家抢占国际制造业竞争制高点的必然选择。据全球咨询巨头埃森哲公司预测，2020 年全球工业互联网投资规模将超过 5000 亿美元。而据测算，2020 年中国工业互联网产业将达到万亿元规模，年均增长约 18%，这也是中国制造业化危为机、实现“弯道超车”的历史机遇。全球围绕以工业互联网为核心的第四次工业革命的生态竞争加剧，加速推进我国工业互联网及其应用平台的创新发展，顺应第四次工业革命的浪潮，实现“弯道超车”的任务更加紧迫。

一、工业互联网平台的应用现状

伴随工业互联网的快速发展，我国于 2017 年发布《关于深化“互联网 + 先进制造业”发展工业互联网的指导意见》，到 2020 年工业和信息化部发布《关于推动工业互联网加快发展的通知》，再到近日国家有关部门将工业互联网明确纳入“新基建”范畴，工业互联网已成为我国“新时代”社会经济发展的核心战略。

在新冠肺炎疫情中，工业互联网展示出了其巨大的应用优势，在推进复工复产过程中，最快恢复生产制造能力的企业，往往是工业互联网应用程度高、数字化转型早、智能化水平好的制造业企业。

工业互联网可以直观地分为基础层、技术层和应用层三个部分，我们可以通过图 1 进行更为直观的了解，其中，本文研究的工业互联网平台即存在于技术层中是整个工业互联网的核心应用环节，工业互联网平台是工业互联网应用的核心。

图 1　工业互联网产业图谱

（一）工业互联网平台的概念及特征

工业互联网平台是工业企业或者互联网企业打造的一个平台网站，主要是面向制造业数字化、网络化、智能化需求，构建基于大量数据采集、聚合、分析的服务体系，支撑制造资源泛在连接、弹性供给、高效配置的工业云平台。

工业互联网平台作为工业全要素链接的枢纽与工业资源配置的核心，在工业互联网体系架构中具有至关重要的地位。工业互联网平台的发展时间虽然不长，但是其发展速度迅猛，为数据汇聚、建模分析、应用开发、资源调度、监测管理等提供支撑，是工业全要素链接的枢纽和工业资源配置的核心。平台面向制造业数字化、网络化、智能化需求，推动制造能力、制造工具、信息技术和人才创意等资源汇聚，促进装备自动化企业、生产制造企业、信息技术企业和互联网企业等在云端集聚，构建基于海量数据采集、汇聚、分析的服务体系和数据科学、工业科学、计算机科学、信息科学等多学科融合体系。

我国工业互联网平台的数量持续增加，逐步覆盖越来越多的工业行业，并在产品设计开发、生产制造、产品运输及服务的各个环节发挥重要作用。同时，我国工业互联网平台在技术、管理、商业模式等方面都取得了一定的进展。2020 年 8 月 19 日，中国工业互联网研究院正式对外发布了《中国工业互联网产业经济发展白皮书（2020 年）》。其中测算，2020 年我国工业互联网产业增加值规模预计将达到 3. 78 万亿元，成为推动我国产业经济高质量增长的关键动力。

（二）工业互联网平台特点及本质

工业互联网平台正成为全球新一轮产业变革的重要方向。国际巨头纷纷推出自己的平台产品。国内一批制造企业、自动化企业、软件企业和信息通信企业，也基于自身优势加快工业互联网平台布局，旨在通过工业互联网平台占据工业大数据入口主导权、增强用户黏性、汇聚多方资源。

工业互联网平台为制造业转型升级提供新的使能工具。平台通过智能传感器、工业控制系统、智能网关等技术，采集设备、系统、产品等方面的数据。基于工业互联网平台将云计算、大数据等技术与工业生产实际经验相结合，形成海量工业数据基础分析能力；把技术、知识、经验等资源固化为可移植、可复用的软件工具和开发工具，构建云端开放共享开发环境；为用户提供资产优化管理、工艺流程优化、生产制造协同等各类智能应用和解决方案服务。

1. 工业互联网平台的特点

1）工业企业采用工业互联网平台主要是基于降低成本、提高效率的需求，大多数企业运用工业互联网平台实施工业设备和产品状态的在线检测、故障在线诊断、运维预测等应用服务。

2）设备数字化、智能化程度高的机械、能源行业是应用工业互联网平台的主力军，通过工业互联网平台的应用，有助于实现生产流程的协同与优化。

3）应用工业互联网平台的企业主要为行业龙头企业，面对“互联网 +”的发展趋势与挑战，大型企业同时具有建设平台和应用平台的条件与压力，工业互联网平台成为推动其转型升级的重要力量。

4）国内外工业互联网平台的发展应用虽然在多个方面呈现出相似之处，

但在工业互联网平台应用的投入和多样性，以及平台企业的构成与全球化布局等方面仍显示出不同的特点，如表1所示。

表1　国内外工业互联网平台对比

内容	国内	国外
应用场景不同	国内大型工业企业的工业互联网平台应用需求是系统集成，涉及企业多个不同部门，呈现出规模大投入大的特点。国内工业互联网平台呈现出多种模式共存的局面，企业的创新更多的是模式创新	国外工业互联网平台的应用显得小巧、简单，国外企业通过找出自身的关键痛点，明确应用切入点，做到以最小的投入获得最大的收益。国外工业互联网平台侧重于数字业务应用，新应用集中在基于物联网模块开发的新产品或新服务，企业的创新多是产品上的创新
平台企业对比	国内布局工业互联网平台的企业大多是各自行业的领军企业，尤其是制造业企业或其剥离出来的技术公司	国外工业互联网平台多由IT企业主导，细分领域的专业服务提供商和初创企业的数量和力量不容小觑
全球化布局	国内工业互联网平台企业更倾向与本国平台企业合作，客户基本是国内企业，或者是在中国运营的跨国企业	国外工业互联网平台企业通过各种模式积极布局全球市场，非本国企业客户占有不可忽视的地位

2. 工业互联网平台的本质

工业互联网平台产业体系由四类平台企业（装备与自动化、ICT、软件、制造）、五大支撑主体（数据采集与集成、网络与边缘计算、云计算、数据管理、数据分析）、两类应用主体（垂直领域用户和第三方开发者）共同构筑，形成完成工业互联网产业生态。

工业互联网平台在工业系统应用覆盖范围不断扩大，从单一设备、单个场景的应用逐步向完整生产系统和管理流程过渡，最后将向产业资源协同组织的全局互联演进。同时，其数据分析程度不断加深，从以可视化为主的描述性分析，到基于规则的诊断性分析、基于挖掘建模的预测性分析和基于深度学习的指导性分析。

工业互联网平台主要形成四大应用场景：一是聚焦在设备、产线、车间等工业现场，二是向上延伸到企业运营层面，三是在整个产业层面，四是产品全生命周期流程层面。

如果用一句话将工业互联网平台的本质抽象出来，那就是："数据+模

型 = 服务”（见图 2）。其也是信息技术与制造技术融合创造价值的内在逻辑，工业互联网平台的本质和意义在于优化资源配置效率。

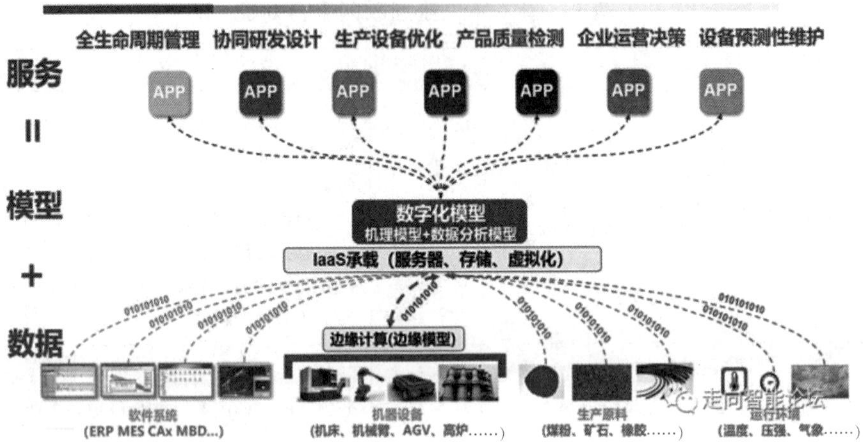

图 2　工业互联网平台的本质

（三）工业互联网平台发展概况

工业应用平台发展经历了云平台、大数据平台、物联网平台和工业互联网平台 4 个阶段，即工业互联网平台不是云计算平台，也不是简单的大数据平台，以及物联网平台，而是存在着紧密的联系。工业互联网平台是在传统云平台的基础上叠加物联网、大数据、人工智能等新兴技术，在很大程度上实现了功能和价值的倍增。

当前我国工业互联网平台已超过 100 个，跨领域、跨行业平台的引领作用凸显。根据国家统计局数据，我国工业互联网平台与工业软件产业规模已由 2017 年的 1490 亿元增长至 2019 年的 2486 亿元，年复合增长率达 29.2%。2019 年，工业互联网平台与工业软件产业规模占工业互联网产业规模比重已达 46.4%，成为工业互联网产业发展的重要驱动力量。

根据国家工业互联网大数据中心的数据，我国 34 个主要工业互联网平台及相关企业如表 2 所示。

表 2　我国 34 个主要工业互联网平台及相关企业

序号	公司名称	平台名称
1	海尔卡奥斯物联生态科技有限公司	卡奥斯 COSMOPlat 工业互联网平台
2	金蝶软件（中国）有限公司	金碟云产业互联网平台
3	用友畅捷通信息技术股份有限公司	用友精致工业互联网平台
4	浪潮云信息技术有限公司	浪潮 In – Clould 跨行业跨领域工业互联网平台
5	华为技术有限公司	华为工业互联网平台
6	航天云网科技发展有限责任公司	航天云网 INDICS 平台
7	唐山成联电子商务有限公司	耐火材料中小企业公共服务平台
8	中电工业互联网有限公司	长沙工业云平台
9	重庆忽米网络科技有限公司	忽米网
10	紫光云技术有限公司	紫光 UNIPower 工业互联网平台
11	江苏省徐工信息技术股份有限公司	汉云工业互联网平台
12	航天新长征大道科技有限公司	长征云工业互联网平台
13	瀚云科技有限公司	瀚云 HanClouds 工业互联网平台
14	树根互联技术有限公司	根云工业互联网平台
15	中信云网有限公司	中信产业互联网平台
16	北京和利时智能技术有限公司	和利时 HiaCloud 工业互联网平台
17	北京索为系统技术股份有限公司	SYSWARE 工业互联网平台
18	奇安信科技集团股份有限公司	
19	江苏中车数字科技有限公司	供应链协同平台
20	上海优也信息科技有限公司	
21	阿里云计算有限公司	supET 工业互联网平台
22	广东美云智数科技有限公司	
23	迈迪信息技术有限公司	迈迪网，物联码云
24	西安中服软件有限公司	中服工业互联网平台
25	摩尔元数（厦门）科技有限公司	摩尔云
26	唐山冀东水泥股份有限公司	水泥“互联网 +”供应链资源协同云平台
27	中国联合网络通信有限公司	中国联通云镝智慧工业互联网平台
28	北京东方国信科技股份有限公司	Cloudiip 平台
29	富士康科技集团	工业富联平台
30	广东鑫航	模具产业生态圈智慧协同平台

续表

序号	公司名称	平台名称
31	甘肃航天云网科技有限公司	兰州工业互联网云平台
32	江苏中天互联科技有限公司	Asun 工业互联网平台
33	上海积梦智能科技有限公司	积梦智能加工工业互联网平台
34	上海飞机制造有限公司	

（四）东部优势明显，区域集聚效应显著

对国家工业互联网大数据中心重点监测的 34 个主要工业互联网平台及其公司进行属地的分析，我们会发现大部分的工业互联网平台及企业分布在东部地区，如表 3 所示，北京、广东、江苏分别聚集了 8 家、5 家、4 家工业互联网平台企业，共 17 家，是全部 34 家工业互联网平台企业数的一半，区域集聚效应显著。

表 3　34 个主要工业互联网平台分布

序号	公司名称	属地
1	用友畅捷通信息技术股份有限公司	北京
2	航天云网科技发展有限责任公司	北京
3	中信云网有限公司	北京
4	北京和利时智能技术有限公司	北京
5	北京索为系统技术股份有限公司	北京
6	奇安信科技集团股份有限公司	北京
7	中国联合网络通信有限公司	北京
8	北京东方国信科技股份有限公司	北京
9	摩尔元数（厦门）科技有限公司	福建
10	甘肃航天云网科技有限公司	甘肃
11	金蝶软件（中国）有限公司	广东
12	华为技术有限公司	广东
13	树根互联技术有限公司	广东
14	广东美云智数科技有限公司	广东
15	广东鑫航	广东
16	唐山成联电子商务有限公司	河北
17	唐山冀东水泥股份有限公司	河北

续表

序号	公司名称	属地
18	富士康科技集团	河南
19	中电工业互联网有限公司	湖南
20	江苏省徐工信息技术股份有限公司	江苏
21	瀚云科技有限公司	江苏
22	江苏中车数字科技有限公司	江苏
23	江苏中天互联科技有限公司	江苏
24	航天新长征大道科技有限公司	辽宁
25	海尔卡奥斯物联生态科技有限公司	山东
26	浪潮云信息技术有限公司	山东
27	西安中服软件有限公司	陕西
28	上海优也信息科技有限公司	上海
29	上海积梦智能科技有限公司	上海
30	上海飞机制造有限公司	上海
31	紫光云技术有限公司	天津
32	阿里云计算有限公司	浙江
33	迈迪信息技术有限公司	浙江
34	重庆忽米网络科技有限公司	重庆

这背后我们可以看到，东部出台相关支持政策，大力发展工业互联网经济，营造工业互联网生态，工业互联网平台企业随之集聚。2018 年 3 月，广东省政府推出了《广东省深化“互联网 + 先进制造业”发展工业互联网的实施方案》等政策，推动工业互联网发展，促进制造业进一步降本提质增效。随后，山东、重庆、江苏、上海、浙江等地相继推出促进工业互联网发展的配套政策，加快建设工业互联网，促进制造业数字化、网络化、智能化转型。

（五）区域差距显著，领先者优势明显

根据工业互联网研究院发布的《工业互联网发展应用指数白皮书（2020年）》我国各省区市工业互联网发展应用指数如表 4 所示。

表 4　各地工业互联网发展应用指数

序号	省份	发展应用水平	序号	省份
1	广东	74.16	17	宁夏
2	北京	67.88	18	广西
3	江苏	67.08	19	甘肃
4	浙江	63.33	20	黑龙江
5	山东	60.76	21	辽宁
6	四川	58.50	22	江西
7	上海	55.49	23	贵州
8	福建	53.22	24	湖北
9	河南	45.77	25	天津
10	陕西	44.04	26	山西
11	河北	43.57	27	云南
12	湖南	43.56	28	西藏
13	吉林	43.37	29	海南
14	内蒙古	41.96	30	青海
15	安徽	40.33	31	新疆
16	重庆	39.37		

其中广东、北京、江苏等地工业互联网发展应用水平处于全国领先地位，广东、北京、江苏、浙江、山东、四川、上海、福建 8 个省份的工业互联网发展应用指数均超过 50，综合实力强劲。

二、山东省工业互联网平台发展现状

山东既是经济大省也是制造大省，具备发展工业互联网的经济实力和产业基础，在行业融合发展、创新场景应用、培育产业生态等方面优势明显，是孕育工业互联网平台的沃土。

（一）山东省工业互联网平台发展概况

1. 网络基础牢固，5G 建设走在前列

低时延、高可靠、大带宽的企业外网建设加速，专线接入互联网企业 7 万多家，4G 基站总数超 31 万个，建成及开通 5G 基站近 50000 个，1412 万个

固网终端已分配 IPv6（互联网协议第六版）地址，均居全国前列。在济南、威海两市建成工业互联网标识解析二级节点，并成功接入国家顶级节点，海尔家电、中车机械、如意纺织等行业二级节点建设也在有序推进，数据互联互通的核心基础设施粗具规模。

2. 着力深化“技术改造+三首产品（首台套、首批次、首版次）”供需对接

已举办线上对接会 20 多场，推动实施智能化技改重点项目 379 项，计划总投资 2200.00 亿元；已培育“现代优势产业集群+人工智能”“5G 产业发展”试点示范项目 492 个，计划总投资 596.00 亿元，已完成投资 294.00 亿元。14 个项目入围国家新一代人工智能产业创新重点任务揭榜名单，8 个项目入选国家工业互联网试点示范；争取工业和信息化部工业互联网创新发展工程项目 17 个，获得国家奖补资金 6.61 亿元。通过试点示范，个性化定制、网络化协同、服务型制造等融合新模式不断涌现，轮胎、家电、印染、服装等行业智能化水平大幅提升，大中小企业融通发展的良好态势正在加速形成。

3. 培育一批支撑服务机构

相继组建省两化融合促进中心及测评中心、CIO（首席信息官）联盟、企业上云服务联盟、工业互联网协会等一批支撑服务机构，推动中国工业互联网研究院、国家工业互联网大数据中心、中国信息通信研究院、国家工业安全中心等一批国字号科研院所在山东省设立分支机构。会同财政等有关部门，推动设立首期 5 亿元规模的工业互联网创投基金、2 亿元的 5G 产业创新发展专项资金。联合华为公司建设山东 ICT 学院，打造全国首个省级人工智能人才培养基地，年培训能力超过 3000 人次。广泛开展工业互联网牵手行动，已征集发布 5G、人工智能、工业互联网等领域的企业需求 305 个、供给产品 843 个，计划组织对接活动 144 场，“协会+基金+人才+牵手”服务体系日趋完善。

4. 招引成果显著

与华为公司两次签署战略合作协议，实施华为（山东）鲲鹏实验室等重点项目 20 多个、投资总额超过 5.0 亿元；新推荐 30 多家省内企业进入华为供应链，配套额突破 100.0 亿元，较上年翻了一番。组织有关市、部门和企业赴华为、阿里巴巴、科大讯飞等头部企业对接，达成合作意向 26 个、协议总投资 17.6 亿元。推动与中信集团战略合作，中信网络总部落户济南等 9 个项目完成签约，计划总投资 657.0 亿元。落实落细省政府与四大基础电信企业战略合作协议，全省网络设施建设年投入 200.0 亿元以上。

5. 在全国首创“云服务券”补贴制度

组织“云行齐鲁”专题活动 300 多场，对接企业 6 万多家，发放补贴超过 1.1 亿元，带动上云用云企业 17 万多家；累计培育“现代优势产业集群 + 人工智能”“5G 产业发展”试点示范项目 492 个，个性化定制、网络化协同、服务型制造等新模式不断涌现。

山东顺势而为大力发展工业互联网平台并呈现以下几个方面特点。

一是，大企业加快平台化转型，不断推出平台产品。国家十大“双跨”（跨行业、跨领域）平台山东省独占两席，海尔位居榜首、浪潮列第六位；全国 74 个具有一定影响力的行业平台，山东省入围 8 个，紧追北京、广东。

二是，面向数据采集、集成、分析的技术产品和解决方案正在形成。山东省依托工业互联网平台体系，已推动连接工业设备 3000 万台、推出工业 APP 超过 7500 个。新冠肺炎疫情暴发后，卡奥斯上线“新冠肺炎疫情医疗物资信息共享资源汇聚平台”吸引来自政府部门、各地医院、医疗企业、物流企业等 18601 家单位与组织机构上平台发布、对接供需信息，发布口罩等防护物资需求 8700 万件，供给 6180 万件，累计赋能企业超过 2000 家；同时上线“工业企业疫情防控复工达产服务平台”，已上线规模以上工业企业 17433 家，累计访问量 985 万次，高效对接供需信息 1.3 万条，实现了对全省规模以上工业企业每日疫情防控情况的动态掌握和监测预警。同时，山东省基于浪潮云 In－Cloud 工业互联网平台快速部署“身份健康码”服务和应用，对省内人员健康及流动信息统一汇集管理，有效提高了疫情期间人员排查和跟踪效率。

三是，软件云化、工业 APP 发展迅速。全国 125 个工业 APP 优秀解决方案，山东省入选 10 个，居全国第二。海尔卡奥斯已经孕育出建陶、房车、农业等 15 个行业生态，并在全国建立了 7 大中心，覆盖 12 大区域，在 20 个国家复制推广，打造了“与大企业共建，与小企业共享”的生态赋能模式。浪潮云洲已在18个省份和73个地市推广应用，为128万家企业提供服务，核心产品质量码已在茅台、格力、美的、东阿阿胶等企业应用，累计赋码产品1.1万种、赋码11.43亿个；浪潮立足云计算、大数据等优势，在18个省份和73个地市进行推广，核心产品“工业云ERP”（企业应用软件）销量连续多年全国第一。

（二）山东工业互联网平台的应用样本

山东既是经济大省也是制造大省，具备发展工业互联网的经济实力和产业基础，在行业融合发展、创新场景应用、培育产业生态等方面优势明显。工业互联网产业生态已经初步形成，优秀的工业互联网平台不断涌现。根据《工业和信息化部办公厅关于公布2019年工业互联网平台创新应用案例名单的通知》（工信厅信软函〔2019〕287号），共在全国范围内选取35家工业互联网平台的优秀案例（见表5），其中山东占有两席，分别是：滕州“机床云”生态应用案例、服装行业大规模定制应用案例。

表5　2019年工业互联网平台创新应用案例名单

序号	案例名称	解决方案服务商	应用企业
1	航空制造领域人机协同工艺设计应用案例	沈阳格微软件有限责任公司	中国商飞上海飞机制造有限公司
2	新能源智能车电池服务模式创新应用案例	树根互联技术有限公司	长沙优力电驱动系统有限公司
3	基于智慧零售大脑的家居行业柔性供应链应用案例	苏宁易购集团股份有限公司	南京海聆梦家居有限公司
4	基于人工智能的旋转类设备预测性维护应用案例	沈阳科网通信息技术有限公司	鞍钢集团自动化公司
5	制鞋行业大规模个性化定制应用案例	中电（福建）工业互联网研究院	双驰实业股份有限公司
6	轨道交通列控系统全线网智能运维应用案例	卡斯柯信号有限公司	上海申通地铁集团维保通号公司
7	化工行业磷酸萃取工艺数字化应用案例	阿里云计算有限公司 安徽长江工业大数据科技股份公司	安徽六国化工股份有限公司

续表

序号	案例名称	解决方案服务商	应用企业
8	复杂环境下矿山设备全生命周期管理应用案例	福建中海创科技有限责任公司	乌拉特后旗紫金矿业有限公司
9	高端电子元器件精益柔性协同制造应用案例	航天云网科技发展有限责任公司	贵州航天电器股份有限公司
10	“云＋网＋厂”绿色智能铸造应用案例	共享智能铸造产业创新中心有限公司	共享装备股份有限公司
11	基于数字孪生的石化行业网络化协同管控应用案例	石化盈科信息技术有限责任公司	中国石油化工股份有限公司九江分公司
12	基于全景态势感知的变电智能运检应用案例	南京南瑞继保电气有限公司	国网湖北省电力有限公司宜昌供电公司
13	基于刀具数据模型的预测性维护应用案例	富士康工业互联网股份有限公司	基准精密工业（惠州）有限公司
14	基于解耦架构的照明电器质量检测分析应用案例	宁波和利时智能科技有限公司	浙江阳光照明电器集团股份有限公司
15	基于云架构的数字化供应链协同制造平台	上汽通用五菱汽车股份有限公司	上汽通用五菱汽车股份有限公司
16	食品全产业链协同制造应用案例	三只松鼠股份有限公司	合肥强磊食品有限公司
17	风电设备健康状态多维度监测管理应用案例	广州机械科学研究有限公司	广东粤电湛江风力发电有限公司
18	基于智能匹配算法的钢板切割分享制造应用案例	嘉兴云切供应链管理有限公司	苏州昊冉正祺机械有限公司
19	滕州“机床云”生态应用案例	浪潮云信息技术有限公司	滕州机床行业中小企业
20	服装行业大规模定制应用案例	海尔数字科技（青岛）有限公司	山东海思堡服装服饰集团股份有限公司
21	基于“锅炉运行数据空间”的远程运维应用案例	深圳市智物联网络有限公司	方快锅炉有限公司
22	基于生产设备数字孪生的全流程优化应用案例	深圳华龙讯达信息技术股份有限公司	红云红河烟草（集团）有限责任公司
23	新能源电站的储能决策优化应用案例	江苏中天互联科技有限公司	中天光伏技术有限公司

续表

序号	案例名称	解决方案服务商	应用企业
24	基于工业云图的电子行业智能协同应用案例	紫光云引擎科技（苏州）有限公司	新华三集团
25	基于化纤知识图谱的智能化生产应用案例	华为技术有限公司	北京三联虹普纺织化工技术有限公司
26	机械加工行业基于云制造平台的产能共享应用案例	深圳市速加科技有限公司	深圳市嘉豪信达科技有限公司
27	小微企业全云化生产管控应用案例	金蝶软件（中国）有限公司	深圳市常润五金有限公司
28	电子行业“数字矩阵”制造模式应用案例	广东盘古信息科技股份有限公司	深圳市泰衡诺科技有限公司
29	汽车零部件行业网络化协同应用案例	用友网络科技股份有限公司	上海新朋联众汽车零部件公司
30	三维一体化光伏大数据应用案例	北京东方国信科技股份有限公司	国家电力投资集团公司天津分公司
31	高端包装装备个性化定制应用案例	天津荣彩科技有限公司	天津长荣科技集团股份有限公司
32	基于5G的通用设备智能运维应用案例	中国移动通信有限公司政企客户分公司	广西玉柴机器集团有限公司
33	基于机器视觉的液晶面板智能检测应用案例	研祥智能科技股份有限公司	深圳创维－RGB电子有限公司
34	纺织工艺模块化云管理应用案例	浙江康立自控科技有限公司	达利丝绸（浙江）有限公司
35	有色金属行业智能供应链管理应用案例	江苏徐工信息技术股份有限公司	江西铜业集团有限公司

1. 滕州“机床云”生态应用案例

案例简介：基于机床行业的设备及产品的联网和管理，实现产业集聚区的全自动化生产管理、物流服务、产品和零配件产品追溯，提供贯穿机床行业的设计、生产、销售、物流、后服务等全产业链条服务，构建机床行业产业生态圈。

服务商：浪潮云信息技术有限公司是国内领先的云计算、大数据服务商，以建设“平台+生态”型互联网企业为目标，致力于我国政务云、安全可靠、工业互联网、政务数据公共服务等领域技术开发与生态建设。

应用企业：应用企业包括山东省滕州市鲁南机床、威达重工、普鲁特机床等百余家机床企业，企业产品覆盖进切机床、锻压机床、齿轮、主轴等600余个品种，年产各类机床数万台。

应用实施：以机床生产设备和联网为基础，构建浪潮机床云及机床海淘网，通过采集机床设计、工艺、运行、状态、备品备件、物流、能耗管理等数据，研发三维协同设计、智慧机床管理系统、智慧能源管理系统、整机及备件物流、订单协同等云化软件和工业APP，帮助企业降本增效，推动机床智能化产业升级。针对机床产业资源不共享，信息不对称的问题，浪潮机床云打造了以备品备件供需对接为核心的“中国机床海淘网”围绕机床的设计、生产、销售和后服务的全链条，聚合政府、企业、金融、物流等多方资源，贯通设备联网、能源管理、标识解析等领域，整合机床产业链，打造机床行业数字经济生态产业集群。

问题痛点：滕州中小机床企业面临行业结构性问题。一是中小企业机床产品智能化水平低。大部分仍是低端机床，存在“低端过剩和高端不足”结构性矛盾。二是机床行业资源不共享，信息不对称。中小机床企业缺乏全国覆盖的服务能力，后服务市场体系未建立，存在信息不对称、资源不共享、响应不迅速、交易费高昂等问题。

创新突破：一是技术方面，构建机床行业机理模型库，研制一批面向机床行业的设计、生产、销售、物流、售后服务等应用的云化软件和工业APP；二是模式创新，平台打通了政府、企业、金融、物流等多种行业和产业链角色，促进产业内数据和信息的流动，帮助产业链实现产品和服务的融合，提升机床产业的整体竞争力。

渗透延伸：在滕州范围内，帮助中小企业融资超千万元，新增纳税额上千万元。初步形成了机床云，提升了生态圈，助力滕州升级成“中国机床装备服务之都”。通过构造以数据和服务为核心的新型制造模式与政企合作、企业为主的本地运营落地模式。其通用性强、效果明显、可快速复制，为其他地区各类制造业提供了样板示范。

价值实现：通过数据集成和全流程优化，生产运营效率提升 10% 以上，物流效率提升 15% 以上；通过对机床产品远程运维，提升售后服务水平，服务效率提升 10% 以上，利润率提升 5% 以上。

2. **服装行业大规模定制应用案例**

案例简介：海思堡集团是山东省最大的牛仔服装生产企业，随着市场环境变化，近年来面临着企业成本陡增、库存积压严重和利润下滑等问题。通过与 COSMOPlat 合作，海思堡集团实现了从大规模制造向大规模定制的转型，从传统的牛仔加工企业变成了可以小批量、定制化生产的牛仔定制企业。产品附加值大幅提升，企业竞争力显著提高。

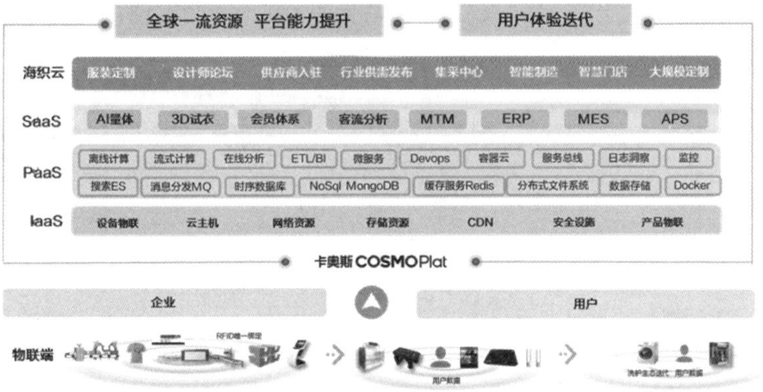

服务商：海尔数字科技（青岛）有限公司成立于 2018 年，是海尔集团在物联网时代踏准时代节拍进行战略转型设立的全资高科技公司，依托 COSMOPlat 平台为企业提供全流程大规模定制解决方案服务。

COSMOPlat 是海尔推出的具有中国自主知识产权、全球首家引入用户全流程参与体验的工业互联网平台。业务涵盖工业互联网平台建设和运营、工业智能技术研究和应用、智能工厂建设及软硬件集成服务（精密模具、智能装备和智能控制）、能源管理等业务板块，助力中国企业实现由大规模制造向大规模定制升级快速转型，始终秉承国家级工业互联网平台的使命，为用户、企业和创造资源和分享价值，创引领全球的工业互联网生态品牌。

应用企业：山东海思堡服装服饰集团股份有限公司于 2008 年 4 月注册成立。公司员工 1000 余人，主营业务为生产、销售牛仔服装及面料、服装大规模定制、智能制造服务等。海思堡是中国首家全工艺流程实现智能制造的服装企业，山东省最大的专业化牛仔服装生产企业。

应用实施：通过建立 MTM 定制系统，DTC 数字技术中心，实现直连用户个性化需求，版型、工艺等自动匹配，并集成 CAD、ERP、SCM、MES、WMS 等系统，同时结合业务与流程优化，智能化设备应用等实施，实现生产全流程数据驱动，全过程数据采集、实时监控与预警。企业实现牛仔服装大规模定制与柔性快返生产模式，并通过 COSMOPlat 平台，链接用户大数据、供应链资源等，构建协同、互联生态，形成用户全流程交互，产业链协同，既实现企业快速精准研发、高效生产、降低库存，又大幅提高用户体验感与产品满意度，实现个性化需求。基于以上升级，企业实现了向“柔性化、个性化、智能化”的战略转型。

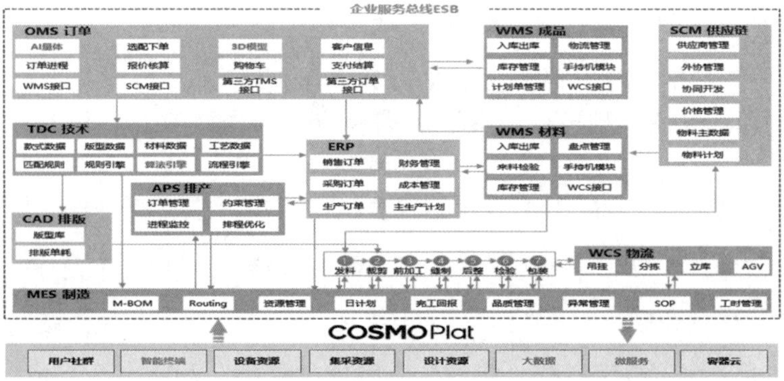

在服装销售端，通过智慧海报机、智慧试衣镜等硬件设备及人脸识别、客流分析、智能盘存等系统应用，有效提高门店客流管理和分析水平，优化库存管理，优化人员配置。

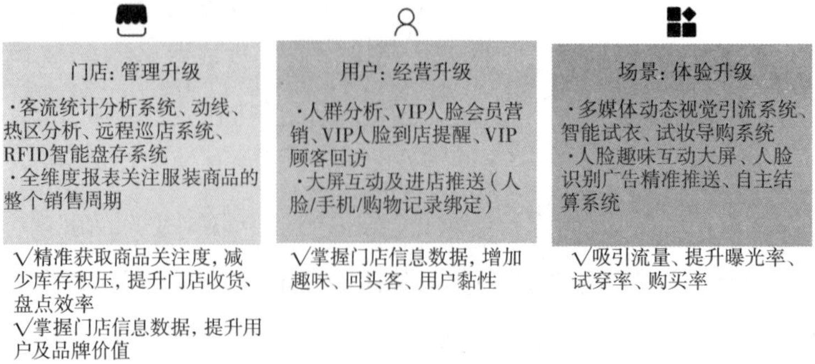

在服装工厂生产端，基于工业互联网能力支撑的服装行业大规模定制解决方案，赋能服装企业实现从量体、设计、生产工艺到销售的数据互通和计划、供应、生产、销售的全业务互联，助力企业实现从大规模制造向大规模定制的转型，帮助企业转型升级。

在纺纱生产端，通过采用模块化方式对生产过程的“人、机、料、法、环”管理要素进行实时或者间断性跟踪，通过经验数据和逻辑算法设计对生产中的异常数据和现象，进行分析判断，帮助企业实现数字化管理。

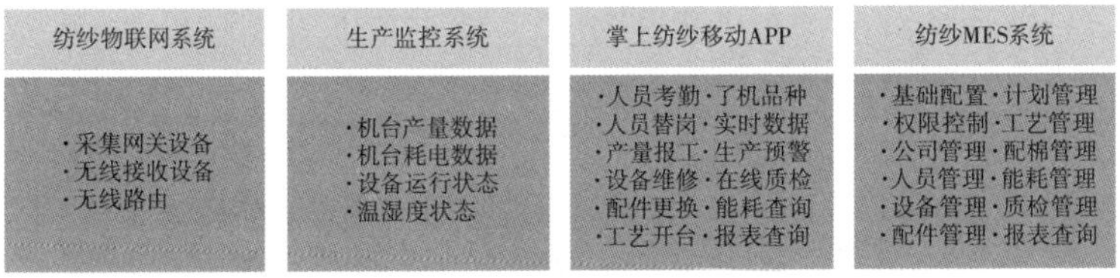

问题痛点：目前整个服装行业面临两个困境，一是库存高，二是如何应对现在整个服装产业往东南亚转移带来的困难。海思堡是一家传统的牛仔生产企业，主要面临订单周期长、库存高；销售结束后无法追踪；无法了解用户需求等行业痛点。

创新突破：在服装大规模定制方案的实施过程中，COSMOPlat 孵化了“3D 下单系统”“AI 拍照量体”“智能打版系统”“个性化服装定制 MTM 系统”等 APP。随着人体数据和用户行为数据的不断积累，这些 APP 还可以不断地更新换代，持续优化。在这些技术的支撑下，COSMOPlat 为服装行业提供大规模定制模式转型、智能生产、数字化管理、协同制造等服务，助力企业转型升级，并最终满足用户日益个性化的服饰需求。

渗透延伸：在 COSMOPlat 的助力下，海思堡在引领整个牛仔行业的进步。COSMOPlat 凭借其在服饰行业的实践经验，将按照做透细分领域（西装、衬衣、西裤、牛仔、羽绒服、帽子、箱包、鞋类等）、形成细分领域专用 APP（APS、MES、WMS、MTM、匹配算法等）两大路径进行样板复制，将覆盖 10 个以上的领域，每个领域复制 20 个以上的样板。

价值实现：通过与 COSMOPlat 合作，海思堡实现对客户个性化需求的精准把握，实现了从大规模生产向大规模定制的转型。目前，企业已经实现生产效率提高28.0%，库存降低35.0%，定制产品毛利率从12.5%提高到40.0%以上。在企业升级过程中，海思堡把自己总结研发的牛仔水洗方案等行业经验沉淀到COSMOPlat平台，为更多的牛仔企业提供技术支持。

3. **样本的影响和意义**

制造业是山东的根基，作为全国唯一拥有全部41个工业大类的省份，有着辉煌的制造业历史，为工业互联网平台提供了丰富的垂直应用空间和巨大市场。随着后疫情时代姗姗来迟，互联网平台建设等新基建布局快马加鞭，而工业基础更加优厚的美国、德国相继失意于工业互联网的探索，山东省浪潮云洲工业互联网平台、海尔COSMOPlat等双跨平台，全面打造开放生态、拥有无限内生活力，带来的不仅仅是数字化转型，实现生产效能的提高，更重要的是它给我们带来了生产流程、运营模式以及供应链管理的全新再造，可以说在工业互联网时代，要么拥有平台，要么被平台拥有；要么成为生态，要么被生态覆盖。

浪潮云洲工业互联网平台基于自身在智能制造及ICT融合能力的基础上，构建以产业互联为核心，以标识解析为抓手，以云计算、大数据、区块链、5G等新兴技术为支撑的工业大数据服务体系，通过标准化引领，推进产业数字化，产业能力汇集，产业服务能力开放，实现企业高质量发展和融合创新，提升企业的供应链效率，促进产业协同、优化产业结构。

海尔COSMOPlat平台基于自身产业优势整合全球资源，已经建成“没有围墙的热带雨林”，平台现在已经有4家上市公司、5家“独角兽”企业、22家“瞪羚”企业、A轮以上企业66家，天使轮、种子轮企业200多家，孵化加速企业300多家，孵化小微企业4000多家。

近几年，山东通过实施工业互联网平台培育工程围绕数据采集、平台管理、建模分析以及平台间互联互通等关键技术能力，发挥骨干企业与科研院所核心作用，培育出浪潮云洲工业互联网平台、海尔COSMOPlat等双跨平台及柠檬豆、韩都衣舍互联网二级生态品牌运营平台、海思堡牛仔定制平台、康平纳印染共享平台等工业互联网平台，实现“小企业共享”与“大企业共创”逐步推动互联网产业生态演进，从“供给侧”和“需求侧”两端发力，“建平台”与“用平台”双向迭代，资源富集、良性互动的工业互联网平台生态已经初步建立，必将赋能整个山东制造，实现产业基础高级化，产业链现代化。

三、山东工业互联网平台发展过程中存在的问题

2020 年 9 月 24 日，山东省政府新闻办就《关于加快工业互联网发展若干措施的通知》（以下简称《若干措施》）召开新闻发布会，邀请省工信厅、省科技厅、省财政厅解读《若干措施》。《若干措施》在四个方面进行了创新和突破，包括在创新创业孵化、设备上云、智能制造、试点园区建设等重要方面加大支持力度，支持海尔卡奥斯、浪潮云洲两个国家级“双跨”平台做大做强等，这无疑给山东工业互联网平台的发展按下了快进键。本文试以工业互联网平台企业视角剖析山东工业互联网平台发展过程中存在的问题。

（一）山东工业互联网产业发展中的问题

互联网工业是工业互联网平台发展的根基和基础。提起山东互联网，人们很难想起一些知名的互联网公司或互联网大佬，甚至很多人认为山东就是中国互联网的一片“ 洼地”。中国互联网协会、工业和信息化部信息中心发布的《2019 年中国互联网企业百强榜单》显示，山东省共有三家企业上榜，浪潮集团位列第 25；山东开创集团位列第 88；山东广播电视台旗下的山东海看位列第 100。而在 2018 年 ，山东无一企业上榜。

1. 山东各地市互联网行业发展严重不均

济南、青岛两市成为省内当之无愧的互联网“高地”，仅两地互联网行业独立雇主数就已超过全省 40%，其占比分别为 26.71% 和 18.89%；潍坊、临沂、济宁互联网行业独立雇主也相对较多，其占比分别为 7.67%、6.21% 和 6.19%；枣庄市互联网行业独立雇主最少，当地互联网独立雇主仅占全省的 1.69%。其他城市独立雇主数较为平均，基本在 3.00% 左右。

2. 互联网企业带动不足

以济南为例，得益于汉峪金谷和齐鲁软件园，全省近三成互联网独立雇主聚集于此，但济南并没有向杭州一样，形成区域互联网经济，更没有带动周边城市的发展。而这其中的根本原因就是当地缺乏在整个互联网行业都堪

称顶尖的龙头企业，这不仅是济南，而是整个山东省都面临的问题。在互联网行业里，区域互联网的崛起，最需要的是龙头企业的带领。虽然济南拥有浪潮，但其本质还是一家以生产服务器为主，逐步向云计算、大数据、智慧城市运营服务商转型的制造型企业。

阿里巴巴作为中国最大的电商企业，带动了整个杭州甚至整个浙江省的互联网产业发展，以至于很多知名的电商公司云集于此。正是由于山东省缺乏互联网龙头企业，导致未能吸引到更多的资源支持，致使山东互联网很难实现比较大的突破，从而难以孵化出更多优秀的本土互联网企业，因此省内互联网企业规模普遍较小。

3. 技能人才缺乏

互联网作为新兴行业，在招聘时普遍青睐年轻化求职者，而专业素质相对更高的高校毕业生更是其中的翘楚。山东省作为拥有 146 所高校的教育大省，在人才方面本应具备优势，但山东的互联网企业，似乎没能把山东的人才优势把握好。

据齐鲁人才网调取的 9872 名意向从事互联网行业的 2019 届山东高校毕业生数据可见，当前仅有 42.89% 的毕业生期望在省内工作，省外成为更多毕业生的选择。

据统计，北京成为山东高校毕业生的主流选择，除去当地京东、字节跳动、搜狐等互联网知名企业的强大吸引外，还有北京的地域优势，作为唯一上榜的北方城市，其距离山东较近，且交通便利。从济南到北京，高铁只要 2 小时左右即可到达，因此吸引了较多毕业生。

除此之外，坐拥腾讯的深圳位列第二，占比为 17.48%；作为阿里巴巴大本营的杭州凭借 13.18% 的占比位列第三；其他城市基本在 4.00% 左右。这也表明优秀的人才势必与优秀的企业匹配，正是由于山东本身没有太多知名的互联网公司，山东高校培养的人才也只能被迫前往省外发展，寻找适合自己发展的平台。

（二）山东工业互联网平台发展中的问题

1. 关键核心技术仍需突破

在平台数据采集、设备上云互联、工业模型库、基础软件等核心技术和关键共性技术尚需积累沉淀，以行业应用推动技术攻关的环境亟待完善。

2. 融合应用推广不足

山东省仅2%的中小企业使用海尔平台，上云上平台积极性急需提高；浪潮生态伙伴仅有1000余家，标识解析应用处于培育期；山东拥有工业种类197个，相比已赋能的行业生态，还有很大提升空间。

3. 产业发展生态有待优化

海尔、浪潮在工业制造技术和信息通信技术上各有优势，平台发展路径并不一致，但合作互动较少；浪潮云完成C轮3轮融资8.95亿元，卡奥斯A轮融资9.50亿元，相比之下，山东省工业互联网创投基金规模仅5.00亿元，资本投入不足；卡奥斯平台目前近2000人，2021年预计突破1万人，而山东省相关技术人才引进和培育相对滞后。

4. 开放共享有待加强

除浪潮云洲工业互联网平台、海尔COSMOPlat等“双跨”平台外，众多的中小工业互联平台的开发与应用基于传统的IT手段，大多是烟囱式、孤立的业务系统，类似于过去的专利、品牌、渠道般封闭。工业互联网平台一定是开放共享的，是要将过去“80%的重复性劳动+20%的创造性劳动”的局面反转为“20%的重复性劳动+80%的创造性劳动”。

5. 缺乏统一的技术标准和规范

工业互联网平台数量快速增长，呈现出智能生产平台、设备运营平台等多种类型共存的趋势。但是，不同相关方对工业互联网平台有着不同的理解，各种工业互联网平台独立发展，平台设计开发、建设、运行和服务等相关的技术标准和规范尚未建立，这将影响平台产业长期有序、规模化发展的道路。

6. 工业互联网平台的信息安全和防护体系不完善

工业互联网平台作为工业互联网发展的核心，汇聚了信息流、资金流、人才创意、制造工具和制造能力等各种资源，随着这些资源在云端的汇聚，与其相关的各种信息、协议等也将暴露在工业互联网上，工业设备的运行体系也将从封闭走向开放。目前，工业互联网平台企业对工业控制系统的信息安全防范意识不足，缺乏安全管理方法和安全技术手段。

（三）部分山东工业互联网平台企业的诉求情况

在调研过程中，企业的建议有以下几点。一是平台建设方面。全力支持双跨平台做大做强，助力快速拓展市场扩大规模。加快应用场景开放，推动山东省优势产业的龙头企业共建子平台。建设全省综合服务平台，打造多功能的服务企业门户。二是融合应用方面。深化“云行齐鲁”行动，降低企业内网改造成本，引导更多中小企业上平台用平台，推进标识解析体系建设。开展行业应用大规模试点示范，发挥辐射带动作用。深入开展工业互联网牵手行动，推动平台解决方案和企业需求高效精准对接。三是技术创新方面。加大技术研发支持力度，对两大“双跨”平台予以重点倾斜，加快突破一批工业互联网核心技术和关键共性技术。支持在工业互联网领域积极创建省重点实验室、5G联合创新中心等重大创新平台。四是产业生态方面。发挥财政资金导向作用，支持工业互联网加快发展。加大人才引育力度，鼓励高校设立相关专业，并与企业共建人才培养基地。设立产业基金，撬动更多社会资本投入，加快科创板上市进程。发挥海尔、浪潮各自的优势，加强互动耦合，打造协同创新型产业生态。

四、山东工业互联网平台高质量发展的对策建议

工业互联网平台体系是工业互联网的核心，是山东省制造业实现数字化、网络化、智能化的关键抓手，运用物联网、大数据、人工智能及云计算等理念、架构和技术为各类制造资源提供数据汇总、应用分析、资源调度等方面的支撑。山东省在互联网平台发展方面起步较晚，下一步需要紧紧围绕“制造强省、网络强省”的建设目标，加快培育国际一流、国内领先的工业互联网产业生态。

（一）开放布局

立足国家人工智能先导区及软件名城基础优势，聚力推进“一院、一集团、一平台、两中心、多园区”建设，打造具有山东特色的开放式区域布局体系。“一院”，是与紫金山国家实验室合作，组建山东未来网络研究院，争

取解决一批“卡脖子”核心技术。“一集团”，是推动省内工业互联网龙头企业共同组建山东工业互联网集团。“一平台”，是整合已有平台资源，打造山东省工业互联网综合服务平台。“两中心”，是组建山东省工业互联网发展研究中心，创建国家级工业互联网平台应用创新推广中心。“多园区”，是支持济南打造工业互联网创新发展示范高地、青岛建设世界工业互联网之都，培育一批“政产学研金服用”工业互联网产业园区。

（二）发挥网络体系优势

立足现有4G、5G和IPv6网络基础优势，聚力加快5G部署应用，打造具有山东产业特点的网络体系。推动基础电信企业通过改造升级已有网络、建设新型网络等方式，构建超大容量、超低时延、超高可靠性的骨干网，打造满足产业互联、政企互联等公共需求的次干网、城市网，部署满足远程运维、视觉检测等企业需求的高质量园区网。鼓励企业利用5G、边缘计算、区块链、IPv6等技术进行内网改造，提升企业生产设备联网率。支持企业建设和运营一批工业互联网标识解析二级节点，加快形成面向重点行业的规模化标识解析服务能力。落实直供电改造、转供电限价和公共资源开放政策，鼓励各地出台基站用电优惠等政策。一是以解决“电费高、进场难”为突破口，建立17部门组成的5G工作专班，采取直供电改造、转供电限价、公共资源开放督办等措施，确保完成新开通4万个5G基站的目标任务，全年压减场租、节约电费2.3亿元以上。二是以《5G应用300例》为重点，加大应用场景培育推广力度，加快推进5G与垂直行业融合发展，打造一批超大容量、超低时延、超高可靠性的“5G+工业互联网”标杆工程，发挥示范引领作用。三是组建省5G产业联盟、智慧灯杆产业联盟，培育5G联合创新中心，促进“产学研用”结合和供需对接，加快5G关键技术和产品创新发展。

（三）完善平台体系

立足现有国家和省级平台基础优势，聚力创建世界级工业互联网平台，打造植根山东、向外辐射的服务平台体系。依托相关行业协会（产业联盟）打造全省工业互联网综合服务平台，加快建设全省工业大数据平台，建立完善工业基础数据库，推动各类平台资源互联互通、数据开放共享，提高综合服务平台运营能力。支持“双跨”工业互联网平台建设，引导龙头企业与“双跨”平台共建行业子平台，加强平台技术研发、迭代升级，提升服务支撑水平。一是充分释放“海尔卡奥斯”“浪潮云洲”平台的开放性、综合性等优势，发动更多中小企业上云用平台，支持规模以上企业将核心业务向平台转移，支持行业龙头企业与“双跨”平台共建行业子平台，积极打造世界独一无二的工业互联网平台。二是持续深化“个十百”平台工程，今年新培育省级平台30家以上，尽快完成100家目标任务。三是加快构建全省工业互联网综合服务平台，为各个行业和各类企业提供全面、高效的工业互联网解决方案。

（四）推进融合应用

立足现有产业及应用基础优势，聚力推动工业互联网深度赋能，打造广覆盖、多领域、共建共享、有机融合的应用体系。一是谋划建立工业互联网企业培育库和智能化技改视频案例库，构建供需资源池，开展供需牵手行动，打好“两库、两池、一行动”的产业赋能“组合拳”。二是深入实施“人工智能+”十大智能化提升工程，大力发展工业互联网核心及配套产业，推动新兴产业集群快成长、上规模，促进传统产业集群提层次、强实力。三是持续抓好试点示范项目建设，优化“现代优势产业集群+人工智能”“5G产业发展”等重点项目库，对带动能力强、发展潜力大的项目，加大培育推广力度，最大限度地发挥示范带动辐射作用。

（五）可持续的支持保障

立足现有招引与合作基础优势，聚力补短板、堵漏洞、强弱项，打造可持续的、坚强有力的支撑保障体系。着力推进智能传感器及智能硬件、增强现实、工业软件等产业化进程，加快培育一批工业互联网领域“瞪羚”“独角兽”等创新企业，优先推荐登陆资本市场。开展工业互联网产业园区建设试点，加强“现代优势产业集群+人工智能”、工业互联网、5G应用等领域试点示范，带动更多企业提升工业互联网创新和应用水平。建立“两库”（智能化技改视频案例库、工业互联网企业培育库）、“两池”（工业互联网供给资源池、需求资源池），深入开展工业互联网牵手行动，推动行业解决方案和企业需求高效精准对接。实施智能化技术改造三年行动计划，滚动实施万项技改、加快万企转型，提升企业对接工业互联网的基础能力。开展智能制造“1+N”带动提升行动，发挥平台龙头企业赋能作用，培育智能制造标杆企业，带动行业相关企业加快建设智能车间、智能工厂。深化“云行齐鲁”企业上云行动，推动工业设备上云，鼓励中小企业业务系统向云端迁移，梯次提升数字化、网络化、智能化水平。加快与省内外先进工业互联网企业的深度合作，一是加快推动与阿里巴巴、科大讯飞、中国电科、中信集团等企业合作项目落地落实。引导天使投资、风险投资和股权投资等加速向工业互联网产业链上下游集聚，参与关键核心技术研发、科技成果转化和创新示范项目实施。二是依托华为鲲鹏云平台打造一批安全自主可控的平台软件和工业APP，丰富山东省工业互联网资源池。研究出台推动工业设备上云指导意见，加快人、机、物全面互联。

（六）构建安全保障体系完善标准建设体系

加快工业互联网安全态势感知平台建设，制定设备安全、数据安全、平台安全等标准规范，构建安全防护体系。推动建设工业互联网安全技术保障平台，发展完善工业互联网安全基础资源库。引导企业建立基于国产软硬件的研发平台和验证测试环境，加强安全芯片、高性能服务器、工控安全设备等产品研发和产业化，推动建设技术领先、应用丰富的安全生态体系。开展工业互联网安全分类分级试点，建立分类分级管理机制，依托安全态势感知平台对重点工业互联网企业、平台进行安全评估评测、监测预警、防御处置。鼓励企业将自主创新技术和解决方案转化成工业互联网技术标准，加快科技成果产业化。支持企业、行业协会、科研机构、高校等积极参与行业标准、国家标准、国际标准编制，加快构建涵盖工业互联网关键技术、产品、管理及应用的标准体系，并在全省企业中大力推广应用。

（七）强化技术创新攻关

采取“揭榜挂帅”等方式，重点突破工业智能算法、工业机制模型、微服务组件、新型网络互联、智能制造单元等工业互联网核心技术和关键共性技术。推动以行业龙头企业、科研院所为主体，建设工业互联网创新实验室、应用推广中心、技术创新中心、5G 联合创新中心、云计算中心等创新载体。加快“中国算谷”、国家超级计算济南中心、青岛国际通信业务出入口局等重点项目建设。

（八）加大人才引育力度

支持高等学校加强工业互联网相关领域的学科专业建设，积极培育适应工业互联网发展需求的交叉融合学科（方向）。鼓励工业互联网龙头企业与科研院所合作建立人才实训基地，培育工业互联网技术人才、创新型应用人才、高素质技能型人才以及复合型领军人才。提升人才支撑能力，支持企业引进培育工业互联网领域高层次人才，符合条件的可申报泰山学者、泰山产业领军人才工程。

（九）加强财税金融支持

强化财政资金引导作用，省级科技创新发展资金向工业互联网创新发展战略倾斜。制定工业互联网发展财政政策体系，树立结果导向，省财政按照科技攻关、创新创业孵化、设备上云、试点园区建设等取得的成效给予奖补。运用好首台（套）技术装备及关键核心零部件、新材料首批次应用、首版次高端软件保险补偿机制，以及研发费用加计扣除、高新技术企业等所得税减免优惠政策，支持企业加强技术创新和新产品应用。引导设立工业互联网发展基金，支持工业互联网领域基础设施和平台建设、科技创新、成果转化、企业孵化等。

（十）强化工作推进机制

健全完善工业互联网发展工作协调推进机制，统筹谋划全省工业互联网发展重大工作，协调解决重点难点问题，督促指导各项工作落实。组建由龙头企业、科研院所、行业智库等组成的省级工业互联网专家委员会，开展前瞻性、战略性重大问题研究。建立工业互联网产业监测指标体系，加强评估评测。发挥行业协会（产业联盟）作用，搭建合作交流平台。支持举办国际性、全国性工业互联网峰会、论坛、大赛等重大活动，营造良好氛围。

参考文献

[1]中国信息通信研究院. 工业互联网产业经济发展报告(2020 年)[R]. 北京:中国信息通信研究院,2020.

[2]肖琳琳 . 国内外工业互联网平台对比研究[J]. 研究与开发 ,2018,12(3):27 -31.

[3]李燕. 工业互联网平台发展的制约因素与推进策略[J]. 改革,2019(10):42.

[4]袁晓庆 . 工业互联网平台建设面临四大瓶颈 [N]. 通信产业报 ,2018(4).

[5]安筱鹏 . 把握工业互联网平台发展机遇[N]. 人民邮电 ,2017(9).

课题组成员简介

王　鹏，经济师，山东省工业和信息化研究院。

李　君，高级经济师，山东省工业和信息化研究院。

刘伟伟，工程师，山东省工业和信息化研究院。

魏　磊，高级工程师，山东省工业和信息化研究院。

闫　霄，高级工程师，山东省工业和信息化研究院。

李绪亭，高级经济师，山东省工业和信息化研究院。

3

山东省制造业智能化技术改造问题与对策研究

制造业智能化技术改造研究课题组

摘　要　山东省作为全国有重要影响力的制造大省，存在规模总量较大但结构偏重、产业门类齐全但中高端比重较低、龙头骨干企业较多但产业链不强、国内市场份额较高但国际市场竞争力不强、创新体系较完善但成果转化率不高、发展速度较快但发展模式粗放等矛盾问题。认真研究探索山东省传统产业智能化技术改造问题，对于进一步坚定信心决心、保持战略定力，认真贯彻落实党中央、国务院的决策部署和山东省委、省政府的工作要求，推动传统制造业智能化改造升级，加快新旧动能转换、实现制造强省目标、助力制造强国战略，加速构建现代产业体系，都具有十分重要的意义。本课题分析山东省制造业智能化技术改造的现状及其存在的问题，提出山东省智能化技改的实施路径和有针对性的建议。

关键词　制造业智能化；技术改造；产业升级；高质量发展

习近平总书记指出：制造业是实体经济的基础和关键，是推动经济长期稳定增长的核心引擎，是立国之本、兴国之器、强国之基。推动制造业改造升级，是顺应新一轮世界科技革命和产业变革、增强企业核心竞争力、实现高质量发展的战略举措。认真研究探索山东省传统产业智能化技术改造问题，对贯彻落实党中央、国务院的决策部署和山东省委、省政府的工作要求，加快新旧动能转换、实现制造强省目标、助力制造强国战略，加速构建现代产业体系，都具有十分重要的意义。

一、智能化技术改造发展综述

（一）智能化技改的概念

智能制造是制造单元的柔性智能化与基于网络的制造系统柔性智能化的集成。智能制造是结果，而智能化技术改造则是实现智能制造而采取技术改造的过程。通俗来讲就是“自动化设备+智能”“神经系统”，是以智能制造为目标，以技术改造为手段，以持续提高智能化生产水平为路径，通过采用先进的技术、设备、软件、平台及独立或集成性解决方案，对现有生产单元、产线，以及整个生产环节乃至相关产业链，进行升级改造和系统性集成，最终实现智能化生产和运行的过程。

（二）智能化技改实施的意义

（1）推动智能化技改，是实现制造强省的必然选择。山东省是工业基础雄厚、门类齐全、体系完整、企业众多、在全国有重要影响的制造大省。对标国际先进国家及南方先进省份，还有很大距离，全省只有龙头骨干企业实施智能化技术改造，大多数中小企业还处于机械化1.0与自动化2.0叠加时期，距离数字化3.0和智能化4.0还有很大距离。这充分表明，制造强省建设任重道远。只有坚持不断地加快实施智能化技改，才能尽快实现制造强省目标。

（2）推动智能化技改，是新旧动能转换的战略举措。长期以来，山东省经济存在着“大而不够强”的问题，产业和能源结构性矛盾突出。因此，山东省许多企业普遍面临因生产效率不高而丧失竞争优势、因节能减排不力而停产歇业的问题。建设制造强省，需要摒弃旧动能、培育新动能。推进传统产业高端化、智能化、绿色化改造，才能摒弃“黑色增长”，打破路径依赖，推动动能转换，从而为山东工业“由大到强”，增添新动能、贡献新智慧。

（3）推动智能化技改，是产业高质量发展的主导引擎。中国经济已由高速度发展转向高质量发展阶段。与南方先进省份相比，山东省过多依靠生产要素投入、规模扩张、数量增长。部分行业、部分企业、部分产品虽然接近或达到了国际领先水平，但由于发展方式的“路径依赖”和国际协作分工的“低端锁定”，导致产业发展整体处于价值链中低端，国际核心竞争力总体不强。为此，必须加快实施智能化技改，推动传统产业向价值链中高端迈进，实现产业高质量发展。

（4）推动智能化技改，是供给侧结构性改革的重要动力。制造大省向制造强省迈进，必须优化产业结构，顺应消费结构升级趋势，把增加多样化、个性化、高端化、品牌化、绿色化产品放在突出位置，淘汰落后产能、改造提升传统产能、培育发展新兴动能，从而压减低端供给、增强高端供给，使产品数量与质量契合消费需求，使企业发展符合集约用地用能环保等要求，增强产业的发展质量和可持续发展水平。

二、沪、粤、苏、浙等省份智能化技术改造的主要做法

2012 年 5 月，我国发布了《智能制造装备产业“十二五”发展规划》、2015 年发布了《中国制造 2025》。一系列具体政策的先后发布，都是为了提升制造业的核心技术，以发展先进制造业为核心目标，逐步提高我国的制造业水平，实现制造强国梦。上海、广东、江苏、浙江等省份率先加快实施智能化为主攻方向的新一轮高水平技术改造。其主要做法如表 1 所示。

表1　上海、广东、江苏、浙江等省份智能化技改的主要做法

省份	推进智能化技改的主要做法
上海	1. 重点抓应用示范引领。 2. 抓关键技术装备突破和标准建设。 3. 抓系统解决方案供给能力提升。 4. 抓智能制造创新平台建设。 5. 抓应用模式机制创新
广东	1. 政策支持，资金支持。 2. 发展智能装备与系统。 3. 实施“互联网+制造业”行动。 4. 做好智能化高端人才储备
江苏	1. 出台相关支撑政策。 2. 积极推动苏南地区创建国家智能制造示范区。 3. 推进智能制造网络基础设施建设。 4. 培育一批智能制造装备提供商、智能制造软件提供商和系统集成商
浙江	1. 分类指导。 2. 典型示范。 3. 政策扶持。 4. 机制保障

三、山东省制造业智能化技术改造工作现状

目前，山东省制造业智能化技改总体势头良好。2020年，全省工业企业实施投资500万元以上技改项目11381个，技改投资增幅17.6%，同比提升了45个百分点。技改投资额和技改投资增速位列全国第一。山东省工信厅在全国率先启动“云端对接”技改模式，设立技改在线，构建技改视频库，在全国率先实施“一县一策”技改模式。推进全省工业企业智能化绿色化技改现场会69场，覆盖全省15个市69个县市区，参会企业累计达13800余家、参会服务商累计达10000家次以上。在全国率先开展“技改专题”展洽活动。山东省工信厅和省工信院举办了“山东省首届智能化技改展洽会”，近百家企业参展，300家企业、近千人观展，为全省智能化技改对接了资源要素、营造了浓厚氛围。

为了更全面摸清山东省工业企业智能化技改现状，分析存在的问题，课题组于 2020 年 9 月 24 日至 10 月 12 日对全省制造业智能化技改情况开展了问卷调研。

（一）调查问卷的基本情况

课题组从工业企业、智能化技改服务商、行业专家三个角度分别设计了调查问卷，共有 4 大类 60 多个问题，内容主要涉及企业基本情况、智能制造（自动化、信息化）生产现状、智能化技改状况以及企业对政府部门的需求和建议等方面。调研共收到提交问卷 2394 份，剔除重复提交以及同一企业多人提交等情况，最终确定有效答卷 2227 份。其中，企业答卷 2121 份（剔除供应服务商企业 6 份），涵盖全省 16 地市及部分省直、央属企业，分属 34 个行业，有效答卷数超过 50 个企业的行业约占一半。就企业规模来看，答卷企业数量分布形态和整个工业体系的大、中、小企业分布相近，调查问卷作为抽样样本具有较好地真实性和代表性。

（二）调查问卷量化评估指标体系说明

针对企业生产经营各环节，课题组设计了 7 大类问题，包括：企业总体情况、研发设计、生产管理、车间产线及设备、产品服务、企业经营管理、供应链及物流配送等，其中包含了设计仿真优化、集成接口的开放度、生产作业方式、物料流动模式、生产装备数字化、生产过程信息采集、车间数据管理等 21 个可量化赋分的问题环节，对这些环节量化赋分评估能较好地把握企业智能制造现状。为了对企业生产制造自动化、信息化、数字化和智能化水平现状与智能化技改的潜力进行定性定量分析及横向对比，课题组采用多指标综合评价法建立了量化评估指标体系。按照完备性、系统性、科学性原则，对企业答卷进行了量化赋分，并归一化处理为 0 ~ 100 分。

（三）调查问卷反映出的山东制造业企业智能化技术改造基本情况

（1）从数量上来看，山东省多数制造业企业智能化制造水平尚处于起步阶段和发展阶段的初期。从总体情况上来看，处于起步阶段的企业数量占 60.0%（0 ~ 30 分），处于发展阶段的占 34.5%（30 ~ 60 分），达到成熟阶段的占5.5%（60～100分）。

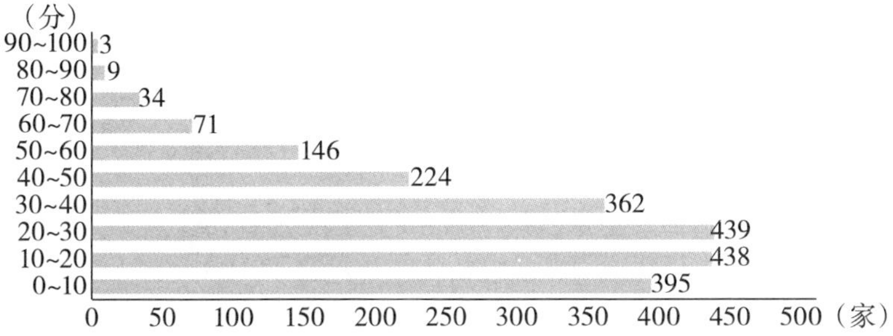

图1　智能制造水平评估分数企业分布

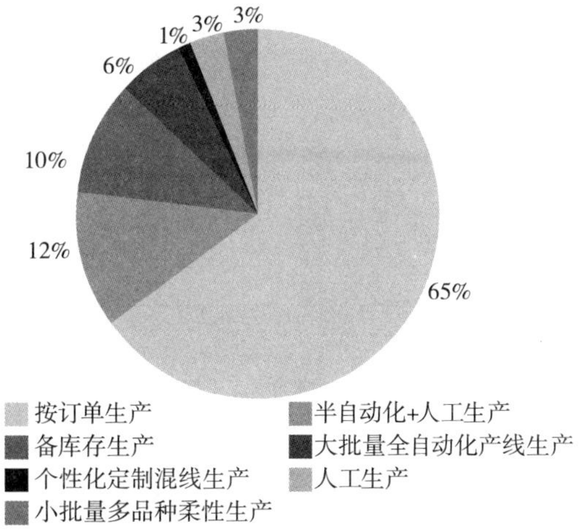

图2　企业生产模式

（2）智能制造水平地域发展不均衡。从地市分布上来看，各市企业智能制造水平之间存在一定的发展差异，这可能与经济发展及地方的主导产业相关。

（3）大型企业智能制造水平普遍较高，小微企业自动化和智能制造软硬件能力较为薄弱，亟待全方位提升。企业规模和企业的智能制造水平存在明显的正相关性，且不同规模企业间差距巨大。智能化技改应重点帮助和支持小微企业，促进小微企业智能制造水平全面提高。

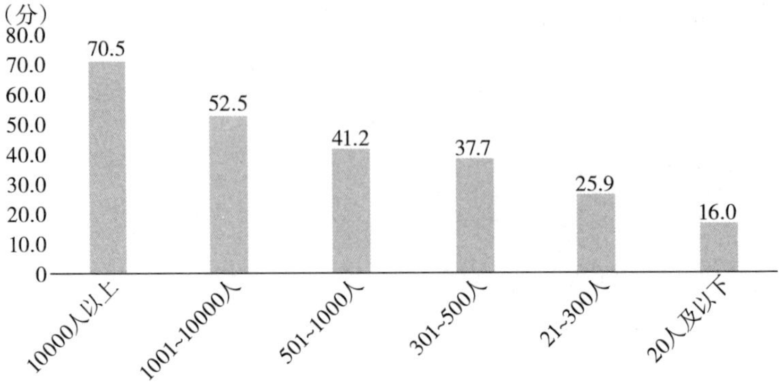

图3　按企业人数分类智能制造水平平均得分

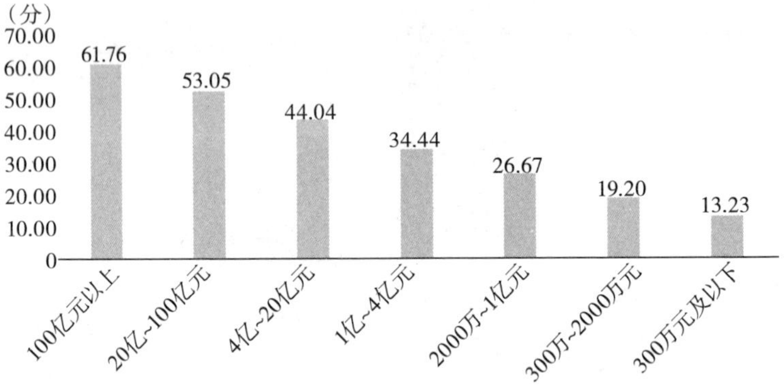

图4　按企业年销售额分类智能制造水平平均得分

（4）企业的智能制造水平与行业产业基础和生产模式密切相关，行业发展水平不一不同行业企业间平均量化评估得分存在较大差距。其中，最高值为50.2分，最低值为13.0分，总平均分值为27.5分。企业的智能制造水平与行业产业基础和生产模式密切相关，家用电器、轨道交通、计算机和通信、汽车等行业及有关新兴产业企业平均分值居前，传统行业中劳动密集型的行业企业平均分值居后。

（5）具体从企业内部各生产环节来看，原料跟踪、仓储、生产系统采集等方面智能化水平得分较高。企业在原材料跟踪记录和中间产品配送（53.4%）、生产过程信息采集（49.9%）、生产装备数字化（42.8%）等方面得分较高（见图5）。

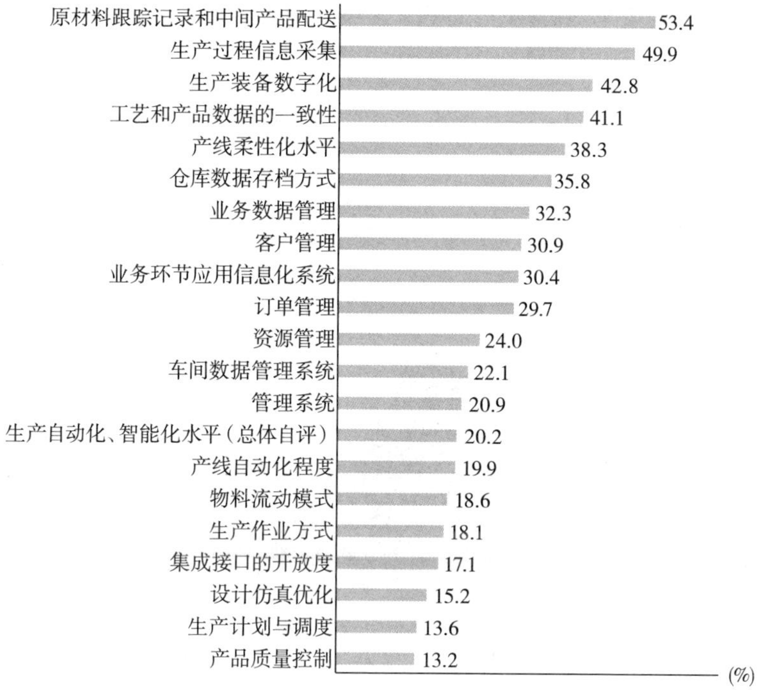

图 5　企业内部智能化制造各环节状况

（6）企业推进智能化改造的主要目的，集中体现在效率提高、品质提升及减少用工和能耗、物耗方面。通过智能化技改 73.88% 的企业希望提高效率；65.39% 的企业希望提升产品品质质量；65.35% 的企业希望减少用工；61.48% 的企业希望减少能耗、物耗（见图 6）。

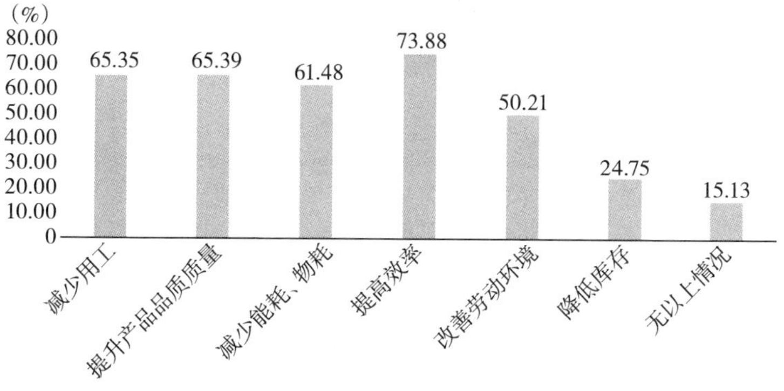

图 6　企业实施智能化改造的原因

（7）多数大型企业制定了智能化战略规划并实施，小微企业普遍缺乏智能化战略规划。约37.0%的尚未制定智能化战略规划，其中约62.5%的小微企业未制定战略规划，70.0%的大型企业正在开展智能化战略规划实施。在近三年中无技改投资的企业中，小微企业占97.2%。相比大中型企业，小微企业的智能化之路面临更大的试错成本和不可控风险，稍有不慎就会危及生存，小微企业是智能化技改工作推进的难点重点。

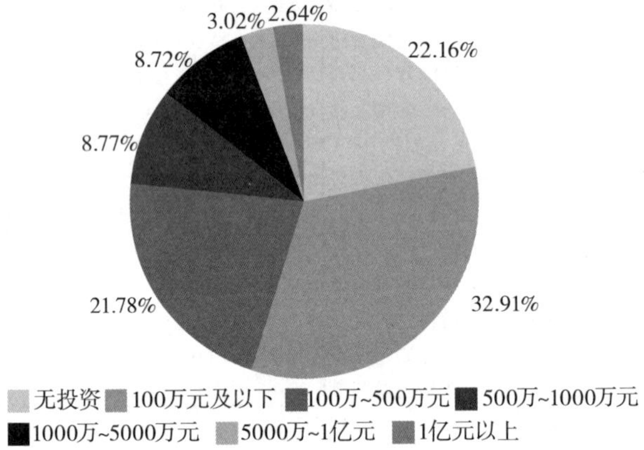

图7　近三年自动化、智能化技改投资情况

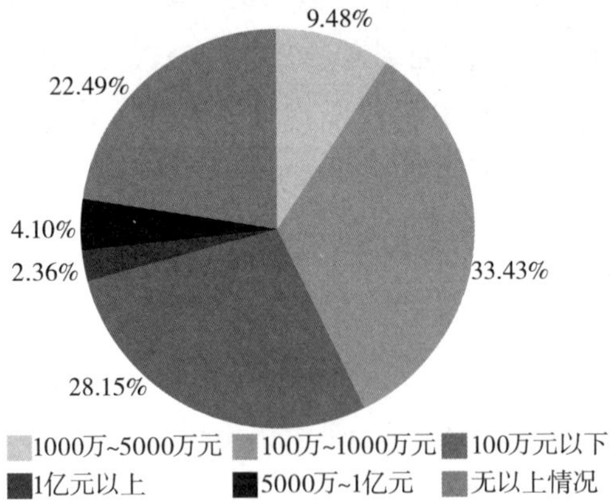

图8　企业下一步拟在自动化、智能化改造方面投入情况

（8）企业希望政府在推进企业自动化、智能化改造方面提供示范项目对标学习，技术平台支持与组织相关培训研讨。

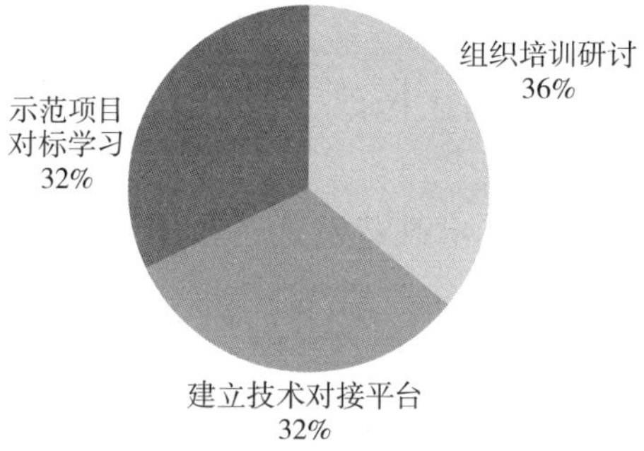

图 9　企业希望政府在推进智能化技改提供的服务

（9）多数企业希望统一组织服务商培训智能化技术人才。40% 的企业希望政府统一组织培训，31% 的企业希望政府组织服务商上门培训，有 29% 的企业是自行培训（见图 10）。

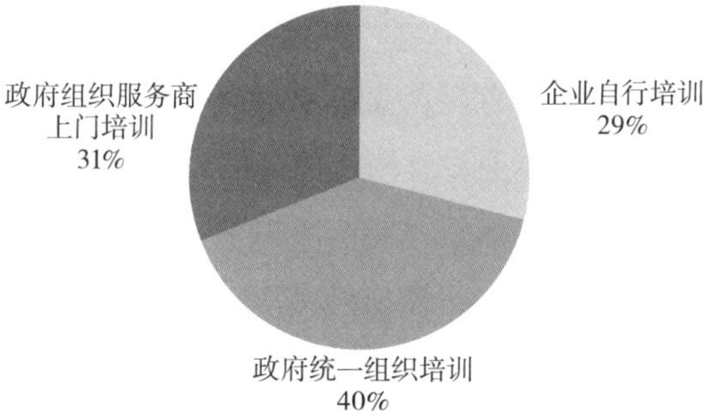

图 10　企业希望政府在推进智能化技改人才方面提供的服务

（10）企业希望服务提供商能够更多地针对企业提供个性化的服务。

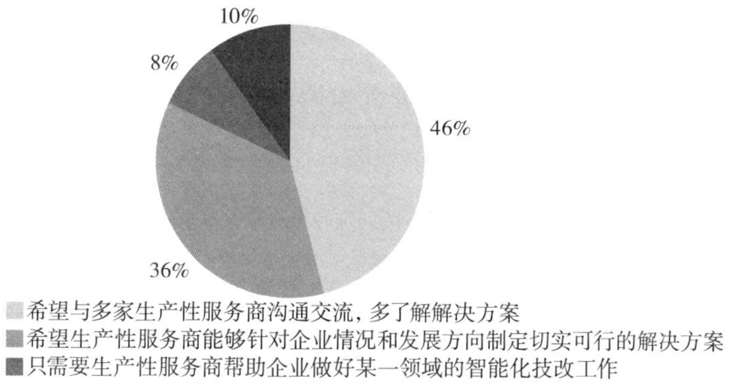

图 11　企业希望服务商在推进智能化技改提供的服务

四、山东制造业智能化技改工作存在的问题

（一）企业对智能化技术改造发展路径不清晰

（1）对智能化技术改造认识不清。企业是实施智能化技术改造的主体，在“招工难”“用工贵”的大背景下，特别是在当前中美贸易战、新冠肺炎疫情的情况下，虽然企业对智能化技术改造有着迫切需求，但在实际推进过程中，广大企业在智能化技术改造的理性认识、发展方向、工作重点、路径选择、实施策略等方面还存在许多困惑和误区。对于什么是智能制造、怎么发展智能化技术来改造提高制造水平，还需要进行深入研究和谋划。

（2）对发展智能化技术改造具体方向不明晰。国家智能制造试点示范项目主要集中在装备制造类、电子信息、化工、生物医药等领域，其他领域可供企业借鉴的相关成熟案例较少，企业多是“摸着石头过河”。在具体推进智能化技术的过程中，很少有企业设置统一的部门来系统规划和推进智能制造，近半数企业特别是中小企业仍然是“头痛医头”，缺乏整体规划，仅仅关注引进自动化设备等，进行简单的“机器换人”。

（3）对智能化技改后期效益信心不足。受新冠肺炎疫情等不利影响，山东全省规模以上工业企业营业收入利润率仅为4.3%左右，投资回报率走低。多数企业对近期经济预测不明朗，存有观望等待思想，“不愿投、不想投、不能投”的问题依然存在。特别是大多数中小民营企业，限于企业实力，且在智能化升级过程中半数以上采用自有资金，难以一次性投入。

（二）智能化技术改造整体推进步调难统一

（1）区域发展不够平衡。山东省各市围绕智能化技术改造开展了一些工作，但总体上发展不够平衡。有的市工业和信息化部门思想还不够解放，不善于运用新技术、新装备、新材料、新工艺、新模式推进企业智能化技术改造。还有的市将传统产业与新兴产业对立起来、割裂开来，既看不到新时代技术改造内涵的新发展，又看不到技术改造外延的新扩展，在智能化技术改造推进工作中习惯按照传统的思维模式，缺乏系统推进方法。

（2）行业发展基础不同。山东省是全国唯一拥有全部41个工业大类的省份。这决定山东智能化技术改造的行业多、领域宽、门类全。但由于各行业原有发展基础不同，且山东省智能化技术改造技术服务商、装备服务商和系统性解决方案提供商队伍建设相对滞后，导致企业智能化技术改造需求与服务商供给不匹配，无法实现“一业一策”精准推进制造业细分行业领域的智能化技术改造。

（3）龙头企业与中小微企业需求差异较大。龙头骨干企业因为规模实力大、技术储备足、专业人才多、研发创新能力强，是实施智能化技改的先行军。而众多中小企业尚未完成“机械化、连续化、自动化”改造，距离“数字化、网络化、智能化”改造还有一定差距。很多中小企业首要的需求是实现机械化、自动化。

（4）智能化技术改造标准有待完善。智能装备接口五花八门，工业操作系统平台多种多样，统一的智能制造标准体系尚未发布。这直接制约了企业产品、装备、服务的综合集成、互联互通和信息共享，对企业信息化、数字化发展造成了极大障碍。因缺乏相关智能化技改评价标准，企业无法进行自我评估与诊断，从而无法有针对性地提升和改进智能制造发展水平。

（5）智能化技改政策扶持力度不够。山东省现行的技改政策主要有技术改造贷款贴息、综合奖补与新增财力补贴，但实施起来存在一些问题。江苏、浙江、广东等省份普遍采取设备奖补等简单易行政策，力度大、效果好。外省的技改政策操作简便易行，且比山东省技改政策扶持的力度要大得多。山东省技改政策门槛高、力度小。2019年，山东省财政安排技改资金23164.13万元，2020年仅5937.22万元。

（6）智能化技改资源要素供给不足。由于环境容量、能耗指标、土地指标、融资困难等问题的存在，导致许多企业智能化技改项目难以落地实施。2019年，山东省通过对79个投资50亿元以上工业项目调研发现：有38个项目存在土地指标缺口、26个项目存在能耗指标缺口、15个项目存在环境容量缺口。

（三）服务商系统解决方案供给能力待提升

（1）行业系统解决方案供应不足。目前，智能制造系统解决方案供应商多以装备供应商、软件供应商为主，所服务的行业领域不够细化，熟悉细分行业发展特点、业务流程的较少，不能满足强劲的行业应用需求。虽然已经涌现一批智能制造水平较高的制造企业技术部门，但是出于市场竞争等原因，转型为智能制造系统解决方案供应商的机会相对较少。

（2）需求与供应精准对接平台不足。省内服务商水平总体不高，省外服务商引进刚起步，一时难以满足企业技改需求。工业企业技改需求与服务商供应对接平台不足。限于资金投入不足、技术研发周期较长以及工艺壁垒等因素，单个系统解决方案商很难满足各个细分行业的智能制造发展需要，急需各行业的专业化平台为企业和供应商搭建沟通桥梁，强化智能制造系统解决方案的协同创新能力。

（四）智能制造人才队伍梯队待构建

调查显示，在推进智能制造方面存在的最主要困难是相关人才储备不足。由于山东省内城市的局限性，相比一线城市还是相去甚远，面临人才找不到、招不到、留不住的“三难”问题。突破智能制造“卡脖子”装备技术，亟待引进一批具有先进智能制造产品、装备和技术研发能力以及具有服务企业实战经验，能够带动行业、企业智能转型的高层次领军人才和创新团队。

五、山东制造业智能化技改实施路径

（一）坚持分业施策、一业一策

智能化技改应该坚持分业施策、一业一策，政府应编制实施《山东省传统制造业改造升级实施方案》，并针对每个细分行业的特点，提出有针对性的技术改造方案体系，对传统制造业各行业精准推动智能化改造升级，推动智能化改造、绿色化改造、服务化改造、高端化改造。

（二）完善智能化技改的“三大体系”

（1）力量支撑体系。市场机制决定资源配置，市场竞争推动效率变革。要充分发挥“产学研金服用”在智能化技术改造中的市场主体作用，形成高效推动传统制造智能化技术改造的强大合力。

（2）规划政策体系。规划是路线图，政策是风向标。要完善传统制造业智能化技术改造的规划政策体系，发挥规划政策导向作用，发挥政府重要宏观调控作用，避免市场的失灵。

（3）项目推进体系。智能化技改落地是各个企业具体的项目。要把项目作为改造抓手，完善重点技改项目推进体系，强化重大项目调度监测，促进各项目的要素对接。

（三）坚持智能化、绿色化、服务化、高端化实施技改工程

（1）智能化改造工程。坚持“两化”融合，推广运用数控化设备、打造数字化车间、培育智能化工厂和智慧园区、智慧链群，推动传统制造业提质增效。

（2）绿色化改造工程。坚持智能绿色融合，推广先进节能环保技术装备，推行绿色生产方式，打造绿色车间、绿色工厂、绿色产品，促进绿色发展。

（3）服务化改造工程。坚持“两业”融合，大力发展生产性服务业，推动制造业向产业链高端迈进。

（4）高端化改造工程。坚持品牌制胜，持续深化“增品种、提品质、创品牌”行动，提升改造的高端化。

（四）加快布局智能制造重大新技术、新工艺、新装备、新材料、新模式等的创新应用

（1）新技术应用方面。重点推广和运用新一代信息技术及细分行业先进、适用、绿色、安全、环保技术，突破一批关键共性核心技术。

（2）新工艺应用方面。围绕智能化、绿色化、服务化、高端化技术改造，推广和应用行业工艺设计与创新、流程再造，实现企业的降本增效目标与高质量发展。

（3）新装备应用方面。推广和应用高端装备、智能装备、安全装备、节能环保装备、计量检测装备、质量控制装备，提升智能化技术改造的质量和水平。

（4）新材料应用方面。重点促进复合材料、先进高分子材料、新型无机

非金属材料、金属结构材料、功能材料、前沿新材料技术成果转化应用，依靠材料创新提升智能化技术改造档次。

（5）新模式应用方面。发挥龙头骨干企业示范引领和服务商支撑保障作用，分行业推广一批成熟可靠、自主可控、可复制推广的智能化技改模式，促进智慧共享，打造智能化技术改造新模式、新业态。

（五）做好点、线、面、园、链、群六大方面的改造

（1）点（装备）。推进“数控一代”装备集成创新，推广应用数字化控制技术，集成创新一批数控装备并实现产业化。鼓励有条件的企业在“数控一代”基础上实现生产装备向“智能一代”跨越。

（2）线（产线）。鼓励企业加强数据基础标准建设，促进生产信息与设备深度融合，实现互联互通，促进各生产要素有序流动，打造数字化车间。

（3）面（工厂）。推动以机器换人为重点的企业改造升级，注重人机交互，提高 CAM、MES、ERP、WMS、BI 等各类信息系统的应用，提高生产过程可控性、减少生产线人工干预，打造“无人工厂”。

（4）园（园区）。推动园区内企业“两化”深度融合，建设园区各种智慧公共服务平台体系，促进基础设施智能化、公共管理精细化、公共服务便捷化、资源利用绿色化、产业发展智慧化。

（5）链（产链）。运用新一代信息技术对产业链企业信息网络系统进行云端化改造，促进云链结合、云链协同。强化产链协同联动，促进价值链高端化、产业链现代化、供应链精准化、配套链本地化、创新链协同化，形成“产业＋配套”“平台＋生态”的发展格局。

（6）群（集群）。推动集群企业协同制造，鼓励集群内龙头企业与互联网企业深度合作，构建国际化品牌营销服务平台，打造世界级先进制造业集群品牌。

（六）具体推行步骤要抓培训、普查、诊断、贯标、改造、评价、示范

（1）抓培训。要结合不同行业特点，线上线下分类开展企业智能化技术改造专业培训。通过组织开展视频讲座辅导、对标参观等活动，增强企业实

施智能化技术改造意识和能力。

（2）抓普查。组织开展企业智能化改造普查，可以通过发放企业智能化技术改造需求调查表或座谈等方式，摸清企业信息化建设的现状及技术改造需求等情况，为智能化技术改造诊断打好基础。

（3）抓诊断。针对企业需求，组织开展智能化技术改造诊断，形成企业智能化技术改造诊断书、企业智能化技术改造整体解决方案，为企业实施智能化技术改造提供依据。

（4）抓贯标。组织企业开展信息化与工业化融合管理体系贯标，以标准引领管理变革，规范企业“两化”融合管理过程，夯实企业实施智能化技术改造基础，保障改造投资绩效。

（5）抓改造。组织企业加强与智能化技术改造工程服务商合作，依据诊断提出的企业智能化技术改造整体解决方案，有针对性地实施改造升级。

（6）抓评价。制定智能化技术改造评价规范，可以组织第三方机构对企业实施智能化技术改造情况进行综合评价。综合应用评价结果，持续优化提升企业智能化技术改造水平。

（7）抓示范。可以通过树立典型示范，大力宣传智能化技术改造的典型项目，通过各行业的技改标杆项目，从而以点带面，提升全省整体企业的技术改造水平。

（七）制定配套措施，保障智能化技改落实到位

（1）激发市场活力。建立完善“产学研金服用”各类市场主体作用，打造产业联盟，合力推进制造业改造提升。发挥龙头企业的引领作用，带动产业深度融合与高端跃升；发挥骨干企业的支撑作用，壮大产业规模实力；发挥配套企业的专精特新优势，促进整机制造与配套服务的衔接协作；发挥招引企业的补链作用，补齐产业链短板弱项；发挥平台企业的服务粘连作用，实现资源集聚与产业赋能。充分发挥智能化技改工程服务商的作用，为智能化技术改造提供技术装备与整体解决方案。

（2）加强项目管理。对重点技改项目按月度监测，实行白名单制。对列入白名单项目优先享受相关政策。按照“以大项目造就大企业、以大企业促

成大联盟、以大联盟牵引大链群、以大链群带动大产业”的思路，实施产链、集群、园区公共服务平台项目以及企业兼并重组改造重大项目，促进产链、集群、园区的智能化改造和企业战略性重组。

（3）用好倒逼机制。完善节能、减排、技术、标准倒逼机制，落实节能目标考核责任制。建立健全节能市场化机制，推行节能量交易制度。形成落后产能退出倒逼机制，建立进退有序的市场通道，加强重点行业市场准入退出管理，倒逼产业转型升级。

（4）强化要素对接。按照“要素跟着项目走”的机制要求，深化资源要素对接。鼓励企业实施“零增地”技改。利用能耗和环保指标等机制倒逼企业改造、落后产能退出。强化水资源配置与重大项目布局衔接。鼓励银行优先将实施智能化技改企业贷款列入授信计划，创新供应链融资、产业链金融、融资租赁、产业基金等金融产品，发展贷款保证保险和信用保险业务。整合设立智能化技改专项资金，对纳统智能化技改项目购置的智能设备及软件给予补贴，对建设园区、产链、集群公共服务平台建设企业给予一次性奖补。落实企业上云财政补贴以及首台（套）重大技术装备、首批次新材料、首版次高端软件保险补偿政策，落实技改项目进口设备免税、固定资产增值税进项税额抵扣、研究开发费用加计扣除、固定资产加速折旧等政策。

（5）专业人才建设。围绕传统制造业智能化技改需求，加强创新人才培养与使用，培育领军人才和领军团队。鼓励省内高校设立智能化技改相关专业，推进产教融合，培养专业技术人才和技能人才。招引和培育智能化技改工程服务商，组建智能化技改工程服务商联盟。

六、山东制造业智能化技术改造的建议

（一）政府要高度重视智能化技术改造

政府应该把智能化技术改造作为转型升级的“一号工程”，建立传统产业智能化技术改造的协调推进机制，加强重大问题协商解决、重大政策督促落实、重点项目落地实施。制定智能化技术改造评价规范，引导企业向数字化、网络化、智能化方向跨越。总结推广智能化技术改造先进典型和先进模式。

将智能化技术改造情况纳入各市经济社会发展的综合考核指标体系。

（二）推进智能化技术改造要本着企业实际出发

政府要摆脱原有大包大揽的做法，需要从政府视角切换到企业视角，必须从企业角度出发。只有切实解决企业问题，企业才能积极参与智能化技改。不能强行摊派企业智能化技改指标，而应该采取典型经验现场会等多种方式，提高企业对智能化技改的认识，让成功企业介绍智能化技术改造的成功经验，让企业家切实感受到企业参与智能化技改带来的好处，从而激发企业参与智能化技改的热情。

（三）智能化技改不能抓大放小，而应该稳大促小

根据前期调查，大中型企业开展智能化技改的意愿更强，技术力量更强，获得智能化技改的资源更便利。占绝大多数的中小微企业管理水平不高，主动开展智能化技改的意愿不强。因此，政府在推进智能化技改工作的重点应该是在稳步推进大中型企业的智能化技改的基础上，着力提高中小微企业的智能化技术改造力度。支持优势传统产业、小微企业通过技术改造向高端化发展，运用智能化、信息化、网络化等先进适用技术以及新工艺、新设备、新材料，改造传统产业，提升智能制造水平。

（四）加大智能化技改的引导力度

政府可以结合实际情况，对山东省企业智能化技术改造项目进行分类，将重点技改项目纳入全省重点工业投资项目范围，做好产业对接、银企合作等相关服务工作，为企业智能化技术改造提供服务。同时，搭建交流平台，对全省重点领域的智能化技改项目进行宣传，组织召开现场观摩会、培训会，大力推广试点和示范应用，推动全省企业跨行业协作配套发展，提升传统产业改造水平，鼓励企业积极开展改造项目，促进企业提质增效，推动山东省制造业加快新旧动能转换。另外，通过政府购买服务等方式，加快开发原料采购、生产管理、流程控制、物流配送等环节的通用性工业软件及工具集，提供给企业特别是中小企业免费使用，降低其智能化技术改造的门槛和成本。

（五）着力推进智能制造生态体系建设

产业集群特别是细分领域的产业集群，其生产的产品以及生产工艺流程往往非常相似，这样智能化技术改造的生产设备和解决方案服务相对统一，可以实现行业内的标准化智能技改方案，智能装备和方案的价格就有可能大规模降低，企业投入智能改造的意愿就会加大。特别是在智能化软件方面，其边际成本几乎为零，一旦实现标准化，价格大幅度降低的可能性会非常大。

（六）培育本土智能化技术集成供应商

政府应该大力培育引进系统集成能力强、售后服务优、软硬技术兼备、专业化的工业信息工程服务商，组建“产学研用”联合体，培育发展智能制造整体解决方案供应商。同时，要支持传统企业装备制造企业、自动化和信息技术企业，针对制造业智能化技术改造、智能工厂（车间）建设需求，发展智能制造系统集成业务。打造智能化技术改造公共服务平台，并成为产业创新服务综合体建设的重要内容。

参考文献

[1] 张宇翔,王娟,牛宗宝．山东省工业企业智能制造与智能化技改量化评估分析[J]．山东工业技术,2020(5):3－12.

[2] 潘慧．政策指引广东全面进入智能化制造[J]．广东科技,2017(26):8.

[3] 苏力,肖文舸．2025 年粤制造业全面进入智能化制造[N]．南方日报,2015.

[4] IUD 中国领导决策案例研究中心．广东版智能制造 2025 出炉[J]．领导决策信息, 2015(31).

[5] 广东省人民政府．广东省人民政府关于印发《广东省智能制造发展规划(2015—2025 年)》的通知[N]．广东省人民政府公报,2015(22).

[6]广东省人民政府．广东省智能制造发展规划(2015—2025 年),2015.

[7] 季桓永,周源．浙江省制造业技术改造智能升级的经验与启示[J]．中国工程科学．2018,20(4).

[8]汪叶舟．上海制造开始智能化转型新征程[N]．中国工业报，2019－7－1.

[9]实施智能制造“六大重点行动”推进长三角智能制造“百千万”工程，上海智能制造三年行动计划发布[EB/OL]. http://www.cinn.cn/dfgy/201906/t20190624_214451.html. 2019－06－24.

[10]金伟．采取“六大重点行动” 打响“上海制造”品牌 上海智能制造三年行动计划发布[J]．上海质量．2019(7).

[11]广东制造2025：从关键技术和核心部件突破智能制造系统[EB/OL]. http://www.baimao.com/news/detail/196635.htm. 2015－12－29.

[12]周济．中国智能制造的发展路径[R]．中国经济报告．2019(2).

[13]《上海市智能制造行动计划》解读，三大技术、六大行业迎发展新机遇[EB/OL]. https://www.iyiou.com/news/20190717105781. 2019－07－17.

[14]陈炜隽．广东：新规划全面对接《中国制造2025》[N]. 2015－8－11.

[15]万志远，戈鹏，张晓林，殷国富．智能制造背景下装备制造业产业升级研究[J]．世界科技研究与发展，2018，40(3).

[16]左世全．我国应将发展智能制造业提升到战略高度[J]．中国科技投资，2012(31).

[17]IUD中国领导决策案例研究中心．“机器换工”、“互联网＋”给力中国智造[J]．领导决策信息，2016(3).

[18]范仁德．“中国橡胶工业2025”的思考[J]．中国橡胶，2015，31(22).

[19]政府资讯[J]．上海信息化，2019(3).

[20]苏力，陈晓．七招减负降成本 三个“支持”促发展[N]．南方日报，2017－8－25.

[21]海锦涛，韩新民．我国制造业可持续发展的思考[J]．中国机械工程，2001(3)

[22]王友发，周献中．国内外智能制造研究热点与发展趋势[J]．中国科技论坛，2016(4)：154－160.

[23]李仁．智能制造，烟台大有可为[N]．烟台日报，2019－7－20.

[24]于成水．山东强力推进新一轮智能化技术改造[N]．中国工业报，

2020 - 1 - 2.

[25]王文东,金石磊,李小慧. 低摩擦 PTFE 复合材料往复运动密封[J]. 有机氟工业,2012(1):43 - 47.

[26]祁晓清. 抢占制高点 加快自主提供能力建设[N]. 中国工业报. 2016 - 2 - 22.

[27]我国智能制造系统解决方案领域发展趋势简析[EB/OL]. https://mp.weixin.qq.com/. 2016 - 02 - 23.

[28]陆峰. 中国智能制造发展迈向下一个路口[J]. 互联网经济,2017(Z1).

[29]念沛豪,赵芸芸. 德国破解中小企业智能化升级瓶颈的经验与启示[N]. 中国计算机报,2019 - 10 - 14.

课题组成员简介

张永君，室主任，研究员，山东省工业和信息化研究院。

刘金旺，高级经济师，山东省工业和信息化研究院。

张宇翔，正高级工程师，山东省工业和信息化研究院。

刘明伟，高级工程师，山东省工业和信息化研究院。

牛宗宝，工程师，山东省工业和信息化研究院。

王　娟，高级经济师，山东省工业和信息化研究院。

4

智能制造装备与边缘计算发展趋势研究

张宇翔　刘明伟

摘　要　本文对边缘计算和智能制造装备的概念进行了论述，对其发展现状和趋势进行了分析研究，同时对人工智能、云计算、边缘计算、自控系统和智能制造装备间的相互关系进行了系统性阐述，对相关技术的应用和发展方向提出了自己的观点。

关键词　边缘计算；智能制造装备；自控系统；物联网

一、概述

边缘计算（Edge Computing），是相对于云计算而言，在物理上临近数据源头就近提供边缘智能计算服务的一种工作模式，它使物联网（Internet of Things，IoT）、智能制造等所需的网络通信、数据存储、实时计算、应用处理等核心功能在靠近工作现场的地方得以完成。边缘计算更好地实现了网络计算能力、工作场景和通信负载的平衡和优化。

智能制造装备，是先进制造、智能感知和自动控制等先进技术深度融合的产物，是具有感知、分析、决策、控制、执行等功能各类制造装备的统称，是实现制造强国战略的重要环节。

边缘计算为智能制造装备提供了新的技术手段，利用云端大数据进行人工智能分析，对边缘智能制造装备进行安全配置、部署和管理，根据智能制造装备工况、类型和场景进行算法和控制方法的调整，每个智能制造装备都独立具备数据采集、本地存储、智能分析计算、通信及控制功能，以实现人工智能、大数据云端、边缘计算和装备实时自控的协同高效工作。

“边缘计算”并不是最近才出现的一个新概念。边缘计算最早可以追溯至十多年前出现的相关技术和概念。自 2014 年开始，特别是近年在万物互联的背景下，边缘数据量呈现爆发式增长，边缘计算开始被广泛关注，相关技术也得到了飞速发展，以“边缘计算”为关键字在知网检索到的论文年度收录数量清晰的反映出这一趋势（见图 1）。

一方面，随着物联网接入终端的爆发式增长，这些终端设备所产生的大量数据给数据传输、分析和处理带来了新的挑战。据 IDC 的统计数据和预测，2020 年有超过 500 亿的终端和设备联网。随着技术的进步，从设备端到云端的网络传输速度和云端数据存储能力已经有了极大提升，但如果将这些海量数据全部传输到云计算端进行数据存储、处理和分析，将严重影响系统的工作效率并且成本高昂，同时由于网络延迟和云端数据处理的时间问题，无法满足实时控制和响应处理。另一方面，随着技术的进步，边缘终端设备的计算、存储和通信能力有了极大提高，使得原来必须由云端完成的计算可以在

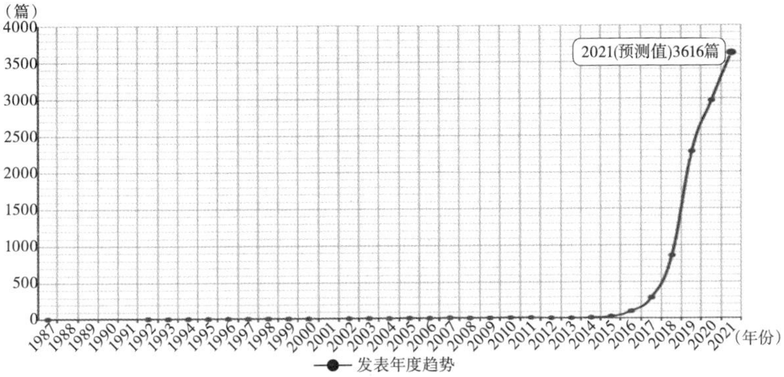

图 1　以“边缘计算”为关键字的知网论文年度收录数量

无限接近传感器和设备数据源的网络边缘完成，据预测半数的数据将在网络边缘端处理存储、处理和分析。

用人脑和眼睛视觉图像认知识别的过程作类比，可以更好地理解边缘计算。人眼并不是一个单纯的光学系统，它不会简单地把投射到视网膜上的图像每一个像素原原本本地传给大脑，而是先对图像信息进行预处理，抽取图形轮廓、纹理、运动方向、颜色和亮度对比等重要特征信息，并把它们编制成神经编码信号传送给大脑。这就极大地减轻了神经传导和大脑处理信息的负担。同样，神经系统反射弧的工作过程也是这种运作模式。这些都是自然进化产生的边缘计算。

边缘计算与云计算是共生共存的，是对计算能力、工作负载、通信负载和响应速度的优化平衡，也会随着软硬件和信息通信技术的进步进行再平衡。

二、边缘计算与智能制造的关系

从图 2“边缘计算”相关主题在知网文献库中的分布可以了解与边缘计算密切相关的各领域，智能制造在边缘计算研究中的占比并不算高，但边缘计算技术发展对于智能制造有着革命性的推动意义。

类似于边缘计算的工作方式其实在自控领域早就存在。集散控制系统（Distributed Control System，DCS）自 1975 年问世，已经经历了四十多年的发展历程，被广泛地应用于生产过程自动化领域。其基本思想核心是集中（分

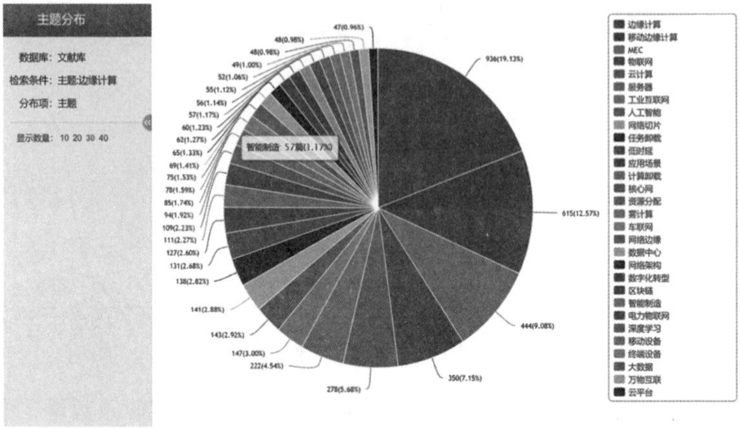

图 2　知网文献库中“边缘计算”相关的主题分布

级）管理、分散控制。系统控制功能分散在各现场控制单元上实现，系统结构采用容错设计，任何一个现场控制单元出现故障或离线都不会导致系统其他功能的丧失，大大提高了整个系统的安全性和实时响应速度。同时，有效减轻了系统网络通信负荷，确保了系统的可靠性和实时性。

传统自动控制是基于传感器信号的控制，而边缘计算则是基于信息和数据的控制。需要指出的是，受制于网络传输、响应速度等因素，边缘计算虽然相对于云计算来说是低延时，但是其几十毫秒到一百毫秒的响应周期对于高精度机床、工业机器人等许多微秒级的智能制造装备“控制任务”所需的响应速度而言，过大的时间延迟不能满足真正的实时控制的需要，边缘计算目前还只能称为“准实时”，从自动化行业的角度来看，只能归在“非实时”的解决方案。但这并不妨碍边缘计算用于智能制造装备，只是所处理的领域和范围不同罢了。人工智能、云计算、边缘计算、自控系统、智能制造装备的相互关系，如图 3 所示。

智能制造装备传感器产生的数据上传至边缘网关，并且在网络边缘完成数据的分析和处理，边缘网关和边缘计算节点从各联网设备中获取由多种的协议传送的数据并进行转换，对数据进行实时分析处理再根据预先设定的规则将数据上传到云端。边缘计算除了进行数据的转换和传输外，还可离线独立进行基于规则的算法处理和控制，而不依赖于集中式服务器或云端。处理

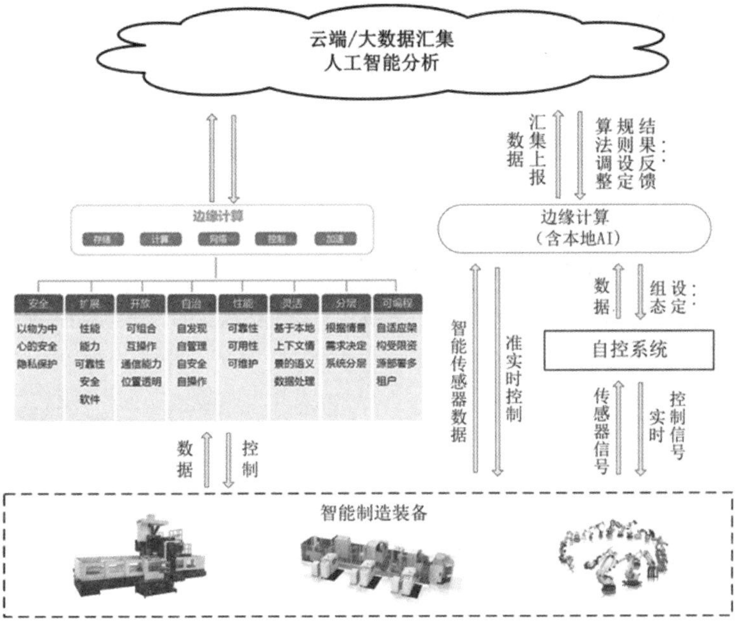

图3　人工智能、云计算、边缘计算、自控系统、智能制造装备的相互关系

之后的数据汇集到云端，与其他来源的数据进行再聚合，使用云端人工智能分析引擎进行大数据分析，根据分析结果再将优化的边缘分析模型发送回边缘计算端。边缘计算层不仅同时连接云端、应用层和设备层，还在物联网体系内起到安全隔离作用，确保系统的安全性和工作效率，在这一点上和 DCS 系统极为相似。

以智能机床为例。机床是装备制造的母机，智能机床是智能制造装备中一个重要的环节。智能机床能自主对生产制造过程进行监控、分析，诊断和修正在生产过程中出现的各类偏差，并且能为生产过程的优化提供解决方案。智能机床通过自动振动抑制、噪声抑制、热变形分析和控制、干涉预防、润滑油量自动调节等，以提高机床加工的精度和效率。目前，高速、高精度运动控制还是由专用的控制器来实现。而通过边缘计算则可以在各种信息进行存储、分析、处理、判断、调节、优化、控制等方面发挥重要作用。比如，通过对机器工作噪声、震动、功耗、负载等信息的采集、汇总、分析、比对，可以对机器的机械磨损、异常工况、预计寿命等做出判断和预测。这些机器工况数据不太可能（也没有必要）全部上传到云端再进行处理，通过边缘计算节点进行预分析处理，只上传特异性和趋势性的数据到云端，通过云端对此类设备大数据的汇集分析，对比设备的实际运行状态，实现对设备工况的智能研判、故障预测和运行参数的优化调整，同时还可对边缘节点的智能算法、运行规则进行优化修改。

从总体上来讲，边缘计算不是一项单一的技术，而是一类系统计算和运行的模式。

三、国内外最新发展现状

（一）国内外边缘计算发展现状

1. 国外发展现状

随着物联网技术的飞速发展，万物互联产生海量数据使得传输、存储和处理的瓶颈问题愈发突出，实时处理的需求也使边缘计算越来越被重视，越来越多的传统 IT 和 OT 公司开始涉足和布局边缘计算，同时出现了许多专业化公司。许多企业在此领域取得了一定的成果，国外企业主要有谷歌、微软、亚马逊、思科、IBM、惠普、英特尔等。随着边缘计算的兴起，各大标准化组织大都成立了边缘计算标准制定相关工作组，开展标准化制定工作。

2014 年，欧洲电信标准化协会（ETSI）成立移动边缘计算标准化工作组（ETSI Mobile Edge Computing Industry Specification Group），开始推进移动边缘计算标准化工作，其后 ETSI 又将此概念扩展为多接入边缘计算，将移动边缘计算从蜂窝网络进一步延伸至其他无线接入网络。

2015 年，微软、思科、ARM、英特尔、普林斯顿大学等企业和科研机构联合发起成立开放雾计算（Fog Computing）联盟。“雾计算”这个概念，可以认为是边缘化部署的云，是云端下沉的一种模式，是“云计算”（Cloud Computing）概念的延伸，本质上就是边缘计算。

2017 年，亚马逊推出 AWS Greengrass，正式涉足边缘计算领域，并在业界起到了一定的引领作用。AWS（Amazon Web Services）是亚马逊公司的云计算平台服务，AWS Greengrass 服务将它扩展到边缘端的设备上。2020 年 12 月，亚马逊宣布推出 AWS IoT Greengrass 2.0，新的版本让开发者可以轻松构建、部署和管理智能设备，开发人员可以更轻松地组织开发出更可靠、性能更高的边缘计算应用程序。

2017 年，微软公司发布了边缘运算服务解决方案 Azure IoT Edge，智能云端服务可以被用户直接在物联网设备上使用，并可在边缘设备上离线使用云分析。2018 年，微软推出 Azure IoT Edge 服务和开源 Azure IoT Edge Runtime。2019 年微软，推出 5 款 Data Box 新品边缘计算的新品。2020 年 3 月，微软又收购一家重要的 5G 边缘计算公司 Affirmed Networks，全面布局边缘计算。

2017 年，国际标准化组织（ISO）和国际电工委员会（International Elec-tro technical Commission，IEC）JTC1/SC41（物联网及相关技术分技术委员会）成立了边缘计算研究小组，以推动边缘计算标准化工作。

2017 年，国际电工委员会发布了重直边缘智能基因（Vertical Edge Intelli-gence，VEI）白皮书，介绍了边缘计算对于制造业等垂直行业的重要价值。

2018 年，国际电信联盟物联网和智慧城市研究组（ITU-TSG20）立项首个物联网领域边缘计算项目。

2018 年，谷歌发布了软件工具 Cloud IoT Edge 和芯片 Edge TPU，为提升边缘联网设备的开发手段提供软硬件支持。2020 年，谷歌推出了全球移动边缘云计算（GMEC）电信专用平台，提供通过 5G 网络在边缘云运行的专属应用服务。

近年来，还有许多国际性公司推出了许多各具特色的重量级边缘计算产品和平台。如惠普公司的 Edgeline Converged Edge Systems 系统；英伟达公司的面向边缘设备的人工智能计算平台 Jetson TX2 和 NVIDIA EGX 边缘计算平台等。

2. 国内发展现状

国内，主流云服务商和 IT 企业加快布局边缘计算，主要企业有百度、腾讯、阿里巴巴、华为、三大电信运营商、网宿科技等。

2016 年 11 月，由中国信通院、华为、中科院沈阳自动化所、英特尔、ARM 等发起成立了边缘计算产业联盟，首批成员 62 家，旨在推动研究协作和应用孵化，构建产业生态。

2017 年，中国通信标准化协会启动边缘计算项目。

2017 年 3 月，华为发布了基于边缘计算的物联网解决方案 EC – IoT（Edge Computing IoT）。2018 年 10 月，华为推出云智能边缘平台（Intelligent EdgeFabric，IEF）和 Atlas 500 智能小站，提供全面涵盖边缘云服务、智能硬件、AI 芯片边缘计算全域服务。

2018 年，阿里云发布了首款物联网边缘计算产品（Link Edge），供开发者在各类计算节点和智能设备上部署阿里云的边缘计算能力。2019 年 7 月，阿里云发布全域边缘节点服务（Edge Node Service），建设基本覆盖全国省会城市和热门地区的低成本、高效、低时延 5G 边缘计算基础设施。

2019 年 6 月，腾讯云首次公开腾讯智能边缘计算网络平台（Tencent Smart Edge Connector，TSEC）。到 2020 年底，腾讯云已全面构筑覆盖“云—边—网—端”的完整 5G 产品矩阵，主要产品覆盖包括边缘接入和加速平台、物联网边缘计算平台、边缘计算机器、物联网关、物联网开发平台、5G 行业专网等。

三大运营商也都在深度布局边缘计算。中国联通将移动网络能力与边缘计算平台架构结合，进行 5G 边缘计算能力开放的场景分析和方案研究，推出“5G 边缘计算平台能力开放技术研究”项目。中国电信和中国移动也分别牵头立项《边缘计算关键技术研究》和《边缘计算总体技术要求》。

（二）智能制造装备与边缘计算应用进展

智能制造装备是操控技术（运营技术）（Operational Technology，OT）的传统领域。Gartner 把 OT 定义为企业的各类终端、流程和事件进行监控或控制的软硬件技术，主要包括数据采集和自动控制技术。OT 技术既包括各类硬件设施如传感器、变送器、执行机构、数控设备等，也包括对这些设施进行控制的各种软件技术，它是智能制造装备物理端的技术基础。

智能制造装备对边缘计算的应用需求促进了 OT 和 IT 的相互渗透融合。传统生产模式下，工厂自动化设备基于安全性考虑，与外界进行充分隔离。云计算、大数据、物联网、传感技术等 IT 技术的发展和进步，以及智能化生产设备更大范围协同工作、信息共享是资产性能管理和运营优化等的需求，使传统的OT更需要得到IT的支撑。同时，IT也需要借助OT与物理世界连接的优势，实现从虚拟空间到实体驱动的转换，IT与OT正在走向深度融合。

近年来，国内外边缘计算在智能制造装备领域有了许多突破和成功的应用案例。

2017年10月，通用电气（GE）推出了工业云平台Predix，并宣称向所有企业开放，以分析跟踪设备和产线状态信息，其目标就是成为工控界的Andriod。

随后，2017年11月，西门子推出MindSphere平台，利用自身在软硬件品类齐全、系统集成能力强、工业应用丰富的优势，迅速切入从云端到边缘端的协同。

美国参数技术公司（PTC）通过对Thingworx平台的商业收购，打造工业物联网平台，在工业APP及其生态合作领域取得了令人瞩目的成绩。

德国赫优讯（Hilscher）与SAP达成合，通过netIOT Edge网关，实现从传感器/执行器层到云平台以及资产智能网络的双向操作。

罗克韦尔、发那科、思科等公司共同研发了FIELD系统，通过对工业设备及传感器的连接，全面监控管理生产、机器设备运行状态。

博通（Broadcom）、思科和英特尔等公司推出了TSN时间敏感型网络抢先体验技术平台，推动建立统一的工业网络标准。

凌华科技（Adlink Technology）与IBM、英特尔，以边缘运算推进数字化转型。

阿里云IoT与英特尔推出云边一体化边缘计算产品，在重庆瑞方渝美压铸公司打造的工业边缘计算平台。

（三）目前边缘计算与智能制造装备融合存在的问题

（1）边缘计算尚未形成统一的标准和协议，这也是工业互联网实施推进中的一个痛点和难点。

（2）技术有待进一步成熟。目前，关于边缘计算研究刚起步，虽取得了一定成果，但从实际应用来看还存在很多技术难点，主要有：边缘计算资源多主体管理问题；边缘计算中应用的移动管理涉及资源发现和资源切换问题；

边缘计算需要虚拟化技术支撑问题；数据分析的时效性以及深度和广度的平衡问题；边缘计算数据资源异构与分散条件下编程模型的构建问题；等等。

（3）利益冲突造成阻碍。工业控制现场是 OT 的传统领域，在一定领域占有主导地位的自动化设备厂商，通过一定的标准和技术壁垒，造成实质性排他，以最大化自身利益，给智能制造装备中边缘计算推广造成了阻碍。工业现场设备种类繁多，所采用的控制协议也因设备厂商不同，差异很大。以工业现场总线为例，目前世界上存在着 MODBUS、CC－Link 和 PROFIBUS 等四十余种现场总线，很多情况下智能制造装备的边缘计算服务商都需要自己开发用以处理和转换数据的边缘网关。

（4）工业设备对边缘计算的基础支撑较差。据山东省工业和信息化研究院 2020 年底对山东省 2121 家企业开展的工业企业智能化技改问卷调研结果来看，目前工业企业现场设备（仪器仪表、控制器、执行机构等）集成接口的开放情况不容乐观：现场设备无可集成接口的占 47%；部分现场设备开放集成接口的占 39%；大部分现场设备开放集成接口的占 12%，所有现场设备开放集成接口的仅为 2%。

（5）跨领域人才匮乏。在智能制造装备领域，边缘计算的主要推动者是传统的 IT 领域从业者，他们相对缺乏装备制造领域的专业知识，跨行业领域的专业技术人才相对匮乏。

四、发展预测及对策建议

（一）趋势预测

从各机构对边缘计算发展预测来看，边缘计算具有广阔的发展前景。IDC 2025 数据时代报告《世界的数字化：从边缘到核心》预测，到 2025 年，全球将产生 175 万亿千兆字节的数据，其中边缘设备将产生 90 万亿千兆字节以上的数据。据 Gartner 预测，到 2022 年大约 75% 的数据将需要在边缘进行分析和处理。另据预测，2018 年至 2022 年，全球边缘计算技术应用量将以每年近 20.0% 的速度增长；2016 年至 2023 年，全球边缘计算的年均复合增长率为 35.0%，而亚太地区年复合增长率将达到 46.7%。

从边缘计算应用的发展趋势来看，存在着深度边缘化和泛边缘化两种趋势。一是边缘计算的深度边缘化趋势。随着芯片的计算能力越来越强，越来越多的物联网终端将具备边缘计算能力，并且计算的处理位置正在尽可能地向信息产生或结果反馈的物理边缘靠近。处于系统边缘的感知设备也具备了更为强大的计算处理能力，算力边界甚至延伸到最临近信息采集边缘的传感器和芯片上。如索尼公司 2020 年推出 IMX500 和 IMX501 两款具备智能视觉的 AI 图像传感器，在图像传感芯片上实现了视频信号边缘计算处理。二是边缘计算的泛边缘化趋势。通俗地说，IT 界存在把除云计算之外的其他分布式计算都称为边缘计算的趋势。IBM 将边缘计算定义为“一种分布式计算框架”，将它视为一种不对称的分布式计算，也就是雾计算。

边缘计算将成为企业数字化、智能化转型的重要推动力。边缘计算与物联网密切相关，是信息物理系统（Cyber Physical Systems，CPS）中连接赛博空间（Cyberspace）与物理进程的重要技术工具。边缘计算也将在越来越广的范围内使用，被认为是推动工业 4.0，改造提升制造业智能智造水平，最大限度地提高运营效率、提高性能和安全性的重要手段。智能制造装备发展水平，将成为衡量各国制造业核心竞争力的重要指标。边缘计算将是工业互联网的重要组成部分，并将借助 5G 应用、物联网、云计算等在智能制造装备领域发挥更大的作用。

（二）对策建议

第一，加强人才培养。边缘计算技术为智能制造装备发展提供了机遇，在边缘计算领域国内外基本处于同一起跑线，应抓住机遇，促进智能制造装备与边缘计算的融合发展，人才在这一过程中是最关键的因素，应重点培养跨领域的专业技术人才。

第二，加强相关标准和规范建设。标准建设是各项工作的基础，以标准来消除因不同设备、厂商带来的接口、数据结构、传输协议等不兼容的问题，大大降低实施成本，提高技术推广效率。

第三，加快相关核心技术的研发。应将边缘计算技术与其他新一代信息技术相结合，把研发和应用相结合，实现工业互联网、5G、云计算、大数据、物联网和先进装备制造业的协同发展。

第四，强化开源和应用生态建设。边缘计算开源生态可以形成广泛认可的关键功能、发展路径、技术接口等；应用生态将会给各厂商提供均等的发展机会。

第五，积极开展跟踪研究。他山之石，可以攻玉。随着中国由制造业大国向制造业强国转变，智能制造装备领域取得了很大的进步，同时，强大的制造业也为智能制造装备和边缘计算提供了广泛的应用场景。要积极跟踪其他国家在这些领域的最新进展和先进经验，进行深入研究，走出符合我们自己国情的智能制造装备和边缘计算的发展之路。

五、结语

回顾近十年信息技术的发展，大数据的兴起源于信息化水平、通信能力、云端存储和处理能力的提高，人工智能的发展则是大数据充分挖掘处理的要求，而边缘计算快速增长是物联网设备接入爆发式增长的需要，边缘计算是适用于智能装备制造领域的一项先进技术手段。可以预见，随着工业互联网和5G的应用，原来无法由云端实现的功能将更多地向云端转移，同时更多具有边缘计算功能的智能传感器和设备将得到大量的部署和应用，云计算、边缘计算和智能制造装备将实现和谐统一的共同发展。

参考文献

[1] 施巍松,张星洲,王一帆,等. 边缘计算:现状与展望[J]. 计算机研究与发展,2019,56(1):69-89.

[2] 边缘计算产业联盟. 边缘计算参考架构2.0(上)[J]. 自动化博览,2018(1):60-62.

作者简介

张宇翔，正高级工程师，山东省工业信息化研究院。

刘明伟，高级工程师，山东省工业信息化研究院。

5

基于新冠肺炎疫情的突发公共卫生事件中利用政务新媒体提升政务服务水平的实践与探索

政务新媒体研究课题组

摘　要　在信息多元化背景下，突发公共卫生事件的应对与处理，既关系到民众的生命健康，也是对政府执政能力的重大考验。突发公共卫生事件发生后，信息是政府决策并获得反馈的稀缺资源，更是居于信息弱势地位的公众进行风险防范的重要依据。在此次新冠肺炎疫情中，以工信系统为例，从疫情初期、疫情中期和疫情后期三个维度展开，总结了“山东工信”政务新媒体发布信息、引导舆情、答疑解惑、解决困难（应急物资保障、车辆通行、复工复产等）等方面的经验做法，系统分析了“山东工信”政务新媒体在此次新冠肺炎疫情中发挥的作用和存在的不足，结合工业和信息化部门的职能和政务新媒体应用实际，提出基于新冠肺炎疫情的突发公共卫生事件中利用政务新媒体提升政务服务水平的思路。

关键词　新冠肺炎疫情；突发公共卫生事件；政务新媒体；政务服务

一、政府部门利用政务新媒体应对突发公共卫生事件的经验做法

（一）突发公共卫生事件的概念

据《突发公共卫生事件应急条例》第二条规定，突发公共卫生事件是指突然发生，造成或者可能造成社会公众健康严重损害的重大传染病疫情、群体性不明原因疾病、重大食物和职业中毒以及其他严重影响公众健康的事件。

突发公共卫生事件有以下特点。时间上：突然发生（可造成长时间影响）；空间上：影响面大；性质上：对人与环境危害大；形式上：政治、社会、心理上造成紧张与恐慌；处理上：反应迅速、紧迫及时。

根据突发公共卫生事件的性质、危害程度、涉及范围，划分为特别重大（Ⅰ级）、重大（Ⅱ级）、较大（Ⅲ级）和一般（Ⅳ级）。

当地时间2020年1月30日晚8点半，北京时间1月31日凌晨，世界卫生组织（WHO）宣布，中国新型冠状病毒肺炎疫情已经构成“国际关注的突发公共卫生事件”（PHEIC），这是迄今为止的第六次全球突发公共卫生事件。世卫组织宣布过的前五次国际公共卫生紧急事件分别是，2009年的甲型H1N1流感；2014年的脊髓灰质炎疫情；2014年西非的埃博拉疫情；2015年至2016年的“寨卡”疫情；2018年开始的刚果（金）埃博拉疫情（于2019年7月宣布）。

2月28日下午4时，国务院新闻办公室在湖北武汉举行新闻发布会，指出这次新冠肺炎疫情是中华人民共和国成立以来，传播速度最快、感染范围最广、防控难度最大的重大突发公共卫生事件。

（二）政府部门应对突发公共卫生事件的经验做法

改革开放以来，我国经历过两次重大突发公共卫生事件，分别是2003年的“非典”疫情和2020年的新冠肺炎疫情。

突发公共卫生事件的出现是对一个国家应急体系、机制和能力的考验。本文主要从法律、媒体报道和紧急响应政策方面对“非典”和新冠肺炎疫情

进行了对比。

法律方面：

“非典”疫情暴发后，2003 年 5 月 9 日，国务院总理温家宝签署国务院第 376 号令，综合各方经验形成了《突发公共卫生事件应急条例》。该条例“明确规定了处理突发公共卫生事件的组织领导、遵循原则和各项制度、措施，明确了各级政府及有关部门、社会有关组织和公民在应对突发公共卫生事件工作中承担的责任和义务”。

次年修订了《中华人民共和国传染病防治法》。该法的制定是为了预防、控制和消除传染病的发生与流行，保障人体健康和公共卫生。明确了传染病预防，疫情报告、通报和公布，疫情控制，医疗救治，监督管理，保障措施和法律责任等内容。

2007 年 11 月 1 日，《中华人民共和国突发事件应对法》正式施行。该法的实施为了预防和减少突发事件的发生，控制、减轻和消除突发事件引起的严重社会危害，规范突发事件应对活动，保护人民生命财产安全，维护国家安全、公共安全、环境安全和社会秩序。

媒体报道方面：

2003 年 5 月，对 321 名 14 岁以上北京市民的调查结果显示，“非典”时期市民获取相关信息的最主要途径是电视和报纸，分别占信息获取途径的 96.9% 和 84.4%。

随着新媒体的迅速发展，公众获取信息的渠道已经由传统媒体转为新媒体。新冠肺炎疫情时期，人们不仅可以从网络上观看新闻，还可以发表言论。在报道内容上，“非典”疫情时期更注重疫情本身，新冠肺炎疫情时期增加了感人事迹、健康知识、心理辅导等宣传普及。

紧急响应政策方面：

“非典”疫情时期未第一时间采取政策。新冠肺炎疫情期间，我国疾控中心于 2020 年 1 月 15 日启动一级响应。我国 30 个省份陆续启动重大突发公共卫生事件一级响应，采取最严格的防控措施，各类医疗机构、防疫物资生产企业全力确保防疫工作顺利开展。

此外，在出入境政策、假期政策、生产经营、交通管控、公共卫生等方面，新冠肺炎疫情时期较“非典”疫情时期都采取了更为严格的管控措施。

（三）新冠肺炎疫情中暴露出的问题

习近平总书记强调，“这次疫情是对我国治理体系和能力的一次大考”。尤其是在目前信息多元化背景下，如何应对突发公共卫生事件，不仅关系民众的生命健康，更是对政府执政能力的重大考验。

本次疫情中，我国在疫情防控、媒体报道等方面取得了不错的成绩，但也凸显出许多问题，比如医用物资储备不足、基础设施匮乏、对民众健康教育及防疫知识普及不到位等，使疫情防控面临重重困难。

另外，在突发公共卫生事件中，新闻传播时效性和准确性也是关键一环。如果新闻媒体能够第一时间反馈舆情、准确报道，可以起到事半功倍的效果；如果新闻传播不准确、不及时，很有可能引起负面舆情，引发公共危机。比如2020年1月31日晚，《人民日报》官方微博发布文章——《双黄连口服液可以抑制病毒》，在没有经过实证且措辞不够严谨的情况下致使民众出现哄抢行为，导致药品脱销，引起民众恐慌。

二、工业和信息化部门政务新媒体在新冠肺炎疫情中的作用发挥及问题不足

（一）政务新媒体的概念

新媒体是相对传统媒体而言，又称为“第五媒体”。其利用数字技术，通过计算机网络、无线通信网等渠道，以及计算机、手机等终端，向用户提供信息和服务，主要包括网络媒体、手机媒体、网络电视等。

政务新媒体是各级行政机关、单位在承担行政职能的过程中，在微博、微信、论坛等领域开设的公共政务账号或应用，通过行政部门的开发建设，搭建起一条联系群众的桥梁。政务新媒体不仅是为政务机构提供更优化的信息传播工具与科学的传播手段，也是为打造人民满意的“指尖上的网上政府”。目前的政务新媒体，主要包括政务微信、政务微博、政务抖音、各类自媒体网站发布平台等。

中国互联网信息中心发布的第46次《中国互联网络发展状况统计报告》显示，截至2020年6月，我国网民规模达9.40亿人，手机网民规模达9.32亿人，网民使用手机上网的比例达99.2%。经新浪平台认证的政务机构微博约为14.1万个（见图1）。我国31个省份均已开通政务机构微博和微信城市服务（见图2）。

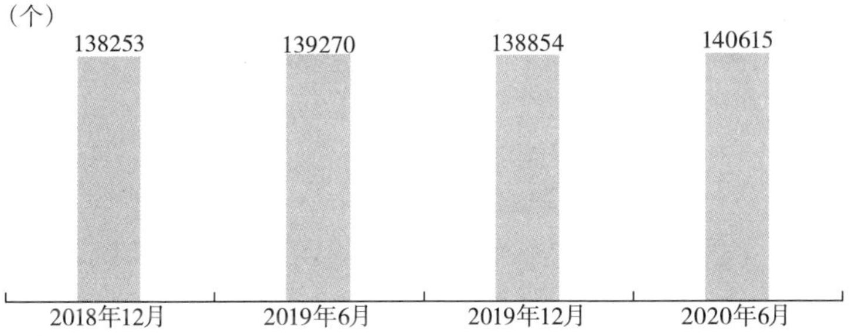

图1 政务机构微博数量

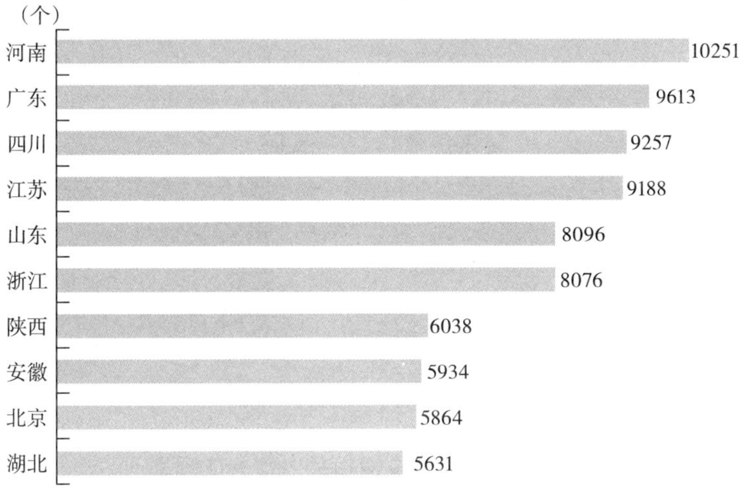

图2 部分省份政务机构微博数量

随着政务新媒体的广泛发展，其在权威信息发布、社会民生服务、网络舆论引导、政民互动沟通、政府形象塑造等方面发挥着越来越重要的作用，已成为新媒体时代政府提升治理能力的必然选择。

尤其是在新冠肺炎疫情期间，人们积极响应政府疫情防控的号召，居家隔离、办公，移动互联网成了人们获取资讯的重要方式。

工业和信息化部网站显示，2020 年春节假期（1 月 24—31 日），移动互联网流量消费同比增长 36.4%。调研显示，92.0% 的网民近一个月关注新闻资讯的最核心诉求是抗击新冠肺炎疫情事件，其中近八成网民每日多次主动关注（见图 3、图 4）。可见，移动互联网已成为公众获取疫情相关信息的主要渠道。

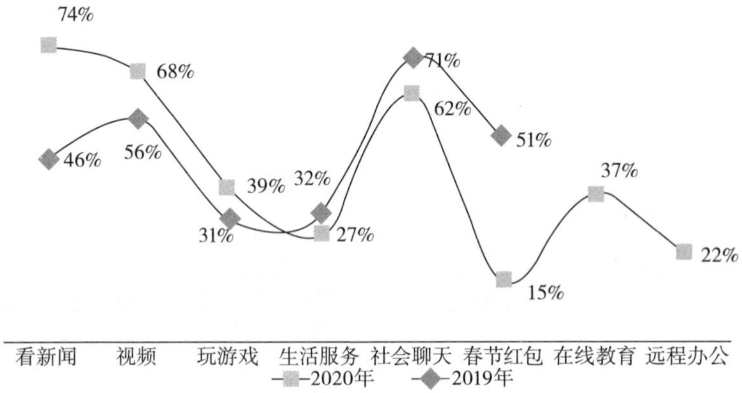

图 3　春节期间用户上网主要诉求对比

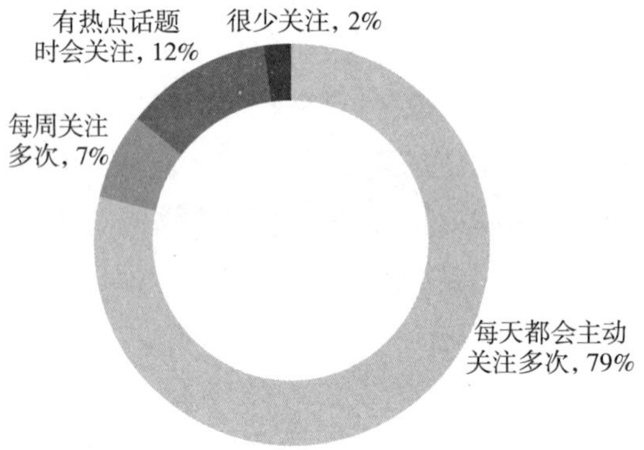

图 4　新冠肺炎疫情相关内容关注频率

（二）工业和信息化部门政务新媒体在新冠肺炎疫情中的作用发挥及问题不足

为做好疫情防控期间信息公开、民意沟通、舆论引导等工作，山东省工业和信息化厅充分发挥新媒体平台的作用，以政府门户网站为主体，政务微博立足舆论引导，政务微信主推本地解读，依托各个平台的自身优势，有针对性地发布信息。政务微信具有信息传播精准等特点，疫情期间获得增推权限，打破了原来每天只能推送一次的限制，保证权威信息及时、准确、全面地推送给关注的用户。疫情防控期间，“山东工信”微信公众号、微博分别推送疫情防控相关信息240余篇，阅读量20余万次，转发量660余次，及时受理公众留言100余条，获网民点赞430余次，新增粉丝4000余人，取得了良好的公开、宣传效果。

1. 疫情前期

（1）策划发布内容，推进政府政务公开

政务公开是行政机关全面推进决策、执行、管理、服务、结果全过程公开，加强政策解读、回应关切、平台建设、数据开放，保障公众知情权、参与权、表达权和监督权，增强政府公信力、执行力，提升政府治理能力的制度安排。

全面推进政务公开，畅通的不只是政府与群众之间的交流互动，更是为了以公开推动理念转变与流程再造，建设人民满意的服务型政府。

2020年2月23日，习近平总书记在“统筹推进新冠肺炎疫情防控和经济社会发展工作部署会议”上指出，要规范和完善信息发布机制，深入宣传党中央决策部署，充分报道各地区各部门联防联控的措施成效，及时回应社会关切特别是群众的集中诉求，不回避矛盾，积极推动问题解决。

政府部门有信息公开的义务，公众也享有相应的知情权。面对重大突发公共卫生事件，政府若不能主动及时通过官方媒体向社会发布权威信息，反而会引起更大范围的社会恐慌。早在2019年12月8日湖北省武汉市就已经发现病例，直至12月31日才首次公开通报，之后的几次通报均称无新增病例，但到2020年1月23日，病例数量剧增，当地采取“封城”的应急措施。可以说，信息公开不到位是导致武汉疫情暴发的主要原因。

可见，政府部门及时准确地发布疫情信息是战胜疫情的首要环节。按照省委、省政府部署要求，省工业和信息化厅重点负责防疫物资保供和工业生产恢复工作，为提升疫情期间的政务服务水平，提前策划“山东工信”政务新媒体发布信息类型，主要分为通知公告类、工作动态类、防控成效类、新闻宣传类（见表1）。

表1 “山东工信”政务微信新冠肺炎疫情期间推送信息

类型	示例	日期	阅读数
通知公告类	关于做好疫情防控期间物资运输保障工作有关事项的通知	2月1日	389
	山东省人民政府办公厅关于应对新型冠状病毒感染肺炎疫情支持中小企业平稳健康发展的若干意见	2月5日	2022
	省疫情处置工作领导小组办公室印发意见　全力做好复工复产企业疫情防控工作	2月5日	238
	关于严把应急保障物资质量和组织企业迅即复工复产的紧急通知	2月11日	478
	关于优化调整齐鲁交通物流发展有限公司运力支持方案的通知	2月15日	1253
	关于贯彻落实国家和省有关政策措施促进中小企业平稳健康发展的实施细则	2月19日	1275
	关于贯彻落实国家和省有关政策措施　促进中小企业平稳健康发展的实施细则	2月21日	227
	《关于贯彻落实国家和省有关政策措施　促进中小企业平稳健康发展的实施细则》政策解读	2月21日	235
	因疫情原因造成企业履行合同风险及应对指引	2月21日	667
	关于举办“抗击疫情　复工复产”专题线上培训的通知	2月25日	1091
	关于发布山东省应对新型冠状病毒肺炎疫情人工智能产品和解决方案的公告	2月26日	275
	关于组织企业参加“赋能企业，共渡时艰——全省民营中小企业线上公益培训大讲堂”培训学习的通知	3月3日	301
	关于组织企业登录使用“工业企业疫情防控复工达产服务平台”的通知	3月5日	328
	关于落实《中小企业数字化赋能专项行动方案》的通知	4月9日	302
	关于积极支持中小企业利用不动产抵押贷款的通知	4月9日	323
	关于积极应对新冠肺炎疫情影响加快推动重点产业链协同复工和高质量发展的若干意见	4月20日	518
	……		
合计	28条		

续表

类型	示例	日期	阅读数
工作动态类	省工信厅召开疫情防控物资生产供应保障工作阶段会	1月28日	1463
	山东省多措共举缓解口罩供应紧张难题	1月31日	520
	山东省工信厅：争分夺秒促生产　确保防控物资供应	2月1日	251
	凌文到省工业和信息化厅就做好疫情防控相关工作主持召开专题会议	2月1日	846
	拿出“看家本领”甘当“幕后英雄”山东省工信厅保障疫情防控应急物资—凸显堡垒先锋表率作用	2月3日	361
	省工信厅第十督导组到烟台驻厂督导红外体温检测仪复工复产	2月6日	427
	我省开通企业复工复产应急诉求网上受理窗口	2月9日	1429
	关于切实加强疫情科学防控有序做好企业复工复产工作的通知	2月13日	254
	安文建随省对口支援黄冈市疫情防控前方指挥部奉命出征——汲斌昌到机场送行	2月14日	1042
	我省首批援助黄冈医疗物资分配到县市一线	2月18日	308
	凌文给省工信厅发来表扬信	2月19日	1238
	……		
合计	118条		

续表

类型	示例	日期	阅读数
新闻宣传类	有召必应　全员冲锋	1月29日	1726
	《人民日报》点赞山东："口罩大省"尽显工业大省担当	1月31日	2779
	接力同心战"疫"！	2月2日	38
	车间彻夜通明职工全员上岗—山东企业火力全开保障防疫物资生产供应	2月3日	112
	跑赢时间同心战"疫"——一场"刀片"的爱心接力赛	2月3日	48
	抗击疫情　我们在行动	2月4日	84
	众志成城　抗击疫情——战"疫"一线的工信人	2月5日	125
	山东确保疫情防控与经济发展两不误　重点生产企业安全科学复工复产	2月5日	701
	硬核！战"疫"一线的工信人	2月6日	277
	又见人民"小推车"——工业大省山东全力供应医疗等物资支援全国战"疫"	2月7日	340
	山东省工业企业吹响复工复产"集结号"火速支援抗"疫"前线	2月7日	419
	山东规上工业企业开工率近半　较前一日提高7.6个百分点	2月14日	640
	山东：战疫情稳经济，"非常时期"的"非常保障"	2月17日	411
	山东省工信厅：打好疫情防控"组合拳"保障企业复工复产	2月24日	215
	中央地方800项政策密集出台，中小企业如何扛过艰难时刻？	3月10日	567
	央视《新闻联播》丨山东推出7方面、60条措施精准推进企业复工复产	3月10日	228
	省政府新闻办举行新闻发布会，介绍山东省有序推进企业复工达产及稳外贸外资情况	3月11日	551
	山东规上工业企业基本实现"能复尽复"	3月13日	209
	一台口罩机背后的山东援青速度	3月19日	211
	山东：疫情之下，产业链直面困局谋升级	4月7日	534
	……		
合计	44条		

续表

类型	示例	日期	阅读数
防控成果类	突发事件处置工作简报（第 1 期）	1 月 27 日	594
	突发事件处置工作简报（第 46 期）		
	山东新一代信息技术支援疫情防控	2 月 2 日	98
	山东人工智能企业发挥优势全方位赋能抗击疫情工作开展	2 月 12 日	553
	我省工业互联网和云服务商助力企业复工复产	2 月 13 日	6215
	发挥软件和信息服务作用　助力打赢疫情防控阻击战	2 月 15 日	234
	复工复产强保障，循环经济协会在行动	2 月 2 日	416
	山东："企业上云"提效能　工业互联网赋能复工达产	3 月 19 日	297
	……		
合计	52 条		

省工信厅于 1 月 21 日成立新型冠状病毒感染的肺炎疫情防控应急物资供应后勤保障组，全力做好疫情防控应急物资生产供应保障工作。应急物资供应保障工作，直接关系到疫情防控工作能否顺利进行。

为保障公众及时了解省工信厅疫情防控工作，及时发布政府工作动态。"山东工信"政务微信、微博共发布《省工信厅召开疫情防控物资生产供应保障工作阶段会》《山东省工信厅：争分夺秒促生产　确保防控物资供应》等工作动态类信息 120 余条（见表 1）。

（2）总结防控成效，提升民主监督实效

防控动态的发布体现的是政府及时向公众传递疫情防控的现状与措施。突发公共卫生事件发生后，政府将采取的措施对社会及时公布，使公众了解疫情的控制情况及相应生产活动的现状和安排，打通与公众之间的沟通渠道，有利于安抚公众的情绪。

一是及时发布突发事件处置工作简报。第一时间推送突发事件处置工作简报 46 期，简报内容涵盖各地市在应急物资生产供应、复工复产等方面的经验做法、防控成效等。二是注重突出各行业、单位在疫情防控中的作用。如推送《工业互联网和云服务商助力企业复工复产》《发挥软件和信息服务，助力打赢疫情防控阻击战》《山东新一代信息技术支援疫情防控》《复工复产强保障，循环经济协会在行动》等 7 条信息（见表 1）。

2. 疫情中期

网络舆情是以互联网为介质，源自现实生活中的某一事件，引发了公众的情绪或意见表达，是具有一定影响力和主观倾向的、通过网络发布的意见或言论。

舆情会在自然或外界干预的条件下产生集聚，进而形成舆论，主导或控制整个社会的话语权。互联网开放、自由的特点，使舆情集聚为舆论的进程更为迅速，对社会产生的影响也更大、更广。因此，对网络舆情进行及时有效的管理在舆论管理中尤为重要。

新媒体具有门槛低、便捷、及时等特点，可以激发用户积极参与。然而，新媒体也为舆论聚焦、谣言传播提供了便利条件，甚至可能引发民众恐慌，危害社会和谐稳定。

（1）做好舆情引导，及时回应社会热点

口罩、防护服等防疫物资的生产供应情况，是网民关注的热点问题，针对网民反映的口罩供应紧张、复工复产难等问题，发布《山东省多措共举缓解口罩供应紧张难题》《我省开通企业复工复产应急诉求网上受理窗口》等5条信息，及时回应了网民关注的热点。

除了及时发布群众关切的热点信息，第一时间回复网友留言，特别是口罩等防疫物资供给紧张时期，大量网民留言咨询何时能买到口罩，没有口罩如何复工等问题，隔着电脑屏幕都可以感受到网民的焦虑情绪（见图5、图6）。恐惧源于未知，针对防疫物资短缺问题，按照统一的回复模板，第一时间给予回复，有效缓解了网民的恐慌情绪。

我在济南买不到口罩！！！！！！

01-31 16:26:03

| 你的回复

您好，目前市面口罩供应紧张的主要原因有：春节放假停产复工复产需要时间、受限于生产工艺和资质要求、受原料供应和物流影响、优先重点保障任务。目前，我们正加大生产组织力度，在确保完成国家调拨支援湖北、省内重点防控单位保障任务基础上，加大省内消费市场供应力度，"买口罩难"问题将逐步缓解。

01-31 16:48:20

企业复工需要口罩，能协调吗？

02-05 18:16:56

| 你的回复

您好，我省工业基础雄厚，防护口罩、消毒产品等医疗物资生产企业积极响应号召，顾大局勇担当，节日期间不休息，开足马力抓生产，在确保完成国家调拨任务的同时，正在加大省内市场供应力度，请不必恐慌性抢购。具体问题，请咨询当地负责商务流通部门。

02-06 13:17:10

也希望政府部门可以关注下农村地区的口罩问题

02-18 15:07:11

| 你的回复

您好，当前工信部门正千方百计组织企业开足马力保生产、保供应，但由于当前需求量较多，加之假期等因素影响，重要防护用品主要保障一线需求，市场上较为紧张，请您谅解。随着企业复工速度加快，后续物资紧张情况有望缓解。具体问题，请咨询当地负责商务流通部门。

02-18 15:26:03

图 5　"山东工信"政务微信关于防疫物资的部分留言

2月10日 10:09 来自 iPhone XS Max

山东省聊城市东阿县很早之前就没有口罩了！今天去超市连肉都没有了。明明每天发的短信说资源充裕啊求解决！！！@山东工信

评论我的微博：【优化投放方式，多方组织货源，威海全力保障口罩供应】　新型冠状病毒感染的肺炎疫情扩散，口罩成为"第一道防护墙"。购买口罩成为老百姓最关心、最揪心的事。如何保障货源，让市民安心使用？　一边是市委、市政府倾听民声民意，优化市场投放方式，确保将口罩第一时间安全、高效地送到市民手中...展开

2月9日 20:52 来自 微博 HTML5 版

我们山东的企业复工，口罩物资都紧缺，能不能先照顾下山东的企业和人民？？？我们自己也需要物资和健康，否则哪有经济！

评论我的微博：【凌文到青督导防控物资生产供应充分肯定青岛企业疫情防控贡献】

2月3日上午，山东省副省长凌文到青岛百胜医疗卫生用品有限公司督导重点防控物资生产供应，实地考察了企业生产车间生产情况，现场研究解决企业生产面临的相关问题。　凌文指出，青岛百胜医疗卫生用品有限公司响应政府号召，全力...展开

1月31日 18:15 来自 小米9

我们日照人民都买不到三奇。真的太困难了，什么时候才可以稍微为普通民众供货

评论我的微博：【出发！日照支援山东援助武汉医疗队外科口罩2万个防护服1万套】

1月27日晚，日照三奇医疗卫生用品有限公司支援山东医疗队赴武汉医疗物资从日照出发，前往济南。本次共有外科口罩2万个，防护服1万套，防护面罩5088个。这些物资将随山东医疗队一起前往武汉。　日照三奇医疗卫生用品有限公司被国...展开

1月29日 20:38 来自 全屏双摄 OPPO A5

我们省内的小城市的普通工人非常缺口罩，我们这加油站工人过年期间一直没有休假，现在连口罩也没有了，我们本地的基本工人所处环境很危险。请看到省内普通工人的急切需求！！

评论我的微博：【有召必应　全员冲锋】 http://t.cn/A6PimEVk

图 6　"山东工信"政务微博关于防疫物资的部分留言

此外，关于车辆通行、复工复产等方面问题也是网友关注的热点（见图7、图8）。

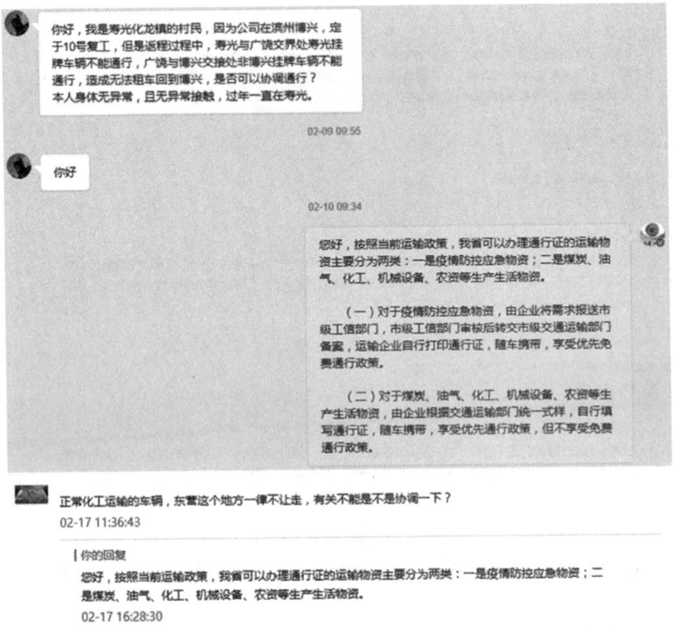

图7　“山东工信”政务微博、微信关于车辆通行的部分留言

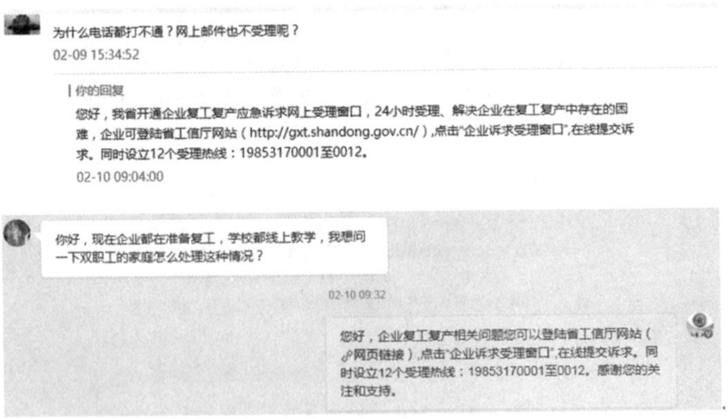

图8　“山东工信”政务微博、微信关于复工复产的部分留言

（2）做好典型宣传，营造良好舆论氛围

习近平总书记强调“要加强舆情跟踪研判，主动发声、正面引导，强化融合传播和交流互动，让正能量始终充盈网络空间”。

为积极宣传疫情防控期间省工信厅积极行动、企业全员冲锋、个人无私奉献等感人事迹，推送《众志成城 抗击疫情——战“疫”一线的工信人》《有召必应 全员冲锋》《我们都是“保障兵”》《抗击疫情 我们在一起》等宣传视频、稿件10余篇，营造了良好的舆论氛围。

充满正能量的宣传报道不仅收获了网友的点赞，也拉近了与网友之间的距离，树立了“山东工信”良好的形象（见图9）。

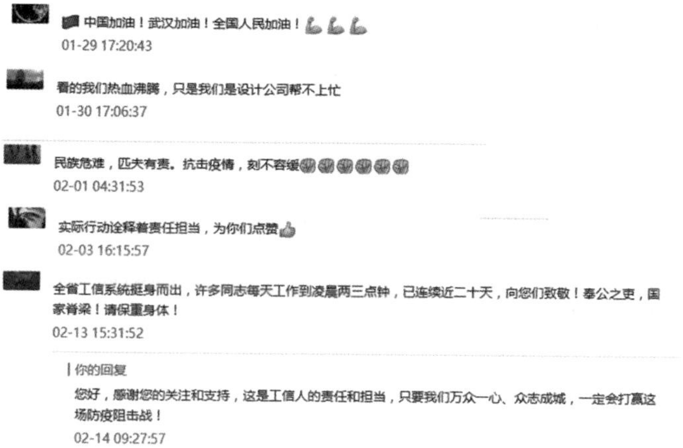

图9 “山东工信”政务微信网友点赞的部分留言

3. 疫情后期

（1）做好政策解读，搭建政民沟通平台

为帮助中小企业应对疫情影响、平稳健康发展，省委新型冠状病毒感染肺炎疫情处置工作领导小组（指挥部）办公室、省政府办公厅相继出台一系列应急性举措，各市也创新推出一批政策措施，支持广大中小企业稳定生产经营、实现破困发展。为了让企业及时了解相关政策，第一时间进行推送并做好政策解读。

一是及时发布政策文件。为帮助企业复工复产，发布《关于贯彻落实国家和省有关政策措施 促进中小企业平稳健康发展的实施细则》《因疫情原因造成企业履行合同风险及应对指引》《关于积极支持中小企业利用不动产抵押贷款的通知》《关于分行业精准强化企业复工复产疫情防控措施的指导意见》等10余篇政策文件。二是及时做好政策解读。发布《〈关于贯彻落实国家和省有关政策措施 促进中小企业平稳健康发展的实施细则〉》等政策解读。

（2）做好组织协调，助推企业复工复产

为协调解决企业在复工复产中的实际困难，帮助企业“在危机中育新机、于变局中开新局”，及时推送《省工信厅协调解决力诺特玻原材料供应难题》《省工业和信息化厅指导举办纺织企业纱线产业链对接活动》《山东省工信厅积极开展中小企业微课在线培训》等12篇信息（见表2）。

为推动产业链各环节协同复工达产，3月31日，省工业和信息化厅举行“厅长卖纱”网络直播，帮助山东省纺织企业解决大量纺织出口订单推迟、取消、违约，已生产的产品卖不出等问题，通过在线直播向省内外企业推介山东纱线，全程共发布了52家采购需求，初步达成2000吨意向。“山东工信”政务微信、微博第一时间予以推介。

表2　“山东工信”政务微信、微博推送的组织协调类信息

类型	示例	日期	阅读数
组织协调类	解决用工短缺难题、协调原材料……山东省工信厅积极保障重点防护医疗物资生产供应	2月2日	310
	各地扶持中小企业政策措施梳理情况	2月11日	928
	关于举办“抗击疫情　复工复产”专题线上培训的通知	2月25日	1091
	山东省“技术改造＋华兴模式”小微再造·百企转型系列公开课近日在线举办	2月25日	351
	关于组织企业参加“赋能企业，共渡时艰——全省民营中小企业线上公益培训大讲堂”培训学习的通知	3月3日	301
	关于组织企业登录使用“工业企业疫情防控复工达产服务平台”的通知	3月5日	328
	战“疫”一线｜企业家网络学院首场直播课两万人听讲精彩授课激发山东企业家在线学习热情	3月5日	122
	2020全球棉花市场分析网络直播大会召开指导我省纺织企业应对国际棉价波动风险	3月20日	155
	省工信厅协调解决力诺特玻原材料供应难题	3月22日	930
	我省举办家具行业抖音运营进阶公开课　助力企业网络营销	4月1日	64
	山东省工信厅积极开展中小企业微课在线培训	4月3日	125
	省工业和信息化厅指导举办纺织企业纱线产业链对接活动	4月3日	279
合计	12条		

综上所述，“山东工信”政务新媒体在此次新冠肺炎疫情中发挥了政务公开、舆情引导、组织协调等作用，但与人民群众的需求相比，与新时期政务新媒体的发展水平相比，仍存在不少差距。

在前期研究的基础上，将政务新媒体的发展概括为四个阶段，分别为发布型、互动型、问政型、服务型。通过对山东省工信系统政务新媒体发展现状研究发现，山东省工信系统政务新媒体处在发布型—问政型阶段，即从发布型向问政型过渡阶段。

在信息发布方面，由于时间紧急，发布形式主要以纯文字形式为主（感人事迹等采用视频形式），发布内容上以原创和转载为主，综合整理类信息较少。在网友的阅读体验方面还存在一定差距。

在网民互动方面，能够及时回复网友留言，但未以网友需求为出发点，主动发布疫情常见留言咨询和答复列表，在服务网民需求方面还存在一定差距。

在网络问政方面，没有通过微博舆情收集网络民意，对网民关注的疫情实时热点进行跟踪、调查和反馈。

在政务服务方面，尚未建立政务新媒体矩阵，在政府网络问政各平台之间的信息互通、平台共建、资源共享等方面还存在差距。

三、突发公共卫生事件中利用政务新媒体提升政务服务水平的思路

突发公共卫生事件与政务新媒体之间存在一定的契合性。突发公共卫生事件的突发性、公共性、不稳定性、大众关注性契合政务新媒体的时效性、大众性、灵活性、互动性。所以，政务新媒体是发生突发公共事件时国家、政府和人民群众进行沟通的关键通道。本文在以上研究的基础上，提出突发公共卫生事件中利用政务新媒体提升政务服务水平的思路。

（一）前期策划，做好信息发布者，提升公信力

发生突发公共卫生事件时，公众对信息的渴求度和关注度非常高，政府及时发布真实、透明的信息至关重要。政务新媒体具有时效性强等特点，及

时公开政务信息，消除公众疑虑，提升政府的公信力，避免引发公众恐慌和社会秩序的混乱。

在推送信息时，需要提前做好策划，多方面、多渠道了解公众需求，实现精准的疫情信息推送。

对于正在发酵的疫情，政务新媒体需要设立专门的疫情模块，集中展现所有与疫情相关的信息，帮助公众全面掌握相关信息，杜绝自媒体乘虚而入、误导公众。

（二）中期主导，做好舆论引导者，传播正能量

突发公共卫生事件爆发后，面对各种未知情况，公众的恐慌情绪比较严重。政务新媒体除了要关注公众情绪外，还要积极主动回应舆情。尤其是随着互联网普及率的提高，信息传播的速度不再以小时计算而是以分秒计算，人民网舆情监测室把传统的“黄金 24 小时”更改为“黄金 4 小时”。同时，要主动通过政务新媒体收集网络民意，对网民关注的实时热点、进行跟踪、调查和反馈。

在做好舆情引导的同时，还要注重传播正能量。按照习近平总书记“让正能量始终充盈网络空间”的要求，政务新媒体要注重讲述平凡英雄的战斗故事、深度挖掘与事件相关的核心事件和人物。同时，需要媒体的舆论监督来探究事实、披露真相，保障公众知情权，维护党和人民的利益。

（三）末期统筹，做好资源协调者，凝聚全合力

媒体的传播力是一种整合力，借助多种媒介的整合，有利于将信息传播得更广、更远，涵盖很多受众，增强信息的传播力。

各政务平台发布信息的特点不同，政务微博具有传播速度快速、受众范围广、互动性强等优势，政府部门可以先通过政务微博发布有关突发公共卫生事件的信息，再通过政务微信对事件进行详细解释说明，随着抖音用户数不断增加，政府部门应充分利用政务抖音平台，形成“两微一视频”的联动传播。通过政务抖音以视频的方式吸引更多的网民观看，加深网民对事件的深度理解，三者联动传播，形成互补，以达到更好的宣传效果。

同时，政府作为资源协调者不仅要协调好应对疫情的资源，更要协调好

经济发展。由于全球供应链、产业链人员物资流动受阻及终端需求削弱，不少企业仍陷于达产不达效的困境。需要政府给予企业政策支持，帮助企业渡过难关。可以充分利用政务新媒体传播速度快、范围广、互动性强等特点，发布相关政策文件、政策解读等，让企业第一时间了解新政策。

在应对新冠肺炎疫情过程中，一些新兴技术，比如网络直播、自媒体、视频会议等得到了充足发展，疫情期间，直播平台已经成为权威媒体进行新闻报道的重要平台，让用户第一时间了解抗疫前线资讯。市长、县长在直播平台带货，带动本地农副产品销售，有效促进了扶贫工作的开展。政府部门可以充分利用网络直播等新兴技术，实现政府与群众云上“面对面”，为传递主流声音、帮助企业解决实际困难提供新的阵地。

参考文献

[1]祝哲,彭宗超．突发公共卫生事件中的政府角色厘定[J]．东南学术，2020(2):11－17.

[2]人民网舆情数据中心.疫情防控面对面[EB/OL].(2020－03－04)[2020－03－09]. http://yuqing. people. com .cn/ n1/2020/0304/ c209043－31617226. html.

[3]肖卫兵．政务公开热点问题[R]. 2019－4－17.

[4]蔡芸蔓．从新冠肺炎疫情事件论我国政府信息公开制度中的政府责任[J]．广州社会主义学院学报,2020(2):41－45.

[5]李月琳,王姗姗．王面向突发公共卫生事件的相关信息发布特征[J]．图书与情报,2020(1):27－33.

[6]郭淼,马威．突发公共卫生事件中政务新媒体的角色[J]．青年记者，2020(24):32－33.

[7]李春平,和涛．突发公共事件中政务新媒体舆情应对研究[J]．传播力研究,2020(13):50－51.

[8]黄楚新,郑智文．新冠肺炎疫情中的宣传舆论工作策略探析[J]．新闻论坛,2020(3).

课题组成员简介

刘伟伟，工程师，山东省工业和信息化研究院。

李　君，高级经济师，山东省工业和信息化研究院。

王　鹏，经济师，山东省工业和信息化研究院。

闫　霄，高级工程师，山东省工业和信息化研究院。

魏　磊，高级工程师，山东省工业和信息化研究院。

李绪亭，高级工程师，山东省工业和信息化研究院。

第三部分

综合篇

1

聚焦山东省企业高质量发展典型案例调研

赵彬　宋振海　任传鹏　崔磊　陈露

摘　要　为推动山东省企业高质量发展进程，需要调研企业高质量发展典型案例，梳理成功经验并提出进一步发展的建议。本文在深度解读高质量发展内涵的基础上，对山东省部分传统行业高质量发展典型企业进行调研，归纳出五类企业高质量发展模式，设计出四级企业高质量发展目标体系和八项必要能力，并从政府引导和企业经营两个角度提出建议。通过研究得出结论：一是面对经济转型发展要求和经营危机，山东企业积极探索和实践高质量模式，取得了良好效益；二是企业应按照“选择模式、培育能力、逐步实现目标”的逻辑，有序推进自身高质量发展规划；三是政府和企业要紧密配合，充分发挥政府引导和服务功能，帮助企业夯实高质量发展基础，持续推动区域经济高质量发展。

关键词　企业高质量发展；创新驱动；绿色驱动；能力决策；内外资源协同

一、课题研究背景与内容结构

本部分对本课题研究缘起和内容进行概括陈述，包括两项内容。首先介绍课题研究背景，从高质量发展的提出和实践推进，提出本课题研究主题：聚焦山东省企业特别是传统产业的企业转型和高质量发展典型案例调研分析。在此基础上，形成本课题研究内容和结构。

（一）研究背景

2017 年 10 月，习近平总书记在党的第十九次全国代表大会上首次提出高质量发展的表述，明确指出“我国经济已由高速增长阶段转向高质量发展阶段，正处在转变发展方式、优化经济结构、转换增长动力的攻关期，建设现代化经济体系是跨越关口的迫切要求和我国发展的战略目标”。在此之后，习近平总书记在多次重要会议和到江苏、湖北、山东、重庆、江西、山西、宁夏等多地考察调研时都反复强调高质量发展的重要性，并高屋建瓴地给出了指导。

2018 年，国务院政府工作报告指出，“按照高质量发展的要求，统筹推进‘五位一体’总体布局和协调推进‘四个全面’战略布局，坚持以供给侧结构性改革为主线，统筹推进稳增长、促改革、调结构、惠民生、防风险各项工作”；“上述主要预期目标，考虑了决胜全面建成小康社会需要，符合我国经济已由高速增长阶段转向高质量发展阶段实际”。

在党和政府的引领指导下，高质量发展的理念得到了广泛推广。各地政府围绕这一理念，结合当前国内、国外形式发展，依据自己的区域特点、资源禀赋等条件，制定了适合自身情况的政策和规划，引导并服务各类经济主体不断探索和践行高质量发展的动力、模式和要求。

在诸多高质量发展的主体中，企业是经济发展的基本单元，其高质量发展模式和效果是促进区域经济良性发展的基本力量。因此，对企业高质量发展内涵界定、模式探析、典型案例梳理和基本能力要求等内容的研究，具有非常重要的撬点性价值。

2019 年 9 月 27 日，山东省制定出台了《支持实体经济高质量发展的若干政策》，针对降本增效、创新创业、产业升级等提出多项具体措施，不仅为山东省企业提出了高质量发展的具体要求和指引，也提出了金融支持、用地保障等支撑策略。

然而，面对逐渐加大的国际贸易摩擦和突如其来的新冠肺炎疫情，使山东省企业发展面临诸多不稳定、不确定的外部环境因素，为山东省企业高质量发展提出了新挑战。在党与各级政府的统筹管理和各方努力下，我国新冠肺炎疫情得到了迅速控制，企业迅速复工生产，经济增长迅速复苏，国际之间的合作也在积极推进、积极寻找破局方法。

在此背景下，有必要对山东省典型企业的高质量转型发展进行调研和分析，深度剖析其成功之处，一方面总结其高质量发展的经验，进行展示和肯定；另一方面提振山东省企业高质量发展信心，鼓励山东省企业在学习借鉴这些成功经验的基础上，积极探索自身的高质量发展路径，形成促成山东省企业全面高质量发展的良好局面。

同时，经过深入探讨和论证，课题组成员认为相对高新企业而言，传统行业企业的生存环境更加困难，发展阻力更加明显，也会面临其他经济主体高质量发展带来的竞争压力。也就是说：在当前复杂的经营环境下，对钢铁、建材、轮胎、纺织等传统生产企业而言，高质量发展不仅关乎未来更高的效益，还直接决定了企业经营转型，决定了在当前大变革时代能否生存下来的关键性问题。

鉴于此，本课题最终确定：侧重选择山东省典型的传统企业，进行企业高质量发展模式调研和经验剖析。

通过本课题研究，力争梳理出一批山东省企业高质量发展的典型案例，并提炼出其高质量发展经验和面对突发危机的措施，为其他地区企业高质量发展提供参考和借鉴。

（二）研究内容及结构

基于研究目的和实际开展的工作，本课题研究报告核心内容主要包括以下 4 部分。

一是通过对高质量发展的研读和相关研究的梳理，形成课题组对高质量发展内涵的认知，奠定课题研究的理论基础，为实施调研确定方向和基本内容。

二是精心挑选、系统梳理山东省 5 家典型传统企业高质量发展的经验，形成企业高质量发展的案例型阐释，奠定本课题研究的实证基础。

三是基于理论基础和实证基础，提炼出山东省企业践行高质量发展理念的一般内容和能力结构，形成具有强推广性和强借鉴价值的经验结论。

四是从系统规划的视角，从良性区域生态环境打造、企业自身实力增强和内外环境对接三个维度，提出促进山东省企业高质量发展的建议。

这 4 部分核心研究内容及结构如图 1 所示。

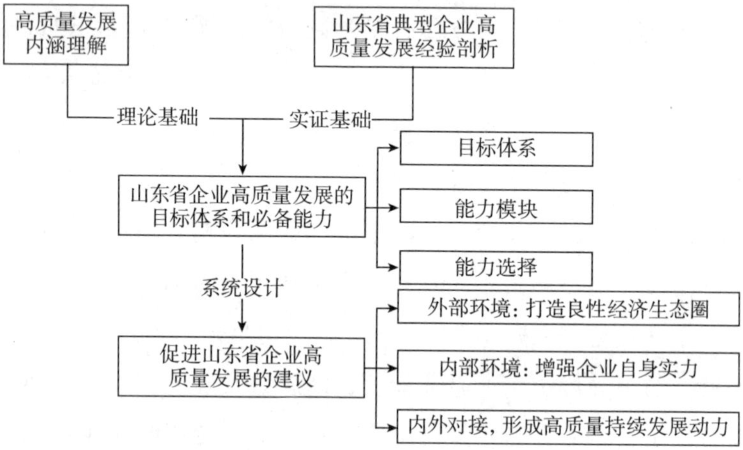

图 1　课题研究核心内容及结构

二、课题组对高质量发展内涵的认知

高质量发展理念提出后，诸多学者、专家和企业家对之进行探析。本课题依据研究主题，重点从企业（特别是传统企业）高质量要求角度，梳理出以下内容和观点。

（一）高质量发展理念的提出

如前所述，2017 年习近平总书记首次提出高质量发展的表述，不仅阐释了高质量发展的基本内涵，也标志着高质量发展已经成为我国经济发展所必需的理念。

2018 年的国务院政府工作报告中，将高质量发展作为统筹推进“五位一体”总体布局和协调推进“四个全面”战略布局的基础理念，成为统筹推进各项国计民生工作的重要考量。

2018 年 6 月，习近平总书记在山东考察时强调：推动高质量发展，关键是要按照新发展理念的要求，以供给侧结构性改革为主线，推动经济发展质量变革、效率变革、动力变革。这为山东省经济和企业高质量发展指明了关键要点，也进一步增强了山东省积极探索和践行企业高质量发展的决心。

（二）对高质量发展内涵的研究

在党和国家的引导下，社会各界对高质量发展的内涵进行了广泛探析。

国务院发展中心原副主任王一鸣指出：高质量发展根本在于经济的活力、创新力和竞争力，供给侧结构性改革是根本途径。这一观点，界定了高质量发展的基本特点和当前的根本途径。

经济学家陈世清认为：发展高质量是发展经济学核心概念。真正的经济发展都是高质量发展。经济高质量发展是经济数据精确、营商环境优化、产品质量保证、资源精准对接与优化配置的增长方式，是创新驱动型经济的增长方式，是创新高效节能环保高附加值的增长方式，是智慧经济为主导、高附加值为核心、质量主导数量、GDP 无水分，使经济总量成为有效经济总量、推动产业不断升级，推动经济建设、政治建设、文化建设、社会建设、生态文明建设“五位一体”全面可持续发展的增长方式。这一观点，不仅指出了高质量发展的学科范畴，还提出了基本要求和本质特征。

北京市习近平新时代中国特色社会主义思想研究中心郑文涛撰写的《用好推动高质量发展的辩证法》一文中提出：推动高质量发展，要以辩证思维处理好五对矛盾关系，包括：整体推进和重点突破的关系、总体谋划和久久为功的关系、破除旧动能和培育新动能的关系、生态环境保护和经济发展的关系、维护公平与讲求效率的关系。这些观点从哲学的高度，对高质量发展实践中需要注意的方面进行了探究。

（三）高质量发展特点及效果评测的研究

陈世清认为：高质量发展的本质特征包括创新性、再生性、生态性、精细性、高效益。这一观点从高质量发展自身属性比较全面地归纳出其特点。其余的诸多文献也从高质量发展的基本要求、一般路径、核心作用等多角度提出或印证了其特点。

在这些特点分析的基础上，部分学者专家对高质量发展的速度和效果进行了评价研究，以期能客观观察高质量发展的阶段性水平，对相关工作措施进行调整。

武汉理工学院硕士生导师彭定贇基于对中国经济高质量发展内涵的理解，从经济优化、创新驱动、经济协调、绿色生态以及民生共享5个维度出发，构建了中国经济高质量发展综合评价体系，对我国经济高质量发展影响因素的优先序分析及其测度进行了研究。在研究中，首先采用主成分分析法对影响中国经济高质量发展的因素进行了优先序分析，确定了影响中国经济高质量发展因素的优先序依次为：民生共享、经济优化、绿色生态、创新驱动、经济协调，但这些因素的权重相差不大。其次运用聚类分析法、加权因子分析法对中国30个省份经济高质量发展水平进行动态评价，将30个省份经济高质量发展水平被归为5类，在发展过程中存在着区域间、领域间发展不平衡不充分的问题。这一研究成果，为我国区域经济高质量发展水平测度提供了模型和方法，具有一定的借鉴价值。

（四）对企业高质量发展的理解

综合上述国家对高质量发展的规划要求和相关研究成果，课题组形成了对企业高质量发展的理解，如下所述。

企业高质量发展遵循新发展理念，以持续满足市场产品或服务的需求为基本目标，以持续提升消费者大众生活质量和促进产业健康发展为高级目标，在政府统筹规划引导下，企业依法依规经营，创新增强实力，精益管理节约资源并较少浪费，打造具有企业自身特色的名牌战略，主动将企业经营特点与经营环境紧密结合，努力形成区域良性经济生态圈，实现企业与环境契合基础上的长期发展。

三、山东企业高质量发展的典型案例调研及分析

如前所述，本课题研究重点，是针对山东省传统企业进行重点调研和分析，以期能实现最好的借鉴价值。因此，课题组联合新华社中国经济信息社，采取分行业、分模式的选取原则，主要调研了一批具有典型意义的传统企业，在调研确认其经营成果的基础上，深入挖掘这些企业近年来在日趋严峻的外部发展形势下，特别是2020年新冠肺炎疫情暴发后，生产经营极度困境下的高质量发展经验，并梳理成5种高质量发展模式，期望能为其他企业实施高质量发展战略提供有价值的参考与借鉴。

（一）厚积薄发型发展模式——迪尚集团调研分析

迪尚集团有限公司成立于2005年，公司经营范围包括货物和技术进出口；服装生产和加工；纺织原材料等。经过多年的不懈创新和经营发展，迪尚集团培育出大量专业生产和经营人员，集聚了雄厚的供应商、技术研发、产品生产、物流运输、质量品牌和销售服务等经营资源，已经成为区域行业龙头企业。

1. 迪尚集团在疫情期间的经营措施

2020年春季，在大量企业业务受到突发新冠肺炎疫情影响的背景下，迪尚集团积极响应政府号召，利用自身厚重的生产资源、物流优势和研发力量，积极寻找疫情危机下的新商机。

在疫情初期，迪尚集团就敏锐察觉口罩、防护服等医用防护品需求的紧急性扩大迹象，同时预测出这一需求扩大幅度巨大。这一市场需求变化，既为企业提出了新的社会责任，也为企业经营发展提供了一个重要机遇。

在此判断下，迪尚集团迅速抓住国际防护用品需求暴增的巨大商机，一是在原有生产净化车间的基础上，高起点、高标准、高速度地再建设一座1万平方米的10万级（洁净区尘粒最大允许数10万/立方米）净化车间。二是充分发挥生产和研发资源，招工和抽调上千人，24小时歇人不歇机，迅速扩大产能。三是充分利用长期积累的供应商资源，保证原材料供应质量和数量。四是在政府的大力支持下，迪尚迅速将产品送到国家级实验室、国际互认实

验室以及波兰、比利时、英国、日本、美国等出口目标国实验室进行检测，产品多项指标都达到或超过了规定标准，取得了进入海外市场的资质。

经过紧急建设和多方协助，迪尚集团防护服日产量迅速提高到5万件，一次性医用口罩日产量达到200万只。在2020年上半年，迪尚集团业务不降反增，实现了疫情危机下的涅槃重生。同时，积极发挥自身的物流优势在国际物流受疫情影响巨大的严峻形势下实现出口猛增40%，其产品已经出口到意大利、英国、法国、西班牙以及东南亚等20多个国家和地区。上缴税收增长一倍以上，企业整体效益翻了一番，还带动了一大批上下游原材料和生产加工企业复工复产。

2. 迪尚集团高质量发展经验

经过调研访谈和深入论证，发现迪尚集团在2020年成功经验主要包括两方面。一是对市场需求变化非常敏感，能够迅速抓住发展机遇。这得益于迪尚集团销售团队对市场需求信息的长期高度关注。二是凭借自身雄厚的资源，能够针对市场需求迅速进行应对。

（二）创新惯性发展模式——道恩集团调研分析

道恩集团始建于1991年，30年来一以贯之地坚持自主创新，先后经历了四次嬗变，使得道恩集团从一个塑料销售店发展到年收入过200亿元的中国民营企业500强，并在2017年1月于深圳证券交易所成功挂牌上市。当前，道恩集团已形成化塑云商、高分子新材料、钛白粉、商贸物流、煤炭工贸、金融服务、其他产业等主辅产业协同发展的格局。

1. 道恩集团在疫情期间的经营措施

在2020年新冠肺炎疫情期间，道恩集团迅速增产扩能，仅用15天就完成熔喷料扩产项目，为武汉以及全国20多个省份发送无纺布纺粘料和熔喷料，服务200多家熔喷布生产企业，同时出口10多个国家。

2. 道恩集团经营优势形成的成因

能够在危机中迅速发展，得益于道恩集团长期创新惯性产生的定力和应变力。而这种长期创新惯性可以由其30年间的四次嬗变来集中体现。

第一次嬗变，是由贸易经营向科工贸一体转变。根据市场对高性能通用塑料的需求，道恩在1997年成立了专业塑料改性生产公司，致力于具有高韧、阻燃、抗冲等特性的改性塑料研发和生产。之后随着中国汽车制造、电子通信、医疗卫生等行业的迅猛发展，又持续创新出汽车专用料、玻纤增强塑料、特种工程塑料等多系列上千种牌号产品，实现了由贸易经营向科工贸一体的转变。这一次转变，为道恩集团的创新惯性形成，谋得了一个良好开端。

第二次嬗变，是以科工贸为基础向高端制造发展。随着科工贸一体发展和不断拓宽国际视野，道恩在高分子新材料领域具备了跟踪市场前沿研发和开发高端产品的能力。

第三次嬗变，是围绕主业实施多元发展。在政府大力支持和推动下，建设了道恩万亩新材料·新能源产业园区和临港工业园区，形成化工塑料、高分子新材料、钛白粉三大主业。并随着企业发展，先后进入物流煤炭、金融服务、建筑建材、旅游餐饮等行业，打造成为企业集团。

第四次嬗变，是由多元经营向聚焦一圈一链发展。一方面利用现有资源优势，借助互联网、大数据、云计算和区块链，打造化塑产业生态圈，大力发展互联网经济。另一方面打造高端聚丙烯全产业链，做强高分子新材料和钛白粉产业，做精物流仓储、煤炭工贸、金融服务、建筑建材、旅游餐饮等关联产业，做大实体经济。

3. 道恩集团高质量发展经验

经过调研分析：在2020年上半年，道恩集团的产业链能够迅速转变为“抗疫链”，受益于道恩集团熔喷料领域深耕近30年的创新惯性。调研发现，“抗疫链”的迅速打造，只是道恩集团持续创新的一项体现，是该集团长期以来坚持创新的必然成果。正是这种持续创新的惯性动力，使道恩集团形成了敢于领先、勇于创新也有能力创新的发展模式，使得“创新成为道恩发展的第一动力”，也使得在面临外部环境发生突变时，能够迅速调整业务生产，抓住新的商机，实现高质量转型发展。

（三）开拓进取型发展模式——玲珑轮胎调研分析

山东玲珑轮胎股份有限公司（以下简称“玲珑轮胎”）历史悠久，前身可以追溯到1975年成立的招远县轮胎制修厂。经过多年的开拓进取，玲珑轮胎已经成为世界轮胎20强、全国第二大轮胎生产厂家，并于2016年7月6日在上交所挂牌上市。主导产品轮胎有斜交轮胎、乘用轻卡子午线轮胎、全钢载重子午线轮胎、特种胎等十大系列近2000个规格品种，年产斜交胎400万套、乘用轻卡子午胎1500万套、载重子午胎400万套、特种胎10万套。

1. 玲珑轮胎应对国际贸易挑战的经营措施

从2007年开始，随着中国轮胎对美国出口量快速上升，美国开始对中国轮胎产品展开“双反”调查。面对国际竞争压力，玲珑轮胎一方面开始寻找突围之路，另一方面迎难而上努力打造业务开拓新模式。经过不断尝试和实践，在2010年公司决定向全球市场求发展，并提出“研发、制造、管理、营销、品牌、合作”六个国际化发展思路。2011年，玲珑泰国公司正式成立，2014年第一条轮胎在泰国春武里府工厂正式下线，其国际化战略迈出坚实一步。

在成功布局泰国后，积极响应国家“一带一路”建设，公司又马不停蹄地启动了欧洲工厂的建设。2019年3月30日，玲珑塞尔维亚工厂举行项目奠基仪式。按照“5+3”战略，玲珑在国内建设五座工厂、在国外建设三座工厂，实现了全球化布局。

2. 玲珑轮胎高质量发展经验

经过调研和分析，发现：正是由于玲珑轮胎不惧挑战，始终如一地勇于开拓、敢于争先的精神，帮助玲珑轮胎获得了应对国际贸易危机的持续发展能力。这种不断开拓进取的精神，一方面坚定了企业自身高质量发展的信心，另一方面促使其形成了在危机中寻找出路、不断创新的能力。这样，无论是在2019年上半年面对严峻的外贸形势和全球企业行业不景气，还是在2020年新冠肺炎疫情的影响下，玲珑轮胎都始终保持半钢胎产量、海外出口轮胎交货量、海外工厂产量、净利润额的行业领先地位，成为中国第二大轮胎企业，跻身世界轮胎20强。

（四）绿色驱动型发展模式——东华水泥调研分析

山东东华水泥有限公司是淄矿集团公司构建煤、电、材产业链，发展循环经济，投资建设的大型水泥生产项目。主要生产“万华”牌硅酸盐水泥、普通硅酸盐水泥、复合硅酸盐水泥，主导产品为“万华”牌水泥熟料等产品。

2018年，东华水泥被国家工业和信息化部认定为国家级绿色工厂，是山东省水泥行业第一批，淄博市唯一一家。也正是水泥工业“智慧大脑”使东华水泥摘掉了“高耗能、高排放、附加值低”的帽子，摆脱了以往时常面临限产关停的尴尬处境，树立了水泥行业新的发展样本。

1. 东华水泥在疫情期间的经营措施

在2020年疫情期间，东华水泥全体员工将党建工作与员工思想教育和生产业务高度融合，形成了良好的领导力、组织力和执行能力。在此基础上，公司在“工业大脑”的帮助下，仅用1/3的员工就保持一条线正常安全生产，日产量稳定在6000吨以上，成为工业和信息化部复工复产督导组推介的典型案例。

2. 东华水泥经营优势的成因

东华水泥坚持绿色发展理念，联合阿里云公司共同打造水泥高端制造，通过双方合作开发的水泥工业“智慧大脑”项目，成立水泥行业大数据平台，通过数字化、信息化改造，共享数据资源，共同研究大数据、人工智能技术在水泥生产、经营中的运用，助力行业转型升级。同时，借助“智慧大脑”平台，公司建立技术交流机制，创造良好交流环境，提升行业整体技术水平，行业发展带动企业受益。目前，水泥工业“智慧大脑”项目已上线运行两年多，依托大数据使生产系统处于最优运行状态，综合能耗下降6.73%，已经成为水泥行业高端制造的发展样本。“东华”牌水泥也被广泛应用于高铁、高速、机场等国家级、省级重大工程项目，企业产品市场竞争力大大提高，效益实现逆势增长。

3. 东华水泥高质量发展经验

纵观东华水泥的发展经验，主要在三个方面形成了高质量发展的动力。一是依托互联网信息技术，降低了生产能耗，实现了绿色发展要效益，消除了“传统水泥制造环保压力大”的老大难问题。二是基于绿色发展迈上价值链高端，锻造出了新的高端生产制造能力。三是将统一思想作为助推企业高质量发展的根本保障，形成了全员听指挥、能战斗的高效执行能力。经过深入分析，公司采取的各项有效经营策略都是基于绿色发展理念，绿色发展理念是东华水泥核心成功经验。正是对绿色发展理念的践行，契合了我国水泥行业转型发展的关键，促使东华水泥将环保投入变成一种高收益投资，也形成了良好的企业品牌效应，为我国水泥企业实现经济效益和环保效益转型提供了高价值参考。

（五）信息驱动型发展模式——联桥集团调研分析

威海市联桥国际合作集团（以下简称“联桥集团”）成立于1997年，是国家商务部批准的集海外工程承包、对外劳务合作、进出口贸易、工业产业、创业投资于一体的大型涉外企业，也是山东省重点外经贸企业。主营业务包括纺织服装、塑料新材生产和销售，国际人才派遣、国内人力资源服务和高端人才引进。

1. 联桥集团的经营成绩

联桥集团公司先后获得中国驰名商标、山东省守合同重信用企业、山东省四星级劳动关系和谐企业等60多项国家、省、市级荣誉称号。公司各企业、部门全部通过ISO 9001质量管理体系认证，在同行业中保持领先地位。

其中，联桥集团的纺织服装业务以设计为引领，以品牌为导向，以高端外贸为主体，以现代化工厂为支撑，集服装设计、研发、生产、销售于一体的综合业务。在全国建设“国家毛衫纱线资源共享平台”，被评为国家制造业“双创”平台示范项目，成为“国家毛衫纱线流行趋势研究与发布中心”，也是中国纺织工业联合会国家纺织产品开发基地。

2. 联桥集团高质量发展经验

通过调研访谈，发现联桥集团经营优势在纺织服装领域尤其突出，而这一领域优势的形成，主要受益于信息共享带来的综合性O2O产销经营模式。联桥集团联合中国纺织信息中心、国家纺织产品开发中心、工业和信息化部威海电子信息技术综合研究中心、威海高技术产业开发区管理委员会共同建设了国家毛衫纱线资源共享平台，开始采取“线下纱线展示体验中心+线上智能共享云”的运作模式，以中国毛衫纱线流行趋势为核心，依托国家行业机构的产业链资源优势和联桥集团在毛衫领域的专业资源优势，推动全产业链资源的集成共享和上下游企业的合作共赢。

正是基于这一信息共享平台，联桥集团综合各方资源，实施需求分析、设计创新、高品质生产、O2O 营销等综合性经营策略，形成了行业领先的经营优势。

四、山东企业高质量发展的目标体系和能力决策

基于上述典型案例调研和分析，课题组对山东省典型企业的高质量发展经验和不同模式的梳理，提出了山东企业高质量发展的一般内容和结构。主要包括高质量发展目标、高质量发展能力模块和高质量发展能力决策三个方面。

（一）山东企业高质量发展目标

依据对高质量发展内涵的理解和上述山东省典型企业的经验梳理，将山东省企业高质量发展目标分为 4 个层次。

一是企业生存发展目标，例如在 2020 年新冠肺炎疫情影响下的生存和发展目标，包括保证企业在危机中生存和在危机中寻找到新的增长点。

二是企业资源发展目标，包括形成新的发展机制和持续夯实企业发展资源基础。

三是优化企业生态圈目标，包括持续提升自身品牌影响力和协同周边企业共同发展。

四是企业持续领先目标，包括对内外经营环境的敏感反应能力锻造和持续创新能力锻造。

这 4 层次目标结构如图 2 所示。

需要注意以下三点。

（1）上述 4 个目标是逐层提升的，即企业首先要能生存发展，其次才能集聚优势资源，再次才能带动企业生态圈的良性发展，最后获得行业领先地位和显著竞争优势。

（2）政府作为服务和引导企业高质量发展的重要外部力量，应当为企业高质量发展各层级目标的实现提供帮助。其中，在优化企业生态圈目标实现过程中的作用尤其重要，是各级政府服务引导的重点。

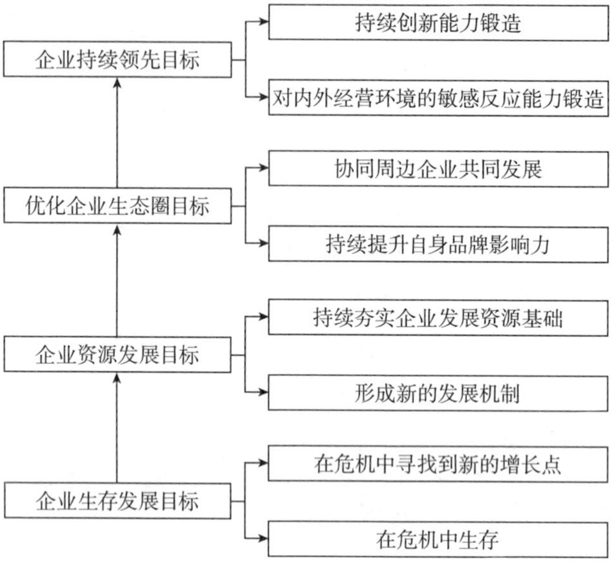

图2　山东企业高质量发展目标体系

（3）对应本报告第二部分课题组对企业高质量发展的理解，企业生存发展目标和资源发展目标属于基本目标，优化企业生态圈目标和企业持续领先目标属于高级目标。

（二）山东企业高质量发展能力模块

通过梳理上述部分山东典型传统企业高质量发展模式，本课题从企业经营角度，将企业高质量发展的必要能力划分为8个模块，包括：高质量系统发展规划能力、开阔视野能力（外部合作信息的获取与辨识）、自身诊断能力（现有短板分析能力）、市场需求分析能力（市场需求信息获取与辨识）、外部必备资源的获取能力、内外资源整理能力、持续创新能力、价值评估能力。

这8种能力是企业生存和发展的重要基础。一方面是企业应对行业竞争而获得生存权力的基础，另一方面是超越对手、实现高质量发展的基础。因此，企业首先，要对照这8种能力，分析自身现有的短板，加强短板能力的培育。其次，基于自身能力实际，参考本报告梳理出的企业高质量发展典型模式（特别是对照表1），选择自己最适合的高质量发展模式。最后，在选定高质量发展模式和能力培育的基础上，明确各种能力之间的关系（参考图

3），并综合运用这些能力来执行高质量发展计划，最终保障实现企业高质量发展的基本目标和高级目标。

企业高质量发展资源模块的关系如图 3 所示。

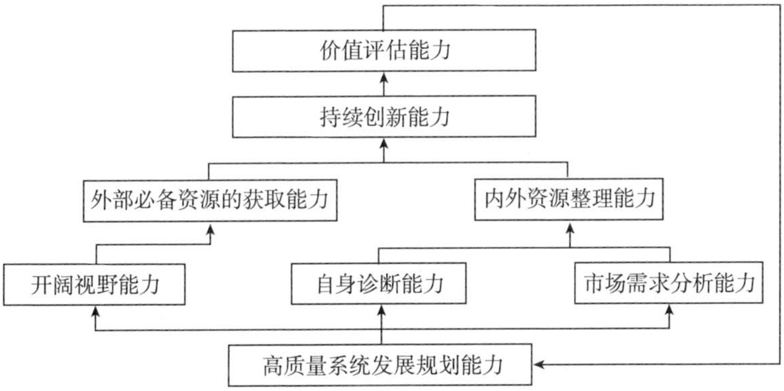

图 3　山东企业高质量发展资源模块的关系

需要注意的是：这 8 种能力都需要相关的资源作为基础，因此这 8 种能力是针对企业资源发展目标而划分的，既可以直接为企业补齐自身资源短板、能力短板提供对比，也可以为企业选择适合自己的高质量发展模式提供直接参考。

（三）山东企业高质量发展能力决策

依据高质量发展能力模块分类，结合本报告第三部分梳理的 5 种高质量发展模式，系统梳理这 5 种企业高质量发展模式的必备能力需求清单，如表 1 所示。

在使用表 1 时需要注意以下两点。

在表 1 所阐述的信息中，凡是没有勾选“√”的内容，并不是“不需要”或者“不必要”，而是对应此种发展路径的要素资源中“不必要过度重视”。

企业在利用表 1 进行高质量发展路径设计时，在选择自己高水平发展路径的前提下，应当将企业自身资源首先集中到有“√”的能力锻造方面。

通过这一清单的梳理，本课题力争从高质量发展模式选择、现有资源对比、直观确定必备资源 3 个角度，为山东省企业选择自身的高质量发展模式提供比较清晰的借鉴。同时，结合本报告第五部分建议的内容，可以从企业外部环境与内部环境结合的角度，思考这些必备资源的培育策略。

表 1　企业高质量发展不同模式的能力决策

		厚积薄发型	创新惯性型	开拓进取型	绿色驱动型	信息驱动型
高质量系统发展规划能力	政策把握	√	√		√	
	经济环境把握	√		√		
	顶层设计	√	√	√	√	√
	撬点确定	√		√	√	√
开阔视野能力	外部合作信息获取	√				√
	外部竞争信息获取		√	√	√	
自身诊断能力	短板分析	√	√			√
	短板原因分析			√	√	
市场需求分析能力	市场需求信息获取		√	√		
	市场抛弃信息辨识		√		√	
	销售转型能力	√	√	√	√	√
外部必备资源的获取能力	特许资质				√	√
	信息资源					√
	利益共享			√	√	√
内外资源整理能力	合作		√	√		√
	收购	√				
持续创新能力	技术创新	√	√			√
	管理创新				√	
	制度创新	√		√		√
价值评估能力	短期效益评估	√				
	长期资源积累评估		√	√	√	√

五、促进山东企业高质量发展的建议

山东是经济大省，但不是经济强省，推动新旧动能转换是实现山东省高质量发展的必由之路。山东省的工业门类比较齐全，但是传统产业和重化工业占比较高且大都处于产业链价值的中低端，新旧动能转换的压力较大。要实现山东企业高质量发展，就要从区位优势、资源禀赋、人才匹配和科技支撑等多方面来思考。在调研分析山东省典型企业高质量转型发展模式，并提炼出企业高质量发展目标体系和必要能力模块后，课题组进一步拓宽思路，从打造外部行业良性生态圈、增强企业内部经营实力两个维度以及内外环境的有机契合，分别为政府和企业提出了建议，期望能为山东企业高质量发展提供一些普适性的参考。

（一）做好顶层规划，打造良性区域经济生态圈

1. 坚定高质量发展信心，构建公共服务平台

各级政府部门应加强对企业高质量发展的内涵、要求、规划、路径、测评方法等方面的研究，形成企业高质量发展的高水平统筹规划能力。通过多种宣传渠道，大力宣传高质量发展理念和优秀案例，激发企业的斗志和信心，形成多行业、多经济主体争先谋求高质量发展的态势。

在此基础上，各级政府需要综合各类资源，构建企业经营公共服务平台。在翔实调研和客观评价的基础上，对优秀企业的经验和成绩进行宣传，增强优秀企业名牌形象价值，鼓励后进企业学习并超越优秀企业。鼓励银行等金融机构加强对企业经营实力的准确诊断能力，对于有发展潜力的企业给予贷款扶持，鼓励优秀企业上市获得融资。利用互联网技术，及时公开区域消费指数、居民购买倾向等可以共享的信息，为企业经济发展提供有用的信息支持，等等。

2. 结合区域禀赋特点，做好区域协调发展设计

各级政府应在实现基本公共服务均等化和基础设施通达程度比较均衡的基础上，针对所辖区域经济特点、资源禀赋、优势条件等实际情况，形成不同层级的分区域特色发展规划，争取在省级、市级两个层面形成不同特色的商业经营集群。

打造商业集群的优势明显，例如，商业集群是依据区域资源禀赋特点确定的，容易发挥当地优势获得良好效益，容易形成区域品牌效应。商业集群的特色主导本区域企业业务和资源，同区域直接竞争更加明朗化，可以提升企业经营专业化程度，并容易吸引或延伸打造配套产业。不同区域的商业集群之间业务不同，不仅可以避免区域经济之间的过度竞争，还可以加强不同区域之间的协同合作。

省、市两级政府在确定好所辖区域的商业集群规划后，要上下协同，有

秩序、有层次地进行商业集群建设，形成全域各类商业集群互为补充、竞相发展的蓬勃格局。

3. 做好供需平衡引导，注重提升行业吸引力

供需平衡是经济良性发展的理想状态，彰显着区域经济自动自发的良好发展动力。但是现实中供需平衡往往是短期的和狭窄区域性的，不是普遍状态。供需不平衡是区域经济发展的常态。在这种客观规律下，政府和各类经济主体谋求的是供需之间的适度差异，特别是稍紧平衡的供应状态。

在当今我国经济迅速发展、各类产品（服务）供给数量显著增加的时代，除了要积极扩大出口贸易外，各级政府还要充分重视引导培育国内需求，用不断增长的消费需求和生产资料需求来刺激企业经营业绩。

在2020年11月中共中央政治局召开的中央经济工作会议上，提出“整体推进改革开放”，强调供给侧结构性改革和需求侧改革并重。这是自2015年底我国首次提出“加强供给侧结构性改革”以来，中央政治局会议首次强调“需求侧改革”，从需求管理和扩大内需战略进一步提高到以改革的方式促进需求。这一政策规划，为山东省加强需求侧管理和培育提供了方向指导。

同企业注重具体市场开发不同，政府引导培育区域市场需求，应当更加侧重于行业良性需求的培育，即通过宣传引导，引导居民在绿色消费、适度消费的基础上，增大对于优质产品的购买欲望，从区域市场良性需求扩大的方面，提升对应的企业供给良性发展。

（二）坚持自主创新，增强企业自身实力

1. 加强人员培育和留才机制，夯实高质量发展基础

人才是企业实现高质量发展的第一驱动力。新时代经济的发展靠的是人才的驱动，只有靠人才的支撑与驱动才能推动企业在未来发展中占领第一高地。虽然不同的企业在不同的阶段已经形成了诸如名牌效应、销售渠道等非人力资源竞争优势，但应当清晰地确认：这些非人力资源的竞争优势都是由人力资源打造出来的，只有通过各类专业人员才能持续应用和提升这些竞争优势。

因此，企业有必要从高质量发展战略的高度，重新审视人才的重要性，

并实施有效的激励策略，牢牢抓住人才奉献的心理需求，适度满足人才的物质需求，及时培育人才梯队，形成能够吸引人才、培育人才、留住人才、更新人才的有效机制，为企业高质量发展奠定最重要的活性基础。

2. 充分开阔视野，激活创新活力

当前，开放性自主创新已经成为我国企业创新管理的主要形式。开放性自主创新的基本逻辑是“引入→学习→消化吸收→再创新→固化成新的专利”。这种创新模式，不仅可以有效地吸收企业外部先进的技术和管理经验，进行高端起点的创新，还可以通过固化新的、更高水平的专利，形成有利于自身的核心竞争力。

开放性自主创新模式的实施前提，就是充分开阔视野，也就是“企业要知道外部最先进的技术或经验是什么”。这就需要企业张开眼睛、竖直耳朵，充分利用互联网等各类信息采集渠道，有目标地搜索获取先进技术或经验的信息，并及时与自身发展目标和基础相比较，确定最适合当前引入条件或学习条件的先进技术，充分激活企业创新活力。

3. 坚持名牌战略，拓展企业影响力

名牌是指经市场检验，众多相关顾客所公认的，具有高市场覆盖面、高市场占有率、高知名度、高美誉度、高效益的产品品牌或服务品牌。企业实施名牌战略的，必须以创建和运用商标商号为基础，致力于自身产品或服务在相关市场上获得相关顾客的公认，达到高市场覆盖面、高市场知名度、高市场占有率、高美誉度、高经济效益的结果。

名牌是品牌经营的结果，要实施名牌战略必须首先做好品牌经营。企业在高质量发展过程中，要始终坚持名牌战略，从产品设计、功能质量、包装配送、售后服务、保持高性价比、履行社会责任等多维度，尽力打造出企业名牌，甚至多家企业联合打造出商业集权名牌。这样不仅可以提升企业知名度和美誉度，持续提升市场销量，还可以显著提升企业或区域商业集群的影响力，高效集聚资源，持续拓展市场并更加积极从容地应对各种竞争。

（三）深度嵌接内外条件，形成高质量持续发展动力

政府是营造和优化营商环境的第一推动力。企业高质量发展离不开政府

营造的营商环境，而优质的营商环境必须靠政府的积极推动和各相关方的大力配合。政府营造企业高质量发展的良性外部环境，企业增强自身实力改良内部环境。在上述两方面建议的基础上，需要将内外环境进行紧密契合，才能促进山东省企业和区域经济的高质量持续循环发展，不断增强区域商业集聚和优秀企业的名牌效应，获得更大的发展空间。

1. **深度分析市场需求，做好远期发展规划**

从政府引导和服务的角度出发，宏观的经济发展规划不能直接作用于具体企业的经营行为，但可以在整体经济发展规划的基础上侧重行业供给和需求引导。基于此规律，政府应为企业发展营造良性经营生态环境和引导良性消费环境。

从企业自身经营出发，如果只关注现有的供应商、消费者和竞争者，往往只能“活在当下”，丧失长期资源集聚和持续生存发展的机会。因此，企业至少要从行业发展趋势和行业产品需求的层面辨识发展空间并适度调整企业的发展方向，将企业自身竞争优势的培育提升到行业层面，这样不仅可以在短期内将自身产品高度契合市场需求，获得生存和发展的必备资源，还可以为企业远期发展逐步积聚力量，形成可持续发展的竞争力，为打造企业名牌、实现持续行业领先的高级目标做好准备。

2. **规范督导和宣传，做好监督与调控**

为了更好地引导和服务企业高质量发展，各级政府需要协调公检法司法力量、工商运营监管和质量监管等督导力量、媒体宣传力量，执行高质量的监管策略。一方面督促企业守法合规经营，在谋求高质量发展收益的同时不损害社会效益；另一方面大力监察违法违规企业，净化市场，为守法企业营造更好的经营环境。

（四）企业自身也要进一步加强统一思想和规范经营意识

企业要将党建工作与业务经营深度融合，不仅要从党纪国策中汲取业务发展的营养，还要用党纪国法来规范自身经营行为，保持自身高质量发展的合法性，这样才能获得持续的外部力量支持，也才能不断强化在消费者大众心中的美誉度，真正获得长期高质量发展的名牌引用效应。

参考文献

[1]全国高校思想政治工作网．习近平在中国共产党第十九次全国代表大会上的报告(2017 年 10 月 18 日)[EB/OL].(2017－10－29)[2020－12－20]. https://www. sizhengwang. cn/zt/7102/xjpzsjxlzyjh/jhyw/2017/1029/248. shtml.(人民网),[2020－12－20].

[2]搜狐网．习近平谈如何高质量发展[EB/OL].[2020－12－20]. https://m. sohu. com/a/403702368_100160785.

[3]百度百科．高质量发展[EB/OL].[2020－12－20]. https://baike. baidu. com/item/.

[4]澎湃新闻．新表述:今年政府工作报告里有这些“首次提出”[EB/OL].[2020－12－20]. https://www. thepaper. cn/newsDetail_forward_2018826.

[5]中国网．陈世清:深度解读双循环经济格局[EB/OL].(2020－10－9)[2020－12－20]. http://zjnews. china. com. cn /yuanchuan/2020－10－09/252379. html.

[6]北京市习近平新时代中国特色社会主义思想研究中心,郑文涛．用好推动高质量发展的辩证法[N]．经济日报,2018－7－12(14).

[7]彭定贇,朱孟庭．经济高质量发展影响因素的优先序分析及其测度研究[J]．生态经济,2020,36(12):50－56＋76.

[8]中宏国研信息技术研究院官网．2020 年中央经济工作会议首提需求侧改革[EB/OL].[2020－12－20]. http://www. china－cer. com. cn/guwen/2020121410364. html.

作者简介

赵　彬，经济师，山东省工业和信息化研究院。

宋振海，副院长，正高级经济师，山东省工业和信息化研究院。

任传鹏，副教授，山东财经大学。

崔　磊，室主任，高级经济师，山东省工业和信息化研究院。

陈　露，工程师，山东省工业和信息化研究院。

2

对山东省工业和信息化领域循环经济“十四五”发展的思考与建议

崔磊　赵彬　王强　李文全　潘劲松

摘　要　我国长期粗放型的经济发展方式造成了一系列的环境问题，资源环境约束在“十四五”期间将进一步趋紧，大气环境质量根本改善任务任重道远，水污染环境形势依然严峻，土壤环境状况总体不乐观。近年来，全国上下大力推行生态文明建设，“绿水青山就是金山银山”理念已经成为全党全社会的共识和行动，成为新发展理念的重要组成部分。本课题以研究山东省工业和信息化领域循环经济“十四五”期间的发展目标和实现路径为目的，详细阐述了“十四五”期间山东省循环经济发展的内外部环境、发展思路与基本原则、主要任务与目标以及各项保障措施等内容，以期为今后有关部门编制相关规划提供思路和借鉴。

关键词　工业和信息化；循环经济；绿色发展；规划

一、研究意义

“十四五”时期，是我国由全面建设小康社会向基本实现社会主义现代化迈进的关键时期，是“两个一百年”奋斗目标的历史交汇期，是深入贯彻落实习近平新时代中国特色社会主义思想和党的十九大精神，迈向新时代的第一个五年计划实施期，也是开启全面建设社会主义现代化国家新征程的重要机遇期。当前，经济发展进入新常态，能源消费增速放缓，高耗能、高排放行业发展减慢，但是，随着工业化、城镇化进程加快，消费结构持续升级，能源需求刚性增长，资源环境约束趋紧，节能减排形势依然严峻。近年来，我国大力推行生态文明建设，“绿水青山就是金山银山”理念已经成为全社会的共识和行动，成为新发展理念的重要组成部分。发展循环经济是绿色转型、实现高质量发展的重要途径和必然要求。因此，对山东省工业和信息化领域循环经济在“十四五”期间的发展进行通盘考虑、谋划、分析、建议，进一步明确发展循环经济的指导思想、基本原则和目标任务，对于深入推进山东生态文明建设，实现经济高质量发展，具有十分重要的意义。

二、研究背景

“十四五”时期是我国全面建成小康社会、实现第一个百年奋斗目标之后，向第二个百年奋斗目标进军的第一个五年。分析研判“十四五”时期世情、国情和省情的发展变化，积极应对山东省循环经济发展的机遇和挑战意义重大。本课题主要从宏观经济形势、科技变革趋势、资源要素环境和美好生活需求等四个角度分析了“十四五”时期山东省循环经济发展的时代背景。具体来看，主要表现在以下四个方面。

（一）宏观经济形势角度

从宏观经济形势角度来看，百年未有之大变局对我国制造业高质量发展带来重要影响。从外部环境来看，受逆全球化思潮涌动影响，保护主义、单边主义愈演愈烈，特别是后疫情时期，全球经济增长动能趋于弱化，全球价值链收缩，我国依托低成本要素参与全球产业分工的传统模式面临着严重威胁。在中高端领域和中低端两翼，同时面临着来自发达国家与新兴经济体的激烈竞争，保持产业链完整性和提升产业链水平的难度进一步加大。从内部环境来看，国内需求结构不断升级，重化工业和一般性加工制造业增长压力显著增大，中低端产品规模扩张动力逐步减弱。在供需结构性矛盾的影响下，产业发展空间和技术密集度将进一步上升，对产业要素供给和政策环境提出更高要求。当前，山东省传统产业、重化工业比重较高，新产业、新技术、新业态、新模式发展比重偏低，资源环境制约、生态保护治理的压力较大，影响经济高质量绿色发展的制度性、体制性矛盾急需破除。

（二）科技变革趋势角度

从科技变革趋势角度来看，新一轮科技革命和产业变革为推动山东工业和信息化产业迈向全球价值链的中高端提供了发展机遇。5G、物联网、人工智能、区块链、量子计算和新能源等新科技的加快成熟和产业转化正在对世界各国经济结构和全球价值链分布产生深刻的影响，工业和信息化领域颠覆性的科技创新不断涌现。经过多年的积累和发展，山东工业和信息化产业基础较为完善，产业链较为完整，具备与新一轮科学技术深度融合快速发展的基本条件，智能化生产、网络化协同、服务化延伸和个性化定制等升级发展潜力巨大。

（三）资源要素环境角度

从资源要素环境角度来看，随着资源要素环境约束趋紧，发展循环经济是促进经济可持续发展的重要举措。“十四五”时期，国际国内资源环境约束趋于加大，国家生态环保要求将继续提高，环保执法将更趋严格。近年来，山东能源资源利用效率和环保水平显著改善，能效和环保大幅提升，主要污染物排放强度呈现降低趋势，但传统粗放型发展模式尚未发生根本性转变，资源能源利用效率、主要污染物排放强度与国际先进水平仍存在明显差距。发展循环经济不仅能够减轻资源与环境压力，还可以提升产业发展竞争能力，推动绿色增长和发展循环经济已经成为全球主要经济体的共同选择。因此，只有突破资源要素环境对山东经济可持续增长的制约，才能推进经济发展方式转变，实现经济可持续增长。

（四）美好生活需求角度

从美好生活需求角度来看，人民需求变化催生了循环经济发展新模式。为适应新时代人民日益增长的美好生活需要，不断提供更新、更好的商品和服务，满足人民群众多样化、个性化和不断升级的需求，既要不断开辟新的消费领域和方式，又要引领供给侧和结构优化升级。随着5G、人工智能、大数据、物联网等新技术的进一步突破，智能制造、“互联网+”和数字经济向各类产业广泛渗透拓展，贯穿设计、生产、管理和服务等各个环节，通过跨设备、跨系统、跨产区、跨地区的全面互联互通，助力企业在更广范围内实现产业要素资源更高效、更精准地优化配置，不断催生循环经济新模式。

三、“十四五”时期山东省工业和信息化领域循环经济发展应遵循的指导思想和基本原则

（一）指导思想

坚持以习近平新时代中国特色社会主义思想为指导，全面贯彻党的十九大和历次全会精神。坚决贯彻落实习近平总书记视察山东重要讲话精神，坚持创新、协调、绿色、开放、共享的发展理念，加快绿色低碳发展，优化产业结构，完善高耗能行业差别化政策，实施煤炭消费总量控制，积极推进清洁能源开发和利用，大力推进循环经济、清洁生产和生态工业园区建设，发展生态环保产业，推动绿色消费，引导重点行业和重要领域绿色化改造。必须牢固树立节约集约循环利用的资源观，以资源高效和循环利用为核心，以互联网、大数据、云计算等信息化技术为支撑，以制度、技术和管理创新为保障，科学规划、统筹推进，加快建设绿色低碳循环经济产业体系，提升绿色产业创新能力，激发循环经济发展活力，推动新技术、新产品、新业态、新模式在循环经济各领域的广泛应用，实现经济的绿色转型。

（二）基本原则

一是坚持生态优先，绿色发展的核心理念。要着力加强生态文明建设，

把发展循环经济作为实现生产方式绿色化的重要途径，推动资源节约和综合利用。加快建设低消耗、少排放、能循环的现代产业体系，促进经济社会与生态环境的协调发展。

二要坚持政府引导，市场主导的调控方式。要着力发挥政府在规划布局、政策引导和市场监管中的调控作用，优化产业结构，完善产业政策、监管标准和激励机制，营造良好的市场环境。充分发挥市场在资源配置中的决定性作用，强化企业市场主体地位，调动各类市场主体的积极性和创造性，激发循环经济发展活力。

三要坚持创新驱动，特色发展的运作模式。要着力优化资源利用方式和提高资源利用效率，加强制度、技术和管理创新，培育循环经济发展新动能，提升绿色经济发展水平。根据循环经济发展基础，结合区域经济特点以及优势，因势利导，因地制宜，区域结合，突出循环经济发展特色。

四要坚持突出重点、统筹推进的推广路径。要着力解决重点区域、重点行业和重点企业在发展中的重点和难点资源环境问题，培育一批有特色、重实效的循环经济示范典型。坚持统筹规划，以点带面，进一步增强循环经济发展的统筹度、整体性、协调性和可持续性，将循环经济深刻融入经济发展领域，推进循环经济健康发展。

四、“十四五”时期山东省工业和信息化领域循环经济发展的主要任务和目标

“十四五”时期山东省工业和信息化领域循环经济发展的主要任务和目标是整个未来发展及各项工作的核心和重点，为了保证主要任务和目标既能反映循环经济的特征与规律，又能体现山东省的特色，课题组在借鉴广东、江苏和浙江等先进省份循环经济规划的基础上，结合山东省的发展实际，提出了构建“十四五”时期山东省工业和信息化循环经济“245 + N”的发展框架，即通过“夯实两个基础、强化四个创新、推进五大工程、构建一批平台”等一系列专项行动和措施，全面推动山东省工业和信息化领域循环经济发展再上一个新台阶。

（一）强基固本，坚决夯实循环经济发展的政策基础和标准化基础

1. 政策基础

强化政策的基础保障作用，是做好山东省工业和信息化领域循环经济“十四五”发展规划的首要环节。为此，“十四五”期间要进一步健全法规体系和支持政策，支持各地结合实际制定循环经济实施办法和政策；研究出台强制回收产品和电动汽车动力蓄电池回收利用管理办法；完善工业废物、余热、余压综合利用的支持政策；支持开展再生产品、再制造产品和工业固体废物资源综合利用认证工作；优化财政金融政策，创新和出台财政资金支持方式，提高资金利用效率和使用效益；创新融资方式，积极提供包括银行信贷、债券承销、融资租赁等多重融资方式，落实绿色信贷指引，促进银行业金融机构大力发展绿色信贷；鼓励社会资本成立各类绿色产业基金等。

2. 标准化基础

循环经济标准化建设是发展循环经济的重要技术基础。要建设完善的循环经济体系，实现经济社会的全面协调可持续发展，就必须将循环经济涉及的各个领域、各个流程以及产品设计、生产的全过程纳入规范化、标准化轨道。因此，“十四五”期间要构建以资源产出率和循环利用率为核心的标准评价体系，完善重要资源消耗和统计监测机制，发布不同层面的循环经济评价指标；根据山东省循环经济发展的实际，加大有关标准的制定和修订工作，建立起一套与国家标准、行业标准相配套的地方标准体系；完成绿色工业体系中废旧产品、废弃物回收与再利用，以及绿色型工业园区等地方标准的制定和修订；制定生产过程协同资源化处理废弃物技术规范，完善资源综合利用产品和商品过度包装评价等标准；积极推动低碳标准化研究，促进与循环经济标准化有机结合；引导企业建立从产品设计、生产、包装、流通、销售和售后全过程的绿色标准体系和制度等。

（二）创新驱动，强化理念创新、机制创新、科技创新、模式创新等四个方面的引领作用

1. 理念创新

“十四五”期间，要以理念创新为引领，将发展循环经济主动融入山东省新旧动能转换等重大发展战略中，精心设计融合方案，实现相互支撑和相互带动，加快构建完善的区域资源循环体系，丰富从理论探索到工程实践的基本理念，以工程科技创新推进循环经济发展为指导思想，以绿色发展理念为基础，全面推动生态、低碳和循环发展。

2. 机制创新

“十四五”期间，要以机制创新为先导，建立有利于循环经济发展的长效机制。要建立健全生产者责任延伸制度，延伸供应链和消费链，衔接和理顺相关环节的管理制度和政策要求，明确利益相关方的主体责任；以电器电子产品、工业固废、铅酸蓄电池、废旧轮胎和废旧塑料包装物等为重点，强化生产者废弃产品回收处理责任；推进资源要素市场化配置改革，建立以“亩产效益”为导向的资源要素差别化配置机制，实施差别化的资源要素价格制度；推行绿色信用评价，并纳入企业信用评价体系中。

3. 科技创新

“十四五”期间，要以科技创新为支撑，努力突破资源循环的技术瓶颈。要强化政府的引导作用，建立以企业为主体、科研院校为支撑的“政产学研用”相结合的创新体系。要鼓励大型企业建立国家和省级技术中心或重点实验室，支持中小企业以技术合作和成果转化等形式开展新技术应用；围绕循环经济重大核心技术需求，优选研发项目列入省级重点科技计划或新旧动能转换关键技术研发支持领域，突破一批核心关键技术或示范模式；创新人才引进机制，设立循环经济省级人才评价和奖励制度；适时发布冶金、石油、化工、电力、建材等重点行业循环经济先进支撑技术，加快推动先进技术推广应用；通过大量技术创新，打通产业链的上下游，增强资源循环利用的技术经济可行性，提升资源、环境和经济的效益。

4. 模式创新

“十四五”期间，要以模式创新为手段，大力提高循环经济发展的组织化

和产业化水平。创新废弃物回收模式，逐步建立线上线下相融合的再生资源回收体系，推动建设区域性再生资源交易平台，探索在产业园区内建立集中的废弃物交换平台；培育和扶持一批提供规划、设计、建设、改造、生产和运营等服务的专业化服务体系；结合区域产业发展规划，依托科研院校和优势企业研发中心，建设区域研发共享中心和大数据共享中心，提高研发资源利用率。

（三）工程引领，以五大工程推动循环经济实现高质量发展

1. 绿色化技改工程

“十四五”期间，要着力推进耗能重点行业、重点企业和园区的绿色化改造，推动钢铁、有色金属、石油化工、建材、轻纺、装备制造和信息产业等行业的高质量发展。

（1）钢铁、有色金属行业

要鼓励日照、青岛、临沂、济南钢城区等钢铁主产区和聊城、滨州、烟台、东营、济宁、淄博等有色金属主产区引领区域工业绿色发展，支持山钢、日钢、泰钢、青岛特钢、永峰钢铁、山东耐材、兴业炉料、南山铝业、宏桥新材、信发铝业、丛林铝业、方圆铜业、祥光铜业等龙头企业为引领，建设具有钢铁生产、能源转换、固废消纳、资源再生和城市供热等多种功能的现代化精品钢铁基地。钢铁产业绿色发展水平不断提高，钢铁冶炼流程进一步优化，电炉短流程炼钢工艺得到推广，到2025年，力争电炉钢占比达到10%以上，省内产能排在前两位的钢铁企业（集团）产业集中度达到70%以上，钢铁企业劳动生产率翻一番，初步形成结构优化、环境友好、质效提升、竞争力强的现代钢铁产业体系。2025年底前，基本完成山东省京津冀大气污染传输通道城市钢铁企业产能转移。

工艺技术优化。要加快发展钢铁行业电炉短流程炼钢工艺；推广连铸坯热送热装和直接轧制技术；优化烧结、球团生产工艺，提高精料水平；优化高炉炉料结构，推广干熄焦、干法除尘、烧结余热回收、干式压差发电、蓄热式燃烧和全燃煤气发电等技术。铜冶炼鼓励采用底吹精炼替代传统的精炼工艺，与底吹熔炼和底吹吹炼相衔接，实现“氧气底吹熔炼＋氧气底吹连续

吹炼+底吹精炼的铜冶炼”。

电解铝行业节能降耗。要支持滨州、烟台、聊城三大铝产业集聚区走特色化、差异化和绿色化发展道路；鼓励电解铝企业通过重组实现煤电铝或铝电一体化，降低综合电耗；严格控制新增产能；大力发展铜、铝深加工产品和新材料等高附加值产业，加快发展再生资源加工园区建设和再生金属资源综合利用产业，淘汰100千安及以下电解铝预焙槽，淘汰密闭鼓风炉、电炉、反射炉炼铜工艺及设备，淘汰烧结锅、烧结盘、烧结—鼓风炉以及未配套制酸和尾气吸收系统的烧结机等炼铅工艺设备；以电解铝、氧化铝、铜等生产过程节能为重点，全面推广有色金属冶炼烟气余热发电和铜材料短流程生产；重点推广新型结构铝电解槽、低温高效铝电解、电解铝液合金化成形加工技术、氧气底吹熔炼液态高铅渣直接还原炼铅新工艺，以及铝液直供和富氧熔炼等技术。到2025年，力争全部电解槽达到400千安及以上先进产能水平，电解铝吨铝电耗下降到12500千瓦时左右。航空航天、高铁、轨道交通装备、船舶及海洋工程装备等领域中高端铝型材产品供给水平明显提升，铝板带箔和工业铝型材等高附加值产品占比达到60%以上，发展成为具有国内外重要影响力的铝产业集聚区。

余热余压和副产物有效利用。要继续实施焦炉煤气脱硫脱氰制酸、烧结机烟气脱硫脱硝制酸、烧结烟气余热回收、高炉煤气余压发电和饱和蒸汽发电等；鼓励采用钢铁窑炉烟尘细颗粒物超低排放预荷电袋滤技术；推动利用焦油、焦炉煤气和粗苯等焦化副产物生产高端化工产品。

“三废”资源高效利用。要鼓励采用钢铁烟尘及有色金属冶炼渣资源化清洁利用技术，通过对原料的火法富氧燃烧挥发与湿法综合回收有价金属，对固废中的锌、铟、铅、镉、铋、锡、碘、铁等进行综合回收，并从生产过程中产生的碱洗废水中回收碘及钠钾工业混盐；鼓励转炉渣、含铁尘泥和氧化铁皮回炉烧结；利用高炉渣和转炉渣生产水泥等建材产品，推动废渣、除尘灰和尘泥资源化利用；鼓励从冶炼废渣中提取有效成分，从铜冶炼阳极泥中提取回收稀贵金属，从赤泥中回收铁、贵金属和碱等；推动冶炼废液的综合利用，从氧化铝母液回收镓和钪等，从电解液回收镍等。

节水和循环利用。要鼓励继续完善企业内部水循环系统，采用工艺节水、水串级循环利用等，在全工序推广应用分质供水、串级用水、闭路循环、蒸发空冷和反渗透膜处理等先进技术，建设工业水膜法处理、中水深度处理和回用系统等，到2025年工业水重复利用率达到98%以上。

废钢铁和有色金属回收利用。要建立、完善废钢和废有色金属的回收体系，鼓励钢铁、有色金属企业和各类资本进入回收、分拣、加工及配送环节，重点鼓励上述龙头企业等以连锁经营、特许经营等现代组织方式，整合中小企业和个体经营户，培育产业规模化专业基地建设；完善回收网络体系，建设一批区域性交易中心、加工配送中心、专业化流园区等；制定和优化产业税收鼓励政策；成立相关协会组织，强化行业引领的作用。力争2025年废钢的利用率达到30%以上。

区域协同链接。要在有条件的地区，鼓励钢铁生产系统与社会生活系统循环链接，利用余热等资源为城市供热，促进产城融合；大力推动钢铁等企业协同消纳城市污泥、固废和塑料包装物等。

（2）石油化工业

炼化一体化。要支持齐鲁石化、东明石化、裕龙岛炼化、利华益、汇丰石化、鲁清石化、天弘化学、富海石化、金诚石化、京博等龙头企业，重点打造炼化一体化，进一步优化产品结构，初步形成全系列高端石化产业链，培育形成具有国际竞争力的炼化一体的大型企业集团、绿色化工和化工新材料世界级产业基地；推进全省地炼化企业整合重组，形成8000万吨/年炼油能力，实现进口原油统一采购、成品油统一销售和出口，实现300万吨/年乙烯和300万吨/年芳烃的高端化工原料生产规模；在聚烯烃、特种树脂等新材料下游产业领域逐步形成市场优势地位，创新发展特种工程塑料、特种橡胶及弹性体和复合材料等新材料项目，延伸产业链；重点企业实现原油到厂100%管道输送和成品油出厂80%管道输送。

煤炭清洁高效利用。要在焦化、煤化工、工业锅炉和窑炉等重点用煤领域，继续推进煤炭清洁、高效和分质利用。焦化和煤化工行业重点推动产品结构优化，加大资源加工转化深度，依靠科技进步与创新，促进炼焦行业由传统煤化工向为现代煤化工提供优质碳源、液化天然气、氢能、多种油源、碳基新材料及清洁散烧民用焦炭转变；实现煤焦油、粗苯等园区集中精深加工，提升焦化产业附加值；推广整体煤气联合循环发电技术、焦炉煤气制合成氨、甲醇或天然气及煤粉气流床加压气化等技术；鼓励采用介质浴盘管式焦炉上升管荒煤气余热回收技术，吨焦产汽量比水夹套技术增加20%以上；采用焦炉炉头除尘技术，降低焦炉生产对环境的影响。到2025年，全省焦化企业户数压减到20家以内，单厂区焦化产能100万吨/年以下的全部退出，引导形成千万吨级规模的煤焦化企业集团，在环保排放和能源消耗上达到国内领先水平，煤炭主产区及钢铁企业集聚区焦化企业产能比重提高到70%以上，骨干企业综合实力明显增强，行业节能减排效果不断提升。

深化锅炉、炉窑综合整治。要依法依规加大燃煤锅炉淘汰整治力度；依法取缔燃煤热风炉；加快推动铸造行业5吨/小时以下短炉龄冲天炉、岩棉等行业冲天炉改为电炉，鼓励铸造行业10吨/小时及以下冲天炉改为电炉；依法全面淘汰砖瓦轮窑等落后产能；依法淘汰一批化肥行业固定床间歇式煤气发生炉。山东七个传输通道城市完成淘汰炉膛直径3米以下燃料类煤气发生炉。

加快轮胎行业高端化发展。要支持以青岛、烟台、威海为主的半岛轮胎产业集群和以广饶、寿光为主的鲁北轮胎产业集群等引领行业绿色发展，支持玲珑、赛轮、三角、浦林成山、双星、恒丰橡塑、兴源轮胎、软控股份、金宇等龙头企业的绿色化引领改造。按照能耗、效益、亩均贡献、技术评价、质量标准等指标体系，对轮胎企业进行综合排序，通过提高行业标准和实施差别化产业政策，推动实现优胜劣汰；制定轮胎总产能控制和产能置换政策，鼓励优势骨干企业兼并重组、做大做强；着力推动轮胎生产智能化、装备数字化、管理信息化、营销网络化，有效提高企业全员劳动生产率和产品质量控制水平，积极发展高质量、高性能、高技术、高附加值、安全环保节能的绿色轮胎产品，提升为高端工程机械、中端以上乘用车和航空的配套水平。

化肥、氯碱行业高端技术改造。要支持鲁西、鲁北、鲁南化工、晋煤化工以及齐鲁石化、海化、华鲁恒升、金岭、联盟化工等企业引领绿色化技术改造。在化肥行业，继续采用先进的煤气化技术对现有固定床气化装置进行改造，新建一批洁净气化炉，鼓励企业通过开展煤制合成气体综合利用延伸产业链，优化氮肥企业布局，培育一批尿素产能百万吨以上企业；在氯碱行业，提高单元吨碱能耗目标，对能耗较高的膜极距电解槽进行改造。到2025年前全部完成。拉长氯气产业链，减少长距离道路运输，鼓励氯气产品企业内消化，发展盐化石化一体化、盐化煤化一体化产品，提高技术装备水平和产品附加值；到2025年前，洁净煤气化占合成氨总产能的比重由目前的37%提高到90%左右，固定床气化炉淘汰率达到90%以上，尿素生产企业固定床气化炉全部予以淘汰，氮肥行业基本实现第三代洁净煤气化，煤气化制氨和精细化学品工艺达到国际先进水平，全行业减少200万吨左右标准煤消耗，能耗总量减少20%；减少废气排放2680吨左右，排放总量减少50%。

“三废”资源的高效利用。要推进磷石膏、氟石膏、造气炉渣、电石渣和碱渣等固体废物的综合利用，鼓励利用焦炉气、电石炉气、黄磷尾气等生产化学品。开发推广煤化工、染料、农药等行业废水治理及再利用技术。开发推广废旧塑料、轮胎等有机物的回收利用技术。加强高温和强放热工艺装置余热综合利用。加强可降解塑料等绿色产品的开发和推广应用。

化工园区循环化改造。化工投资项目原则上应在省政府认定的化工园区、专业化工园区和重点监控点内实施。积极推进化工企业进区入园，鼓励企业之间上下游协同链接；支持化工园区开展循环化改造和智慧化工园区试点。

（3）建材工业

污染治理。要进一步优化建材窑炉烟气脱硫脱硝除尘综合治理、煤洁净气化等成套技术装备，开发推广陶瓷原料干法制粉新工艺，耐火材料原料均化、级配和用后产品回收利用技术；推广无铬耐火材料，开发低毒、无毒木材防腐剂，开发、推广和使用无毒高效脱硝催化材料，防治重金属污染。

废物协同处置或利用。要鼓励水泥窑协同资源化处理城市生活垃圾、污泥、危险废物、废弃建材、废塑料、污染土壤等。开展赤泥、铬渣、尾矿、粉煤灰、煤矸石、副产石膏、矿渣、电石渣等大宗工业固废的综合利用。保证产品质量和环境安全的前提下，在水泥、混凝土、墙体材料和机制砂石等产品中提高消纳产业废弃物的能力，逐步增加可消纳固废的品种；鼓励利用建筑废弃物生产绿色建材，鼓励利用农林剩余物以及废旧木制品发展生物质建材。

窑炉热工效率提升。要鼓励水泥窑采用第四代篦冷机和富氧煅烧技术；

加快发展低钙硅酸盐水泥，推进镁质胶凝材料无氯化应用，研究新型低碳胶凝材料；开发建材窑炉烟气中二氧化碳分离、回收和利用技术等；鼓励采用集成模块化窑衬节能技术，窑衬重量减少15%以上，节约回转窑主电机电耗。

新型绿色建材制造。要重点发展节能玻璃、太阳能玻璃、复合多功能墙体材料、木塑复合材料等；推动废玻璃、废玻纤、废陶瓷、废复合材料、废石及石粉等的回收利用并生产建材产品；鼓励采用高端水性漆聚合物改性水性化合成技术等。

（4）轻纺工业

食品行业。要支持诸城外贸、金锣、得利斯、香驰粮油、巨能金玉米、福洋生物、西王、龙大、中裕、英轩、柠檬生化等企业引领行业向上下游产业延伸，鼓励企业建立原料种养殖、清洁深加工、包装轻量、物流配送的全绿色产业链，构建农—工—贸大循环体系；鼓励采用清洁生产和综合利用先进技术，推进食品加工副产物和废弃物资源化利用；重点对边角料、麸皮、血液、皮毛、内脏等进行深度加工，利用废糟、废渣、废水无害化处理生产饲料和肥料，实现废弃物就地资源化利用。

制浆造纸行业。要鼓励太阳、华泰、晨鸣、亚太森博、博汇、世纪阳光、齐鲁新材、金蔡伦等企业继续采用新工艺、新技术，引领行业实现绿色发展。造纸工业要强化生产过程污染防控、污染治理及综合利用及二次污染防治。应进一步优化秸秆制浆生产工艺技术，提升秸秆利用率；充分利用木材加工剩余物资源，提高造纸原料国产化水平；鼓励实施纤维原料生物质精炼技术；强化再生资源利用意识，不断改进废纸分类、营销体系，提高废纸回收率和利用率。

要积极引导企业采用最新防污染技术措施：化学制浆宜采用低能耗置换蒸煮技术；废纸脱墨宜采用浮选法脱墨技术，可辅以生物酶促进脱墨；非木材化学制浆宜采用多段逆流洗涤及封闭筛选技术；鼓励企业对元素氯漂白工艺进行改造，采用无元素氯漂白或全无氯漂白技术；碱法制浆应配套碱回收系统，亚硫酸盐法制浆应配套废液综合利用技术措施；造纸生产线应配套完善的白水回收利用系统及余热回收系统；大力支持固废、黑液、废料（废渣）和废气等生物质的资源化利用。

包装行业。要提高资源利用率，鼓励推进绿色设计，发展低克重、高强度、功能化、系列化产品；限制过度包装；推广包装回收利用新技术，推进淀粉及变性淀粉、聚乳酸等新材料、农作物秸秆等生产可降解塑料产品，加大研制包装废弃物回收利用技术。

塑料及制品行业。要以可循环、易回收、可降解为导向，研发推广性能达标、绿色环保、经济适用的塑料制品及替代产品，培育有利于规范回收和循环利用、减少塑料污染的新业态、新模式。有序禁止、限制部分塑料制品的生产、销售和使用，积极推广替代产品，规范塑料废弃物回收利用，建立健全塑料制品生产、流通、使用、回收处置等环节的管理制度，有力、有序、有效地治理塑料污染。2025 年，塑料制品生产、流通、消费和回收处置等环节的管理制度基本建立，多元共治体系基本形成，替代产品开发应用水平进一步提升，重点城市塑料垃圾填埋量大幅降低，塑料污染得到有效控制。

印染行业。要支持魏桥、华纺股份、凤凰印染、如意印染、鲁泰纺织、愉悦家纺、康平纳等企业积极采用新技术，引领行业实现增质提效和降耗。采用新技术减少前处理过程用水量，鼓励采用等离子体或其他离子溅射、激光、超声波、紫外辐射等技术去除织物表面的杂质；进一步突破行业关键技术，如超临界二氧化碳染色技术、废水低成本高回用关键处理技术、PVA 浆料替代技术等；鼓励发展数字喷墨印花、转移印花、电子照相印花等绿色印花工艺的研发及应用；加快开发高上染率、高固色率的新型染料，提升生态助剂的性能等。加强纺织化学品管控，减少含挥发性有机物溶剂、染料助剂的使用；采用新技术尽可能减少染料和化学品助剂的使用量，降低排放量。

要推动从印染废水中回收染化料、助剂，从印染废碱液中回收碱；鼓励利用化纤生产产生的废气制酸；推动废旧纺织品再生利用规范化发展，以废旧职业装再生利用为突破口，完善社会化废旧纺织品回收再利用体系。

其他行业。制革行业，要采用制革准备和鞣制工段废液全封闭循环技术，浸灰脱毛和浸酸铬鞣工段的废液分别独立收集，针对各废液中可再使用物质（如石灰、硫化物、酶类、铬等）含量、特点，补充加入相应制剂，代替新水用于生产，实现废液循环利用；电池行业，采用废旧动力电池自动化拆解、破碎和分离，以及电池废料高附加值湿法回收工艺，回收铜、铝、碳酸锂、磷酸铁和石墨等资源，实现从废旧电池中回收原料并再次做成电池材料的产业链循环利用，解决低能耗、低成本和高效回收废旧电池有价组分的问题。

（5）装备制造业

绿色基础制造工艺。要支持潍柴、重汽、四方机车、普利森、临工、雷沃重工等企业积极采用绿色基础制造工艺，引领行业转型升级。以铸锻、热处理、焊接、涂镀等领域为重点，推广应用合金钢无氧化清洁热处理、热处理气氛减量化、真空低压渗碳热处理、感应热处理等工艺，无铅波峰焊接抗氧化、氮气保护无铅再流焊接、高效节材摩擦焊等焊接工艺，绿色化除油、无铅电镀、三价铬电镀、电镀铬替代等涂镀技术。推进短流程、无废弃物制造，重点发展近净成形、数字化无模铸造、新型防腐蚀等短流程绿色节材工艺，以及干式切削加工、低温微量润滑切削加工、铸造余热利用等技术，减少生产过程的资源消耗。

高端智能再制造。要在机电产品再制造试点示范、产品认定、技术推广、标准建设等工作的基础上，开展以高技术含量、高可靠性要求、高附加值为核心的高端智能再制造，推动深度自动化无损拆解、柔性智能成形加工、智能无损检测评估等高端智能再制造共性技术和专用装备研发应用与产业化推广。聚焦发动机、气轮机、重型机械、船舶、石油设备、工业机电设备和大型生产线等关键部件再制造，促进再制造产业不断发展壮大。

要以废钢材、废有色金属回收利用为核心，以装备制造产品生产为纽带，通过与钢铁加工企业进行耦合链接，形成装备制造行业循环产业链。

机动车回收拆解。要鼓励报废机动车回收拆解行业市场化、专业化、集约化发展，推动完善报废机动车回收利用体系，提高回收利用效率和服务水平。报废机动车回收拆解的“五大总成”具备再制造条件的，可以按照国家有关规定经过再制造予以循环利用；不具备再制造条件的，作为废金属售予冶炼企业回用。

（6）信息产业

高耗能设备改造。要全面推进信息通信业节能减排技术创新，积极构建先进绿色网络。新建通信网络全面采用节能减排新技术和新设备，推进通信网络结构性和系统性节能减排创新；积极推进现网老旧高耗能传统设备退网，加快传统交换设备和高耗能设备的升级改造；加快电信用户向光纤网络迁移，深入推进“光网城市”建设。

绿色体系建设。要积极推动行业设备研发、制造、运输、回收等全生命周期节能减排，加快构建信息通信业供应链绿色标准体系，提高节能、节水、节材指标及计量要求。强化对电子信息产品从设计、生产、消费到回收再利用全过程的管理。在设计和生产环节，以污染控制的相关标准引导技术和产品的发展；在消费环节，合理确定各类产品的使用和报废年限，确保消费者的使用安全；在回收环节，推进可持续运行的回收机制和体系建立；在再利用环节，鼓励企业加大废品再利用力度，支持企业开展再利用技术及产业化研究。制定规范和标准，完善电子信息产业污染控制管理体系，引导产业的发展向环境友好、资源节约方向转变，逐步建立起可持续的、循环型的产业发展模式。

2. 工业产业间链接耦合强化工程

“十四五”期间，规划要注重加强物质流分析和管理，科学规划，统筹产业带、产业园区和基地的空间布局，消除各种限制性障碍，打破地区封锁和部门利益，搭建循环经济技术、市场、产品等公共服务平台，鼓励企业间、产业间建立物质流、资金流、产品链紧密结合的循环经济联合体，促进产业间循环链接、共生耦合，实现资源跨企业、跨行业、跨产业、跨区域循环利用。

要以电力、石化、化工、建材、冶金、造纸等行业为重点，推动企业间、产业间、园区间、区域间、上下游产品间等耦合链接，建立循环、反馈、共生耦合的生产流程，形成生态产业链和生态性功能布局以及循环经济运行机制。通过实施建链、延链、补链项目，新建公共基础设施，实现区域产业链闭合循环，企业间废物交换利用、能量梯级利用、废水循环利用，形成低消耗、低排放、高效率、能循环的现代工业产业体系，打造产业共生、基础设施共享的现代循环经济发展模式。

要继续推进区域、工业园区、用能单位等系统用能和节能，选择具有示范作用、辐射效应的园区和城市，统筹整合钢铁、水泥等高耗能企业的余热、余能资源和区域用能需求，实现能源梯级利用。

3. 绿色制造体系创建工程

绿色产品方面，要侧重产品全生命周期的绿色化。选择量大面广、与消费者紧密相关、条件成熟的产品，应用产品轻量化、模块化、集成化、智能化等绿色设计共性技术，采用高性能、轻量化、绿色环保的新材料，开发具有无害化、节能、环保、高可靠性、长寿命和易回收等特性的绿色产品。到2025年末，全省将打造1000余个绿色示范产品。

绿色供应链方面，企业要建立以资源节约、环境友好为导向的采购、生产、营销、回收及物流体系，推动上下游企业共同提升资源利用效率，改善环境绩效，达到资源利用高效化、环境影响最小化，链上企业绿色化的目标。在汽车、电子电器、通信、机械、大型成套装备等行业选择一批代表性强、行业影响力大、经营实力雄厚、管理水平高的龙头企业创建。到2025年末，全省将打造1000个绿色供应链。

绿色工厂方面，绿色工厂是制造业的生产单元，是绿色制造的实施主体，属于绿色制造体系的核心支撑单元，侧重生产过程的绿色化。加快创建具备用地集约化、生产洁净化、废物资源化、能源低碳化等特点的绿色工厂。优先在钢铁、有色金属、化工、建材、机械、汽车、轻工、食品、纺织、医药、电子信息等重点行业选择一批工作基础好、代表性强的企业开展绿色工厂创建。到2025年末，全省将打造200家绿色标准化示范工厂。

绿色园区方面，要推动园区绿色化，要在园区规划、空间布局、产业链设计、能源利用、资源利用、基础设施、生态环境、运行管理等方面贯彻资源节约和环境友好理念，从而实现具备布局集聚化、结构绿色化、链接生态化等特色的绿色园区。从国家级和省级产业园区中选择一批工业基础好、基础设施完善、绿色水平高的园区创建。同时，巩固山东省国家级循环化园区成果，2022年全部完成省级园区循环化改造。到2025年末，全省将打造150家绿色标准化示范园区。

绿色制造系统集成方面，要在机械、食品、纺织、化工等行业中，建设绿色设计信息数据库、绿色设计评价工具和平台等，实现资源共建共享，制定一批绿色设计标准，开发一批绿色设计产品，创建一批绿色设计示范线；在机械、电子、化工等行业中，重点聚焦高技术含量、高可靠性要求、高附加值特性的关键工艺、技术、装备及材料等，通过绿色制造关键工艺技术和装备的创新、集成应用，解决关键工艺流程或工序环节绿色化程度不高的问题，制定一批绿色关键技术标准，提升重大装备自主保障能力；由家电、大型成套装备等行业龙头企业作为牵头单位，围绕采购、生产、销售、物流、使用等重点环节，制定一批绿色供应链标准，应用模块化、集成化、智能化的绿色产品和装备，建设应用全生命周期资源环境数据收集、分析及评价系统，建设上下游企业间信息共享、传递及披露平台等，形成典型行业绿色供应链管理模式和实施路径。

4. 工业信息化融合发展工程

提倡融合发展。要强化顶层设计，推广运用大数据、云计算、工业互联网、物联网、人工智能、5G 技术和区块链等新一代信息技术，改造提升电子、机械、汽车、船舶、冶金、建材、化工、轻工、纺织、医药等传统产业，推动工业互联网融合高水平创新，培植壮大经济发展新动能，支撑工业实现高质量发展。探索“互联网 + 循环利用”的模式及路径，推动和引导再生资源回收模式创新。推动互联网与制造业等产业深度融合，促进制造业高端化、智能化、绿色化、服务化，大力推进生产设备数字化自动化、制造过程智能化、制造体系网络化。发展基于互联网的协同创新模式，推动融合性新兴产业成为经济发展新动力。

加强网络协同制造。加快网络、控制系统、管理软件和数据平台的纵向集成，促进研发设计、智能装备、生产制造、检验验证、经营管理、市场营销等环节的无缝衔接和综合集成，实现全流程信息共享和业务协同。推动企业间研发设计、客户关系管理、供应链管理和营销服务等系统的横向集成，推进协同制造平台建设，提升产业链上下游企业间设计、制造、商务和资源协同能力。

打造智能工厂。要加快机械、船舶、汽车、家电等离散行业生产装备智能化改造，推动全面感知、设备互联、数据集成、智能管控，促进生产过程的精准化、柔性化、敏捷化。加强石化、化工、钢铁、有色、建材等流程行业先进过程控制和制造执行系统的全面部署与优化升级，推进能源管理中心建设，实现生产过程的集约高效、动态优化、安全可靠和绿色低碳。到 2025

年末，全省将打造300家智能化示范工厂。

开发智能新产品。要围绕构建支撑智能硬件产业化发展的技术体系，推动低功耗CPU、高精度传感器、新型显示器件、轻量级操作系统等智能产业共性关键技术攻关，促进创新成果快速转化。支持重点领域智能产品、集成开发平台和解决方案的研发及产业化，支持虚拟现实、人工智能核心技术突破以及产品与应用创新。

突破智能制造关键技术和装备瓶颈。要加快推动高档数控机床、工业机器人、增材制造装备、智能检测与装配装备、智能物流与仓储系统装备等关键技术装备的工程应用和产业化。优先支持航空航天、海洋工程、新材料等重点领域智能制造成套装备的研发和产业化，加快传统制造业生产设备的数字化、网络化、智能化改造。

支持重点企业发展面向移动互联网、物联网的5G创新应用，积极拓展5G业务应用领域。

5. 绿色低碳产业培育和发展工程

加快绿色低碳战略新兴产业发展步伐。要继续鼓励发展煤炭清洁高效利用与深加工、非常规油气开发利用、能源互联网与综合能源服务、核能与可再生能源开发利用、氢能与燃料电池开发利用等；鼓励发展节能产业、环保产业和资源循环利用产业等。以绿色低碳技术创新和应用为重点，引导绿色消费，推广绿色产品，大幅提升新能源的应用比例，全面推进高效节能、先进环保和资源循环利用产业体系建设，推动新能源和节能环保等绿色低碳产业成为支柱产业；以高端成长型产业、战略性新兴产业为引领，加快发展高端装备制造、高端化工、信息产业、能源原材料、海洋经济等新旧动能十大产业，推动新领域、新技术、新产品、新业态、新模式蓬勃发展。抓好一批战略性、支撑性、带动性强的节能环保装备重大项目实施。

优化能源消费结构。要逐步降低煤炭消费比重，提高天然气消费比重，大幅增加风电、太阳能、地热能、生物质能等可再生能源和核电消费比重，鼓励发展热电联产、热电冷三联供和火电机组改造热电联产，促进经济绿色技术创新与发展。

（四）平台赋能，搭建一批公共服务平台，打造循环经济生态网络

公共服务平台的优势在于资源整合，网络赋能。要进一步强化创新服务，建设面向前沿技术开发的科技基础研究平台、面向产业关键核心技术创新的工程化开发与试验检测平台、面向科技型中小企业的公共创新服务平台，完善科技条件平台共享机制，推动科技创新产业集约化、集群化发展。围绕山东省节能减排领域共性关键技术需求，培育一批具有核心竞争力的科技企业和服务基地，建立一批工程技术研究中心、重点实验室等。创新“互联网+”再生资源回收利用模式，完善再生资源回收体系，逐步构建覆盖全省的产业废弃物和再生资源交易系统。大力发展节能环保产业，推进形成合同能源管理、合同节水管理、第三方监测及环境保护、政府和社会资本合作等服务市场。到2025年末，全省将打造150家各类公共平台示范项目。

五、健全和完善各项保障措施

为确保山东省工业和信息化领域循环经济“十四五”发展目标的顺利实现，需要从组织协调、政策扶持、创新支撑、评估督办、宣传教育、人才、培养以及对外合作交流等七个方面构建强有力的保障体系。

（一）加强组织领导、分工协作，夯实推动山东省工业和信息化领域循环经济发展的顶层设计

为了推进山东省循环经济、节能减排工作的顺利实施，推动各部门、各有关单位的分工协作，山东省成立了建设节约型社会联席会议制度。基于此，山东省工业和信息化领域循环经济“十四五”发展规划的编制还需要立足山东省发展循环经济的现实，在继续完善联席会议制度的基础上，充分发挥建设节约型社会联席会议制度的作用，进一步完善循环经济发展协调机制，建立由各级工业和信息化主管部门牵头，发改、环保等相关职能部门相互协调和配合的联动机制，定期共同研究工业和信息化循环经济发展问题，协同推进循环经济发展，形成“分工明确、责任落实、部门协同、省市县三级联动”的工作格局。充分发挥工业生产绿色推进办公室、省淘汰落后产能工作协调

领导小组办公室和绿色制造工程专项行动方案实施协调机制的作用，统筹协调全省工业和信息化循环经济发展工作，研究提出推进全省工业和信息化领域循环经济发展的重点工作、政策措施，制订年度计划，分解落实循环经济发展目标、任务，协调解决工作推进中的具体问题，督促各地市、各有关部门贯彻落实相关政策措施和工作部署。

（二）实行多种激励政策，构建推动工业和信息化领域循环经济发展的政策支持体系

目前，山东省的工业尚以传统制造业为主，新旧动能转换的压力较大，发展循环经济任重道远。所以，编制山东省工业和信息化领域“十四五”循环经济发展规划必须立足山东省循环经济发展的现实。要实现工业和信息化循环经济规划的落地，推动山东省经济高质量发展，就要实施多种激励政策，构建推动山东省工业和信息化领域循环经济发展的政策支撑体系。要认真落实国家及省级节能、节水、资源综合利用产品和再生资源回收利用的税收政策。从产业布局、投资价格和收费、财税、金融支持等政策方面加大对工业和信息化领域循环经济的支持力度。坚持工业和信息化领域生产要素市场化合理配置，定期发布工业和信息化领域循环经济项目和产品推广名录，完善绿色产品政府采购和财税支持政策。优化行业准入政策，从节能、环保、资源产出、投资规模、产业导向等方面，优化细分行业准入标准，从重点企业、重点行业入手，鼓励园区、企业探索使用能源合同管理模式推进节能改造，鼓励、支持工业和信息化企业循环经济产业链上下游企业相互参股、持股，企业之间签订物料供需合同、项目合作协议等方式，探索建立循环经济产业链上下游企业利益共享、风险共担机制，并以此为支撑形成完整的链条式循环经济发展模式。积极扶持节能环保产品在重点行业、重点企业的推广，优先支持国家循环经济示范市（县）、国家园区循环化改造试点等循环经济试点的创建工作，按照政府引导、社会参与、市场运作模式，多渠道筹措循环经济发展建设基金。加强资源消耗强度较高产业的管控和约束，从社会资金引导、电价、水价和污水处理等方面加大向循环经济项目的倾斜力度，鼓励工业和信息化循环经济产业的发展。发挥财政资金的作用，充分利用中央绿色发展资金、省级财政专项资金等，加强对传统产业技术改造，加强对工业和信息化领域循环经济基础设施、重点项目和关键技术开发的支持力度。创新循环经济发展专项基金支持方式，以产业投资基金形式支持企业投资建设的循环经济重大工程、重点项目，对非营利性和非经营性循环经济项目、基础能力建设项目等采用投资补助、贷款贴息、节能奖励等方式给予支持。鼓励金融机构加大对列入国家、省级循环经济示范试点的园区、企业和项目信贷支持力度。发展绿色金融，加强产融衔接，拓宽绿色制造融资渠道，加大对传统制造业绿色改造升级、绿色新技术和新产品产业化应用、绿色制造体系建设等重点领域的支持力度。积极促进设立工业和信息化循环经济发展基金，鼓励民间资金依法依规设立股权基金、产业基金、偿债基金、质押股权收购基金等，促进产融结合，支持工业和信息化绿色产业创新发展与改造提升。充分利用专项债券、绿色信贷、基金、融资租赁、融资担保、上市融资等金融手段，引导社会资本参与绿色制造重大工程建设，全面落实好促进工业和信息化循环经济发展的各项扶持和优惠政策，

（三）创新体制机制，强化创新驱动，建设促进循环经济发展的技术支撑体系

习近平总书记指出，创新是一个民族进步的灵魂，是一个国家兴旺发达的不竭动力，也是中华民族最深沉的民族禀赋。在激烈的国际竞争中，惟创新者进，惟创新者强，惟创新者胜。创新是推动循环经济长远发展的根本动力，要编制好山东省工业和信息化“十四五”循环经济的发展规划，就要在发展循环经济的市场机制、协同管理和科技支撑等方面不断创新，形成促进工业和信息化循环经济发展的长效机制。要建立促进循环经济发展的市场机制，充分发挥市场调节作用，建立煤、电、气、热等能源产品价格联动机制，发挥差比电价、水价等市场机制在资源能源配置中的作用，遏制高能耗，淘汰落后产能。加快推行合同能源管理、节能低碳产品和能效标识管理等机制，推进节能发电调度，优先可再生能源发电资源；积极建立以政府为主导的“产学研用”协同创新机制，探索建立工业企业与政府在协同资源化处理废弃物方面的合作机制，通过技术标准、行业准入管理、试点示范、产业援助等

手段，培育一批生产工程协同废弃物资源化处理循环利用示范工程，加快推进钢渣、赤泥、工业废水和废旧铅蓄电池等废弃物资源化利用；推进建立技术创新体系，建立以政府为主导、市场为导向、企业为主体、高校和科研院所为技术支撑的“政产学研用”相结合的科技创新体系。强化技术创新对发展循环经济的支撑保障作用。制订创新科技领域支持循环经济发展的专项计划，将循环经济重点领域及关键技术列入重大科技专项支持范围，加快共性关键技术开发，对行业、区域循环经济指标有重大影响的技术难题进行重点攻关。推动组建重点领域循环经济产业联盟，加强“产学研用”结合，共同研究解决循环经济关键和共性技术问题。加快先进适用技术推广应用，探索通过政府买断的方式对先进适用技术进行推广应用，先进的节能减排优秀成果在全省工业和信息化领域转化共享。

（四）强化目标责任和评估督办，确保循环经济发展目标的顺利实现

编制符合山东省经济发展现实的工业和信息化“十四五”循环经济发展规划，要在明确各项任务的前提下，强化目标责任和评估督办，确保循环经济发展规划目标的顺利实现。为此，编制发展规划保障措施就要完善目标责任体系，明确各项任务的实施主体，加强部门联动，落实工作责任制。要突出绿色发展导向，深化工业和信息化循环经济发展目标责任考核制度。要进一步完善工业和信息化企业节能减排工作考核办法，进一步加强对各市工业节能节水和淘汰落后产能目标任务责任评价考核及重点用能用水、企业节能节水目标考核，将全省工业节能节水目标任务分解落实到各市和县（市、区）、重点用能用水企业，加强督促检查，逐年考核，确保工作到位。加强工业能源消费和用水统计、监测和预警预测，定期通报节能节水目标、淘汰落后产能任务完成情况，接受社会监督。积极落实目标责任制，严格进行考核问责，加强考核结果的应用。进一步完善循环经济统计制度，科学设定循环经济评价指标体系，规范统计核算方法，做好数据采集和分析工作，建立统计调查和数据发布制度。每年开展一次循环经济专项督查，重点对各类产业园区、企业落实循环经济政策措施情况进行监督检查，并将检查结果记入年度专项考核指标。要组织开展国家循环经济相关名录执行情况的监督检查。

定期协调解决推进循环经济工作中的重大问题，做好下一阶段重点工作的安排部署。同时，政府部门协同相关研究机构、行业协会研究制定区域性工业和信息化领域循环经济企业（园区）资质认定管理标准，建立由各级政府工业和信息化部门牵头，科研院所、行业组织、行业协会等第三方参与的评价认证机制，依据认证标准，进行统一、公开的认证管理工作，切实评选出具有典型意义和示范效应的区域性循环经济企业。

（五）增强宣传教育和人才培养，营造促进工业和信息化领域循环经济发展的良好氛围

循环经济发展目标的实现离不开广大企业、群众的参与和支持。实现绿色发展，人人参与，就要充分发挥各类媒体、绿色公益组织、行业协会、产业联盟、舆论监督等渠道，广泛开展多元化的循环经济宣传教育活动，通过举办专题论坛、技术展示和现场交流会等多种形式积极宣传循环经济的法律法规、政策措施、典型案例、先进经验。普及循环经济发展理念，加强工业和信息化循环经济发展有关知识体系的宣贯与培训。引导企业在企业内部设立专门的企业能源管理岗位，建立岗位负责人定期培训制度，并将推动工业和信息化循环经济发展作为重要内容纳入职业教育和职能培训体系。人才是发展的第一驱动力，高质量实现山东省工业和信息化“十四五”循环经济发展目标还要研究创新人才引进和培养机制，要利用省人才工作领导小组办公室实施的“齐鲁之约”引才活动探索建立引导企业着力引进国家重点学科、重点实验室、工程实验室学科技术带头人等高层次人才及团队，完善不同层次、不同领域循环经济人才的评价机制。探索建立省内外循环经济人才交流、项目合作等灵活多样的人才培养机制。探索建立山东省工业和信息化循环经济发展高技能人才培养基地，打造一支坚实的循环经济发展人才队伍，推进绿色生产专门化人才培养。

（六）继续拓展对外开放领域，扩大山东省工业和信息化领域循环经济交流与合作

随着改革开放的进一步深入，中国与世界融合的程度越来越高，中国的投资政策和投资环境进一步优化。但是目前，山东的基础工业还是以传统的制造业为主，新旧动能转换的压力较大，发展循环经济的资金和技术需求也在逐步加大，在这种状态下，就要继续拓展对外开放领域，扩大工业和信息化循环经济交流与合作，围绕发展工业和信息化循环经济，积极引进先进技术。要紧跟全球绿色科技和产业发展新方向，充分利用山东市场规模、装备生产能力、创新创业环境和人才队伍等优势，在资金、技术、人才、管理等方面积极开展国际交流合作，积极利用世界银行、亚洲开发银行、全球环境基金、联合国开发计划署等国际组织以及各国政府的贷款或赠款发展循环经济，吸引全球顶尖研发资源和先进技术向山东转移。鼓励外商投资高新技术、污染防治、节能和资源综合利用项目，设立循环经济研发机构。鼓励省内企业、研发机构、高校与世界一流机构合作，广泛开展工业和信息化循环经济发展协同创新。

参考文献

[1]山东省人民政府办公厅．山东省循环经济“十三五”发展规划(鲁政字〔2017〕39 号),2017.

[2]河南省人民政府办公厅．河南省“十三五”循环经济发展规划(豫发改环资〔2017〕806 号),2017.

[3]浙江省人民政府办公厅．浙江省循环经济发展纲要(浙政发〔2005〕39 号),2005.

[4]江苏省人民政府办公厅．江苏省“十三五”工业绿色发展规划(苏经信节能〔2016〕504 号),2016.

[5]广东省人民政府办公厅．广东省循环经济 2010—2020 年规划(粤经信节能〔2010〕878 号),2010.

[6]工业和信息化部．绿色制造标准体系建设指南(工业和信息化部联节〔2016〕304 号),2016.

[7]国家发展改革委．绿色产业指导目录(2019 年版)(发改环资〔2019〕293 号),2019.

[8]GB/T 36132－2018,绿色工厂评价通则[Z]. 2018.

作者简介

崔　磊，高级经济师，室主任，山东省工业和信息化研究院。

赵　彬，经济师，山东省工业和信息化研究院。

王　强，经济师，山东省工业和信息化研究院。

李文全，正高级工程师，山东省工业和信息化研究院。

潘劲松，高级工程师，山东省工业和信息化研究院。

3

山东省工业企业融资问题及对策

戴昊　于政　刘虹妹　牛宗宝　魏涛

摘　要　在联合国分类的41个工业大类中，中国是唯一41个大类齐全的国家，而山东省是工业大省，207个工业种类中山东拥有197个，其中制造业占179个，在全部666个工业小类中山东拥有526个。近年来，受外部环境、生产经营、金融风险、产业结构等因素影响，山东工业企业融资问题有所恶化，严重影响了转型升级任务的实施。政府出台了一系列相关政策帮助企业缓解融资困难，但是“融资难”问题仍然是阻碍工业企业生存、发展和转型的瓶颈。本文从工业企业融资现状、融资难原因、融资对策三个方面进行分析，从优化融资环境、丰富融资方式、拓展融资渠道、降低融资成本等方面入手，通过对山东省工业企业融资情况进行充分调研，总结可借鉴的经验，并针对现存的问题，提出相对应的解决方案和创造性的政策性建议。

关键词　融资现状；融资难原因；融资对策

一、国内外研究现状

（一）国外企业融资理论与实践

对于企业融资问题，在国外具有系统的研究，形成了一系列融资理论。

1. MM 理论

最初的 MM 理论，由美国 Modigliani 和 Miller 教授于 1958 年 6 月发表于《美国经济评论》的《资本机构、公司财务与资本》一文中所阐述的基本思想。该理论认为，在不考虑公司所得税，且企业经营风险相同而只有资本结构不同时，公司的资本结构与公司的市场价值无关。或者说，当公司的债务比率由 0 增加到 100%时，企业的资本总成本及总价值不会发生任何变动，即企业价值与企业是否负债无关，不存在最佳资本结构问题。修正的 MM 理论（含税条件下的资本结构理论），是 Modigliani 和 Miller 于 1963 年共同发表的另一篇与资本结构有关的论文中的基本思想。他们发现，在考虑公司所得税的情况下，由于负债的利息是免税支出，可以降低综合资本成本，增加企业的价值。因此，公司只要通过财务杠杆利益的不断增加，而不断降低其资本成本，负债越多，杠杆作用越明显，公司价值就越大。当债务资本在资本结构中趋近 100%时，才是最佳的资本结构，此时企业价值达到最大。最初的 MM 理论和修正的 MM 理论是资本结构理论中关于债务配置的两个极端看法。

MM 理论随后又有所发展。其认为企业负债率越高对企业越有利，当企业负债率为 100%时企业价值最大。但是这种分析未考虑企业的破产成本，因此 100%负债使企业价值最大的结论远离经济现实。现代西方资本结构理论中的权衡模型在此基础上引入了破产风险，进一步完善了资本结构理论，使其更具有现实意义，因而引起了各国的重视。

目前，山东省工业企业融资过程中，关注的是资金“量”的问题，尚未升到建立“最优资金结构”的高度上来。此外，部分业主融资观念陈旧，本着“有多少钱办多大事”的理念来经营企业，惧怕负债，失去了利用负债资金的“免税效应”及“杠杆效应”来提高主权资金收益率的机会。所以，在进行融资问题尤其是资金结构问题分析时，MM 理论有极高的使用价值。

2. 融资次序理论

基于金融制度的内生性，研究工业企业融资问题首先应着眼于企业的融资需求。但是，目前的研究大多关注的是企业的资金供给，而忽视其资金需求。国内相关讨论大都采用了 Myers 的融资次序理论。

1984 年，Myers 等提出了一种新的观点。该观点认为：首先，筹资的成本不仅包括管理和证券承销成本，还包括不对称信息所产生的“投资不足效应”而引起的成本。为消除“投资不足效应”而引起的成本，企业可以选择内部积累的资金去满足净现值为正的投资机会。所以，通过比较外部筹资和内部的成本，当企业面临投资决策时，首先考虑运用内部资金。其次，债务筹资优于股权投资。优序筹资理论的两个中心思想是偏好内部筹资，如果需要外部筹资，则偏好债务筹资。由于企业所得税的节税利益，负债筹资可以增加企业价值，即负债越多，企业价值增加越多，这是负债的第一种效应；但是，财务危机成本期望值的现值和代理成本的现值会导致企业价值的下降，即负债越多，企业价值减少额越大，这是负债的第二种效应。由于上述两种效应相互抵消，企业应适度负债。最后，由于非对称信息的存在，企业需要保留一定的负债容量以便有利可图的投资机会来临时可发行债券，避免以过高的成本发行新股。按照等级筹资理论，不存在明显的目标资金结构，因为虽然留存收益和增发新股均属股权筹资，但前者最先选用，后者最后选用。盈利能力较强的公司之所以安排较低的债权比率，并不是由于已确立较低的目标比率，而是由于不需要外部筹资；盈利能力较差的公司选用债权筹资是由于没有足够的留存收益，且在外部筹资选择中债权筹资为首选。

这种融资顺序假设理论在西方发达国家得到了普遍的印证：1970 年至 1985 年，美国、英国、德国、加拿大占据第一位的融资方式均是留存收益，分别占本国融资额的 66.9%、72.0%、55.2%、54.0%；居第二位的均是负债，分别占本国融资总额的 41.2%、25.0%、24.0%、27.5%；整个西方发达国家，股票融资均为末位。在股票市场最发达的美国，股票融资比例最低。到 1984 年至 1990 年，美国大部分公司已基本停止股票融资，并通过发行债券来回购自己的股份，股票融资对新投资来源的贡献成为负值。公司中只有约 5% 的公司发售新股，平均每 20 年才配售一次新股。

3. 成长周期理论

融资次序理论探求了企业融资的短期需求，国内部分学者则认为这无法揭示企业发展过程中资金结构变化的动态规律。而 Berger 和 Udell（1998）的金融成长周期理论可以弥补这一缺陷。这一理论的主要内容是：小的、年轻的、信息不透明的企业多依赖于内部初始融资、贸易信用或天使融资；当企业发展到一定阶段时，则可以考虑间接融资（权益融资来源于风险投资，债务资金来自银行等金融机构），最后如果企业持续增长则可以通过资本市场等渠道进行直接融资。也就是说，从创立起到成长期再到成熟期，企业的内源性融资将逐渐减少，外源性融资不断增加。融资次序理论探求了企业融资的短期需求，国内部分学者则认为这无法揭示企业发展过程中资金结构变化的动态规律。

另外，有实证研究发现，在外源性融资中，企业对债务性融资的依赖始终较强。尽管有人强调资本市场欠发达是我国企业融资难的主要原因之一，但基于我国银行主导的金融体系的特征，大部分学者认为在外源性融资中我国的企业还要依赖于金融中介的债务融资，而发展股权融资并非当务之急。因为，在外源性融资中通过股权融资来弥补金融缺口对企业尤其是民营企业来说存在困难，无论是股票市场还是风险投资都要求有较高的佣金成本和回报收益，这并不符合我国民营企业的普遍需求。另外，从资源禀赋为出发点来看，我国民营企业的特征是以传统的劳动密集型为主的经济体，所以通过资本市场解决民营企业的资金需求对大多数企业来说是没有太大帮助的。

国外认为影响融资难的因素主要包括政策制度、信息不对称及金融缺口三个方面。新制度经济学的研究表明：经济制度对经济和金融发展的路径往往发挥着至关重要的影响作用。有效率的制度安排是促进经济增长的重要条件。由于银企之间的信息不对称会引起逆向选择和道德风险问题，所以银行的贷款供给不一定是贷款利率的单调函数，这样在竞争均衡下也可能出现信贷配给。20 世纪 20 年代英国议员麦克米伦在国会演说中讲到“金融缺口”。他指出，当企业需要的外源性资金少于 25 万英镑时，很难获得融资。麦克米伦的说法一再被实际生活所证实。“企业融资难”这一世界性问题被称为“麦克米伦缺口”。

（二）我国工业企业融资理论与现状

目前，对我国工业企业融资难的研究主要集中于：政府扶持力度不够、金融体制改革滞后、商业银行风险防范意识不强、资本市场不发达以及企业自身的管理和财务问题等方面，提出了诸如加大政府的宏观监控力度和政策导向作用、加强银企之间的沟通、尽快完成信用担保体系建设、加快金融机构的市场化进程、完善金融服务体系、建立面向民营企业的金融机构或组建民营企业贷款联盟等缓解措施。

学者们的探讨重点在金融体制、企业信用、银行风险等方面。

二、工业企业融资现状

从狭义上讲，融资是一个企业资金筹集的行为与过程，也就是说公司根据自身的生产经营状况、资金拥有的状况，以及公司未来经营发展的需要，通过科学的预测和决策，采用一定的方式，从一定的渠道向公司的投资者和债权人去筹集资金，组织资金的供应，以保证公司正常生产需要，经营管理活动需要的理财行为。企业融资，按照融资方式，分为间接融资和直接融资两种；按照融资渠道，分为债务性融资和权益性融资两类。

在激烈的市场竞争环境下，工业企业在经营活动中遇到了很多困难和挑战。山东省很多工业企业以追求规模利润为主，对资金需求比较大，而自有资金不够充裕，缺乏相应的资金保障，抵抗风险能力低，一旦陷入区域危机如担保圈时，甚至面临破产倒闭的危机。企业的转型、发展急需大量资金保障，但在融资过程中又面临缺少抵押担保、融资难，融资的渠道窄、融资慢，融资的环节多、成本高等问题。资金问题，已经成为阻碍企业发展的大问题。

一般企业由于自身条件限制，都是通过间接融资。银行向企业贷款时，要求企业提供资产负债表、利润表、现金流量表等一系列财务资料，资料审核严格，手续复杂，放款时间长，为了解决企业资金难的问题，很多企业尤其是中小企业会选择向民间金融机构融资，但融资成本往往又很高，这是目前工业企业融资的现状。

三、工业企业融资难原因

（一）宏观政策、制度因素制约

国家宏观经济政策、利率水平、汇率变动情况、通胀等会影响企业融资。比如，在通货膨胀情况下，货币贬值物价持续升高，会导致企业资金紧张，加大资金的需求；当整体市场外部环境不景气时，企业想融资，可能会面临放款难、利率水平高等困难。

制度因素，主要影响企业的外源融资，制度上的供给不足是造成企业融资困境的主要外部条件。影响工业企业融资难的金融制度约束主要有金融抑制、外生性金融成长和信贷紧缩。信贷紧缩，即经营贷款的金融机构提高贷款标准，以高于市场利率水平的条件发放贷款，甚至不愿意发放贷款，从而导致信贷增长下降，使社会再生产的资金需求得不到满足。

（二）外部环境因素影响制约

1. 部分区域金融风险暴露，制约企业新增融资

受经济下行压力加大的影响，部分地区金融风险持续暴露，部分金融机构出于风险防控的考量，信贷投放审慎。部分企业受担保圈风险影响，信用评级下调，融资能力下降。

2. 部分企业属国家限制类行业，受银行授信政策限制

有的工业企业属于基础化工、冶金、建材、纺织等传统制造行业，面临较大的产业结构调整和环境保护压力，获得银行信贷支持较难。同时，自2017年国家开展环保大督查后，大量环评不合格的工业企业处于关停、限产、整改状态，设备升级等融资需求无法获得信贷支持。

（三）企业自身障碍分析

企业自身的条件及缺陷是造成其融资困难的最主要原因。

企业信息严重不对称，面临信用缺失危机。一般企业财务信息不公开，长期对外做假账，更有甚者，设立几套账，造成信息严重不对称，对企业信誉产生极坏的影响。企业信用问题是融资难的根本原因，突出表现在以下几个方面。第一，融资信用不足。一些企业缺乏对融资信用的重视，不愿意守信还贷，树立了不好的形象；而一些企业由于没有还款能力，信用风险偏高，银行不愿意放贷。企业得不到银行贷款，无法做大做强，就不能创造更大的效益，相反，银行发放的贷款少，获得的收益就会减少，这样银企互利关系便会受到严重损害，导致企业融资信用环境恶化。第二，商业信用缺失。企业为了节约成本和扩大销售，常常利用信用合同、协议、授权、承诺等信用交易方式。但实际上，信用交易的背后是大量的违约行为。由于企业不讲信用，使正常的信用观念遭到破坏，企业间赊销、预付难以进行，逾期的应收账款发生率越来越高。发展至今，很多企业间交易大多以现金方式进行，相互不授予信用。一般企业的主要融资渠道靠短期商业信用维持，它的两种主要形式是赊销和延期付款，目前这两种手段的发挥都受到了极大的限制，企业短期商业性融资越来越困难。第三，财务信用缺失。为达到融资目的，企业与审计机构串通，提供虚假财务报告。对于持长足发展、持续经营态度的企业来讲，无疑为融资与再融资埋下了极大隐患。财务信用缺失是信用缺失的一个突出点，企业因财务信用缺失所造成的企业信息“不透明”部分，需要付出高昂的成本才能被银行等金融机构观测到，因为单位贷款的交易成本相对而言较高，加剧了企业通过银行贷款难的问题。第四，生产信用缺失。许多企业没有严格的质量管理体系或认证，在生产过程中，使用劣质、有害原材料，采用非法生产方式，欺诈消费者，造成了生产信用缺失。

企业留存收益不足，无法满足内源融资。企业缺乏内部积累能力，没有足够的留存收益满足其内源融资，即使随着企业不断发展及其内部分配体制的调整，可支配的盈余逐渐增大，但投入扩大再生产的资金却甚少。企业在利润分配过程中，缺乏长期经营思想，自身积累意识淡薄，利润分配账户余额几乎为零。有的企业不顾及长远利益，未从长足发展角度自留资金以备扩大生产、研发新产品的资金所需。

融资结构不合理，直接影响融资能力。企业的融资结构是企业融资行为的结果，伴随着企业成长周期而发生的信息约束条件、企业规模和资金需求的变化是影响企业融资结构变化的基本因素。企业融资结构的不合理状况与其融资困境是密切相关的。近几年，私募股权，如天使资金、风险基金等直接融资手段得到了较大的发展，但在企业融资中占比很小。目前，山东省工业企业融资仍然主要依靠间接融资，然而间接融资渠道不畅（贷款难）与资产负债率偏高的现象同时并存。造成这种矛盾现象的主要原因有：一是商业信用是企业债务融资的重要来源之一，尤其是一些企业通过赊购形成的商业信用规模超过了银行贷款规模；二是部分企业挤占银行信贷资金用于投资其他企业特别是关联企业，这样出资企业的资产负债率就会比较高；三是民间借贷的存在，一些企业通过正规融资渠道无法充分满足融资需求，就会转向非正规融资渠道筹集资金，而非正规融资渠道通常都采用借贷方式。

企业组织水平和产业水平的普遍低下增加了融资风险，降低了资金使用率。企业自有资金不足，没有自己的核心技术，生产水平落后导致产品成本高、质量差，无市场竞争力，加上内部管理混乱，没有合理的资金使用计划，对原材料合理库存也没有严格的管控，对应收账款等债权欠缺科学的催收制度，不重视现金流的管理，这些都会造成企业资金紧张，急需融资。但是，这样内控比较差的企业往往实力欠缺，信用级别低，自有资金有限，价值高的固定资产、无形资产不多，做信贷抵押的资源有限，如果又找不到其他公司担保，融资就会很困难。另外，如果财务制度不健全，无法按照金融机构的要求提供相关的融资材料，导致金融机构无法核查考评企业真实的财务状况、经营成果、现金流量，金融机构就会拒绝贷款，或者会更严苛地审查企业相关融资材料，造成融资困难。

（四）金融机构原因

企业融资，可以通过吸收直接投资、发行股票债权，或者通过银行、其他民间金融机构进行。前两种方式要求、限制较多，一般企业很难实现。通过金融机构融资是较常见的方式。但是金融机构也是追求低风险、高收益，趋利避害的。当企业发展顺利，运行状况良好的时候，放款相对比较容易；但当企业陷入困境，急需资金支持的时候，金融机构往往比较谨慎，会综合考量企业经营的不确定性及风险性，放款条件相对会严格很多，造成企业融资困难。而其他民间金融机构条件或许会宽松一些，但是融资金额有限，且融资成本较高，一旦出现纠纷，企业面临的风险较高。

四、工业企业融资对策

工业企业融资难，既反映了社会资源配置的结构性问题，又体现了社会协调发展的政策导向问题。要解决融资难问题，应从政府、金融机构、企业三方面着手。政府持续深入推动金融体系改革，完善商业银行服务体系，加大扶持力度；加强银企合作，建立畅通信息沟通渠道；企业提升自身实力，建立良好融资能力，这样才能有利于企业的长期健康发展，形成政府、金融机构、企业三方共同努力，社会多方支持的融资环境。

（一）政府应持续深入推动金融体制改革

1. 发展与完善山东省国有商业银行

（1）充分认识国有银行对山东省工业企业金融扶持的重要性。由于金融机制的改革是一个渐进式的过程，不可能在一段时间内有巨大改变，现阶段解决山东省工业企业融资难还有赖于国有商业银行的大力支持。从当前山东省金融发展的具体情况分析，国有商业银行在支持山东省工业企业发展中，虽然有可能导致风险的扩大，但也会给银行带来良好的发展机遇。

（2）调整国有商业银行指标监管体系和激励机制。人民银行与银监会应该在如何推动商业银行向山东省工业企业加大信贷投放力度上积极予以制度创新，包括监管和服务两项主要内容。从监管角度来讲，一方面，设置专门指标考核各家银行对山东省工业企业信贷支持的力度和深度，如山东省工业企业贷款占比，新增工业企业贷款环比等，同时，还可以对不同成长性质的山东省工业企业再予以细分，优先支持高科技和创新型的，逐步退出低水平、高能耗的，从而与国家的产业政策合拍；另一方面，要运用现代金融工程的最新量化度量成果，科学的对山东省商业银行的资产组合风险予以考核，而考核一定要符合国情省情，并具有可操作性。

（3）完善银行公司法人治理结构和市场化经营机制。通过国有银行股份制改制，使国有商业银行成为真正意义上的商业银行。在选择信贷资金支持的对象时，真正从市场和效益出发，以企业发展状况、盈利能力和资金偿还能力为基本考察点，按照市场原则充分地运用和发挥金融资源的配置效率，积极支持山东省工业企业的发展。

2. 发展与完善中小商业银行

（1）高度重视中小商业银行的发展问题。发展市场化的中小银行、建立起以中小银行为主体的区域性金融体系，是当前山东省金融改革的方向和当务之急。要对国有银行和包括民营机构在内的中小银行一视同仁。应当改变某些出于保护国有商业银行、抑制中小银行发展的政策。要减少对中小银行的行政干预，使它们能够依法自主经营。中小银行不是地方政府的金融机构，更不能成为地方的第二财政。要加强对中小银行的引导，实行正确的发展战略。山东省有关部门特别是金融主管部门应认真研究，明确各类中小银行的发展方向，对其进行准确的市场定位。

（2）为中小银行的健康发展创造一个良好的外部环境。中小银行资金规模小、实力相对薄弱、承受风险的能力较差，有一个良好的经济的信用环境至关重要。一方面，山东省政府要加快国有企业改革和发展的力度，特别是加快国有企业改革和发展的步伐，使企业真正成为自主经营、自负盈亏的主体。搞活企业，增强企业效益，为中小银行的发展创造一个良好的经济环境。另一方面，山东省政府要按照市场化原则，建立企业和金融机构之间平等交易的资金借贷制度，同时通过经济、法律、行政与舆论等多种手段，不断完善金融法律法规，增强金融法律意识和信用观念。省政府应积极维护中小银行的自主权，严禁用行政命令的方式向中小银行强制贷款和摊派不合理费用，为中小银行创造一个良好的外部环境。

（3）中小商业银行应选择正确的市场定位。市场定位的正确与否，是中小银行能否在激烈的市场竞争中得以生存与发展的关键所在。与国有金融机构相比，山东省中小银行的市场竞争力及风险承受能力都较弱，很难与国有银行进行平等的竞争。更何况山东省国有金融机构与其他国有经济部门之间有着悠久的、难以割舍的“血缘”关系，这就要求山东省中小银行必须要根据其自身的特点和优势，合理地选择其市场定位，与国有金融机构进行合理有序的竞争，共享市场。

3. **建立山东省民间银行，推动企业快速发展**

民间资金对山东省工业企业的发展起到了极大的支撑作用，已成为经济发展的重要支持力量。但是由于缺乏法律、政策依据，缺乏正规的组织形式、良好的运作机制、有效的约束机制和风险控制机制，目前的民间金融很难承担大规模聚集资本的功能，不能从根本上满足企业规模扩张的需求。因此，山东省政府的正确策略应是放松对金融制度创新行为的限制，鼓励金融创新，构建以民间银行和民间合作金融组织为主体的新型民间金融机构。

搭建聚集民间资金的平台，通过此平台聚散民间资本实现对工业企业债券融资的支持。这个平台就是民间银行。在工业企业发达的日本，其民间既有主要服务于大企业的大银行，也有民营企业金融机构，如地方银行、信用组合、信用公库、相互银行等，这些金融机构为不同发展阶段工业企业的发展做出了巨大贡献。我们应积极借鉴日本设立中小金融机构的成功经验，构建适合山东省企业实际、具有中国特色的民营企业民间银行。将既有的民间金融机构转变为地方性民间银行，应从产权和服务对象两方面来加以界定，同时还要强调其地域性，这样才能减少和避免合法化后可能带来的风险。为减少地下钱庄、银行合法化后带来的风险，山东省政府要保证合法化以后的地方性民间金融机构做到以下四点。

（1）应在既有民间金融机构的基础上建立民间银行，避免采用商业银行或信用社兼并收购的方式。民间金融活动是根植于横向的民间信用基础上的，因而在所有制上能与民营工业企业匹配，从而在解决民营工业企业融资问题上具有较大的优势。如采取商业银行或信用社兼并收购的方式，其结果只能是将民间金融机构纳入纵向的国家信用体系中，使之丧失所有制方面的优势。因此，山东省政府对民间金融机构的改革应是为其提供法律环境，从法律制度上允许私人办银行，使原来处于地下状态的金融活动公开化。也就是说，山东省各级政府部门不干预民间金融机构的合法化过程，只是提供外部环境，只要是符合法律、法规规定的民间金融机构提出申请就批准其变为民间中小银行。

（2）山东省民间银行应采取“单一银行制”组织模式。一般而言，商业银行主要有两种组织形式，“单一银行制”和“分支银行制”。山东省的商业银行采取的是“分支银行制”，而就民间金融机构的发育情况来看更适合采取“单一银行制”。第一，山东省民间金融机构的资金实力还比较弱，而“分支银行制”需要银行有大量的资本金才能实现。民间资本较为分散，各个机构都有其活动的范围，若为了组建“分支银行制”而将资本状况各异、管理方式不一的若干民间金融机构强行合并，不仅不能产生规模效应还将可能带来不必要的风险。第二，从成本角度考虑，“单一银行制”模式可以减少委托、代理、监督等成本，从而降低银行的营业成本。第三，“单一银行制”模式下，银行旨在一个地方从事信贷活动，银行与地方联系紧密，较容易解决信息不对称问题，克服因信息不对称而导致的交易成本过高这一金融服务业的障碍，更好地为当地企业服务。第四，民间金融机构无论是人员素质，还是管理水平和管理设备都难以达到“分支银行制”的要求。“分支银行制”要求银行有较高的管理水平，尤其是对总行的要求更高，如果总行没有高水平的管理方法，先进的管理手段和设施，是很难胜任“分支银行制”复杂的管理工作的。

（3）山东省各级管理机关从法律上对民间中小银行的服务对象进行限制。民间金融活动的本质是在利益的驱动下满足一切金融需要，因此，民间金融合法化后很可能会转而与商业银行争夺大企业业务而不再支持民营工业企业。对此，山东省应学习台湾模式。台湾省在1975年颁布的“银行法”中明确规定中小银行的任务是供给民营企业长期信用，协助其改善生产设备、财务结构和健全企业经营管理。同时，还要求民营企业银行对民营企业的放款不得低于70%（70%的规定在近几年台湾银行深化改革后不再要求）。山东省也可以通过法律或者银行规章的方式限制合法化以后的民间金融机构的业务范围，一方面避免同商业银行形成竞争，另一方面使其能真正成为为民营企业服务的银行。

（4）将民间银行纳入山东省政府监管当局的监管之下。为了监督民间银行的行为避免风险，山东省监管部门要将民间银行纳入其监管之下。要建立民间银行重大事项报告制度、高级管理人员离任审计制度、民间银行经营风险预判制度等一系列监督体系，并采用非现场稽核与现场稽核相结合、常规稽核与专项稽核相结合、全面稽核与单项业务稽核相结合的稽核方法，对民间银行业务进行监管，从而促使民间银行按规范操作、依法经营，尽量降低风险和防范风险。

民间银行的逐步发展，对拓宽工业企业融资渠道、降低融资成本具有重大的意义，对民营所有制、中小型工业企业的帮助尤其显著。

4. 加快金融产品和服务方式创新

适应工业企业的特点，依托应收账款、供应链金融、特许经营权等进行融资，探索“轻资产”质押融资业务，发展续贷产品，推广融资租赁、保理、订单融资等新型融资模式，大力发展多层次资本市场，推动助力供应链金融、互联网金融、股权众筹等新型金融业态的健康发展。

5. 进一步完善和发展企业投融资服务体系

政府的公共服务能够极大地改善融资制度的效率，其作用远比市场发育良好的经济突出，公共服务对山东省工业企业融资的影响有更重要的意义，因此山东省政府应加大力度扶持山东省企业融资服务中介体系的发展。

但是，政府支持并不是政府将其完全纳入自己的管辖范围或列为其公共服务，而是要弱化目前融资制度自身所存在的缺陷对融资造成的影响，提高目前的融资制度效率。政府作用于非竞争性或市场失灵领域，不但不会对市场机制产生替代效应，反而提高了市场机制的效率。

（1）完善企业信用担保体系。企业信用担保和再担保体系的构建和发展需要政府支持。建立企业信用担保体系需要解决的首要问题是资金来源。目前，担保体系资金的筹集可以按照“政府为主，社会为辅，多元筹集，滚动发展”的原则，通过山东省政府预算拨款、资产划拨、会员企业风险保证金、社会和企业入股、国内外赠予及其他方式来解决担保资金来源问题。

要处理好信用担保机构与银行的关系。山东省内的信用担保机构与银行为企业提供金融支持要实行风险共担。为此，要做到：信用担保机构不搞全额担保，例如，信用担保机构为贷款的70%～80%提供担保，银行承担20%～30%的风险，以强化银行的激励机制。信用担保机构要选择有积极性和信用度好的银行，作为开展企业信用担保业务的协作银行。将银行的授信审查与信用担保机构的信用担保审查在双方独立审核的基础上互补性地结合起来，以降低担保风险。

（2）创建科学的企业等级评估体系。信用等级作为判断企业可信度的标准，是赢得金融机构和担保机构信任并获得资金的重要前提，也是信用担保体系建立和实施的必要前提。山东省工业企业信用等级评估，应考虑到山东省工业企业特点，由权威公正的评估机构对企业经营的具体实际情况进行深入了解，实事求是地评价企业的贷款风险，并根据企业经营者素质、风险保障能力、经营状况、偿债能力、发展前景等指标综合评定，作为银行和担保机构决策的前提与依据。

（3）支持山东省企业融资服务中介机构发展。企业融资服务中介是一种银企间交易费用的分担，因此在起步阶段是没有收益或收益很低的，如果它有较高的盈利性，仍将会提高企业融资成本，达不到自身的目标。因此，政府应在初期充分介入，可以先由各级财政拨款，组建政策性的服务中介，政策性融资服务中介的宗旨是按政府的政策导向解决山东省工业企业发展中的融资难问题，所承担的风险远远高于担保收益，不以营利为目的，但按照企业化运作，防止寻租行为。

在此基础上，可以成立山东省企业间互助性的社团法人性质的服务中介，并且随着业务的发展完善服务体系，逐步达到部分盈利，最终走上市场化商业运作。应该预见到，融资制度的市场化道路仍需要一个较长时期的矫正过程，在这一过程中，公共服务的增加是分摊企业交易成本重要的因素之一。

（4）山东省财政应承担企业担保基金份额。山东省企业融资服务中介的信用担保是其核心业务，信用担保是企业向银行或其他金融机构借款时，由其他资信状况良好的企业或机构为其担保，以此来证明其信誉，提高被担保人信用等级的担保方式。在信用担保中，当被担保人失信或无力偿还借款时，担保人将承担还款的责任。一般情况下，企业不是出于欺骗动机而不遵守诺言，而是确实由于自身的弱点造成了不能按时还贷。

山东省政府应对工业企业，尤其是民营所有制企业本身存在的潜在风险给予有效的担保，在企业失信或因自身困难确实无法还贷，给金融机构造成损失时，由服务中介体系补偿金融机构的放款损失，然后政府再对融资服务中介体系进行一定份额比例的补偿，来提高金融机构给企业发放贷款的积极性。

有了政府资金的支持，在实质上拓宽了借款渠道，增加了可融资量。

（二）金融机构应加强服务体系建设，畅通信息沟通渠道

1. 创新金融产品，提高服务水平

根据山东省工业企业的实际情况和信贷融资需要，大力推动动产抵押贷款、订单及仓库质押贷款、应收账款质押贷款、企业法人连带责任担保贷款等较新型多样化的融资信贷产品，拓展针对山东省工业企业融资信贷的中间业务，如票据的承兑和贴现、代理融通、支付结算、银行卡及代理业务。

金融机构要进一步提高认识，转变观念，转变工作作风，深入企业，认真听取企业的反映和要求，了解和掌握企业的需要；要在结算、汇兑、转账及财务管理、咨询评估、清产核资等方面为企业提供更便利的服务。

2. 营造平等融资环境，畅通信息沟通渠道

为山东省工业企业服务的正规金融机构包括国有商业银行、各种股份制银行、各种城市信用社及农村信用社、持牌财务公司、金融资产管理公司、信托公司、金融租赁公司、证券公司、保险资产管理公司、交易所等。首先充分发挥各种金融工具的作用，适当调整信贷政策，修改企业信用等级评定标准，为山东省工业企业，尤其是民营所有制企业营造一个相对平等的融资环境；要把为山东省工业企业提供票据承兑、异地汇兑及信息咨询等中间业务作为工作中的重点，将贷款与帮助企业理财相结合，降低金融风险。其次建立信息共享平台机制，解决信息不对称和交易成本过高问题。

3. 适度介入工业企业的治理

为防止银行与企业之间因信息不对称而导致的企业“逆向选择”及“道德风险”，银行应适度介入企业治理，通过债权控制、股权渗透和人事参与发挥监督作用。尤其是在企业改制和资产重组过程中，既要防止个别企业借合并、承包、租赁之名逃避银行债务，又要为一些发展前景好、市场占有率高、科技含量较大的企业重组改制提供及时的金融服务，帮助山东省工业企业做强做大，构筑良好的银企信用关系。

（三）提升企业自身实力，建立良好融资能力

1. 加强企业自身信用建设

企业长期以来在某些方面形成的不良形象，对其融资乃至发展都产生了很大的负面影响。因此，必须积极做出努力，及早摆脱这种不利的局面。解决企业融资难的问题，加强企业内部治理与信用体系的建设是关键。没有企业可持续发展、不断为社会创造价值，无论外界机构如何帮助，都难以从根本上解决融资难这一长期困扰山东省工业企业发展的问题。自身的治理是解决融资难的内因，企业应该强化信用意识，提升信用等级。想要获得融资支持，必须增强信用意识，重塑还贷形象，应靠自身的综合水平、经济实力和良好信用取信于社会，取信于公众，取信于银行。在内部要规范企业管理和以新会计准则为基础的财务制度，能够提供让资金供给方信赖的、真实充分地反映企业生产经营状况的数据。

企业的信用建设是一个长期的动态过程，需要多方面、多层次协调发展。首先要建立良好的信用规则，诚信经营；其次要建立良好的社会声誉，为企业创造公平的竞争环境、缓和企业间冲突和减少违约欺诈等非正当手段。另外，企业还要遵循以人为本的原则，努力提高企业员工特别是财务人员的信用素质，将诚信深深植根于企业文化中。

企业的内部信用管理是企业信用体系建设的微观基础，所有企业间的信用制约关系，首先是依赖每个企业自身的信用管理和风范防范机制建立起来的。

在融资过程中，加强企业的信用管理可以通过以下两方面实现：一是要建立信用管理组织，信用管理的职能集销售管理和财务管理于一体，并纳入公司章程；二是要有信用风险控制与防范机制，尽量避免商业信用违约行为的发生，促进市场秩序运行。

企业要强化信用观念，建立良好的银企关系。及时足额归还贷款、支付利息，树立良好的企业形象，维护企业信誉，形成贷款的良性循环，持续不断地从金融机构取得企业发展所需要的资金，保证企业持续稳定发展。

2. 完善企业内部管理

（1）建立现代企业治理结构。要致力于建立完善的企业股东会、董事会、

和经理人的现代企业治理结构。建设好“纵向指挥横向监督”的关系，建设一个相互制衡的股权结构。企业要真正发挥股东大会的作用，按照《中华人民共和国公司法》的规定，并结合实际，定期召开股东大会，严格遵守章程和意识规则，审议各类报告和任免董事，如不符合标准可对其进行罢免。如果经理人管理水平不够，股东大会也应行使其权力，以确保企业管理的规范化。企业还应推进职业管理层的道德建设与企业文化建设，加强对职业经理人知识技能的教育培训，改进职业经理人的选拔、聘用、考核机制，并推进职业经理人的道德规范建设。企业内部治理应遵循以下原则：股东会、董事会、管理层三层的责任定位要明确。有责任就要授予权力，但不允许有绝对权力，有权力就要受到监督，掌握权力人的行为要受到制约。每个层面根据对公司投入的不同资源获得相应的汇报，利益汇报要由上一级决定。企业是个组织，每个人都承担部分责任，每个人都要对组织负责。企业的内部治理要建设好“决策、监督、激励”三个治理机制。企业规范化的管理，可逐步树立诚实守信的良好形象，创出自己的品牌。

（2）加强企业技术研发。优质的产品才是企业生存的根本，争取在激烈的市场竞争中拥有自己的一席之地，有稳定的客户群，保证企业有正常“造血”功能，不完全依赖于外部融资。根据历史数据建立合理采购量，减少资金的占用。同时，对应收账款要建立科学的催收制度，保证货款及时回笼。

（3）提高财务管理水平。健全的财务制度是实现顺利融资的必要条件。融资前也需要财务部门牵头来确定合理的融资额度，融资方式，评估融资的风险等。融资前，第一，先对融资风险进行评估机制，对可能的风险进行分析和总结，并确定防范目标和建立风险预警系统。第二，合理确定资金需求量，融资不足影响企业正常生产经营；融资过剩，又会增加企业的资金成本，加重企业负担，所以企业要根据实际情况确定对资金的需求额度。第三，在确定了总的融资需求之后，要选择适合的融资方式，企业需要确定资金来源，综合考察各种融资方式，预算可能的资金成本，通过对企业本身发展需求和项目开展需求考虑，寻找适合本企业的融资方式，最大限度地降低融资成本。融资财务必须按照金融机构的要求，及时提供真实、准确、可靠的财务数据，加强财务监管与指导工作，尽量让企业的资产负债率，资产的流动比率、速动比率，存货的库存、库龄，应收账款的账龄等指标维持在正常水平，合理编制付款预算表，及时提供公司资产情况，抵押情况，关联交易等情况，在合理要求内，财务信息透明化，增加金融机构对企业的信任度。第四，要仔细、慎重地选择筹措资金的结构。必须详细掌握所筹措资金的还款时间和资金架构，选择适合自身资金使用周期，均衡企业的还款数量和时间，防止因还款时间过于集中而导致货币资金不足的情况。

（4）增强创新意识，树立品牌意识。不断开拓创新，提高自身素质，也是企业增强融资能力的重要途径。企业要树立强烈的品牌意识，面向国际市场，培育发展企业的名牌产品，提高产品知名度及市场占有率，推进山东省工业企业品牌创新。要借鉴国内外知名企业的管理经验，实行科学化、制度化、规范化管理，保持高效激励机制，提高企业的管理水平，进行管理创新。

（5）加快股份制改造步伐。民营企业应积极参与国有企业混改，通过租赁、承包、兼并、收购、参股以及与外商合作、合资，推动企业的组织制度创新。通过强强联合、强弱联合、跨国联合等多种形式联盟，实现企业的规模扩张。努力涉足电子、信息、生物等高新技术领域产业，加大用高新技术改造传统产业的力度，提升企业的产业竞争力，促进企业技术创新。

（6）建立健全人才培育机制。企业应加强人力资源管理，提高企业研发能力。紧紧抓住引进、使用和培养人才三个环节，高薪引进优秀人才，促进人才在创新中的关键作用。创新人才引进机制，要根据企业自身的需要和人力资源发展规划，引进急需人才；创新人才使用机制，要做到人尽其才，才尽其用，使各类创新人才都有用武之地；创新人才培训机制，要加大对创新人才培训的投入，根据创新人才的实际需要定期进行充电，不断提高创新人才的素质和能力，使创新人才“引得进、留得住、用得好”。

（7）积极探索不同形式的融资途径。企业应尽量选择符合自身条件，适合自身发展的融资方式，避免单一的内部融资途径，采取多渠道融资。在确保风险稳定的基础上，利用金融创新促进企业谋求新的发展。

事实证明，产品有销路、企业有效益、资信质量高的优质企业能够获得足够的企业发展资金，所以说只有提高山东省工业企业自身素质，才能从根本上解决企业融资难的问题。

参考文献

[1]陈勇.山东省民营企业融资问题研究[D].泰安:山东农业大学,2009.

[2]曹惠玲.我国中小企业融资与民间金融问题研究[D].苏州:苏州大学,2007.

[3]李月慧.中小企业融资问题研究[D].北京:北京交通大学,2008.

[4]景云霞.河南省中小企业融资问题研究[D].西安:西北大学,2008.

[5]李文嘉.工业企业融资问题浅析[J].财经界(学术版),2019(15):22-23.

[6]颜俊.我国中小企业融资对策问题研究[D].北京:对外经济贸易大学,2007.

[7]许妍.商业银行与中小企业融资问题的研究[D].上海:上海海事大学,2005.

[8]闫飞雪,白峰.金融支持制造业企业高质量发展的问题及政策建议[J].金融经济,2019(20):20-21.

[9]李寒露.关于工业企业投融资风险管理的对策探讨[J].中国集体经济,2019(24):85-86.

课题组成员简介

戴昊，工程师，山东省工业和信息化研究院。

于政，高级经济师，山东省工业和信息化研究院。

刘虹妹，工程师，山东省工业和信息化研究院。

牛宗宝，高级经济师，山东省工业和信息化研究院。

魏涛，管理学博士，中国伦理学会事业发展部主任，领英智库学术委员会副主任，兼任天津师范大学硕士生导师、山东省伦理学会副秘书长。

4

技术创新政策制定研究

技术创新政策制定课题组

摘　要　党的十八大提出，“科技创新是提高社会生产力和综合国力的战略支撑，必须摆在国家发展全局的核心位置”，党的十九大明确提出，“创新是引领发展的第一动力，是建设现代化经济体系的战略支撑”。

随着国家创新战略的不断推进，世界经济的交流融合加深，对高质量发展、产业迈向中高端的要求越来越高。解决技术引进困难、关键技术“卡脖子”，技术创新是关键一招。当前，我国工业经济在许多方面已经走到了世界前沿，可供“拿来”的技术和政策经验越来越少。同时，国家治理体系和治理能力现代化建设也要求政策制定不断科学化、精准化、细致化。由此，研究技术创新政策的制定，具有巨大的理论意义与现实意义。

本文给出了相关定义，并归纳分析了技术创新及政策的内涵特点。从技术创新的市场失灵入手，剖析了技术创新的政策需求。确定政策主要作用点为“竞争前开发”阶段，在考虑促进技术创新“原创”与“扩散”平衡的基础上，梳理了技术创新的政策的制定风险，简述了技术创新的政策工具。构建了一种基于通信模型的技术创新政策制定流程框架，具体包含三个机制，提出了“企业技术创新云”的设想。最后，提出了一种技术创新政策体系评价评估方法的参考思路。

一、引言

党的十八大提出，“科技创新是提高社会生产力和综合国力的战略支撑，必须摆在国家发展全局的核心位置”，党的十九大明确提出，“创新是引领发展的第一动力，是建设现代化经济体系的战略支撑”。

随着市场经济的逐步完善，产业转型升级的持续推动，国家创新战略的不断推进，世界经济的交流融合加深，对高质量发展、产业迈向中高端的要求越来越高。加之技术引进越发困难、关键技术面临“卡脖子”，技术创新是必经之路，需要相应政策的持续支撑推动。

我国工业经济在许多方面已经走到了世界前沿。可供“拿来”的工业技术和政策经验越来越少，可供借鉴的制造业先进国家成熟经验和失败教训也越来越少。同时，国家治理体系和治理能力现代化建设也要求政策制定不断科学化、精准化、细致化。这更加需要我们研究好自身的技术创新机制和政策脉络，创造性地制定政策措施。

由此，研究技术创新政策的制定，具有巨大的理论意义与现实意义。

二、基本概念

技术创新有多种定义。在本文中，技术创新的定义选取《中共中央、国务院关于加强技术创新，发展高科技，实现产业化的决定》中的表述，即技术创新是指企业应用创新的知识和新技术、新工艺、采用新的生产方式和经营管理模式，提高产品质量，并生产新的产品，提供新的服务，占据市场并实现市场价值。从这个定义来看，企业是技术创新的主体。

技术改造则是指企业对技术工艺、生产装备、生产环境等方面，使用新的技术进行革新改造，使企业产品在技术性能、质量和成本方面保持先进水平。对比这两个定义发现，技术改造的技术创新属性更重一些，技术改造则是围绕生产效率的提高、生产质量的提升，尤其是偏向于购买、引进生产设备和工艺，不偏向于原始的、聚焦于制造技术核心环节的创新活动。

所谓技术创新政策，即国家为了影响技术创新活动而推行的一系列政策。

当涉及具体层面的现实问题时，由于看待问题的视角不同，在具体内涵、政策工具类型等方面，学术界和决策者都有比较大的分歧，本文不作为重点进行讨论。

三、技术创新及其政策的内涵特点

（一）技术创新的内涵

技术创新属于创新的一种。第一次明确提出"创新"概念，并将创新与推动经济发展结合起来进行讨论的是熊彼特。他认为，创新是一个经济概念，而不是技术概念。与发明创造完全不同，如果没有通过实际应用，起到经济作用，就不是经济意义上的创新。后来，不同的学者对创新的概念也进行了广泛的讨论。

不同的学者对"创新"的界定有不同的看法。有学者认为，只要一个活动行为的相关者认为一个想法、做法是新的，那么它就是一个创新，虽然另外的人已经知晓了该做法、想法的存在，或者认为是一种模仿；也有学者认为，无论是否已经在其他地方存在，只要是在生产制造过程中有了新的东西，就是创新；还有学者认为，创新必须是绝对意义上的没有发现或存在过的想法、做法。

（二）技术创新的分类

就程度来说，突破性创新和渐进性创新是两种程度不同的创新，主要区别在于创新的差异性和颠覆性。与现有的工艺、产品、技术相比，突破性创新的结果要比渐进性创新的结果差异程度更大。

突破性创新虽然以其极大的创新效果被给予高度评价，但偏向于技术改造的渐进性创新往往是技术进步、产品更新的大多数情况，取得经济效益的范围更广、风险更小。

就驱动来说，技术发展推动和市场需求拉动是两个不同方向的驱动力。因为市场和消费的惯性，渐进性创新往往是由市场需求带来的，突破性创新则在较多情况下是因为技术发展而推动的。

就部分来说，独立创新和系统创新是两种影响范围的创新。系统性创新涉及更多部分、工艺或成套设备的创新，往往需要进行集成化的重大调整，而独立创新往往不涉及额外的调整，具体为某一工艺环节或性能质量的创新。

（三）技术创新的特性

技术创新属于创新的范畴，创新的特点也体现在技术创新的特点中。

首先是“外部性”。如果将整体分为内部、外部和全部，“外部性”指内部行动所引起的内部成本不等于全部成本，内部收益不等于全部收益。所谓内部成本不等于全部成本，简单来说就是外部可以通过模仿等方式降低相同创新活动的成本，使其大幅度降低。由于付出成本的不同，内部的收益往往要大幅度低于外部的收益，甚至是相对负收益。

其次是“不确定性”。创新的根本是“无中生有”，是对未知的探索，同时还要结合技术创新、市场需求，反复进行对接验证。工业历史充分表明，尝试与探索的过程与运气和意外紧密联系，许多重大的创新都是起源于意外或者运气。在创新过程中，新的想法的产生是不确定的，新的想法能不能实现也是不确定的。

最后是“积累性”。技术是有“路线”的。工业技术的创新发展是存在“技术路线图”的，有特定的共性基础问题与重点难点，在攻克问题与难点时，需要以前的技术积累，这种“积累性”也容易造成路径依赖性。

（四）技术创新政策特点

首先是“强制性”。技术创新“强制性”政策是必须遵守的，一般是法律法规等制度，由政府来制定，例如强制淘汰落后技术的产能。半自愿政策是部分可协商的，有多种表现形式。半自愿政策往往是一些宏观规划引导类的政策，在制定时要对其“强制性”特别加以注意，对政策对象的认可程度和积极性要充分考虑。

其次是“多样化”。技术创新政策有时是有形的，有时是无形的。有形的以条款、文件等文字符号材料为载体，往往较为明确。无形的主要是一些习俗观点、文化意识，或者约定俗成的“潜规则”，例如地区性的保护倾向等，无形的政策虽然没有载体直接体现，但也不容忽视，有时候这种无形政策能够起到决定性的作用。

再次是“适用性”。技术创新政策有一定的时效性，不同的政策适用的时间和空间是不同的，政策和策略是同等重要的两方面。随着时间、空间的变化，同一政策的执行既有稳定性、正式性，也有策略性、非正式性，处于一个相对稳定又动态的过程当中。当然，在制定政策时，是希望政策在一定时间、一定空间中是确定的。

最后是“互补性”。技术创新政策是普遍关联、互相补充的。也可以称为“依懒性”。例如，技术创新奖励政策与政府财政预算就是互补依赖的，没有预算政策，技术创新奖励政策就无法兑现，成了“空头支票”，发挥不了作用。政策的有效执行往往是一系列政策配合的结果。

除以上特征外，技术创新政策还要易于传播、易于理解、简明准确，如果一个技术政策需要大量的特别专业的人员进行讲解、审核、执行，政策就难以实现。

四、技术创新政策的制定

（一）技术创新的市场失灵

一般的生产活动，投入为生产资料，主要有原材料、人力资源、技术工艺等；产出为产品，通过制定价格进行销售。消费者得到产品的效用，生产者得到价值效益，这个过程是可以通过市场进行调节的。

但是如果把技术创新也当作一个生产过程，情况就比较复杂。因为如前所述，以熊彼特的定义来说，技术创新没有转化成经济效益之前，是无法界定其价格和效益的，从技术创新到实际价值，或者说，技术创新从无生命的“有”，到有生命的“有用”的关键在于转化。以“价值”作为评价标准的市场是不能解决这个“转化”环节的。

（二）技术创新“外部性”的政策需求

根据技术创新的“外部性”，在“内部”进行研究活动或进行技术开发时，研发者投入大量的人力物力，进行高强度、高成本的集中攻关，而一旦研发结束，技术创新成果就是一个具体知识，以载体的形式呈现，这种载体是具有扩散性的。“外部”通过载体或者创新成果的成本是明显低于“内部”的。“内部”成本高、收益低，“外部”成本低、收益高。

正是由于这种“外部性”，企业更加乐于进行技术改造性质的创新，以减少风险、增加收益。而从“整体”来看，这种选择不利于整体的技术创新，存在“看不见的手”无法解决的问题，需要“看得见的手”，亦即政策措施进行引导。

（三）技术创新政策的作用点

解决技术创新的“市场失灵”和“外部性”，要从技术创新的过程入手。技术创新的过程一般可划分成三个环节。

首先是基础性的研究，这时可以没有明确的经济应用目的，一般是在高校科研单位；其次是应用性的研究，即“竞争前开发”，这个环节衔接基础性应用与具体产品工艺，一般是由科研单位与企业合作完成，有实力的企业可以单独进行；最后是产品工艺的开发，一般由企业自己完成。

第一环节基础性研究不是通常意义上技术创新政策的作用范围，投入太大，目的性不明确，看不到明显的产出；而第三环节产品工艺的开发，属于企业参与市场竞争的环节，技术创新政策如果作用于这个环节，等同于计划经济。

因此，技术创新政策的作用点主要在应用性研究部分。应用性研究往往是关键、共性技术研究，而且在现实意义上是易于扩散的，是技术创新政策的主要作用点。

（四）促进“原创”与促进“扩散”的平衡

扩散意味着社会整体效益。技术创新一旦转化为产品工艺并取得成果，马上就会在行业内传开，同行都希望能够“拿过来”，通过技术改造模仿来盈利。

在制定技术创新政策时，要考虑如何把握好鼓励创新与鼓励扩散的关系。以制造装备为例，就是鼓励“首台套”与鼓励“技术改造”的关系。调节这个关系是政策平衡性的关键。

（五）制定技术创新政策的风险

从“原创”与“扩散”这个出发点考虑，技术创新政策制定的风险简言之就是：政策并不总是起促进作用。技术创新政策能不能起到积极作用的关键，虽然归根结底在于制定政策者的能力，但是本身问题是比较复杂的。技术创新政策涉及具体技术、财政税收、市场平衡、区域结构、系统协作等方面，涉及大量的知识，细分起来也可以分解成许多方面。

例如，一项创新的工业技术，它的应用前景是什么、技术路线是否正确、有无风险；财税政策方面，结合上述技术判断，在财政资金有限的情况下，应当在什么阶段进行激励，是一家、几家还是部分企业已经取得成功时；激励政策会不会影响市场平衡，或是使创新者反而降低了收益，或者使被扩散者成本过高；政策是否适应其覆盖的全部区域，不同区域是否存在不平衡的情况；各部门的政策能否协同协作等。

聘请专家能够解决部分问题，但不能解决全部的问题，针对具体政策的政府咨询活动，具体咨询的对象往往是政策的相干人，很可能存在不合理的情形。

（六）技术创新政策工具简述

政策工具是政策的具体执行方法。主要涉及两方面的内容，一是政策本身，二是执行。

将政策工具分为供给侧、需求侧和环境侧三类是比较常用的分类方法，可以简单对应理解为资金补助、政府采购和信息服务。据有关文献整理，具体的种类有补贴、信贷、教育、培训、研发机构、信息平台、政府采购、技术标准、调节税率、专利保护等十几种，在此不展开叙述。

五、技术创新政策效应实证分析的结论借鉴

围绕技术创新政策是否真正促进企业技术创新，许多学者做了大量的、多角度的实证分析工作，目前较新的主要实证分析如下。

（一）技术创新政策是否促进企业技术创新

有学者采用双重差分模型，以中国2006—2015年上市公司为样本，将中国26个省份“国民经济和社会发展‘十一五’规划纲要”和“国民经济和社会发展‘十二五’规划纲要”中制造业重点产业政策信息进行整理，从“十二五”规划中产业重点扶持政策的变化入手，研究了技术创新政策对企业创新活动的影响情况。

主要结论为：在存在理论上抑制可能的情况下，技术创新政策总体来说还是对企业创新起到了促进作用。即技术创新政策对提升企业创新水平能力的促进作用，要大于政策实施过程中存在的资源错配、企业“短视”等问题的负面抑制作用。同时，结果表明企业资产规模、盈利能力、现金流比率与其技术创新活动成正比。

（二）补贴政策是否促进企业实质性创新

有学者使用“中国企业—劳动力匹配调查”（CEES）的数据进行了财政补贴政策对企业实质性创新的影响研究。所谓“实质性”，主要是区分于为了“骗补”而采取的“策略性”创新。该数据为在广东省和湖北省连续两年开展的入企调查数据，包含企业基本情况、生产状况、获得政府补贴状况、企业创新情况等原始数据。采取随机分层抽样，覆盖面上，有大型企业、中型企业、小微企业，制造业行业全部31个类型。

主要结论为：财政补贴对企业创新有显著的推动作用。政府补贴对发明专利产出、新产品产出均有正向作用。同时，根据使用数据的特性，还发现不同规模企业、不同所有制企业、不同市场化区域企业，在取得和使用财政补贴方面也不同：相比其他企业，大型或国有企业的专利产出受补贴政策影响更大；市场化程度高的区域取得和使用财政补贴对企业技术创新的促进更为显著；微型企业由于规模资金限制，研发创新的能力较低；对不同规模企业新产品产出的影响则为“两头轻、中间重”。

（三）政策措施对企业创新产出的影响

有学者利用2000—2013年的《中国统计年鉴》《中国科技统计年鉴》数

据以及中大型工业企业的统计数据，采用系统动力学的方法，分析了政策措施对企业创新产出的影响。系统动力学方法是把政策和结果因子化，根据现实中政策和各结果的相互关系，设置影响通路构建一个整体动力系统。该系统经过验证有效后，可以模拟施加不同的政策，仿真得到结果。

主要结论为：对于供给型政策，科技投入占财政支出比例越大，企业新产品产值越高；对于需求型政策，政府采购强度越大，企业的创新产出提升越明显，促进效果随时间推移越显著；对于环境型政策，基础设施建设、知识产权保护、科技中介服务、金融支持四项政策均有正向作用。

（四）政策措施对中小企业创新投资的影响

有学者使用中国经济金融研究数据库（CSMAR），中小板企业数据的1791个公司年度数据作为观测样本，整理“十一五”“十二五”期间的产业规划文件，将在“十一五”期间重点扶持、“十二五”期间未重点扶持企业作为控制组；实验组则为始终受到重点扶持的中小企业，构建双重差分模型，对中小企业创新投资与政策措施影响问题进行了研究。

主要结论为：由于产业政策加强了企业融资约束等，抑制了中小企业创新投资，主要因为行业内过度投资、寻租活动等恶化中小企业环境。这种抑制对民营中小企业的影响程度，要大于国有中小企业，因为行业内产能过剩、“信贷歧视”等对创新投资的挤出，在民营企业中更为严重。同时，因为政策的执行者是地方政府，对政策的选择性执行，会使市场化程度较低区域的中小企业创新投资更加谨慎，受抑制更加严重。

六、一种改进技术创新政策的制定框架构想

（一）技术创新政策制定流程框架

根据上述分析，技术创新政策的制定是必要的，关键在于如何考虑各种细分的具体情形，能够更加全面细致地掌握必要的知识、了解必要的情况，在市场经济的总体框架下，综合各种因素条件，借助各种力量，更好地进行制定。

考虑政策对象——技术创新企业的主要特性，如组织规模、技术水平以及组织结构等，构建了一种基于通信模型的技术创新政策制定流程框架，具体包含三个机制，能够利用信息化手段，对技术创新政策的制定进行改进。

该框架的关键环节在于“企业技术创新云”的构建，该云的主要数据为两部分，一部分为企业的特征值，包括规模、所有制、技术种类、技术水平、主要经营状况等；另一部分为政策数据，包括国家、各省份、各部门的产业规划、产业扶持政等（见图1）。

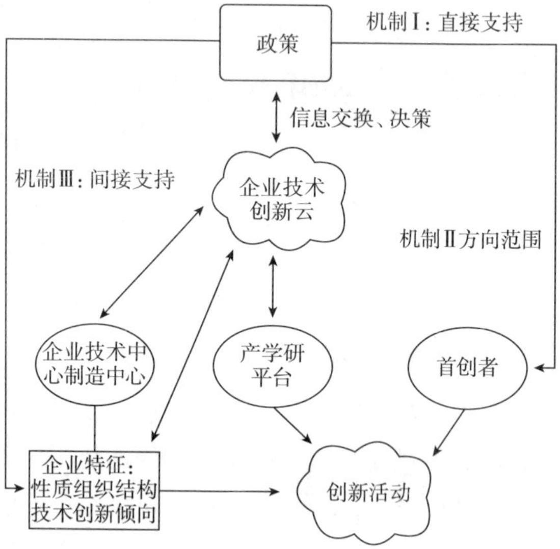

图1　基于通信模型的技术创新政策制定流程框架

机制Ⅰ：仍然以现有的各类计划如技术创新计划、技术改造计划等形式，直接发起项目或从企业的技术创新项目中选择支持对象，给予专项贷款、贴息、补助和直接投资等支持，可以考虑对企业关键特征的识别，通过企业技术创新云主动匹配技术创新项目，例如重点技术创新项目的建设。

机制Ⅱ：通过企业技术创新云，确立创新方向（大致范围目录），支持企业技术创新的竞争前研究，以创新的特性（质量和类别等）作为政策支持标准。发起的目的不是项目本身的经济利润，而是项目扩散能够为全社会带来的经济利益，例如重大关键共性项目的“揭榜制”。

机制Ⅲ：通过间接方式为主在技术扩散利间接促进中的作用。这一作用主要通过政策激励、提供信息与技术服务、协调创新要素、促进创新合作等方式实现，如搭建各类“产学研用”平台、信息共享平台、产业联盟等。

（二）该流程框架的优点

一是能够将直接资助的重点从过去在企业中选择技术改造项目变为竞争前待研究开发的技术；二是将选择资助项目的标准从以企业组织特性（规模、所有制等）为主要标准转变为以首创者创新特征为主要标准，强调公正性和公平性；三是强调政府资助项目的扩散作用，保证产业共性技术等具有“外部性”或公共产品性质的技术供应渠道；四是能够通过企业技术创新云，保证政府在自主创新或合作创新中发挥积极作用的主动性；五是能够将与国家创新体系建设结合，使企业真正成为技术创新的主体，实现创新与模仿协调发展。

七、一种企业技术创新政策评估思路的构建

（一）以技术创新及其政策特点进行构建

首先，技术创新政策有效性的评估是主观的。制定政策的来源往往是学习借鉴以及调研活动的展开，这些都是无法量化的。其次，在制定政策时，无法绝对意义上衡量“这个政策怎么样”，在后期评估时也往往因为内生相关性，无法准确判断行业或企业的技术创新数据变化到底是因为哪一项政策。以下仅进行一般思路性的讨论。

回到文初对技术创新的特点、技术创新政策的特点、制定技术创新政策风险的探讨，对其相关特点进行扩展，同时与前述的“改进技术创新政策的制定框架”相匹配进行构建。

（二）一种企业技术创新政策评估思路

一级、二级指标的制定方法如下：将技术创新的“外部性”特性，扩展为微观评价与宏观评价两部分指标，微观评价的内容为技术创新本身的效益，宏观评价的内容为对自然环境、市场环境的环境效益。将技术创新的“不确定性”“积累性”特性，扩展为技术可行性指标；将技术创新政策的“适用

性”特性，扩展为战略性指标，该指标主要就阶段与重要性进行评价；将技术创新政策的“互补性”特性，扩展为政策系统性指标。将前文分析的制定技术创新政策的风险点在以上指标中全部体现出来（见图2）。

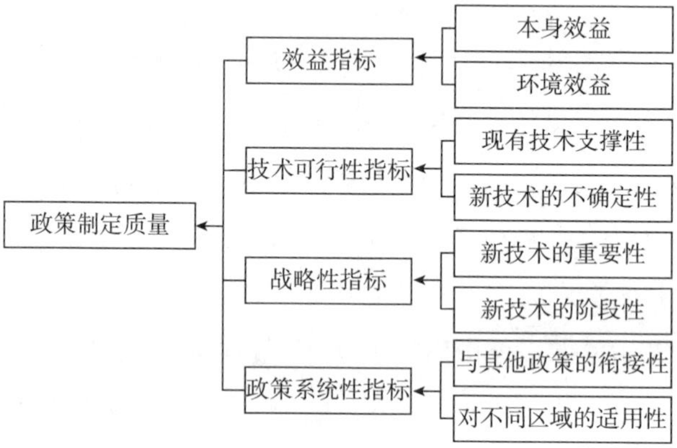

图2

对于三级、四级指标的制定，要结合不同的技术创新政策制定类型，针对具体技术的先进程度、领先程度、紧迫度、应用广泛度等进行细化，需要到几级指标，就细化到几级指标。

该思路可以进一步以量化赋分的方式，对指标权重进行确定，按低、较低、一般、较高、很高分为五个区间，进行打分后测得最终得分。

由于在大量环节将主观评价进行了客观数值量化，该评估体系只能够用于政策制定时的预估评价，不能用于政策执行后的效果评估，对于借助专家进行评价的部分，可以使用“企业技术创新云”的数据进行比对参考。

八、总结与不足

（一）研究总结

首先，本文给出了技术创新、技术改造、技术创新政策的定义，归纳分析了技术创新的内涵、分类、特性以及政策特点。

在归纳分析的基础上，从技术创新“看不见的手”的市场失灵入手，剖析了技术创新“外部性”对“看得见的手”的政策需求。将技术创新政策的主要作用点确定为“竞争前开发”阶段，在考虑促进技术创新“原创”与“扩散”平衡的基础上，提出了制定技术创新政策的风险，简述了技术创新政策工具。

其次，针对技术创新政策的主要作用点及风险点，构建了一种基于通信模型的技术创新政策制定流程框架，具体包含三个机制，提出了“企业技术创新云”的构想，利用信息化手段，对技术创新政策的制定进行改进。

最后，结合提出的技术创新政策制定流程框架，以技术创新及其政策特点，构建了一种技术创新政策体系评价评估方法的参考思路。

（二）存在不足

受时间精力和工作经验所限，对技术创新政策相关概念、实际运行机制的深入分析仍然不足；对技术创新政策制定流程框架、“企业技术创新云”的具体细节设计没有完成；评价评估方法缺乏实际调查，没有模拟验证或进行实证研究。在后续的工作中将不断完善。

参考文献

[1]中共中央国务院印发《国家创新驱动发展战略纲要》[N]. 中华人民共和国国务院公报,2016－5－30.

[2]《中共中央、国务院关于加强技术创新,发展高科技,实现产业化的决定》(财税字〔1999〕273 号).

[3]黄悦胜. 中国中小企业技术创新政策与创新模式研究[D]. 长沙:中南大学,2002.

[4]余明桂,范蕊,钟慧洁. 中国产业政策与企业技术创新[J]. 中国工业经济,2016(12):5－22.

[5]凌和良. 产业创新系统运行的机理研究:以高技术产业为例[D]. 南昌:江西财经大学,2016.

[6]刘芃. 产业政策对中小企业创新投资的影响研究:基于“十二五”规划的经验证据[D]. 济南:山东大学,2019.

[7]陈维花. 产业政策对企业创新的影响研究[D]. 福州:福州大学,2018.

[8]李兴. 产业政策对制造业企业技术创新的影响研究[D]. 重庆:西南大

学,2018.

[9]徐子喧. 产业政策是否促进企业创新[D]. 杭州:浙江大学,2018.

[10]董静. 企业创新的制度研究[D]. 上海:复旦大学,2003.

[11]王志坚. 企业技术创新中政府作用的理论与实证研究[D]. 杭州:浙江大学,2002.

[12]杜伟. 企业技术创新激励制度论[D]. 成都:四川大学,2002.

[13]龙龙. 创新政策对企业创新产出影响机理研究[D]. 大连:大连理工大学,2014.

[14]何丰. 制度变迁中的企业创新研究[D]. 上海:复旦大学,2004.

[15]黎文靖,郑曼妮. 实质性创新还是策略性创新？——宏观产业政策对微观企业创新的影响经济研究[J]. 经济研究,2016(4):60－73.

[16]郑曼妮. 实质性创新还是策略性创新:宏观产业政策对微观企业创新的影响[D]. 广州:暨南大学,2016.

[17]邵利敏. 我国中小企业技术创新政策作用机理及优化建议[D]. 太原:山西财经大学,2016.

[18]陈小洪. 我国企业的技术创新:现状、机制和政策[J]. 中国软科学,2007(5):22－33.

[19]钟茂林. 战略新兴产业政策扶持是否促进了企业创新投资[D]. 上海:华东政法大学,2019.

[20]徐承宇. 政府补贴促进了企业实质性创新吗:基于补贴公平的视角[D]. 武汉:武汉大学,2018.

课题组成员简介

范玉明，室主任，山东省工业和信息化研究院。

党世博，工程师，山东省工业和信息化研究院。

庄　涛，高级经济师，山东省工业和信息化研究院。

王玉伟，经济师，山东省工业和信息化研究院。

李洪文，经济师，山东省工业和信息化研究院。

孙　建，工程师，山东省工业和信息化研究院。